Gnüg · Der erotische Roman

Hiltrud Gnüg

Der erotische Roman

Von der Renaissance bis
zur Gegenwart

Philipp Reclam jun. Stuttgart

Umschlagabbildung:
Pablo Picasso, *Sich umarmendes Paar*, 1946

Die Deutsche Bibliothek – CIP-Einheitsaufnahme

Gnüg, Hiltrud:
Der erotische Roman :
von der Renaissance bis zur Gegenwart / Hiltrud Gnüg. –
Stuttgart : Reclam 2002
(Universal-Bibliothek)
ISBN 3-15-017634-4

Universal-Bibliothek Nr. 17634

Gesamtherstellung: Reclam, Ditzingen. Printed in Germany 2002

ISBN 3-15-017634-4

www.reclam.de

Inhalt

I

Zur Theoriediskussion eines literarischen Genres: erotisch – pornographisch – obszön

9

II

Eine Ästhetik der Überraschung: Boccaccios *Decamerone*

20

III

Die Macht der Begierden: Pietro Aretinos *Ragionamenti*

48

IV

Von der *amour passion* zur Libertinage

78

1. Das höfische Spiel von Koketterie und Galanterie oder Die Hermeneutik der Liebe 78
2. Der Liebesverzicht um der leidenschaftlichen Liebe willen: *La Princesse de Clèves* der Madame de La Fayette 85
3. Die erotische Initiation eines Jünglings: *Les Egarements du cœur et de l ésprit* von Crébillon fils 99
4. Der Machiavellismus der Liebe: *Les Liaisons dangereuses* von Choderlos de Laclos 108

V
Sexualität als Erzählsujet: Der erotisch-pornographische Roman im 18. Jahrhundert
134

1. Naturkonzepte und Liebesentwürfe 134
2. Sexuelle Männerphantasien mit idealischem Sentiment: *Fanny Hill or Memoirs of a Woman of pleasure* von John Cleland 140
3. Die Reise- und Liebesgeschichte *Der im Irr-Garten der Liebe herumtaumelnde Cavalier* von Johann Gottfried Schnabel 163
4. Der gelehrige Jüngling und erotische Grisettenromantik: *Les Amours du Chevalier de Faublas* von Louvet de Couvray 176
5. Der erotisch-sexuelle ›Bildungsroman‹: *Le Rideau levé ou l'Education de Laure* des Comte de Mirabeau 178
6. Ein libertiner Gegenentwurf zur »sentimental novel«: *Mon Noviciat ou Les Joies de Lolotte* von Andréa de Nerciat 188
7. Pornotopia und Sodom: Der Marquis de Sade . . . 194

VI
Die Liebesehe: Ein neues Konzept erotischer Intimität
206

1. Der Wandel der Ehe- und Liebeskonzeption 206
2. Friedrich Schlegels *Lucinde* und der neue romantische Liebescode 214

VII

Goethes *Wahlverwandtschaften* als Paradigma des klassischen Eheromans

229

VIII

Der Eheroman – ein Genre des 19. Jahrhunderts: Die Frau auf der Suche nach Liebesglück

244

1. Gustave Flaubert: *Madame Bovary* 245
2. Leo Tolstoi: *Anna Karenina* 258
3. Theodor Fontane: *L'Adultera* und *Effi Briest* . . . 272

IX

Ausbruch aus dem Patriarchat: Erotisch-emanzipatorische Selbstentwürfe von Autorinnen des Fin de siècle

288

1. Die Institution Ehe und weibliche Emanzipation . 288
2. Boheme und erotische Rebellion: Franziska zu Reventlow und Else Lasker-Schüler 294
3. Boheme, Emanzipation und Ehe: Colette und Lou Andreas-Salomé 301
4. Die Belle Epoque und der Kult des Sapphismus . . 317

X
Liebe, Erotik, Sex in der zeitgenössischen Prosa
324

1. Die Nachkriegszeit 324
2. Die Geschlechterbeziehung im literarischen Spektrum nach 1968 337
3. Der weibliche böse Blick auf gutbürgerlichen Geschlechtsverkehr 354
4. Die Paarbeziehung in der Literatur der achtziger und neunziger Jahre 362
5. Der amerikanische Ehepaar-Roman 366
6. Sex im Zeichen von Telefon und neuen Medien . . 375

Bibliographie 401
Werkregister 413
Personenregister 418

Zur Autorin 423

I

Zur Theoriediskussion eines literarischen Genres: erotisch – pornographisch – obszön

Eros, der griechische Liebesgott, stand Pate bei einem literarischen Genre, das die kultivierte Leserschaft interessierte und zugleich immer auch im Zwielicht des moralisch Anstößigen oder ästhetisch Leichtgewichtigen stand und steht: Die Rede ist vom erotischen Roman.

Der Index der verbotenen Bücher (*Index Librorum Prohibitorum*), den Papst Paul IV. 1559 für die Inquisition aufstellte, enthält nur zu einem sehr geringen Prozentsatz Werke erotischen Inhalts, vielmehr häretische Schriften. Wenn er Boccaccios *Decamerone* oder Aretinos Gesamtwerk aufführt, dann weniger wegen des erotischen Inhalts dieser Werke, sondern wegen ihrer kritischen Darstellung des Klerus. Die Darstellung sexueller Freizügigkeit als solche interessierte die katholische Kirche der Gegenreformation noch wenig. Das gilt auch für die nachfolgenden Jahrhunderte. Überhaupt bildet das Phänomen Pornographie oder Obszönität auch in den Kunstdebatten des 17. und 18. Jahrhunderts kaum ein Thema. Molières *Don Juan* z. B. erregte nicht wegen seiner erotischen Libertinage Anstoß, sondern wegen seines atheistischen Bekenntnisses.

Das 19. Jahrhundert seinerseits stellt keineswegs ein Eldorado der erotischen Kunst und Literatur dar, eher kann man von Diaspora-Parzellen sprechen, doch es förderte die theoretische Beschäftigung mit einem Phänomen, das immer häufiger mehr die Strafrichter als die Kunstrichter beschäftigte.

Die Sexual- und Kulturwissenschaftler, die zu Beginn des 20. Jahrhunderts eine Definition der Pornographie versuchten, waren vor allem daran interessiert, die erotische Kunst und Literatur vor dem Übergriff einer strengen Pornographiezensur zu retten. Sie unterschieden noch nicht zwischen dem Pornographischen und dem Obszönen, wie später u. a. Henry Miller, Ludwig Marcuse, H. Montgomery Hyde, Edgar Mertner und Herbert Mainusch oder Peter Gorsen.

Während Iwan Bloch in seiner Studie von 1907 – *Das Sexualleben unserer Zeit* – in seinen Beziehungen zur modernen Kultur die Wirkungsintention des Produzenten betont und dasjenige Werk als pornographisch charakterisiert, das »einzig und allein, ausschließlich zum Zwecke der geschlechtlichen Erregung verfaßt wurde« (794 f.), hebt Alfred Kind in *Zur Psychologie des Obszönen* (1908) die Wirkung des Werkes hervor; er definiert: »Obszön ist alles, was geeignet ist, die eingeborene und erworbene erotische Reaktionsfähigkeit des Menschen physiologisch zu reizen.« (79) Paul Englisch, der mit seiner *Geschichte der erotischen Literatur* (1927) eine Pionierarbeit leistete, kritisiert die Definitionen von Bloch und Kind als einseitig und sucht eine Synthese in seiner eigenen Bestimmung des Obszönen. Auch er möchte die Erotik und die erotische Literatur vom Obszönen im engeren Sinne abheben und beklagt: »Das Richtige dürfte wie so oft in der Mitte liegen. Obszön ist alles, was im bewußten Gegensatz zur herrschenden Moral zum Zwecke der physiologischen Reizung der Geschlechtsnerven verfaßt und diesen Zweck zu erfüllen geeignet ist.« (5 f.)

Auch Englischs Definition läßt viele Fragen offen. Ludwig Marcuse weist in seiner Untersuchung *Obszön. Geschichte einer Entrüstung* (1984) darauf hin, daß erregende Schriften und Bilder nie »physiologisch« reizen, sondern immer nur die Einbildungskraft, und erst auf diesem Umweg die zuständigen Drüsen. »Direkt ›physiologisch‹ reizt nur Nicht-Obszönes« (23). Er nennt eine von G. V. Ramsey 1943 veröffentlichte Untersuchung über 77 Ursachen, welche Knaben sexuell stimulieren. Nur dreizehn davon seien erotischer Natur (ebd.).

Doch abgesehen davon, es fragt sich, ob ein subtil erotisches Werk, das jede Zensur passieren würde, nicht auf manche stimulierender wirken könnte als die unverhüllte Darstellung einer sexuellen Szene. Und kann ein Werk nicht auch stimulierend wirken, obwohl sein Schöpfer an eine solche Wirkung gar nicht gedacht hat? Etwa Cranachs Darstellung von Adam und Eva, die vielen Madonnenbilder, die Maria mit entblößtem Busen zeigen? Läßt sich die Intention des Produzenten, die sexuelle Stimulierung, so eindeutig fassen? Englisch führt als ein weiteres wichtiges Kriterium für das Obszöne die gezielte Tabuverletzung an. Sexuelle Stimulierung und bewußter Moralverstoß, das bleiben die Kriterien, die die Debatte um Pornographie und Obszönität bis heute beherrschen.

Die Diskussion ist in der Folgezeit noch schwieriger geworden. Es geht nicht nur um die Abgrenzung erotischer Literatur von obszöner Literatur, sondern das Obszöne selbst wird in jüngerer Zeit wiederum vom Pornographischen abgehoben. Gorsen in seiner *Sexualästhetik* (1987) unterscheidet: »Die Obszönität hat ein ethisches Substrat. Obszönität im weiteren Sinne: die obszöne Pornographie hat ein ethisches und ein anthropologisches Substrat. Sie bezieht sich auf die stimulierbare Sexualität und das verletzbare Sittlichkeitsempfinden des Menschen.« (37f.) Hinter dieser eher verwirrenden Terminologie verbirgt sich folgender Gedankengang: Die Pornographie bezieht sich immer auf Sexualität, intendiert sexuelle Stimulation. Das Obszöne beschränkt sich nicht auf den sexuellen Bereich, es gibt auch andere Felder, die das menschliche Scham- und Sittlichkeitsempfinden verletzen können.

Herkunft und Etymologie des Begriffs »obszön« liegen im dunkeln. Der englische Sexualforscher Havelock Ellis hielt den Begriff in *Studies in the Psychologie of Sex* (1936) für eine Variante des lateinischen *scena* und übersetzte es mit »off the scene«. Es bezeichne all das, was sich normalerweise nicht im Rampenlicht des Lebens präsentiere. Andere leiten den Begriff von *caenum* ›Schmutz, Schlamm, Kot, Unflat‹ ab. Das Wort wurde auch – so Ludwig Marcuse – »für Schamglied gebraucht, der Plural sowohl für Schamteile als auch für den Hintern. Im römischen Schrifttum drückte obscenum eine ästhetische Aversion aus (scheußlich), eine moralische (unsittlich) und eine vitale (eklig)« (13 f.). Auch wenn Marcuse folgert, »im Kern aber war fast immer das Sexuelle«, räumt er ein, daß sich das Obszöne nicht ausschließlich auf den sexuellen Bereich beziehen muß, es sich also von der Pornographie unterscheidet.

H. Montgomery Hyde begründet in seiner Studie *A History of Pornography* (1964) die sachliche Differenz auf folgende Weise: »However, while all pornography is obscene, the converse does not hold good« (2). Hyde betont, daß das Obszöne nicht unbedingt pornographisch sein müsse, führt die Beschreibung des Stuhlgangs als Beispiel für ein obszönes Sujet an, das normalerweise nicht auf sexuelle Stimulation ziele und also nicht pornographisch sei. Ein fragwürdiges Beispiel! Die Berichterstattung im Golfkrieg, die die Bombardierung von Bagdad als großartiges Feuerwerkspektakel beschrieb, kann eher als Beispiel der Obszönität – gänzlich ohne sexuellen Bezug – dienen.

Die Darstellung eines natürlichen physischen Vorgangs, wie es die Notdurft ist, mag zwar unappetitlich sein, dürfte aber nicht unbedingt das Scham- und Sittlichkeitsempfinden des Menschen verletzen. Ekel (*disgust*) als Gefühlsreaktion reicht zur Bestimmung des Obszönen nicht aus. Während Hyde zu Recht darauf hinweist, daß das Obszöne nicht unbedingt pornographisch sei, wehrt er den Umkehrschluß, das Pornographische sei nicht immer auch obszön, ab. Für ihn steht fest, alle Pornographie ist obszön. Dagegen wendet Gorsen ein, auch der Umkehrschluß gelte: »Das Pornographische kann, muß aber nicht obszön sein. Pornographie vermag sexuell zu stimulieren, ohne zur ethischen Verletzung des Schamgefühls vorzustoßen« (38).

Er führt als Beispiel die Aktfotos des *Playboy* an, die »in einem Kompromiß zwischen Anstand und sexueller Stimulanz ausgehandelt wurden«. Allem Anschein nach gibt es einen »Typ der nicht-obszönen Pornographie, eine Art Oberflächenreizung der sexuellen Person, die nicht als ›schamlos‹, sondern als ›schamindifferent‹ beschrieben werden kann« (39). Diese Spielart des Pornographischen, mag sie auch auf sexuelle Stimulation zielen, will gerade jeden Angriff auf das »Scham- und Sittlichkeitsempfinden« vermeiden. So sucht das großformatige Aktfoto des *Playboy* mit seinem aseptischen, mühevoll arrangierten makellosen Akt den gesellschaftlichen Konsens.

Interessanter als die ›reine‹ Pornographie, die als Massenware produziert und konsumiert wird und inzwischen auch den Kiosk an der Ecke und per Video oder TV das bürgerliche Wohnzimmer erobert hat, ist die obszöne Pornographie mit ihrer bewußten Provokation des Sittlichkeitsempfindens. De Sades Œuvre wäre hier einzuordnen, der Marquis entwirft Panoramen brutaler monomanischer Sexualbefriedigung, die sich kaum zu sexueller Stimulation eignen. Gorsen führt an, daß »in der traditionellen Sexualästhetik die Annahme nicht-pornographischer Obszönitäten« auf keinen Widerstand stoße, er bezieht sich auf die »klassischen Topoi Komödie, Satire, Groteske, Karikatur«. Unausgesprochen hat sich der Obszönitätsbegriff hier bei ihm gewandelt, ist zu einer wertneutralen Kategorie geworden, die man besser mit dem Terminus Satire bezeichnen könnte.

Ein Argumentationstopos der Verteidigung in späteren Literaturprozessen – wie in dem über Henry Millers *Tropic of Cancer* – basiert auf den künstlerischen Qualitäten des jeweiligen der Pornographie, der Unmoral angeklagten Werkes. Da das Pornographische und damit moralisch Anstößige eines literarischen Werkes in seiner sexuell aufreizenden Wirkung gesehen wird, scheint demnach die künstlerische Qualität jede stimulierende Wirkung auszuschließen. Der Kunst eignete in dieser Verteidigungsstrategie eine

Sublimationskraft, die die erotische Triebphantasie der Rezipienten gleichsam anästhesierte. So begründet denn auch der Richter John M. Wolsey – so Marcuse – die Freigabe des *Ulysses* in den USA u. a. damit, das Werk ziele in seinem Kunstcharakter trotz mancher abstoßender Stellen nicht auf eine »aphrodisische Wirkung« (14). Aretino dagegen scheint in dieser aphrodisischen Wirkung geradezu einen Beweis seines herausragenden Erzähltalents zu sehen, in seinem Kunstverständnis harmonisieren Sexus und Kunstästhetik, (sexuelles) Interesse und Wohlgefallen an der künstlerischen Form.

Will man heute einen erotischen Text als pornographisch diskreditieren, genügt es nicht, seine sexuellen Inhalte aufzulisten, das thematische Spektrum von Begierde, Lust und sexueller Befriedigung, es muß ihm sein ästhetisches Mißlingen nachgewiesen werden. Das war jedoch nicht immer so. Berühmt sind die Literaturprozesse gegen Flauberts *Madame Bovary* und Baudelaires *Fleurs du Mal* von 1857, interessant die Anklagepunkte und die Verteidigungsstrategien der Gutachter. Auch hier ging es um die Darstellung erotisch-sexueller Inhalte und um das verletzte Schamgefühl des Bürgers. Der Ankläger Pinard erkennt die literarische Kunst des Autors und sieht darin gerade die Gefahr für die allgemeine bürgerliche Moral. Auch im Prozeß gegen Baudelaires *Fleurs du Mal* hebt er den hohen Rang des Werks hervor, das dadurch um so gefährlicher sei. Baudelaire in seinen Notizen für den Rechtsanwalt betont – rollengemäß – die »terrible moralité« seines Buches »dans son ensemble« (Baudelaire, *Œuvres* I,193).

Die Prüderie des 19. Jahrhunderts, in dem die Bourgeoisie erfolgreich ihre Moral gegen die Libertinage des Adels durchgesetzt hatte, forderte die liberalen Intellektuellen heraus, eine erotische Kunst und Literatur gegenüber repressiven Verdikten zu verteidigen. Suchten sie zunächst gerade die moralische Absicht des jeweiligen Autors hervorzuheben – wie die Verteidiger im Prozeß gegen *Ma-*

dame Bovary und gegen Baudelaires *Fleurs du Mal* –, so spielen sie später mit dem Selbstverständnis des kunstbeflissenen Bildungsbürgertums. Wenn in früheren Auseinandersetzungen die Argumentationsfigur zählte, die Darstellung des Lasters erst erlaube seine Bekämpfung, so besticht nun die Parole, die Kunst heilige die Sujets. Damit ist die künstlerische Qualität zum Kriterium geworden, die Freigabe eines als obszön oder pornographisch angeklagten Werkes zu begründen. Die Entgegensetzung – hier Kunst, da Pornographie –, von der die Gutachter noch in den Kunstprozessen der sechziger und siebziger Jahre ausgehen, ist durch die Rechtsprechung institutionalisiert. Diese herrschende Rechtspraxis, mit dem berühmten Kunstvorbehalt ein Werk vor seiner Indizierung zu bewahren, trug nicht gerade zur Klärung der Begriffe von Pornographie und Obszönität bei.

Das Obszöne hat im 20. Jahrhundert einen ähnlichen Bedeutungswandel erfahren wie andere in früheren Jahrhunderten zunächst pejorativ gemeinte Charakterisierungen oder Wertungen für neue Stilrichtungen, man denke an Begriffe wie »Barock«, »romantisch« oder »dekadent«. In den Literaturprozessen der letzten Jahrzehnte, bei denen es um Pornographie und Obszönität ging, berücksichtigten die Gutachter zwar die mutmaßliche Intention des Autors, doch sie hatten ein Werk vornehmlich darauf zu überprüfen, ob es geeignet sei, das Scham- und Sittlichkeitsgefühl des normalen Menschen in geschlechtlicher Beziehung erheblich zu verletzen.

Diese Bestimmung läßt offen, ob das moralisch Anstößige nun dem Werk in seiner ästhetischen Gestalt entspringt oder seinem Gegenstand, dem als schamlos empfundenen Inhalt. Diese Unterscheidung betrifft nicht nur die Autorintention, sondern auch die ästhetische Organisation des Werks, bzw. das Defizit an freier ästhetischer Gestaltung.

Zweifellos bietet die Porno-Industrie in ihren Heft- und Videoclip-Sortimenten eine Fülle von obszön pornographischen Machwerken, die in extremer Weise das ethische Empfinden des ›Normalbürgers‹ verletzen, z. B. das reichhaltige Angebot an Kinder- und Gewaltpornographie. Dieser Typus moralisch indifferenter Pornographie ist unreflektiert obszön und gehört nicht in den Bereich der Kunst und ihrer Freiheitsgarantie. Umgekehrt sind z. B. Bilder von Otto Dix und John Heartfield, die mit sexuellen Details nicht geizen, keineswegs pornographisch, jedoch bewußt obszön, sie wollen das Scham- und Sittlichkeitsgefühl der Bürger durch ihre Werke herausfordern, zielen auf den Schock als Denkanstoß.

Angesichts der Debatten um das Obszöne in den letzten Jahrzehnten sollte man zwischen dem bewußt Obszönen als einer künstlerischen Kategorie und dem dumpf, unreflektiert Obszönen unterscheiden. Hubert Selbys Roman *Last Exit to Brooklyn* stellt ein Panorama von obszönen Szenen dar – Sex in Großformat, Perversionen, Gewalt, Vergewaltigung von Frauen, von Homosexuellen, von Underdogs schlechthin –, dieser Roman zeigt all das, was die Literatur in der Regel ausspart, doch indem er die Gewalt in ihrer Brutalität vorführt, macht er sich zum Anwalt verletzter Menschlichkeit. Henry Miller, dessen *Tropic of Cancer* (*Wendekreis des Krebses*) nach seiner Pariser Veröffentlichung 1934 in den USA 1962 wegen Obszönität angeklagt wurde, sprach sich in seinem kritischen Beitrag *Obscenity and the law of reflection* (22) apodiktisch für das Obszöne und gegen die Pornographie aus.

Er hebt die Bewußtheit obszöner Kunst hervor, das Moment der Absichtlichkeit, das nichts mit sexueller Aufreizung zu tun habe, wie das bei der Pornographie der Fall sei. Miller begründet seine Ablehnung der Pornographie mit ihrer Unaufrichtigkeit, mit ihrer Verbrämungstaktik, die den Schock meidet. Mainusch und Mertner berufen sich in ihrer grundlegenden Studie *Pornotopia* bei ihrer Unterscheidung zwischen Obszönität und Pornographie auf Henry Miller (88f.), sie beziehen sich allein auf das bewußt Obszöne, auf das obszöne literarische Kunstwerk, das angenehme Unterhaltung, Genuß, Stimulation gerade verweigert. Das Verwerfliche der Pornographie scheint ihnen – anders als den Sittenrichtern bei den Kunstprozessen früherer Zeiten – weniger in der schamlosen Darstellung sexueller Szenen als in dem Illusionären ihres sexuellen Schlaraffenlandes zu liegen, das unerschöpflichen Genuß verspricht. Sie definieren Pornographie als bloßen Konsumartikel, der außerästhetische Absichten verfolge und insofern einen »reinen, freien Kunstgenuß« (Jean Paul) nicht gestatte.

Äußerst aufschlußreich auch für die Pornographiedebatte ist Jean Pauls Argument aus der *Vorschule der Ästhetik*, der sich aus ästhetischen und nicht etwa aus moralischen Gründen gegen die Darstellung erotischer Gegenstände wendet: »Der stärkste Einwand gegen die Ausmalerei der sinnlichen Liebe ist kein sittlicher, sondern ein poetischer. Es gibt nämlich zwei Empfindungen, welche keinen reinen freien Kunstgenuß zulassen, weil sie aus dem Gemälde in den Zuschauer hinabsteigen und das Anschauen in ein Leiden verkehren, nämlich die des Ekels und die der sinnlichen Liebe. Freilich postuliert man für letzte das Gegenteil vom Zuschauer – man geb' ihm aber auch vorher eine Handvoll dünnes Silberhaar dazu und ein sedates Alter von 80 Jahren.« (427) Auch Friedrich Schlegel, der die Zeitgenossen mit seiner »dithyrambischen Phantasie« über die schönste Situation in seiner *Lucinde* aufstörte, wandte sich in *Minor I* gegen ein sensualistisches Kunstkonzept, warnte vielmehr, die physische Reizbarkeit mache aller Kunst ein Ende, degradiere sie zu einem »Kitzel der Sinnlichkeit« (26). Wie Jean Paul sieht auch er in der sinnlich aufreizenden Wirkung eines Werkes eine Gefährdung seiner künstlerischen Integrität.

Kant in seiner *Kritik der Urteilskraft* begründet die ästhetische Autonomie der Kunst philosophisch-transzendental. Das vielzitierte Moment des »interesselosen Wohlgefallens« löst die Kunst von allen außerästhetischen, d. h. didaktischen, erbaulichen oder aufreizenden Zwecken und verbannt Reiz und Rührung als Wirkung aus dem Bereich der Kunst. Er hebt das Geschmacksurteil, das über die Schönheit eines Gegenstandes befindet, von dem Urteil über das Angenehme ab. »Angenehm ist das, was den Sinnen in der Empfindung gefällt« (281).

Das Wohlgefallen am Angenehmen ist offenkundig mit Interesse verbunden, mit der Vorstellung der Existenz des Gegenstandes. Wenn dem Betrachter bei einem Cézanneschen Apfelstilleben das Wasser im Mund zusammenläuft, beurteilt er das Bild voller Interesse am Gegenstand. Die Vorstellung wirkt auf sein Begehrungsvermögen, und er bekundet sein Wohlgefallen am Angenehmen. Das gleiche Wohlgefallen könnte auch ein Reklamebild erregen, das für kalifornische oder deutsche Qualitätsäpfel wirbt. Über die Schönheit des dargestellten Früchtearrangements sagt das Urteil dieses Betrachters nichts aus. Das Urteil über das Angenehme untersteht der subjektiven Beliebigkeit, der eine mag Jasmin- und Veilchenaromen angenehm, der andere widerlich finden. Das Urteil über das Schöne dagegen fordert eine subjektive Allgemeingültigkeit, der Urteilende postuliert, daß alle Urteilsfähigen seinem Urteil beipflichten.

Spätere Autoren, die sich wie Flaubert etwa in ihren poetologischen Reflexionen von den Entwürfen der romantischen Theorien entfernt haben, teilen dennoch deren Kritik an einem sensualistischen Literaturkonzept.

Die moderne »Ästhetik des Interessanten«, die mit Vorliebe das als abstoßend und häßlich Geltende als Sujet der Kunst wählt, geht von diesem grundsätzlichen Unterschied zwischen Kunst und Leben aus. Ein verwesender Kadaver – vgl. Baudelaires Gedicht *Une Charogne* –, ein Leichnam in der Anatomie – vgl. Benns Poem *Kleine Aster* – übt sicherlich keinerlei Reiz aus und kann doch Sujet höchster Kunst sein. Das bedeutet auch, die Kunst ist nicht nur indifferent gegenüber dem positiven Reiz einer lustvollen Sinnesempfindung, sondern auch gegenüber dem negativen Reiz des Ekels, des Angewidertseins.

Dagegen stünde ein Kunstverständnis, wie es sich zum Beispiel in Ovids *Pygmalion* ausdrückt: der Dichter verliebt sich in seine von ihm geschaffene weibliche Statue. Rousseau greift Ovids Mythos auf und veranschaulicht mit ihm sein ästhetisches Konzept, das die von Kant aus der künstlerischen Wirkung verbannten Momente, Reiz und Rührung, akzentuiert.

Es fragt sich, ob nicht die bis heute dominierende Position, die alle Sinnenreize als Urteilsgrund auszuschalten sucht, erneut einer kritischen Befragung bedarf, auch wenn sie ihre Modernität bis in die jüngsten Kunstdebatten behauptet. Der Kunstvorbehalt stammt aus der juristischen Praxis und trägt die Alternative Kunst *oder* Pornographie von außen in die Literatur. Wie dieser Kunstvorbehalt und sein aufgesetztes Entweder-Oder sich gegenüber der durchaus breiten Tradition erotischen, pornographischen und obszönen Erzählens hält, dies zu prüfen unternimmt die vorliegende Darstellung.

II

Eine Ästhetik der Überraschung: Boccaccios *Decamerone*

Das *Decamerone* (1353) des Boccaccio (1313–1375) hat nicht nur die Novellensammlungen der Marguerite de Navarre oder des Cervantes beeinflußt, es übte eine nachhaltige Wirkung auch auf die erotische Literatur späterer Zeiten aus. Vor allem sein artistisches Raffinement, Amor in all seinen Spielarten – von passionierter Liebe bis hin zu rasch genossener sexueller Lust – in immer neuen Geschichten darzustellen, faszinierte und fasziniert die Leser bis auf den heutigen Tag. Amor erscheint als der allgewaltige Herrscher, der Standesschranken überwindet, der die zur Keuschheit verpflichteten Nonnen und Mönche ebenso besiegt wie die Königstochter, die reiche Bürgerin, die Wollspinnerin, den Kaufmann, den König oder den Laufburschen. Das wohlbehütete Töchterchen weiß der Wachsamkeit seiner Eltern, die Schwester der strengen Aufsicht ihrer Brüder zu entkommen, um mit dem Geliebten die erotischen Freuden zu genießen. Die Ehefrau überlistet den Gatten, der verliebte Knecht seinen Herrn. Alt und jung, arm und reich, alle erfahren Amors Macht.

Boccaccio widmet das Werk mit seinen »Hundert Geschichten, Fabeln, Parabeln oder wirklichen Begebenheiten« (5) den »holdseligen Damen«, die »voll Furcht und Scham [...] die Liebesflammen im zarten Busen« (9) verbergen müssen und die, anders als die Männer, kaum die Möglichkeit besitzen, sich durch die verschiedenartigsten Aktivitäten von ihren melancholischen Gedanken abzulenken. Die Widmung macht deutlich, daß die Gesellschaft im Trecento keineswegs dem Ideal erotischer Freizügigkeit verpflichtet ist, Verstöße gegen die Sexualmoral vor allem für die Frauen verhängnisvolle Folgen haben können.

In der von George Duby und Michelle Perrot herausgegebenen *Geschichte der Frauen* beschreibt Carla Casagrande in dem Kapitel *Die beaufsichtigte Frau* ein weibliches Verhaltensmodell, das seit dem Ende des 12. Jahrhunderts bis in das 15. hinein in zahlreichen moralischen und pädagogischen Traktaten kirchlicher und laizistischer Provenienz propagiert wurde: Die Frau als vernunftschwaches Wesen hatte sich ganz der ›custodia‹, der Schutzherrschaft des Mannes, des Vaters, des Ehegatten, des Bruders unterzuordnen: Keuschheit war oberstes Gebot, und aus diesem Gebot wurde eine Fülle von weiblichen Verhaltensnormen abgeleitet:

> Keuschheit, Bescheidenheit, Mäßigung, Schlichtheit, Schweigen, Tüchtigkeit, Barmherzigkeit und Zurückhaltung: Jahrhunderte hindurch haben sich Frauen diese Wörter vorsagen lassen müssen. Sie haben sie von den Predigern in den Kirchen gehört, von ihren Familien zu Hause, sie fanden sie in den Büchern, die für sie geschrieben wurden. (116)

Demut und Bescheidenheit bedeuten die Unterordnung unter die männliche geistige Überlegenheit; Nüchternheit, die sich nicht nur auf stimulierende alkoholische Getränke, sondern auch auf pikante Speisen bezieht, soll die Frauen in der Verteidigung ihrer Keuschheit stärken; die Tugend des Schweigens sollen sie üben, da ihre angeborene Geschwätzigkeit sie in Situationen erotischer Versuchung führen könnte; Müßiggang ist überhaupt aller Laster Anfang, und vor allem für die Frauen, denen – quer durch alle Gesellschaftsschichten – unisono von den laizistischen und klerikalen Frauenpädagogen Stickereien, Strickereien usw. anempfohlen werden. Obwohl die Kirchendoktrin die Ehe als alleinigen Rahmen legitim praktizierter Sexualität vorschreibt und sie beide Ehegatten zu sexueller Treue verpflichtet, billigte die laizistische Ethik auch im sexuellen Bereich dem Gatten eine weit größere Freiheit als der Gattin zu: »Da die Ehe der Hervorbringung von *legitimen* Erben dienen sollte, mußte der Schoß der Ehefrau in besonderer Weise kontrolliert werden; er sollte allein der eheherrlichen ›Befruchtung‹ vorbehalten bleiben.« (Opitz, 294)

Die Frauen der gehobenen Schichten unterlagen einer besonders strengen Überwachung. Die Strafen für ein weibliches Vergehen gegen das Keuschheits- bzw. Treuegebot konnten sogar den Tod einschließen. Daß in Boccaccios Novellen die außereheliche Liebschaft so eine große Rolle spielt, spricht nicht gegen ihren Realitätsgehalt, denn trotz der ungünstigen Bedingungen – so bilanziert Claudia Opitz aufgrund weiblicher Biographien – verzichteten die Frauen durchaus nicht auf eine Liaison außerhalb des ehelichen Bettes.

Boccaccios *Decamerone* zieht in vielen seiner Novellen gerade aus der risikovollen Situation der Liebenden seinen Reiz. Der erotische Genuß wird zur Aventiure, die Einfallsreichtum, Geistesgegenwart und Geschicklichkeit fordert; die Verbindung von Eros und Aventiure ist der Unterhaltsamkeit der Geschichten nur dienlich, und eben dies ist Boccaccios Wirkungsabsicht.

Der Titel *Decamerone*, aus dem griechischen *deka* ›zehn‹ und *hemera* ›Tag‹ gebildet, verweist auf die Struktur der Novellensammlung: Zehn Personen, sieben Damen und drei Herren, erzählen sich an zehn Tagen jeweils zu einem festgelegten Thema Geschichten, eben die hundert Novellen, aus denen das *Decamerone* besteht. Die Assoziation an die hundert Gesänge der *Divina Commedia* Dantes ist sicherlich beabsichtigt, verweist auf ein Liebeskonzept, von dem sich Boccaccio – trotz all seiner Bewunderung für Dante – distanziert.

Ein Inferno kennt auch er. Doch er siedelt es nicht in einem metaphysischen Bereich nach dem Tod an, evoziert es nicht neben *purgatorio* und *paradiso* als Ort des Jenseits, sondern er sieht in der Pest, die in der Tat 1348 auch in Florenz grassierte, ein Übel, das den Menschen schon im Diesseits ein Inferno bereitet.

Die Rahmenhandlung seines Erzählzyklus bezieht sich auf eben diese Pestepidemie, die mit all ihren Schrecken die Bewohner von Florenz heimsuchte. Er säkularisiert das Inferno und beschreibt die Seuche, der die Menschen wie einem Schicksalsspruch oder Gottesurteil ausgesetzt sind, als eine Art irdisches Inferno. Vor diesem düsteren Hintergrund hebt sich das heitere Ambiente der Binnenhandlung ab. Boccaccio zeichnet in seinem Rahmen ein realistisches Bild des von der Pest heimgesuchten Florenz. Angesichts des Massensterbens gibt es keine würdigen Begräbnisse mehr. Eher Habsucht als Nächstenliebe verschafft den Erkrankten notdürftigste Wartung. Die furchtbar wütende Seuche zerstört Familienbande, selbst Mütter und Väter wenden sich aus Selbstschutz von ihren Kindern ab, Ehegatten stellen ihr Überleben über die Pflicht zur Hilfe. Der schwarze Tod hat alle sozialen humanen Bindungen zerstört, die niedrigsten Instinkte freigesetzt. Boccaccio zeigt die demoralisierenden Wirkungen einer Seuche, gegen die die ärztliche Kunst machtlos ist.

Angesichts dieses unbeschreiblichen Elends beschließen sieben junge anmutige und achtbare Damen, die von ihren Angehörigen, sei es durch Tod oder Flucht, verlassen wurden, den Ort der Schrecken in Begleitung dreier junger Männer, »anmutige Leute von guter Lebensart« (*Dekameron* I,31) zu fliehen. Denn die Stadt bietet den Verwaisten nur die Aussicht auf Entwürdigung und einen schrecklichen Tod ohne Beistand. Der Erzähler verrät, daß jeder dieser drei »anmutigen Leute« eine der sieben reizenden Damen liebt, aber er wahrt das Geheimnis, wer für wen entflammt ist. Dionio, »der an Frohsinn und Witz nicht seinesgleichen hatte« (I,27), verkündet die lebenszugewandte Maxime, sie sollten sich auf dem Lande dem Frohsinn und der Heiterkeit zuwenden, andernfalls mache die Flucht aus Florenz keinen Sinn.

Heiterkeit, *letizia*, ist in der Tat ein Schlüsselwort für das idyllische Landleben der kleinen Schar, die sich der Muße hingibt, die Reize der Natur ebenso genießt wie die Annehmlichkeiten einer gepflegten Tafel. Alle haben genügend Zeit für sich, ohne daß das gesellige Beisammensein leidet. Am Nachmittag, zur Zeit der großen Sommerhitze, versammeln sie sich jeweils – so wird es beschlossen – auf einer Wiese und vertreiben sich die Zeit mit Geschichtenerzählen. An jedem Tag wählt die Gesellschaft eine Königin bzw. einen König, die den Tagesablauf und das Rahmenthema der zu erzählenden Geschichten bestimmen.

Boccaccio bzw. seine Erzählmedien wählen vornehmlich Sujets, die in den Bereich der erotischen Pikanterie, der sexuellen List und Lust, der Leidenschaft fallen. Eine bunte Welt quer durch alle Schichten wird hier vorgestellt, in der die launischen Götter Amor und Fortuna regieren. Da wird von Menschen erzählt, »die nach mancherlei Ungemach wider alle Hoffnung ein glückliches Ziel erreicht haben« (Zweiter Tag), »die durch Geschicklichkeit etwas Heißersehntes erlangt oder das Verlorene wiedergewonnen haben« (Dritter Tag), »deren Liebe ein unglückliches Ende gefunden hat« (Vierter Tag) oder von »Liebenden, die nach Ungemach und Kümmernis Glückseligkeit gefunden haben« (Fünfter Tag). Der sechste Tag gilt denen, »die eine Neckerei zurückgegeben haben oder einem Verluste, einer Gefahr oder einer Beschämung durch eine schlagfertige Antwort oder durch einen raschen Entschluß entgangen sind«. Schlagfertigkeit, Einfallsreichtum, der List und Betrug einschließt, zeichnen nicht nur die Akteure in den Geschichten dieses Tages aus, auch die »Streiche«, von denen am siebten Tag erzählt wird, »die die Frauen entweder aus Liebe oder um sich aus der Not zu helfen ihren Männern gespielt haben«, zeugen vom Witz ihrer Urheberinnen. Der achte Tag ist wiederum »Streichen gewidmet, die tagtäglich von der Frau dem Manne oder von dem Manne der Frau oder von einem Manne dem anderen gespielt werden«. Das Horazsche »prodesse et delectare« grundiert die Novellen, und die Beispiele von pfiffig eingefädelten Streichen und Betrügereien fördern die Lebensweisheit auf angenehme Weise. Der zehnte und letzte Tag des *Decamerone* stellt Menschen vor, die in »Liebesangelegenheiten oder anderen Dingen großmütig oder hochsinnig gehandelt haben«.

Anders als im *Heptameron* der Marguerite de Navarre, deren Erzähler und Erzählerinnen individuell geprägte Liebesauffassungen vertreten, scheinen die Damen und Herren des *Decamerone* mit ihren Geschichten nicht eine je eigene Liebes- und Sexualmoral zu vertreten. Wenn Oisile oder Parlemente z. B., hinter denen sich die Mutter Louise und Marguerite selbst verbergen, im *Heptameron* nur Geschichten erzählen, die der Platonischen Sublimierungsthese entsprechen, dagegen Hirsan etwa vor allem pikante amouröse Begebenheiten vorstellt, verweist das auf eine entwickelte Streitkultur in der späten Renaissance, auf zunehmende Toleranz und auf das große Interesse an Liebeskasuistik, auf die Lust am erotischen Diskurs. Boccaccio in der ersten Hälfte des 14. Jahrhunderts dagegen sieht sich der Übermacht der klerikalen Doktrinäre ausgesetzt, er vertritt dezidiert ein sensualistisches erotisches Konzept, das der asketischen kirchlichen Moral konträr ist. Im Folgenden wird das erzählerische Repertoire der Fiammetta vorgestellt, das ein reiches Spektrum amouröser Verhaltensweisen veranschaulicht. Die Wahl ist willkürlich, und in ihrer Willkürlichkeit liegt gerade ihre Aussagekraft.

Der Name Fiammetta verweist auf die Biographie Boccaccios, der einer Dame dieses Namens mehrere Werke gewidmet hat und mit der ihn eine letztlich unglückliche Liebe verband. Fiammetta berichtet am dritten Tag von der glühenden Liebe des Ricciardo, eines reichen Adeligen, der – obwohl er eine wunderschöne und liebreizende junge Frau zur Gattin hatte – sich nach der Liebe Catellas, der

Gattin eines »jungen, gleicherweise adligen Mannes« verzehrt, »den sie als ehrbare Frau über alles liebte und wert hielt« (I,275).

Durch List verschafft sich Ricciardo ein erotisches Tête-à-tête mit Catella, die ihrerseits glaubt, ihren vermeintlich ungetreuen Gatten zu überlisten, der sie mit Ricciardos Frau betrügen wollte. Sie muß annehmen, die leidenschaftlichen Liebkosungen Ricciardos, den sie für ihren Gatten hält, gälten einer anderen, sie genießt die Lust und ist zugleich empört, in »dieser kurzen Zeit mehr Liebkosungen und Zärtlichkeiten« (I,281) erfahren zu haben als in ihrem ganzen bisherigen Eheleben. Sie gibt sich schließlich ihrem vermeintlichen Mann als Catella zu erkennen, beschimpft ihn ob seiner erotischen sexuellen Glanzleistung, die er im eigenen Haus nicht erbringt, und wird schließlich von Ricciardo aufgeklärt, daß nicht ihr Mann, sondern er ihr zärtlicher Bettgenosse war. Geschickt weiß Ricciardo die spontane Empörung Catellas durch Wort und zärtliche Tat zu besiegen, sie versöhnen sich.

> Und nun blieben sie mit gleichem Einverständnis noch eine geraume Zeit zu ihrer größten Wonne zusammen. Und da nun die Dame erfahren hatte, um wieviel würziger die Küsse des Geliebten als die des Gatten sind, verwandelte sie ihre Härte gegen Ricciardo in süße Liebe und liebte ihn von diesem Tag an mit inniger Zärtlichkeit und richtete es mit Vorsicht und Bedachtsamkeit so ein, daß sie sich noch zu often Malen ihrer Liebe erfreuten. Und Gott beschere auch uns Freude an der unserigen. (I,284)

Dreierlei belegt diese Novelle: Zunächst: die Liebe in ihrer sinnlich-erotischen Begehrlichkeit, die List und Betrug nicht scheut, ist nicht auf das Bürgertum und die niedrigen Stände beschränkt, auch der Adel erliegt der erotischen Faszination, kultiviert in der Welt des Boccaccio nicht nur sublime Fernenliebe à la Petrarca, sondern sucht – selbst mit listigen Mitteln – die sinnliche Erfüllung seiner Lebenssehnsucht. Insofern ist Giorgio Padoans Zuordnung von gesellschaftlichem Stand und Liebeskonzept zu überdenken. Sein Fazit:

> Auch in den Fragen der Liebe zeichnen sich daher zwei verschiedene gesellschaftliche Ebenen ab: auf der einen Seite die höfische und ritterliche Ebene (der auch die Erzähler angehören), die wohl die Macht Amors kennt, aber Sittsamkeit und eine Atmosphäre des Idealen bewahrt, die wie auf feinsten Goldgrund im spätgotischen Geschmack gemalt erscheint; auf der anderen Seite die bürgerliche und plebejische Ebene der Streiche und Ehebrüche. (172)

Boccaccio führt jedoch in seinem *Decamerone* auch die außerehelichen Liebesabenteuer der Adligen vor und zeigt umgekehrt die edle Liebe von Bürgern. Andererseits wird ›im Rahmen‹ immer wieder auf das sittsame Betragen der Erzählerschar hingewiesen, so daß sich die Frage nach einer Stufenleiter der Liebe und des Liebesverhaltens bei Boccaccio erneut stellt, und zwar im Hinblick auf das Verhältnis von Rahmen und Novellen, von fingierter ›realer‹ Erzählsituation und Fiktion. Darauf ist zurückzukommen. – Weiter lassen sich aus der Geschichte von Catella und Ricciardo Rückschlüsse auf das Verhältnis von Ehe und Liebe ziehen. Da die Ehe eine Vertragsgemeinschaft ist, die nicht aus Liebe geschlossen wird, vielmehr eine Institution darstellt, die die legale Nachkommenschaft sichern soll, ereignet sich die Liebe vornehmlich außerhalb der Ehe. Die christliche Ehemoral in der Tradition des Paulus, die den sexuellen Akt zwar als eheliche Pflicht (*debitum*) begreift, die beide Partner einfordern können, betrachtet aber die Sexualität dennoch mehr als notwendiges Übel. Wenn nun der schwache Mensch von Fleischeslust heimgesucht wird, soll er diese denn eher in der Ehegemeinschaft stillen als in sündiger Buhlerei außerhalb derselben oder in Onanie. Doch eine Fülle von Verboten, über die die Beichtspiegel Auskunft geben, schränken die Sexualpraktiken in der Ehe ein, kriminalisieren sie. Keineswegs überspitzt formuliert: Der eheliche Beischlaf sollte möglichst rasch und ohne erotisches Raffinement, das luststeigernd wirken könnte, vollzogen werden. Obwohl die kirchliche Doktrin außereheliche Sexualität nicht vorsieht bzw. sie als Sünde begreift, beziehen sich die Kirchenväter – wie Jean-Louis Flandrin (154 ff.) belegt – auf Dirne und Geliebte, um Ausdrucksformen »übermäßiger Liebe« zu charakterisieren, die für Ehegatten unschicklich sind.

Auch wenn Boccaccio, der die offizielle sinnenfeindliche Sicht der Kirche keineswegs teilt, in vielen seiner Novellen Liebende vorstellt, die nach mancherlei Hindernissen und Leiden schließlich in der ersehnten Heirat ihr Glück finden, neigt er doch eher einer Opposition von Ehe und Liebe zu, wie sie später im 17. Jahrhundert witzig brillant von französischen Aphoristikern formuliert wurde.

Seine Novellen wollen außergewöhnliche, interessante, komische oder tragische Begebenheiten darstellen. Die Heiraten, die das Glück seiner Liebenden beschließen und mit denen dann auch die Novellen ihren Schluß finden, entsprechen gerade nicht der üblichen, von den Eltern arrangierten Konvenienzehe, wie sie auch in der Zeit Boccaccios bis hin ins 19. Jahrhundert Sitte ist. So flieht die Tochter des Königs von England, als Abt verkleidet, vor der befohlenen Hochzeit mit dem »steinalten« König von Schottland, verliebt sich in Alessandro, einen jungen Edelmann, der Geldgeschäfte betreibt, vermählt sich heimlich mit ihm durch Ringwechsel vor dem Bild des Heilands, vollzieht zu beiderseitiger Lust die Ehe und holt sich im nachhinein den päpstlichen Segen (Zweiter Tag, dritte Geschichte).

Auch die Geschichte von Ricciardo und Catella, die beide mit edlen und schönen Gatten verheiratet sind, zeigt, daß Amors Betätigungsfeld nicht vornehmlich im Bereich der Ehe liegt. Ricciardo entbrennt trotz seiner »wunderschönen und liebreizenden jungen Frau« dennoch in leidenschaftlicher Liebe zu Catella, und diese, die ihren Mann »als ehrbare Frau über alles liebte und wert hielt« (I,275), erfährt, »um wie würziger die Küsse des Geliebten als die des Gatten sind« (I,284).

Am vierten Tag, dessen Rahmenthema denen gewidmet ist, deren Liebe ein unglückliches Ende genommen hat, erzählt Fiammetta die Geschichte von Ghismonda, der Tochter des Fürsten von Salerno, die nach ihrer nur kurz währenden Ehe als Witwe in das Haus ihres sie zärtlich liebenden Vaters zurückkehrt, der nicht daran denkt, sie wieder zu verheiraten. Ghismonda jedoch ist in ihrer Sinnlichkeit erweckt, leidet unter der sexuellen Enthaltsamkeit, verliebt sich schließlich in Guiscardo, einen Diener ihres Vaters, der zwar von niedriger Geburt, jedoch durch »Trefflichkeit und Betragen« (I,351) edler als jeder andere sich ihr darstellt. Ghismonda ergreift die Initiative zu einem Tête-à-tête, vermittelt dem seinerseits verliebten Guiscardo die Möglichkeit eines ungestörten Beisammenseins. Auch das ist ein Zug, der Boccaccio radikal von den Dichtern des Dolce stil nuovo unterscheidet, die die engelhafte ferne Geliebte verherrlichen. Seine Frauen, mögen sie nun der Hocharistokratie (wie in der dritten und siebten Geschichte des zweiten Tages), dem Patriziat (VII,9), dem Bürgertum (II,2; III,3) entstammen, sind für die irdischen Vergnügungen der Liebe in höchstem Maße aufgeschlossen, suchen, wenn sie sich verliebt haben, die baldige Erfüllung ihrer Wünsche, d. h. die Freuden sexueller Lust. Brockmeier verweist auf das Moment der »Unverzüglichkeit«, auf »die Funktion des subito: Unverzügliches rationales Reagieren ist ein wichtiges Charakteristikum der Novellen-Figuren: es bestimmt den Handlungsablauf und skandiert den Rhythmus der Erzählungen« (370).

Das gilt nicht nur in Augenblicken der Gefahr, sondern auch für die zielstrebige Planung in Liebesangelegenheiten.

Ghismonda und Guiscardo halten nichts von Triebaufschub, sie verbringen gleich bei ihrem ersten Zusammensein »ein gutes Stück des Tages in eitel Lust und Wonne« (I,283). Ihre Lust ist jedoch nicht von Dauer: »Aber das Geschick mißgönnt den beiden Liebenden eine so lange und so große Lust und verkehrt ihr Glück durch ein schmerzliches Ereignis in Traurigkeit und Tränen« (I,353), Tancredi sieht – durch die Laune Fortunas –, wie seine Tochter mit seinem Diener der Lust frönt. Er unterdrückt sein spontanes Rachegelüste, um die Schande nicht öffentlich zu machen. Später läßt er Guiscardo gefangennehmen, der auf dessen Vorwürfe nur mit dem einen Satz antwortet: »Die Liebe vermag mehr als Ihr und ich« (I,354).

Ghismonda, in der Meinung, ihr Geliebter sei tot, will lieber ihr Leben lassen, als den Vater um etwas zu bitten. Stolz bekennt sie sich zu ihrer Liebe und verteidigt ihr Handeln und die Wahl ihres Geliebten aus niederem Stand. Sie rechtfertigt ihre Liebe, d. h. die erotisch sexuelle Befriedigung ihrer Liebessehnsucht gleichsam mit dem Recht der Natur, gegen das Tancredi aus väterlichem Egoismus verstoßen habe. Sie spricht mit dem Pathos der großen Liebenden, ohne jedoch dieser Liebe die Weihe körperloser Seelenbindung zu geben. Die Trennung in hohe sublimierte Liebe und niedere sinnlich gelebte Liebe, wie sie die höfische Liebesdoktrin des Mittelalters vornimmt, hat für sie keine Gültigkeit; ihre Liebe, die ihr sublimes Wesen darin offenbart, daß sie dem Geliebten in den Tod folgt, entspringt dem »concupiscibile disidero«, dem begehrlichen Verlangen, sie sucht die Wonne körperlicher Lust, die Erfüllung im Liebesakt. Bemerkenswert, mit welchem Nachdruck Ghismonda erfüllte Sexualität als Liebes- und Lebensexistential herausstellt. Zugleich jedoch betont sie die überlegte Wahl des Geliebten, den sie trotz seines niederen Standes allen anderen von adliger Herkunft vorgezogen habe, da er durch seine edlen Manieren, Sitten, seine »Tugend und Trefflichkeit« (I,357) alle anderen überflügelt.

Eine kluge und edle Frau weiß in ihrem Liebesverlangen dennoch ihre Wahl des Liebespartners rational zu begründen. Amor ist zwar allmächtig, wenn sein Liebespfeil trifft, wie auch Guiscardo eingesteht; er vermag aber die edle Frau nur zu treffen, wenn sie von der edlen Gesinnung und »Tugend« des Geliebten überzeugt ist. Daß *virtù* (Tugend) bei Boccaccio nicht sexuelle Enthaltsamkeit bedeutet, versteht sich. Tancredi tötet den Liebhaber seiner Tochter und schickt ihr dessen Herz in einem goldenen Gefäß; sie benetzt es mit ihren Tränen, gießt vergiftetes Wasser darüber, trinkt es und stirbt.

Tancredi, der aus übergroßer Liebe zu seiner Tochter ihr Leben schonen, ihr verzeihen will, verliert sie dennoch durch seine grausame Rache an dem Geliebten. Der tragische Ausgang dieser Liebe, den Fortuna herbeiführte, stellt sich zugleich als Triumph der Liebe dar, die sich in wechselseitiger sinnlich erotischer Lust verwirklicht und gleichzeitig ihre Innigkeit durch eine Treue bis in den Tod beweist. Deutlich zeigt die Novelle auch das Ausmaß der väterlichen Gewalt, der »paterna potestas«, die den Vater nicht nur zum »alleinigen Treuhänder des gesamten Familienbesitzes« machte, sondern ihm auch – so belegt es de la Roncière (204 f.) – weitreichende Strafmaßnahmen gegenüber der Familie zubilligte.

Auch die Geschichte von Federigo degli Alberighi, die Fiammetta am fünften Tag erzählt, ist ganz dem Ideal der edlen Liebe verpflichtet, schildert die unerwiderte Liebe eines Ritters, der zu Ehren seiner Herzensdame, einer verheirateten adligen Frau, in Turnieren und Festen all sein Vermögen verschwendet, so daß ihm nur noch sein Falke bleibt, »der kaum in der Welt seinesgleichen hatte« (II,506). Ihn opfert er der inzwischen verwitweten Dame bei ihrem Besuch, doch in anderer Weise, als diese es erhoffte. Der völlig verarmte Federigo glaubt, der vornehmen Dame eine würdige Speise zu schulden, und bietet ihr den Lieblingsfalken als Mahl, während sie ihn aufgesucht hat, um den kostbaren Vogel für ihren kranken Sohn zu erbitten, der sich von dem Besitz dieses ersehnten Falken Gesundung erhofft. Eine für den Ritter tragische Situation, die jedoch gemäß dem Leitthema des Tages eine glückliche Wendung nimmt. Die Dame, »die nicht minder ehrbar als schön war«, und die sich zuvor weder um Federigos Aufmerksamkeiten noch um ihn selbst gekümmert hat, heiratet den verarmten Ritter, dessen hochherzige Gesinnung sie in dem Falkenopfer erfahren hat. Obwohl diese Novelle wie die vorangehende von edler Liebe handelt, führen beide doch ein je anderes Liebeskonzept vor. Die Federigo-Geschichte steht in der Tradition der Hohen-Minne-Dichtung, jedoch mit dem Unterschied, daß die Dame am Ende den Ritter zum Gatten wählt. Kein »begehrliches Verlangen« spielt bei dieser Wahl eine Rolle, der Aspekt sinnlich-erotischer Ausstrahlung, sexueller Lust bleibt ausgespart.

Die Liebe des Ritters findet ihre Erfüllung erst in den legalen Banden der Ehe. Boccaccio bzw. sein Erzählmedium Fiammetta erzählt diese Geschichte jedoch nicht als Beispiel vorbildlichen Liebesverhaltens, das sexuelle Erfüllung nur im Rahmen der Ehe erfährt, die Geschichte hat ihren Erzählgrund in der edlen außerordentlichen Handlungsweise Federigos, in der doppelten Wende, die die Geschichte nimmt: zuerst das wohlgemeinte Falkenopfer, das es Federigo gerade unmöglich macht, die einzige Bitte der geliebten Dame zu erfüllen, danach die unerwartete Erfüllung seines Wunsches, als er sich jeder Hoffnung beraubt sieht. Boccaccio liebt die Pointe, die erstaunlichen Handlungsumschwünge, will seine Leser nicht erbauen, sondern überraschen, auf geistvolle Weise unterhalten. In der Tradition Francesco de Sanctis, der dem Erzähler moralische Indifferenz und einen ästhetischen Blick auf die Wechselfälle des Lebens attestiert, wurde immer wieder der Amoralismus des *Decamerone* hervorgehoben. Alberto Moravia konstatiert, daß die Amoralität für Boccaccio notwendig sei, da er »der Handlung um jeden Preis« bedurfte, »denn die Handlung galt ihm nur um ihrer selbst willen; gleichgültig blieb es, ob sie gut oder schlecht, traurig oder lustig, phantastisch oder realistisch war. Die Welt muß Boccaccio, der von ihr bezaubert war, unendlich schön und vielfältig, begehrenswert und voller Genüsse erschienen sein« (72). Der seine »Bequemlichkeit liebende Boccaccio« – so seine Argumentation im Sinne Freuds – lebt sein Verlangen nach Abenteuern in der kreativen tagträumenden Phantasie aus, die in den zweckfreien Handlungen der Novellen Gestalt gewinne.

Die Geschichten, die Fiammetta am siebten und achten Tag erzählt und in denen List und Betrug regieren, zeugen in der Tat von Boccaccios moralischer Indifferenz – zumindest gegenüber einer strengen Sexualmoral. Der eifersüchtige Ehemann, der, als Beichtvater verkleidet, die möglichen Geheimnisse seiner Frau zu entdecken versucht, wird von dieser erst recht hinters Licht geführt. In der Geschichte des achten Tages berichtet sie von zwei befreundeten Ehepaaren, die nach Betrug und Gegenbetrug in friedlichem Einvernehmen die Partner teilen. Die fröhliche Schar schwatzt zwar noch eine Zeit über »die von den beiden Sien[ese]ern eingeführte Weibergemeinschaft« (II,731), enthält sich jedoch moralischer Bedenken.

Die Beispiele zeigen hinreichend das schillernde Spektrum amouröser Beziehungen, die alle auf ihre Art die vornehme Schar vergnügen. Es besteht keinerlei Zusammenhang zwischen Liebeskonzeption und Erzähler/Erzählerin, und es gibt auch keinerlei Anzeichen dafür, daß die Gesellschaft die listig erschlichene Liebesgunst etwa eines Ricciardos oder die Übertölpelung des Eifersüchtigen kritisierte. Liebe erscheint als Naturrecht, und wer von diesem Recht Gebrauch macht und Widerstände durch Witz und Einfallsreichtum besiegt oder umgeht, dem gebührt Beifall. Den Gewitzten gilt die Gunst der gebildeten Schar, die sich weniger an erotischen Details delektiert als an einer klug geführten Intrige, die zum Genuß führt. Die *saviezza*, die

›Klugheit, Weisheit, Schlauheit‹ bedeuten kann, rangiert über moralischen oder religiösen Kriterien.

Der übertölpelte Eifersüchtige hofft vergeblich auf das Mitleid der Schar. Doch die gewitzte Ehefrau, die ihrem überraschend heimkehrenden Mann gleich zwei im Hause weilende Liebhaber auf die ehrbarste Weise zu erklären versteht (VII,6), erregt Bewunderung. Ihr Ausweg ist »maraviglioso« (II,488). Giuseppe Perronio folgert zu Recht:

> Savio ist somit kein moralisches, sondern ein intellektuelles Urteil; aber es bedeutet auch Überwindung des moralischen Urteils, denn es wird für Menschen und Handlungen angewendet, die sich in den unterschiedlichsten Sphären bewegen, bald völlig außerhalb der moralischen Sphäre, bald sich teilweise mit ihr kreuzend. (61)

Boccaccios *saviezza* erinnert an Henri Bergsons ›Elan vital‹, der den Menschen für die verschiedensten Anforderungen der Gesellschaft flexibel macht. Mangelnde Flexibilität ist dann auch folglich der Ausgangspunkt der Bergsonschen Komiktheorie in *Le Rire*, die in einer Mechanisierung des Lebendigen, in der »Starrheit« (29) die Quelle des Komischen sieht, das die Gesellschaft mit Lachen ›bestraft‹. Hans Guck-in-die-Luft kann danach ebenso ein Objekt der Komik sein wie der von einer fixen Idee Besessene, etwa der Eifersüchtige, der gegen eine mögliche Hahnreischaft alle Vorkehrungen zu treffen glaubt und damit gerade sein Los als Hahnrei besiegelt. Mit Lachen antwortet in der Tat die Schar auf all die Mißgeschicke und Streiche, die den Möchtegern-Schlauen, Einfallspinseln, Überlisteten durch mangelnden Witz widerfahren. Und mit Lachen bekundet sie ihren Beifall für die Einfallsreichen, die ans Ziel ihrer Wünsche gelangen, einer verwickelten Lage zu entkommen wissen.

Eine lebensorientierte Intelligenz bildet für die Erzählerschar den Maßstab ihrer Zustimmung, nicht tugendsames oder lasterhaftes Verhalten. Darüber hinaus jedoch ist es die ästhetische Lust am Außergewöhnlichen, Überraschenden, der distanziert ästhetische Blick auf die Welt, der die ethische Wertneutralität der Novellen bestimmt. Boccaccios Erzählkunst zielt auf ästhetisches Vergnügen vor aller Erbauungsabsicht. Die *saviezza*, zu der die Angehörigen aller Schichten fähig sind, scheint Boccaccio als die neue ›Tugend‹ der Stadtgesellschaft zu feiern, die eine klerikale Moral ablöst.

Boccaccios *Decamerone* atmet den Geist der Frührenaissance, die den Spiritualismus des katholischen Mittelalters zugunsten eines neuen Sensualismus, einer Diesseitsbezogenheit und Natürlichkeit aufgab. Das manifestiert sich auch in seinem Liebeskonzept, das sich von den spiritualistischen Liebesidealen eines Petrarca oder Dante entschieden abhebt. Das spiritualistische Konzept der Repräsentanten des ›Dolce stil nuovo‹, die in dem Verzicht auf erotisch sexuelle Erfüllung eine Steigerung der Liebesqualität sehen, hat für Boccaccio seine Verbindlichkeit verloren. Er begreift die Liebe nicht mehr als veredelnde Himmelsmacht, vielmehr als eine Art Naturkraft, die den Menschen gerade auch als Wesen von Fleisch (I,285) erfaßt und die auch in ihrer edelsten Ausprägung die Sinne entzündet.

Dieses sensualistische Liebeskonzept, das sich von den literarischen Traditionen des Platonismus abwendet, drückt sich auch in einer besonderen erotischen Bildlichkeit aus, die selbst den Sexualakt nicht ausspart. Doch so unverhohlen die Erzählerschar von den sinnlichen Freuden der Liebe redet, so deftig und burlesk zuweilen der Verlauf ihrer Geschichten sein mag, der Ton bleibt dezent, mal witzig anmutig, mal komisch pikant oder einfach bilanzierend. Häufig finden sich für die sexuelle Erfüllung einer erotischen Aventiure Formulierungen wie die folgenden: »[...] und beide genossen aneinander eine gute Weile alle Lust und Freude« (II,623); »[...] worauf sie miteinander, als es an der Zeit schien, zu Bett gingen und sich in aller Muße aneinander freuten« (II,610); »[Sie] begannen einander die Wonnen der Liebe zu gewähren« (I,145); »Und indem sie sich eins am andern entzückten, getrösteten sie sich miteinander zu ihrer größten Lust« (I,260).

Die Beispiele mögen genügen, sie sind repräsentativ für den Stil, in dem von dem ersten sexuellen Beisammensein eines Paares erzählt wird. Sexuelle Details, die Anatomie der Körper mit ihren erotischen Lockungen und erogenen Reizbarkeiten, bleiben ausgespart. Der Ablauf des erotischen Spiels, für das sich die Verliebten – wie immer wieder betont wird – viel Zeit nehmen, wird nicht beschrieben.

Angesichts des mittelalterlichen Minne-Ideals und der auch noch im Trecento herrschenden Liebesdoktrin, die die Frau in idealistische Ferne rückt, überrascht die Selbstverständlichkeit, mit der die Frauen – auch aus den gehobenen Schichten – in Boccaccios *Decamerone* die sexuelle Erfüllung ihrer Neigung suchen. Nun ist der Topos der lüsternen Frau, deren unersättliches Begehren oft die sexuellen Möglichkeiten des Mannes überfordert, in der Literatur des Spätmittelalters und der Renaissance häufig zu finden, und auch im *Decamerone* lassen sich dafür zahlreiche Beispiele nachweisen; dennoch enthält das Werk auch viele Geschichten – etwa wie die der Ghismonda –, die nicht diesem Topos entsprechen und nicht dem komischen Genre angehören. Beim Topos der lüsternen Frau spielt Amor letztlich keine Rolle, sie hat es nur auf das männliche Instrument weiblicher Lusterfüllung abgesehen.

Symptomatisch dafür ist die erste Geschichte des dritten Tages, die erzählt, wie sich der gewitzte junge Masetto als stummer Tölpel in einem Nonnenkloster einführt, dort Gärtner wird, zunächst freudig erst zwei jungen Nonnen, dann allen andern, zuletzt der Äbtissin selbst seine männliche Potenz beweist, schließlich jedoch auf ein Reglement dringen muß, das seiner Gesundheit Rechnung trägt. Hier kann von personbezogener Liebe keine Rede sein, und der Erzähler will mit seiner Geschichte nur demonstrieren, daß weder Schleier und schwarze Kutte einerseits noch mühselige schwere Handarbeit andererseits den Menschen ihre begehrlichen Lüste nehmen.

Die liebende, die verliebte Frau, welcher Schicht sie auch angehört, wartet nicht auf ein langwieriges Eroberungsritual, sie stellt sich keineswegs als Tugendbastion dar, die nur widerstrebend dem listigen und übermächtigen Ansturm des Verführers nachgibt, sondern sie selbst sinnt auf Wege, wie sie den Barrikaden, die Väter, Brüder, Gatten um sie errichtet haben, entkommen kann. Ist sich die Frau ihrer Liebe und der Gegenliebe des Mannes gewiß, bedarf es – in Boccaccios *Decamerone* – keinerlei Überredungs- und Überrumpelungstaktiken von seiten des Geliebten. Gespielte Zurückhaltung, die die Glut des Mannes steigern sollte, ist ihr fremd. Boccaccios Mädchen und Frauen haben noch nicht die mehr oder minder hohe Kunst der Koketterie ausgebildet, wie sie seit dem 17. Jahrhundert als Charakteristikum weiblichen Verhaltens dargestellt wird. Die Spannung und der Reiz seiner Erzählungen entspringen insofern auch nicht dem Wechselspiel von männlicher Verführungskunst und weiblichem Widerstreben, einem erotischen Ritual, das seine Blüte in der französischen Literatur des 18. Jahrhunderts fand und ein erhöhtes Interesse an Psychologie voraussetzte. Boccaccios Novellen, die von Lust und Liebe handeln, gewinnen ihren Reiz gerade aus der überraschenden Volte, der unerwarteten Wende der Ereignisse, dem Witz und dem Einfallsreichtum der Beteiligten in einer prekären oder schwierigen Situation. Er zielt auf das Moment ›Überraschung‹ als Wirkungskonzept seiner Novellen, auf das Interessante einer pointiert erzählten Handlung.

Dieses ästhetische Konzept prägt auch die Erzählstruktur seiner erotischen Geschichten, ja sogar die Form seiner erotischen Bildlichkeit und seiner z. T. eigenwilligen Sexualmetaphorik.

Da ist z. B. die Geschichte von Ricciardo und Caterina, die, eben dem Kindesalter entwachsen, sich ineinander verliebt haben und darauf sinnen, wie sie die Wachsamkeit von Caterinas Eltern überlisten können, um sich ungestört zu treffen:

> Nachdem er oft schon seinen Wunsch, ihr ein paar Worte zu sagen, unschlüssig unterdrückt hatte, nahm er eines Tages endlich die Gelegenheit wahr, faßte sich ein Herz und sagte zu ihr: »Caterina, ich bitte dich, laß mich nicht vor Liebe sterben.« Sogleich antwortete das Mädchen: »Wollte Gott, du ließest mich nicht noch elender sterben.« Aus dieser Antwort schöpfte Ricciardo viel Freude und Zuversicht, und er sagte: »Von mir aus soll es an nichts fehlen, was dir lieb ist; aber an dir ist es, einen Weg ausfindig zu machen, wie sowohl dein Leben als auch meines zu retten ist.« Nun sagte das Mädchen: »Ricciardo, du siehst, wie ich bewacht werde, und darum kann ich keine Möglichkeit sehn, wie du zu mir kommen könntest; wenn aber du etwas weißt, was ich ohne Schande für mich tun kann, so sage es mir und ich werde es tun.« Augenblicklich sagte Ricciardo, der schon dieserhalb mancherlei überdacht hatte: »Meine süße Caterina, ich kann keinen Weg dazu sehn, außer du schliefest auf dem Erker, der auf den Garten deines Vaters hinausgeht, oder könntest dorthin kommen [...].« (II,469 f.)

Symptomatisch auch hier wieder das spontane wechselseitige Einverständnis der Liebenden, Caterinas freimütiges Bekenntnis ihrer Liebe, ihre Bereitwilligkeit, das Ihrige für ein Tête-à-tête beizutragen. So jung sie ist, so gewitzt ist sie schon: Plötzlich leidet sie wegen übermäßiger Hitze in der mütterlichen Kammer an Schlaflosigkeit und verlangt, in der kühlen Nachtluft auf der Veranda zu schlafen, wo sie der Nachtigall lauschen könnte. Der Vater widersetzt sich zunächst diesem Wunsch mit den etwas hintersinnigen Worten: »Was ist das für eine Nachtigall, die sie zum Schlafen braucht? Ich werde sie noch beim Gesange der Zikaden einschlafen lehren.« (II,471) Er gibt aber schließlich den Bitten seiner Frau nach, die ihrerseits durch Caterinas Gejammer über die Hitze um den Schlaf gebracht wird. Das Leitmotiv »Nachtigall« gewinnt schon mit der Frage des Vaters, der augenscheinlich einen Nebenaspekt herausgreift, gar nicht auf die eigentliche Ursache der Schlaflosigkeit eingeht, an Kontur. In der folgenden Liebesszene entfaltet sich seine Bedeutung. Ricciardo gelingt sein waghalsiges Unternehmen, zu Caterina auf die Veranda zu gelangen:

> Das Mädchen empfing ihn ganz still, aber mit großem Entzücken: und nach vielen Küssen legten sie sich miteinander nieder und gewährten einander die ganze Nacht Lust und Wonnen, indem sie die Nachtigall zu often Malen schlagen ließen. Und da die Nächte damals kurz waren und ihre Lust groß war und sie daher nicht glaubten, daß der Tag so nahe sei, wie er wirklich war, so schliefen sie endlich, sowohl der Jahreszeit halber, als auch von ihrem Kosen erhitzt, ohne irgendwie bedeckt zu sein, ein, und Caterina hatte den rechten Arm um Ricciardos Hals geschlungen, während sie mit der linken Hand das Ding gefaßt hatte, das ihr euch, sonderlich vor Männern, zu nennen scheut. In dieser Weise schliefen sie noch, ohne wach zu werden, als der Tag kam und Messer Lizio aufstand; da sich der erinnerte, daß die Tochter auf dem Erker schlafe, öffnete er leise die Tür, indem er sagte: »Sehen wir einmal, wie die Nachtigall heute nacht Caterina hat schlafen lassen.« Er trat hinaus und hob sachte den Vorhang, der um das Bett gespannt war, und nun sah er sie und Ricciardo nackt und unbedeckt schlafen und so umschlungen, wie vorhin geschildert worden ist; nachdem er sich vergewissert hatte, daß es Ricciardo war, verließ er den Erker und ging in das Gemach seiner

Frau, weckte sie und sagte zu ihr: »Hurtig, Frau, steh auf und komm schauen, wie begierig deine Tochter nach der Nachtigall gewesen ist, daß sie sie gefangen hat und in der Hand hält.« (II,471 f.)

Schon in der Beschreibung zärtlich erotischen Beisammenseins wird das Nachtigallenmotiv in doppelsinniger Weise aufgegriffen; das »indem sie die Nachtigall zu often Malen schlagen ließen« verweist sowohl auf die Länge der Nacht, die die Liebenden zu ihrem wechselseitigen Vergnügen nutzten, als auch auf das männliche Lustorgan und dessen angenehme Tätigkeit. Im Kommentar des Vaters angesichts der idyllischen Verandaszene, des in vertraulichster Berührung schlafenden Paares, erscheint die Nachtigall vollends – und nun eindeutig als Penismetapher. In den väterlichen Überlegungen, wie die Ehre Caterinas und der Familie zu retten sei, malt er das Nachtigallenbild weiter aus. Heiratet Ricciardo Caterina, gewinnt die Familie einen begüterten, angesehenen Schwiegersohn, und Ricciardo wird finden, »daß er die Nachtigall in seinen Bauer und nicht in einen fremden gesteckt hat« (II,473). Ricciardo willigt nicht nur aus »Angst vor dem Tode«, sondern auch aus »glühender Liebe« in die Heirat ein, und nach der Hochzeit ging er mit Caterina – so der sinnige Schlußsatz – »lange Zeit in Freude und Fröhlichkeit bei Tag und Nacht auf den Nachtigallenfang, soviel ihm beliebte« (II,474).

Boccaccio entwickelt hier in spielerischer, witziger Form seine erotisch-sexuelle Bildlichkeit aus dem Handlungsplot selbst, er führt das Nachtigallenmotiv zunächst im Sinne der literarischen Liebesidylle ein, suggeriert metaphorische Mehrdeutigkeit und dynamisiert die Metapher im Verlauf der Geschichte zu einer facettenreichen Bilderfolge. Mag auch der Vogel allgemein eine gängige Metapher für das männliche Geschlechtsorgan sein, der hier beschriebene »Nachtigallenfang« stellt eine ästhetische Neuheit dar, die ihren Reiz gerade aus der engen Verknüpfung von Metapher und Szenenverlauf gewinnt.

Dasselbe Formprinzip läßt sich auch an der Geschichte von dem Mönch Rusticus und der schönen jungen Heidin Alibech beobachten, die sich eines Tages in die thebaische Wüste aufmacht, um dem christlichen Gott zu dienen. Die ersten zwei Mönche, die sie um christliche Unterweisung bittet, fürchten in ihr eine Versuchung des Teufels. Der dritte, Rusticus, will seine Standhaftigkeit gegenüber den Anfechtungen sündiger Begierde erproben und behält Alibech bei sich in seiner Zelle. Die Probe endet mit einer vollkommenen Niederlage. Statt die heftigen Lockungen des Fleisches niederzukämpfen, beschließt er sehr bald, die noch unschuldige Alibech »unter dem Scheine des Gottesdienstes zu seinem Willen zu bringen« (I,329). Die Pikanterie der Geschichte entspringt dem Kontrast von religiöser Form und weltlichem Inhalt. Der Mönch benutzt die Sprache religiöser Unterweisung und das Ritual frommer Exerzitien, um seine ganz und gar unfrommen Wünsche zu befriedigen:

> Und zuerst legte er ihr mit vielen Worten dar, was für ein Widersacher des Herrgotts der Teufel sei; und dann brachte er ihr bei, daß der Gottesdienst, der Gott am wohlgefälligsten sei, darin bestehe, den Teufel in die Hölle heimzuschicken, worein ihn der Herrgott verdammt habe. Das Mädchen fragte ihn, wie man das mache, und Rustico sagte zu ihr: »Du sollst es alsbald erfahren und darum tu das, was du mich tun siehst«; und damit begann er sich der wenigen Kleider, die er am Leibe hatte, zu entledigen, bis er splitternackt dastand, und ebenso tat das Mädchen, und dann kniete er nieder, wie wenn er hätte beten wollen, und sie mußte ihm gegenüber niederknien. Und da seine Begierden bei dieser Stellung, als er sie so schön sah, immer brünstiger wurden, so kam die Auferstehung des Fleisches;

Alibech sah es und fragte erstaunt: »Was ist das, Rustico, was ich da bei dir sehe, was sich so hervordrängt und was ich nicht habe?« – »Ach, meine Tochter«, sagte Rustico, »das ist der Teufel, von dem ich dir gesprochen habe; und siehst du, gerade jetzt plagt er mich mit gar arger Pein, so daß ich es kaum aushalten kann.« Nun sagte das Mädchen: »Gottlob, daß ich da besser daran bin als du, weil ich diesen Teufel nicht habe«. Rustico sagte: »Du sagst die Wahrheit, aber du hast dafür etwas anderes, was ich nicht habe.« Alibech sagte: »Was denn?« Und Rustico sagte: »Die Hölle. Und ich sage dir, ich glaube, daß dich mir Gott um meines Seelenheils willen gesandt hat; denn wenn du jedesmal, wann mich der Teufel da quält, Mitleid mit mir hättest und es dulden wolltest, daß ich ihn in die Hölle heimschickte, so würdest du nicht nur mir einen großen Trost verschaffen, sondern auch Gott auf eine ihm sonderlich wohlgefällige Art dienen, was ja, wie du gesagt hast, die Absicht war, die dich hergeführt hat.« Treuherzig antwortete das Mädchen: »Da ich denn die Hölle habe, Vater, so mag es geschen, wann es Euch beliebt.« Nun sagte Rustico: »Gebenedeit seist du, meine Tochter; gehn wir also und schicken wir ihn heim, auf daß er mich dann in Ruhe lasse.« Und nach dieser Rede führte er sie zu einem von ihren Bettchen und zeigte ihr, wie sie sich verhalten müsse, um diesen Gottvermaledeiten einzukerkern. (I,329f.)

Beim ersten Versuch, den Teufel in die Hölle heimzuschicken, empfindet Alibech »ein wenig Schmerz« (I,330) und hält den Teufel für einen Feind Gottes, da er selbst der Hölle weh tue; doch nach weiteren Höllenfahrten gewinnt Alibech viel Vergnügen daran, dem Teufel den »Hochmut aus dem Kopf zu brechen« und ihn, der sich immer wieder in Stolz erhebt, zu demütigen. Erektion und Erschlaffung, Defloration als schmerzhafte Initiation in sexuelle Lust –

all das wird in christlicher Terminologie ausgedrückt, und wäre nicht die Eingangsszene, die den lüsternen Einsiedler mit seinem listigen Vorhaben zeigt, und die Beschreibung des Handlungsrituals, das den Praktiken christlicher asketischer Übungen Hohn spricht, der Vorgang ließe sich von seiner durchgängig religiösen Sprache her als eine Form frommen Exorzismus verstehen. Doch im szenischen Kontext gewinnt die »Auferstehung des Fleisches« eine sehr weltliche Bedeutung.

Schon in dieser eindeutig zweideutigen Lesart der Darstellung, die den Sexualakt sprachlich als Gottesdienst vorstellt, liegt der Witz der Novelle, doch sie gewinnt noch an komischer Zuspitzung durch die Figur des klassisch zu nennenden betrogenen Betrügers: Der von Kräutern lebende fromme Rusticus, der Alibech in die Geheimnisse des Gottesdienstes eingeweiht hat, ist von deren gottesfrommer Diensteifrigkeit völlig überfordert und weist sie darauf hin, daß der Teufel nur dann zu züchtigen und in die Hölle heimzuschicken sei, wenn er »sein Haupt in Hochmut erhebe«. Alibech zeigt sich frommer als ihr Lehrmeister und ermahnt ihn schließlich an seine Christenpflicht, mit seinem Teufel die Wut ihrer Hölle zu bändigen. Rusticus, der das Feuer entzündete, wird die Flammen der sexuellen Begierde nicht mehr los; all seine Sophismen reichen nicht, Alibech von ihrer frommen Höllenmission abzubringen. Die Pointe der Geschichte: Neherbale, der sein ganzes Vermögen verschleudert hat, heiratet Alibech, die reiche Alleinerbin, die ihrem lustvollen Gottesdienst in der Wüste nachtrauert. Und erst die neugierigen Frauen, die sie nach ihrer Lust am Gottesdienst in der Wüste befragen, entnehmen ihren Worten und mehr noch ihren Gesten, auf welche Weise sie den Teufel in die Hölle heimschickte, und sie konnten Alibech beruhigen, daß auch Neherbale auf diese Weise sicherlich fleißig mit ihr dem Herrgott dienen werde. In der Stadt aber wurde es zum Sprichwort, der »fröhlichste Gottesdienst« sei, den Teufel in die Hölle heimzuschicken.

In seinem Schlußwort an die edlen jungen Damen, zu deren Erheiterung er die Geschichten niedergeschrieben hat, setzt Boccaccio sich mit dem möglichen Einwand auseinander, er habe sich zu viele Freiheiten genommen und die jungen Damen Dinge sagen und hören lassen, die nicht schicklich seien. Er hält dagegen, es gäbe »nichts so Unehrbares«, »daß es für irgend jemand unanständig wäre, wenn man es mit ehrbaren Worten sagt«; das glaubt er, »gar schicklich getan zu haben« (II,942). Er beruft sich auf die Eigenart der Geschichten, die ihre eigene Wahrheit haben, und auf die Vielfalt des menschlichen Lebens, das nicht nur edle Züge habe. Damit betont er noch einmal den Realitätsgehalt seiner Geschichten und die Natürlichkeit seiner Sprache, die nicht für die Universitätsgelehrten gedacht sei; und schließlich erinnert er an den Zweck seines Werkes, das den Frauen die Langeweile auf vergnügliche Weise verscheuchen soll.

Seine Schar junger Leute, die sich auch an den zuweilen sehr pikanten Geschichten vergnügten, ist nach dem Zeugnis des Verfassers reif genug gewesen, um sich durch diese nicht verführen zu lassen. Boccaccio unterstreicht den ästhetischen Unterhaltungswert seiner Novellen, ihre ästhetische Autonomie. Und obwohl das begehrliche Verlangen und seine Erfüllung in den Novellen eine so große Rolle spielt, haben die zehn jungen Leute das Leben auf dem Lande – fern jeder Aufsicht – in »steter Ehrbarkeit, steter Eintracht und stets geschwisterlichem Verkehre« verbracht. Und Panfilo, der König des letzten Tages, kommentiert: »Das ist mir, ohne Hintergedanken, zu euerm und meinem Nutz und Frommen sehr lieb« (II,938). Das ist nicht als Votum für ein doch wieder platonisches Liebesideal zu verstehen, zeugt vielmehr von dem realistischen Gehalt der Rahmenhandlung, trotz deren äußerst stilisierter Form. Was Niklas Luhmann in *Liebe als Passion* für das 17. Jahrhundert formuliert, hat seine Geltung auch in der Zeit der Renaissance und betrifft vor allem – wie schon zuvor belegt – die Töchter der gehobenen Schichten:

> Man kann nicht genug betonen, daß die hier gemeinte Freiheit der Liebeswahl verheiratete Personen und außereheliche Beziehungen betrifft. Unverheiratete Töchter werden gegen Verführung ziemlich wirksam geschützt, und ihre Verführung würde auch kaum zur ›gloire‹ des Helden beitragen. Mit der Ehe beginnt die Freiheit. (60)

Die meisten Geschichten des *Decamerone*, die von erotisch-sexueller Erfüllung handeln, belegen diese Aussage, und wo in ihnen ein Mädchen vor der Ehe die sinnlichen Wonnen der Liebe genießt, ist es zusammen mit dem Liebhaber schlimmsten Strafen ausgesetzt, die auch den Tod einschließen. Das Happy-End der Geschichte von Ricciardo und Caterina, die sich ihre Nachtigall fängt, läßt sich gerade vor dem Hintergrund eines möglichen unheilvollen Ausganges erst richtig einschätzen. Denn nicht immer ist der Liebhaber den Eltern der Tochter ein willkommener Schwiegersohn, und nicht immer ist dieser zur Heirat imstande und bereit. Der idyllische Rahmen, der das heiter gesellige Beisammensein der jungen Schar in den freundlichsten Pastelltönen malt, zeigt im Gegensatz zu den als wahr ausgegebenen Geschichten ein idealisches Szenario.

Doch so idealisch stilisiert das Ambiente des Rahmens auch sein mag, er spiegelt in gewisser Hinsicht – stärker als die so lebensprall wirkenden Novellen – die gesellschaftlichen Normen, die für die jungen Leute der Oberschicht zur Zeit Boccaccios verbindlich sind. Obwohl nur eine Ausnahmesituation – die grassierende Seuche – das freie gesellige Beisammensein der Damen und Herren ermöglichte, entspricht deren sittsames Betragen gerade der Regel, der Norm, die voreheliche erotische Genüsse ausschließt. Die amourösen Geschichten dagegen, die sich die jungen Leute zu ihrem allgemeinen Vergnügen erzählen, zielen auf das Außergewöhnliche, auf das Unterlaufen der Norm, auf die Verletzung von sittlichen Tabus – mal in komischer, mal in tragischer Weise. Während der Rahmen statisch, gleichbleibend heiter, spannungslos bleibt und bleiben darf, folgen die Novellen dem ästhetischen Gesetz der Überraschung. Ihr Plot und seine jeweilige Präsentation sollen den Leser anspannen, fesseln, verblüffen. Das gelingt ihnen jedoch nur dadurch, daß sie die Erwartungshaltung des Lesers, die sich meist am Gewohnten orientiert, durchkreuzen, sehr oft durch Normverletzung. In dieser Hinsicht wäre selbst der Schluß des Rahmens – Panfilos Bekenntnis vom sittsamen geschwisterlichen Zusammenleben der Schar – wiederum eine Überraschung für den Leser: Denn das Zusammenleben der jungen Leute ohne irgendeine familiäre Aufsicht hätte doch eine erotische Annäherung der drei Paare erwarten lassen. Diese verhalten sich dem Sittenkodex gemäß, doch entgegen der Erfahrungsregel – »Gelegenheit macht Liebe«.

Die Novellen, die zu einem großen Teil auf literarischen Vorlagen basieren, diese außergewöhnlichen Geschichten entspringen keineswegs einer realitätsabgewandten Phantasie des Erzählers, sie geben in ästhetisch pointierter Form ein Panorama des gesellschaftlichen Lebens der Zeit und ihrer Bürger. Auch heute interessiert nicht der Normalfall, daß ein Kassierer seine Bank nicht beraubt, ein Politiker keine Bestechungsgelder nimmt, ein Mann seine Ehefrau nicht umbringt. Zur Nachricht taugt nur das nicht normgerechte Verhalten. Und so wie die modernen Nachrichten, die von Raub, Korruption, Politskandalen berichten, dennoch ein Bild der Gesellschaft mit ihren Problemen, Streitfragen und Wertvorstellungen vermitteln, so geben auch Boccaccios Novellen Auskunft über die Florentiner Gesellschaft zu Beginn der Renaissance: Die christlich rigide Sexualmoral hat noch ihre Gültigkeit, die »paterna potestas«, die väterliche Gewalt, ist ungebrochen; doch zugleich zeichnet sich ein neues am Diesseits bezogenes Lebensgefühl ab, das die Sinnlichkeit von dem Stigma der Niedrigkeit befreit. Boccaccio zeigt in seinem *Decamerone* mit der kontrastvollen Fügung von Rahmen und Novellen sowohl die strenge Verbindlichkeit sexualmoralischer Normen als auch das veränderte Bewußtsein vieler Zeitgenossen – durch alle Schichten hindurch –, daß erotische Lust ein Naturrecht des Menschen sei. Er rehabilitiert den Liebesgott, indem er ihn zugleich vermenschlicht.

III

Die Macht der Begierden: Pietro Aretinos *Ragionamenti*

Pietro Aretino (1492–1557) gilt als eine der schillerndsten Figuren des Cinquecento, wird als Opportunist, vitaler Genußmensch und Ästhet beschrieben, der die Liebe zur Kunst mit dem Anspruch auf ein Leben in Pracht und Sinnesfreuden verbindet. Man rühmt ihn als literarisches Naturtalent und Selfmademan, der – allein durch die Wirkung seiner gespitzten Feder – aus einfachsten Verhältnissen aufstieg in die Reihen der Mächtigen, der von den Medici, Este und Gonzaga umworben und gefürchtet wurde. Aretino griff in das politische und kulturelle Leben seiner Zeit ein und erwartete großzügige materielle Anerkennung von den jeweiligen Repräsentanten der Macht, die er mit seinen parteilichen Streitschriften und Gedichten unterstützte oder von seinen literarischen Attacken verschonte. Er war einer der ersten, der die Macht und den gesellschaftlichen Einfluß der ›Presse‹ erkannte und handhabte. Er begriff den Schriftsteller als Chronisten der Zeit, als Juror der Mächtigen, deren Image noch postum von den Bildern geprägt wird, die die Literaten von ihnen entwerfen. Geschenke – sei es Geld, kostbare Kleidung, Schmuck, ein edles Reitpferd oder eine Rente – betrachtete er als die ihm gebührende Anerkennung seiner Verdienste, als selbstverständlichen Tribut, den der politische Machthaber dem geistigen schuldig sei.

Am Hof des Medici-Papstes Leo X., der Künstler, Literaten und Abenteurer an sich zog, begann Aretino zuerst als Diener eines reichen Kaufmanns, schließlich als päpstlicher Kammerdiener seine literarische und lebenspraktische Lehrzeit. Doch erst nach dem Tod Leos, mit der anstehenden Wahl eines neuen Papstes, auf den sich die Kardinäle – bald zum Spott der Zeitgenossen – ungewöhnlich lange nicht einigen konnten, war Aretinos Stunde gekommen. Er ergreift die Rolle des Stimmungsmachers und Wahlhelfers, setzt auf den Sieg Giulios de Medici, der ihm als Cousin des Vorgängers besonders chancenreich erscheint, und entfacht ein Feuerwerk brillanter Boshaftigkeiten gegen die Konkurrenten seines Favoriten. Seine Pasquillen (d. h. Spottschriften), die auf schonungslos drastische Weise die Laster und Schwächen der hoch gehandelten Kandidaten attackieren, sind schnell in aller Munde und machen ihren Autor gleichsam über Nacht berühmt. Aretinos Kandidat verliert zwar gegen den Niederländer Hadrian VI. die Wahl, aber sein polemischer Wahlhelfer hat bei dieser Papstwahl einen Ruf gewonnen, der ihm die Tore zu den wichtigsten Höfen Italiens öffnet.

Dieses Entrée in die literarische und politische Welt bei der Papstwahl 1521/22 ist symptomatisch für das literarische Schaffen und die Wirkung Aretinos: Parteilichkeit in Form von Satire und Eloge prägt sein literarisches Selbstverständnis; Literatur als Spiegel, karikaturistischer Hohlspiegel, Literatur als Glanzbild, Literatur in jedem Fall dezidiert zeitbezogen, eingreifend, wertend, dieses Literaturverständnis macht den wortgewaltigen Autor zu einer kulturellen und politischen Instanz, mit der die Repräsentanten oder Aspiranten der Macht zu rechnen haben.

Aretino selbst wechselte mehrmals seine politischen Sympathien.

Schließlich begibt er sich zum Markgrafen zu Mantua, einem begeisterten Leser seiner tagespolitischen und poetischen Werke. Von Mantua aus attackiert er den römischen Hof, vornehmlich dessen höchste Würdenträger, und er spart bei seiner Polemik auch nicht den ehemaligen Gönner Clemens VII. aus, dem er es übelnahm, daß er nichts gegen seinen Attentäter unternahm. Wie groß der politische Einfluß Aretinos zu dieser Zeit schon war, zeigt sich an den

Bemühungen des Papstes, den verärgerten Autor »durch die Vermittlung seines Sekretärs Sanga zu besänftigen und wiederzugewinnen« (Semerau, 114).

Aretino verläßt 1527 trotz seiner privilegierten Stellung den Hof zu Mantua, er scheint des Hoflebens überhaupt überdrüssig zu sein und begibt sich nach Venedig, da er nur »in der Freiheit eines solchen Staates« selbst ganz frei sein kann. Enthusiastisch preist er die Stadt, die ihm in der Tat bis zu seinem Tod 1557 Wahlheimat sein wird. Venedig wird ihm zur Schutzburg, von der aus er ungestört seine literarischen Attacken gegen den päpstlichen Hof, gegen die Fürsten, den französischen König und den Kaiser führen kann. Doch er spart auch nicht mit einträglichen Elogen, wenn es ihm opportun scheint.

Die Erzeugnisse seiner Feder, Sonette, Capitoli (Terzinenreihen oft erotischen oder politisch-lehrhaften Inhalts), Dialoge, Komödien, eine Tragödie, Heiligenviten und die vielen Briefe, deren Edition er selbst zu seinen Lebzeiten veranlaßt, sichern ihm ein beträchtliches Einkommen. Francesco de Sanctis führt an: »Gold und Silberstoffe, goldene Ketten und Ringe, Statuen und Gemälde, Vasen und kostbare Edelsteine, alles erhielt er, was menschliche Begehrlichkeit nur erstreben kann. Julius III. machte ihn zum Ritter von Sankt Peter, und es fehlte nicht viel, so wäre er auch Kardinal geworden. Er erhielt allein an Renten 820 Scudi. An Gratifikationen erhielt er in 18 Jahren 25000 Scudi. Er gab im Laufe seines Lebens mehr als eine Million Franken aus. Geschenke gelangten an ihn sogar von dem Korsaren Barbarossa und vom Sultan Soliman.«[1]

Franz I. gehört auch zu dem großen Kreis derer, die durch ihre Geschenke zum Ruhm und Lebensunterhalt Aretinos beitrugen. Eine schwere goldene Prunkkette war ein besonders glanzvoller Beweis seiner Wertschätzung des

1 Francesco de Sanctis, *Geschichte der italienischen Literatur*, Bd. 2, Stuttgart 1943, S. 151.

Autors, der ihn mit seinen Elogen gegen seine Feinde unterstützte. Dennoch ist Aretinos Parteinahme für den französischen König nicht unbedingt als politisches Credo zu interpretieren, denn 1536, nachdem er erfolglos weitere Bekundungen der königlichen Großzügigkeit angemahnt hatte, kündete er in einem Brief an Karl V. diesem den Sieg (Semerau, 162). Der kaiserliche Hof verstand das Zeichen und gewährte ihm eine Jahrespension von 200 Dukaten. Mag bei dem Wechsel zur kaiserlichen Partei auch das Bündnis Franz I. mit den Türken, dem Feind der Christenheit, mitgespielt haben, pekuniäre Überlegungen werden die Entscheidung gefördert haben. Aretino ist an der Idee eines einigen, befreiten Italien so wenig interessiert wie die Machthaber der verschiedenen Fürstentümer. Ihm geht es wie den politischen Repräsentanten der Zeit um sein *particolare*, um sein Privatinteresse, und er lebt als freier Schriftsteller sehr gut in einem Italien der Kleinstaaten, die miteinander – auch um die Gunst der Künstler – konkurrieren und eine unterschiedliche Haltung zu den zwei befeindeten Zentralmächten Europas einnehmen.

Den einen erscheint Aretino als skrupelloser Opportunist (Burckhardt, De Sanctis), der sich seine Lob- und Schmähreden mit klingender Münze bezahlen läßt und auch vor Drohungen, kaum kaschierten Erpressungen, dreisten Honorarforderungen nicht zurückschreckt, andere – wie Ariost – nennen ihn »die Geißel der Fürsten, den göttlichen Pietro Aretino«[2]. Auch Baudelaire bezieht sich in *Le Spleen de Paris* auf den »divin Arétin« (363). Sie feiern seinen unerschrockenen streitbaren Geist, die Brillanz seiner treffsicheren literarischen Attacken, die auch Papst, König, Kaiser nicht schonen.

Nun ist Aretino weniger aufgrund seiner politischen Kommentare, der Pasquinaden, Sonette, Briefe, Capitoli usw., denn als Autor von Dramen und einer freizügigen

2 Ebd., S. 153.

erotischen Prosa in die Literaturgeschichte eingegangen. Schon in seiner römischen Zeit sorgte Aretino (vgl. Hösle, 14) mit deftig erotischen Sonetten, inspiriert von den Zeichnungen seines Freundes Giulio Romano, *Sechzehn Stellungen des Liebesgenusses,* für einen kleinen Skandal, der jedoch bald in Rom vergessen war. Das Italien zur Zeit Clemens VII. nahm an erotisch sexuellen Pikanterien kaum ernsthaft Anstoß. Das änderte sich radikal unter Paul IV., einem fanatischen Repräsentanten der Gegenreform, der 1557 das gesamte Werk Aretinos auf den Index setzte. Die römischen Indices wurden seit Paul IV. nach drei Klassen (*series*) eingeteilt. In der ersten Klasse stehen, so heißt es in den Vorbemerkungen, »die Vornamen oder Zunamen derjenigen, von welchen erkannt worden ist, daß sie mehr als die übrigen und gewissermaßen ex professo geirrt haben, und darum werden ihre sämtlichen Schriften, worüber sie auch handeln mögen, durchaus verboten«[3].

Aretino wurde in die Reihe der »ex professo« irrenden Autoren eingeordnet, ein Akt, der bis heute Wirkung zeitigt und die dürftige Forschungslage erklärt. Erst seit den 60er Jahren des 20. Jahrhunderts begannen u. a. italienische und deutsche Verlage, seine Werke einer größeren Öffentlichkeit zugänglich zu machen. Daß Aretino zu seinen Lebzeiten nicht von der Inquisition verfolgt wurde, liegt an »seiner Indifferenz in religiösen Streitfragen« (Hösle, 14), verdankt er jedoch auch der Protektion des Kaisers und seiner angesehenen Stellung in Venedig.

Vor allem die *Ragionamenti*, die *Kurtisanengespräche*, blieben ein Stiefkind der Aretino-Forschung, da ihnen das Odium der Pornographie anhaftete. Zweifellos handeln die *Ragionamenti* vordergründig ausschließlich vom Sex, von der allseits herrschenden Lüsternheit, von der Macht der Begierden und der Ausbeutbarkeit der Begierden, kurz, von der menschlichen Triebhaftigkeit, die keinerlei geistige

3 Ebd., S. 154

Sublimierung kennt. Doch allein wenn man Kriterien heute noch üblicher Rechtsprechung anlegt, daß die künstlerische Gestaltung den Tatbestand der Pornographie aufhebt, verdient Aretinos Werk einen eindeutigen Freispruch. Aretino zeigt sich hier als ein Meister sexueller Metaphorik, als phantasievoller Sprachartist, der die Spielarten der sexuellen Begierden und Befriedigungen in einem fulminanten Potpourri der Bilder veranschaulicht. Sein Einfallsreichtum, das weibliche und männliche Sexualorgan in Aktion zu benennen, ist bewundernswert.

Aretino versteht sich als Realist, der die Welt nicht zu schönen sucht, vielmehr mit satirischer Schärfe die Machenschaften, Eitelkeiten, Egoismen, die Hypokrisie und die Doppelmoral der Zeit entlarvt. In den *Ragionamenti* hat er »ein geniales, wenn auch an manchen Stellen geradezu groteskes Gegenbild der humanistischen Welt« (Hösle, 98) gezeichnet, wie sie sich in den stilisierten, ihm pedantisch anmutenden Dialogen vieler Zeitgenossen darbot. Er entwirft sein Zeitbild aus der Sicht der Kurtisanen. Ausgangspunkt der Dialoge zwischen Nanna und Antonia ist die anstehende Berufswahl von Nannas Tochter Pippa. Es gilt aus dem Stand der Nonne, der Ehefrau und der Kurtisane den vorteilhaftesten auszusuchen. Da Nanna, die erst Nonne, dann Ehefrau, schließlich Kurtisane war, über intime Kenntnisse der drei weiblichen Hauptbetätigungsfelder der Zeit verfügt, sollte ihr die Wahl nicht schwerfallen. Doch sie bedarf einer Entscheidungshilfe, und der Autor benötigt einen Grund, daß Nanna in schöner Ausführlichkeit der gespannt lauschenden Antonia und der Leserschaft an drei Tagen jeweils das Leben der Nonnen, der Ehefrauen und der Kurtisanen beschreibt.

Das Leben der Nonnen, die der Keuschheit verpflichtet sind, stellt sich in Nannas anschaulichen Schilderungen als Hohe Schule sexueller Befriedigungskunst dar. Schon die Eingangsszene, das gemeinsame Mahl, entspricht nicht im entferntesten dem Bild vom bescheidenen zuchtvollen Klosterleben. In schönster Eintracht vergnügen sich da Äbtissin und Abt, Nonnen und Mönche und »auch mancher Weltgeistliche« an den üppigen lukullischen Genüssen; Silentium herrscht nur, solange die Münder mit Schmausen und Trinken vollauf zu tun haben, bald glänzen »aller Augen wie Spiegelglas vom vielen Trinken, anzügliche Reden und erotische Neckereien begleiten das fröhliche Mahl«, und zum Abschluß bringt ein schöner Knabe als Gastgeschenk eines »ergebenen Dieners dieser schönen Gesellschaft [...] Früchte aus dem irdischen Paradies« (24f.), gläserne Penisimitationen aus Murano, die bei den Nonnen – auch bei der neugierigen Novizin – viel Anklang finden. Eine Szene, die eher in das Lustschloß eines verwöhnten Galantuomos denn in ein Nonnenkloster paßt. Diesem eigenwilligen klösterlichen Symposion, das die Äbtissin formvollendet mit dem »Benedicite« (26) beschließt, folgt als sinnige Einstimmung für die Nacht die Kontemplation in einem Raum mit vier großen Wandgemälden, die allesamt erotisch-sexuelle Szenen auf höchst lebendige Weise darstellen, u. a. auch die Geschichte des Masetto aus dem *Decamerone*, deren Illustration den Nonnen viel Vergnügen bereitet. Deutlich zeigt sich hier die Wirkung Boccaccios auf den Nachgeborenen, auch wenn dieser immer wieder zu Recht seine Andersartigkeit betont. Ein Gemälde stellt sich als Parodie einer klösterlichen Gedächtnistafel dar und bildet alle Schwestern ab, die je dem Orden angehörten, »ihre Liebsten daneben und auch noch ihre Kinder mit den Namen von jedem und jeder« (29).

Ein anderes Gemälde schließlich bietet reichhaltiges Anschauungsmaterial über die verschiedensten Liebespraktiken, denn die Nonnen sollen zu ihrem und des Liebhabers gesteigerten Genuß die Kunst der Stellungen und der Reizung des männlichen Lustorgans beherrschen.

> Ehe die Nonnen nämlich mit ihren Freunden ins Turnier ziehen, müssen sie erst alle Akte, die da abgemalt sind, in lebendigen Bildern darstellen, und das, um im

Bett nicht so tölpelhaft zu sein wie manche Frauenzimmer, die sich's nur ganz einfach machen lassen, ohne Saft und Kraft dazuzugeben, und wer's mit so einem zu tun kriegt, hat gerade so viel Genuß, als wenn er Bohnensuppe ohne Salz ißt. [...] Und die Kunststückchen der Taschenspieler sind nicht so schwer zu lernen wie die Behandlung des Hähnchens, so daß es sich aufrichtet, auch wenn es nicht will. (39f.)

Aretino zeichnet hier nicht etwa nur diverse Mißstände im alltäglichen Klosterleben auf, sondern er entwirft ein völlig diesseitsbezogenes eudämonistisches Gegenbild klösterlicher Maximen und Leitvorstellungen. Demut, Askese, Keuschheit, diese Ideale werden noch nicht einmal zum Schein aufrechterhalten. Zweifellos gehört der redegewandten, vielerfahrenen Nanna, die das alternative Klosterleben genossen hat und es aus der Distanz witzig überzeichnet und wortreich beschreibt, seine ganze Sympathie. In ihrer Fabulierkunst spiegelt sich sein eigenes Vergnügen an einer bilderreichen Sprache, die vor allem bei der Darstellung sexueller Szenen ihre üppigen Blüten treibt.

Der ›kontemplativen‹ Einstimmung durch die Wandgemälde folgt die eigentliche Initiation Nannas in das Reich der Sinne. Wiederum spielt die Augenlust – nun in Form eines freimütig bekundeten Voyeurismus – eine große Rolle. Nanna wird von einem Baccalaureus in ihr Kämmerchen geführt, das sinnigerweise in der Mitte aller Kammern liegt und genügend Mauerritzen aufweist, durch die sie Einblick in das Treiben ihrer Mitschwestern gewinnt. Das Schauspiel, das sich ihrem neugierigen Blick durch das erstbeste Guckloch darbietet, ist an Obszönität kaum zu übertreffen. Vier Nonnen, der Ordensgeneral höchstselbst und drei Mönchlein »wie Milch und Blut« (33) bilden die Akteure. Der Ordensgeneral, der mit dem Kleiderwechsel vom Priesterrock durch ein Atlaswams zum Zeremonienmeister der sexuellen Orgie wird, ist der Hauptdarsteller. Dem »ehrwürdigen Vater« als dem Ranghöchsten kommt das ›Recht der ersten Lust‹ (vgl. das mittelalterliche *jus primae noctis*) zu, bei der Sodomie und Analverkehr vorherrscht:

> Nanna: Nun, der ehrwürdige Vater rief die drei Mönchlein und lehnte sich auf die Schultern des einen, der ein zartgebauter und langaufgeschossener Jüngling war. Von den beiden andern ließ er sich das Spätzchen aus dem Nest holen, das aber ganz geduckt war. Aber der gewandteste und hübscheste von den beiden nahm es auf seine Hand und strich ihm den Rücken, wie man den Schwanz der Katze streicht, bis sie vom Schnurren so ins Fauchen kommt, daß sie sich nicht mehr halten läßt. So richtete sich auch das Spätzchen auf, und der wackere General schlug die Pratzen um die hübscheste und jüngste Nonne, schlug ihr die Röcke über den Kopf zurück und hieß sie sich mit der Stirn auf die Bettstelle stützen. Dann öffnete er mit seinen Händen sanft die Blätter des rückwärtigen Meßbuchs und betrachtete ganz hingerissen den Hintern. Der war aber auch kein mageres Knochengerüst noch ein wabblicher Fettklumpen, sondern hielt gerade die rechte Mitte, ein bißchen zitterig und schön rund glänzte er wie lebendiges Elfenbein. Und die Grübchen, die man am Kinn und auf den Backen der schönen Frauen sieht, zeigten sich auch auf ihren Bäckchen, florentinisch zu reden, und viel zarter waren sie als eine Mühlenmaus, die in Mehl geboren und aufgewachsen ist. Und so glatt waren die Glieder der Nonne, daß die Hand, die man ihr auf die Lende legte, mit eins bis auf die Waden herabrutschte und viel schneller als der Fuß auf dem Eise ausrutscht, und Haare sah man auf ihren Beinen ebenso wenig wie auf 'nem Ei. (34 f.)

Typisch für Aretinos Stil ist die Schilderung der sexuellen Stimulation des Ehrwürdigen Vaters durch die »Mönchlein«: Da wird das geduckte »Spätzlein aus dem Nest geholt«, die gängige Vogel/Penis-Metapher wird variiert – der Diminutiv verweist auf Schlaffheit –, doch die Metapher wird fortgeführt, »nahm es auf seine Hand und strich ihm den Rücken«, und diese Metaphernausweitung zur Szene weckt eine neue Assoziation aus einem ganz anderen Bildbereich, dem der behaglich schnurrenden Katze, die im realen Kräftespiel der Natur das Spätzchen wohl verspeisen würde.

Der Blick wird zurückgelenkt auf das sich aufrichtende »Spätzchen« und damit auf den nun erregten Ordensgeneral, der in seinem mächtigen sexuellen Appetit nicht im entferntesten an das Vögelchen erinnert, mit dem sein Penis verglichen wurde. Es folgt mit kennerhaft genießerischer Lust am fleischlichen Detail die Apotheose eines Nonnenhintern – das Objekt der Begierde – in der zunächst sakralen Terminologie eines »aufgeschlagenen Meßbuchs« – wohl eine Parodie auf die »im Cinquecento weitverbreiteten Gespräche über die ideale Frauenschönheit« (Hösle, 98), eine Parodie gerade auch insofern, als an der hübschesten und jüngsten Nonne ausschließlich ihre ›Schönarschigkeit‹ und die glatten Glieder gerühmt werden (34). Kein Wort von Engelsantlitz oder schmelzendem Blick. Doch dieses »rückwärtige Meßbuch« allein ist es denn auch, dem das sexuelle Verlangen des Ordensgenerals gilt. Persönliche Anziehung auch in Form flüchtiger erotischer Verliebtheit spielt in dieser von Aretino geschilderten Welt keine Rolle. Auf Antonias ironischen Einwurf – »Da verbrachte wohl der Vater General den ganzen Tag in frommer Betrachtung?« (35) – erwidert Nanna mit der bildkräftigen Schilderung der folgenden Sexualorgie.

Nanna: Davon war keine Rede. Er tauchte seinen Pinsel, nachdem er ihn vorher mit Spucke gesalbt hatte, in den Farbtopf und ließ sich drehen, wie die Weiber sich drehen, wenn sie Geburtswehen haben oder das Mutterweh. Und damit der Nagel um so fester im Loch stäke, winkte er sein Ochsenkraut hinter sich. Der löste ihm die Hosen, daß sie ihm auf die Hacken fielen, und setzte Seiner Ehrwürden Visibilium das Klistier an. Der General hielt die Augen fest auf die beiden andern Jüngelchen gerichtet, die sich die beiden Nonnen recht bequem und sauber auf das Bett gelegt hatten und ihnen die Sauce im Topf verrieben. (35)

Nun ist nicht mehr vom Spätzchen die Rede, sondern vom »Pinsel«, der in den »Farbtopf« getaucht wird, und von dem »Nagel«, der im »Loch« steckt, und von dem Klistier, das seiner Ehrwürden von einem der Mönche ins Visibilium angesetzt wird.

Diese Bilder haben kaum noch etwas mit der Form der Sexualorgane zu tun, zu denen hier auch der Anus gezählt werden muß, sie verweisen nur vage auf ein Bewegungsmoment beim Sexualakt. Von einer Stimmigkeit der Bilder oder des Bildzusammenhangs kann hier keine Rede sein, das ist eine Kategorie aus der Ästhetik des 18. Jahrhunderts, die Aretinos Literaturverständnis fremd ist. Er findet zwar immer neue Bildpaare nach dem Muster ›Pinsel – Farbtopf‹ für Sexualorgane und -akt, reiht aber mit Vorliebe assoziativ Metaphern und Vergleiche aneinander, die den unterschiedlichsten Erfahrungs- und Bildbereichen entstammen. Mit einem akustischen Furioso läßt Nanna (und damit Aretino) die Szene enden, in der das gesamte Klosteroktett gemeinsam zum Höhepunkt der Lust findet.

Schließlich begannen sie allesamt zu schreien, die Nonnen auf dem Bett und die Mönchlein und der General und die mit der Muraneserrübe. Taktmäßig wie Kurrendsänger oder wie Schmiede, die auf das Eisen loshämmern, und alle darauf bedacht, fertig zu werden, riefen sie: »Ach, ach!« und »Küsse mich!« und »Dreh dich zu mir!« – »Die süße Zunge!« – »Gib sie

mir!« – »Da hast du sie!« – »Stoß feste!« – »Wart, es kommt schon!« – »Oh, da ist's.« – »Drücke mich!« – »Hilf mir doch!« Und all das bald halblaut, bald in den höchsten Tönen und in allen Klängen der Tonleiter. Und nun gab es ein Augenverdrehen, ein Stöhnen, ein Schieben, ein Strampeln, daß die Bänke, die Schränke, das Bett, die Stühle und die Schemel hin und her schwankten wie die Häuser bei einem Erdbeben.
Antonia: Verdammt noch mal!
Nanna: Und auf einmal gab's acht Seufzer, im selben Moment, tief aus Leber, Lunge, Herz und Seele des Ehrwürdigen und so weiter, der Nonnen und der Mönche, und sie machten einen so starken Wind, daß sie acht Fackeln ausgeblasen hätten, und mit diesem Seufzer fielen sie alle matt um, wie Trunkene, die der Wein umwirft. (36f.)

So anstößig der Inhalt, so fulminant die Sprache. Deutlich wird der sprachartistische Impuls des Autors, den das brisante Sujet zu funkelnden Wortkaskaden inspiriert. Obwohl die Szene voll sinnlicher Suggestivkraft ist, geht ihr jede sexuell stimulierende Wirkung ab, schafft die Sprache gerade durch ihre eigenwillige Bildlichkeit Distanz.

Nanna schildert die Vorgänge gleichsam aus einer doppelten Optik, aus der Schlüssellochperspektive der erlebnishungrigen, staunenden, begehrlich-erregten Novizin und der kritischen weltkundigen Sicht der älteren Kurtisane, die die Diskrepanzen zwischen edlem und frommem Schein und animalischem Sein durchschaut hat. So lebhaft anschaulich ihre Darstellung des sexuellen Achterturniers auch sein mag, so satirisch entlarvend zugleich ist ihre Rückschau, die die Hypokrisie des Klerus vorführt. Nanna bietet keine ungebrochene animierte Beschreibung befreiter Sexualität, sondern sie verdeutlicht die zügellose Triebhaftigkeit einer Kaste, die Keuschheit und Triebverzicht predigt und sich insgeheim den verbotensten Ausschweifungen hingibt.

Man muß sich vergegenwärtigen, daß die Kirche nicht nur die Keuschheitsgebote für die verschiedenen sozialen Gruppen wie Klerus und Unverheiratete festlegte, für eine Fülle von kirchlichen Feiertagen sogar ein absolutes Sexualverbot verhängte, sondern daß sie auch die zugelassenen Formen von Sexualität genau vorschrieb. Sexualpraktiken wie Cunilingus, Fellatio oder Sodomie galten auch bei Verheirateten als Todsünde.

Sicherlich führen Nanna bzw. Aretino nicht ohne boshaften Schalk den Ordensgeneral und seine geistliche Schar gerade beim exzessiven Genuß der von der Kirche verfemten Praktiken vor. Aretino fügt der einen orgiastischen Szene eine zweite an, in der der Ordensgeneral »als Großsultan zu Babylon« zu einem »Turnier« blasen läßt, bei dem der, der die »meisten Lanzen bricht«, »als Preis einen glatten Runden ohne Haare erhält, woran er sich die ganze Nacht delektieren kann. Amen!« (40)

Die folgende Szene führt – im Sinne des verheißenen Preises – eine sodomitische Orgie vor, besser das planvolle Arrangement von Gruppensex mit acht Personen, die – ob männlich oder weiblich mit fleischerner oder gläserner »Lanze« – alle das gleiche Ziel erstürmen, »so daß sie alle zusammen wie ein Bratspieß verdammter Seelen aussahen, die zu Luzifers Karneval Satan ans Feuer tragen wollten« (41).

Eine groteske Szene, deren sprachliche Virtuosität gerade vom sexuellen, anstößigen Inhalt ablenkt und deren Finale den heutigen Leser ein »Schaschlik« assoziieren läßt. Doch genau diese distanziert verfremdende Assoziation nimmt Aretino mit seinem resümierenden Bratspießvergleich vorweg. Und indem er die geistliche Schar mit verdammten Seelen vergleicht, die Satan beim luziferischen Fest verbrennen wollen, betont er den blasphemischen Impetus der Orgie. Er stellt sie als eine Art schwarzer Messe dar, die im christlichen Ritual das Antichristliche schlechthin feiert. Deutlich zeigt sich hier Aretino in seiner polemischen Spitzzüngigkeit, der die klerikale Scheinmoral dem Gelächter preisgibt und die Ausschweifungen der Ordensbrüder und -schwestern als äußerst komische Performance beschreibt. Er geißelt nicht etwa als Asket das ausschweifende Sinnesleben der Kleriker, sondern er beschreibt es aus der amoralischen Sicht der vielerfahrenen Nanna. Und die muß noch in der Rückschau über die Szenen im Kloster lachen. Darin offenbart sich auch der antipornographische Impuls der *Ragionamenti*, denn das Lachen stellt den antipornographischen Wirkungseffekt par excellence dar: Pornographie zielt auf sexuelle Stimulierung, Lachen jedoch, durch Komik ausgelöst, zeugt von einer distanzierten Sehweise, die kaum die sinnliche Erregbarkeit fördert. Henri Bergson führt in *Le Rire* (4) als Prämisse für dieses Lachen eine »anesthésie momentanée du cœur«, eine momenthafte Gefühllosigkeit des Herzens, an, die es erst erlaubt, eine Situation oder Person – etwa den in einen Graben stolpernden Hans Guck-in-die-Luft – als komisch wahrzunehmen. Komik, definiert als »quelque chose de mécanique plaqué sur du vivant«, als Mechanisierung des Lebendigen, prägt die Darstellung des klerikalen Sexturniers, bei dem die wetteifernden Lanzenritter als Roboter der Begierde agieren. Nannas Bratspießvergleich erscheint geradezu wie eine Veranschaulichung der Bergsonschen Komikdefinition.

Der Blick in die zweite Kammer zeigt die Äbtissin und ihren Beichtvater bei ihren Exerzitien. Aretino hält sich schön an die Stufenleiter der klösterlichen Hierarchie und führt nach dem Treiben des Ehrwürdigen Vaters nun die sexuellen Vergnügungen der »Beschützerin des Klosters« vor. Wieder bietet er eine reiche Palette sexueller Bildlichkeit. Da zieht der Beichtvater mitten im schönsten Zeitvertreib »den Stöpsel aus der Flasche« und will ihn der Äbtissin »in die Zibetbüchse stecken«, und trotz aller Beschwörungen »bei den Wundmalen, bei den Schmerzen, bei den Sieben Freuden, beim Paternoster von San Giuliano, bei den Pestilenzpsalmen, bei den Heiligen Drei Königen, beim Stern von Bethlehem und bei den Sancta Sanctorum« kann sie diesen Nero, diesen Kain, diesen Judas nicht dazu bringen, daß er »den Lauch wieder in ihr Gärtchen pflanzte«, im Gegenteil, »mit Schaum vor dem Mund wie der Orkus, pflanzte er ihr den Ast in den Hintergraben« (44).

Die Äbtissin greift im Taumel des Lustbegehrens auf ihr vertrautes religiöses Sprachrepertoire zurück. Während Nanna und auch Antonia sich in ihren Kommentaren voller Ironie religiöser Begriffe bedienen, um durch den Kontrast von frommem Wort und sündhaft fleischlichem Tun die Verderbtheit der Klosterleute zu verdeutlichen, ist der Äbtissin und ihren Nonnen der unangemessene Gebrauch des religiösen Vokabulars nicht bewußt. Die religiöse Terminologie klingt aus ihrem Mund wie ein Potpourri sinnentleerter Worthülsen, das sie gewohnheitsmäßig, quasi automatisch verwenden. Aretino entlarvt damit die Sittenverderbnis der Nonnen und Mönche auf zweifache Weise, er führt ihre sexuellen Orgien vor und ihre blasphemische Sprache, die das Ausmaß ihrer Pietätlosigkeit enthüllt.

Auf grotesk komische Weise schildert Nanna die hemmungslose Geilheit von Beichtiger und Äbtissin, die trotz ihrer unterschiedlichen sexuellen Vorlieben schließlich beide auf ihre vollen Kosten kommen. Der Pater befriedigt mit »einer wahren Henkerslust« sein sodomitisches Verlangen, darauf entwickelt die Äbtissin geradezu akrobatische Fähigkeiten, um den Gipfel der Wollust zu erklimmen. Die Akteure erscheinen als wahrhaft Besessene, die in ihrer animalischen Lustbegierde wild und schamlos um ihre Befriedigung ringen. Nannas derb drastische Bilder und Vergleiche machen auf höchst anschauliche Weise die geile Bocksnatur des frommen Paares deutlich. Daß der Beichtvater gegen den Willen seiner Sex-Schwester zunächst sein sodomitisches Verlangen stillt, ist wieder als Hieb Aretinos gegen die Zügellosigkeit des Klerus zu werten. Wenn sowohl Beichtiger als auch Äbtissin sich nach der ersten Runde Zärtlichkeiten zugirren, die beim petrarkistischen Stil idealischer Seelenliebe Anleihe nehmen, wirkt das gerade durch den Kontrast zu der vorhergegangenen Sexszene höchst komisch:

> »Mein Fasänchen, meine Pfauhenne, meine Taube, Seele aller Seelen, Herz aller Herzen, Leben aller Leben, schien es dir nicht recht, daß dein Narziß, dein Ganymed, dein Engel nicht auch einmal dein Hinterquartier beziehen könnte?« und sie antwortete: »Schien es dir recht, mein Gänserich, mein Schwan, mein Falk, Hoffnung der Hoffnungen, daß deine Nymphe, deine Magd, deine Komödie einmal deine Natur in ihrer Natur unterbringen könnte?« (45 f.)

Petrarkistische und religiöse Sprache vermischen sich hier, und während Beichtiger und Äbtissin im Stil zärtlich Verliebter von der genossenen Lust reden, enthüllt der Inhalt ihrer Rede gerade ihre divergierenden sexuellen Vorlieben. Damit entlarvt Aretino einerseits das edle Gesäusel des geilen Paares als Schönrederei, zugleich stellt er mit dieser Parodie auch das Ideal hoher Liebe in Frage.

Wie zuvor bei dem Ordensgeneral läßt es Aretino auch bei der ›frommen‹ Nonnenmutter nicht bei der einen Szene bewenden. Nanna beschreibt lustvoll zunächst die inbrünstigen, brünstigen Reverenzen, die die Äbtissin der »Reliquie« des Beichtigers erweist, sodann schildert sie das intensive sexuelle Vergnügen, das der Diener des Beichtigers bewirkt:

> Nanna: Während die gute barmherzige Seele von Äbtissin mit ihrem Götzenbild scherzte, klopfte es leise an die Tür ihrer Zelle. Sie horchten beide auf und spitzten die Ohren und hörten leise, leise pfeifen, und daran erkannten sie, daß es des Beichtvaters Diener war, der denn auch gleich eintrat, denn es wurde ihm sofort aufgemacht. Und da er wußte, wieviel ihre Wol-

le wog, so genierten sie sich nicht ein bißchen; im Gegenteil, die Schelmäbtissin ließ den Finken des Paters fahren und packte den Stieglitz des Jungen an den Flügeln und verging vor Lust, mit dem Fidelbogen des Bürschchens über ihre Geige zu streichen, und sagte: »Mein Lieb, tu mir, bitte, eine Liebe an.« – »Gern«, entgegnete der stämmige Mönch, »was möchtest du denn?« – »Ich möchte«, sagte sie, »diesen Käse mit meiner Reibe bearbeiten, wenn du zugleich mit dem Schlägel auf die Pauke deines geistlichen Söhnchens haust. Und wenn der Spaß dir Spaß macht, so lassen wir unsre Rosse galoppieren; wenn nicht, dann probieren wir so viel Arten, bis uns eine gefällt.« Währenddessen hatte die Hand Fra Galassos an der Wölbung des Knäbchens die Segel herabgelassen und als das Madame sah, legte sie sich zurecht, der Käfig stand offen, die Nachtigall wurde hineingesperrt, und dann zog sie zu großer allgemeiner Befriedigung das ganze Bündel auf sich. (46f.)

Wieder bietet Nanna bei ihrer genüßlichen Schilderung dieses Sexterzetts ein kühnes Metaphernpotpourri, bezieht sie aus den verschiedensten Bereichen ihre Bilder, deren Zusammenhang auch nicht durch Assoziationsschübe erklärbar wäre. Erscheint der Übergang vom Finken zum Stieglitz noch als stimmige Variation der Vogelmetaphorik – auch die bekannte Nachtigall, die in den Bauer gesteckt wird, gehört dazu –, so intoniert Nanna mit dem Fidelbogen-Geigen-Bild ein völlig neues sexualbildliches Thema. Vom musikalischen Bildbereich wechselt sie mit dem Käse-Reibe-Vergleich in das Küchenarsenal über, dem aber wiederum ein musikalischer Schlägel-Pauke-Vergleich folgt. Auch die Reitermetapher stellt nur einen Blitz am Funkenhimmel der Sexualmetaphern dar, ein nautisches Bild folgt dem ›Galopp‹ sogleich. In dieser Reihung und Häufung der Bilder für ein Thema – hier wie durchgängig in den *Ragio-*

namenti der Geschlechtsverkehr – manifestiert sich das ästhetische Credo Aretinos, der die Zeitgenossen mehr als durch seine schon erstaunliche Kenntnis der literarischen sexuellen Topoi durch seinen Einfallsreichtum und seine Wortkaskaden verblüffen will.

Nanna beschreibt der höchst animiert zuhörenden Antonia den Fortgang ihrer nächtlichen Initiation in das Nonnenleben, sie erzählt von zwei Nonnen, die in einem Kämmerchen, das einer Kurtisane würdig war, vergeblich den Vikar als irdischen Bräutigam erwarteten und sich einen Maultiertreiber statt dessen schnappten, der sich in der Tür geirrt hatte, so daß folglich zwei andere Nönnchen, die sich diesen zum Liebesspiel ausgeguckt hatten, darbten und sich ihre »Liebeswut verzweifelt mit den Knöpfen der Kaminfeuerböcke« stillten. Sie erinnert sich vergnügt der Frau Kellermeisterin, die über das Ausbleiben ihres frommen Pfarrers in eine solche Verzweiflung geriet, daß sie sich schon die Schlinge um den Hals gelegt hatte, als der Ersehnte erschien, ihr damit das Leben rettete und ihre Glut löschte. Auch hier spart sie nicht mit phantasievollen Metaphern für das wollüstige Treiben des Paares, redet von »Ziegenfleisch« und »Zickleinfleisch«, so daß Antonia kritisch einhakt und den verblümten Stil ihrer Rede moniert:

> Antonia: Ich hab' dir's schon lange sagen wollen und immer nur vergessen. Sprich doch frei von der Leber weg und sag doch ar, schwa, vo und fi. Sonst versteht dich höchstens die Sapienza Capranica mit deinem Schlauch im Ring, Obelisk im Culiseo, Rübe im Garten, Riegel im Loch, Schlüssel im Schloß, Stempel im Mörser, Nachtigall im Nest, Pfahl im Graben, Blasebalg vor'm Ofenloch, Degen in der Scheide, und mit dem Pflock, der Schalmei, der Mohrrübe, dem Mäuschen, der Kleinen, dem Kleinen, dem Hinterpommeranzen, den Meßbuchblättern, dem Verbi gratia, dem Ding, der Geschichte, dem Stiel, dem Pfeil, der Rübe,

der Wurzel, dem Rettich und dem Dreck – möchtest du ihn, ich will nicht sagen, in den Hals kriegen, da du auf Holzschuhspitzen gehen willst. Nenn das »Ja« Ja und das »Nein« Nein oder behalt's für dich. (59)

Antonia reklamiert eine unmetaphorische, eindeutige Zuordnung von Ding und Wort und verkennt, daß das Erzählte gerade aus der Metaphorik seinen Reiz bezieht, daß es das Ja Ja nennen und das Nein Nein nennen nicht gibt – pikant ist in diesem Kontext auch die biblische Anspielung auf Mt. 5,37 (»Deine Rede sei Ja, Ja und Nein, Nein – was darüber ist, ist vom Übel«). Natürlich räumt Aretino der Gevatterin nur deshalb ihren kritischen Einwand ein, um ihn auf gloriose Weise zu vernichten. Nanna bzw. Aretino setzen naive Volkes-Stimme ein, um sie als unbedarft, kunstfremd zu entlarven. Nanna entgegnet dem Einwand Antonias nur: »Weißt du denn nicht, wie schön der Anstand im Bordell ist?«

Nanna reklamiert den Anstand für einen Lebensbereich, in dem sich alle Beteiligten hemmungslos über Anstand und Wohlanständigkeit hinwegsetzen. Deutlicher kann die Kluft zwischen dem Guten, d. h. den moralisch sittlichen Werten, und dem Schönen, d. h. den ästhetisch artistischen Kriterien, nicht formuliert werden. Gerade am Obszönen, das von seinem Gegenstand her sich einem klassischen Kunstideal widersetzt, beweist der literarische Artist sein ästhetisches Können. Nannas Replik kann man nicht nur, man muß sie als ästhetisches Credo Aretinos interpretieren. Gerade das inhaltlich Anstößige fordert die Kunst des literarischen Artisten heraus, im Häßlichen, als moralisch Verpönten, sieht er einen Anreiz künstlerischer Gestaltung, artistischer Ausdrucksweise. Aretino bedient sich weder der medizinisch wissenschaftlichen Terminologie, noch der gängigen Vulgärsprache; er bezieht aus den verschiedensten asexuellen Bereichen wie Garten, Küche, Musik, Liturgie, Sport, Wettkampf usw. seine Bildersprache. Da der Sexualakt selbst kein variantenreiches Thema darstellt, auch die wechselnden Konstellationen vom Duo bis zum Oktett mit den diversen Sexualpraktiken noch nicht die Gefahr ästhetischer Langeweile bannten, kommt der Variation des Ausdrucks eine überaus große Bedeutung zu. Aretinos bzw. Nannas Ablehnung der vulgären Termini entspringt nicht einem moralischen Schamgefühl, sondern einer künstlerischen Überzeugung. Er greift durchaus Bildvorstellungen der sexuellen Vulgärsprache auf, nimmt aber das Bild – z. B. Reiten – gleichsam ›wörtlich‹, läßt die »Rosse galoppieren« und gibt der Ex-Metapher ihre sinnliche Anschaulichkeit zurück. Der heute gebräuchliche Ausdruck »Vögeln« ist z. B. eine solche Ex-Metapher, die ihre Benutzer nicht mehr an eine Nachtigall, einen Finken oder Stieglitz erinnert, der in den Bauer gesteckt, an den Flügeln gepackt wird, er hat seine gleichnishafte Bildkraft verloren, ist zum abstrakten populären Terminus für den Koitus geworden. Aretino dynamisiert und vitalisiert die zu Begriffen erstarrten Bilder, er entwickelt eine Metaphorik, die den Trieb der Agierenden, das Tun der sexuell Begehrenden freilegt, er schafft eine Metasprache der Sexualität, die direkt wörtlich überhaupt nicht von Sexualität handelt, aber auf kunstvolle Weise, in ihren Sprachbildern, eben diese evoziert.

Ähnlich verfährt auch der französische Autor François Rabelais (um 1494–1553) in seinem Roman *Gargantua et Pantagruel*, der sich zwar in seinem entschieden humanistischen Erziehungsideal von Aretinos eher machiavellistischer Position unterscheidet, jedoch auch einen metaphernreichen bildkräftigen Stil kultiviert, der aus den verschiedensten Bereichen seine Bildcocktails mixt und die deftige Volkssprache nicht ausspart. Stellt die Sexualität auch nicht das Zentralthema seines Werks dar, so spielt das Thema jedoch auch bei ihm eine wichtige Rolle. Ein ganzes Buch allein handelt von Panurges Überlegungen und Beratungen, wie er die Vorteile ehelicher Freuden ohne die Risiken der Hahnreischaft genießen könne. Parallelen zu Aretinos bzw. Nannas Berichten aus dem Eheleben gibt es zuhauf. Doch an einem anderen Beispiel, das die sinnlich animierten Gemüter der Kinderfrauen beim Anblick des quietschvergnügten nackten Riesenbabys Pantagruel beschreibt, läßt sich die ästhetisch stilistische Affinität der beiden Autoren der Spätrenaissance besonders gut verdeutlichen. Der Kreatürlichkeit, der lustbetonten Körperlichkeit des Kleinkindes – des Menschen überhaupt – räumt Rabelais viel erzählerischen Platz ein. Er malt nicht nur die Oral- und Analphase des Kleinkindes mit kräftigen, körperbezogenen Worten aus, auch die Erscheinungsweisen frühkindlicher Sexualität schildert er voller Humor und Sprachvergnügen:

> Und wißt ihr was, ihr Buben? Daß euch der Suff trille! Der kleine Bock und Schmuser tappte in einem fort an seinen Kindsfrauen herum, hinten und vorn, unten und oben – hü, Grautier! – und fing schon an, seinen Hosenlatz einzufuchsen. Den putzten ihm jeden Tag seine Wärterinnen mit schmucken Sträußchen heraus, schmückten ihn mit schönen Bändern, Blumen und Quasten und hatten Kurzweil daran, ihn mit ihren Händen zu steifen wie ein Pomadenstänglein, und dann lachten sie hellauf, wenn er die Ohren spitzte, als hätte ihnen dies Spiel behagt. [...] Die eine nannte ihn »mein Spündelchen«, die andere »mein Bölzchen«, die dritte »mein Korallenstengel«, die vierte »mein Stöpsel, mein Pfropfen, mein Zäpfchen, mein Stopfsteckel, mein Drillbohrer, mein Schwengel, mein Zeitvertreib so hart und steif, mein Stehaufmännchen, mein Rotwürstchen, mein Rübchen klein, strack und fein«. (Rabelais, 61 f.)

Rabelais bezieht seine Penismetaphern aus Küche, Garten, Handwerk, und es fragt sich, ob sich nicht daraus

Rückschlüsse auf eine bestimmte Sicht der Geschlechterverhältnisse, der Sexualverhältnisse zwischen Frau und Mann ziehen lassen. Unterscheidet sich auch Rabelais durch seinen humoristischen Ton, sein augenzwinkernd wohlwollendes Verständnis von Aretino mit seinem genüßlich satirischen Enthüllungsstil, so zeigen beide eine geradezu artistische Wollust, ihre Leserschaft mit einem Bilderreigen aus den unterschiedlichsten Wortfeldern für ein und dieselbe Sache zu verblüffen.

Dennoch sind es nicht unbedingt exotische oder edel auratische Wortgebiete, aus denen sie ihre Vergleiche wählen, sondern vor allem die alltägliche Lebenswelt bildet ihr Reservoir. Darin unterscheiden sie sich von Autoren petrarkistischer Stilrichtung oder von späteren Barockdichtern etwa vom Typ eines Hofmann von Hofmannswaldau, die Rose, Muschel, Grotte, Quell, Tau bei ihrem Preis der Liebeslust bevorzugen, die häufiger auch die Schönheit der Frau mit ihrem verheißungsvollen »Schoß« zum Stimulans ihrer Bildphantasie machen. Als besonders eindrucksvolles Beispiel sei auf Johannes von Bessers Gedicht *Die Schooß* verwiesen, der Form und Wonnegabe des weiblichen Genitals in endlosen Versen auf das wort- und bildreichste evoziert.

Wie der Magnet mit Macht das Eisen an sich ziehet,
Wie nach dem Norden-Pol die Nadel schlägt und siehet;
So ist der Liebsten Schooß der Nord und der Magnet,
Wohin der ganze Wunsch wahrhafter Menschen geht.
Man sagt: die Venus sei, ihr Wesen zu verstellen,
Nicht nach gemeiner Art, besondern aus den Wellen,
In einer Muschel Helm empfangen und gezeugt,
Wo sie der Meeres-Schaum gewieget und gesäugt.
Wer gläubet solches nicht, der Venus Thun erweget?
Weil aber eine Schooß der Muschel Bildnis träget:
Glaub ich, daß, als zur Welt die Venus war gebracht,
Sie dies, woraus sie kam, zur Frauen-Schooß gemacht.

> Daß, als die Herrscherin den Muschel-Helm verlassen,
> Sie aller Menschen Herz in diesen Schrein zu fassen,
> Die Muschel in die Schooß der Weiber eingeschrenkt,
> Und sich nachgehends selbst zur Wohnung nachgesenkt.
> [...]
>
> (Zit. nach Grützmacher, 104 ff.)

Fuchs zitiert in seiner *Illustrierten Sittengeschichte* mehrere Schoß-Gedichte, in denen die Vagina als das in den weiblichen Körper gesenkte Gewässer aller Lüste evoziert wird. Sie ist »ein Garten, den der Tau der Wollust überfließt«, »ein Hafen, den vergnügt die Zuckerflott' erreichet«; »Kein Purpur-Pfirsich ist so sanft und zart gespalten«, »Kein kleiner Raum der Welt hat so viel Überfluß«, heißt es bei Besser. Sie wird zum Mittelpunkt irdischer Paradiesphantasien, beschworen als »Du Brunnen, der du nie gefrierest, noch versiegest«. Sie lockt als »Ein Abgrund, wo die Welt die Perlen fischen kann«, so heißt es bei C. F. Hunold. Klaus Theweleit hebt in diesem Kontext in seinen *Männerphantasien* das Abstrakte dieser barocken Männerphantasien hervor: »Und das Wesentliche: Hier wird die Vagina zum utopischen Ort des Nicht-Mangels, wobei es letztlich gleichgültig ist, an welcher Frau sie sich befindet, so es nur eine hohe Schönheit ist.« (440f.) Diese Autoren meiden die Sprachfelder des niederen Stils, sparen die Sprachfelder der Arbeits- und Alltagswelt weitgehend aus.

Autoren der Spätrenaissance – wie Aretino oder Rabelais – zeigen dagegen schon die barocke Lust an farbenprächtiger Bilderfülle, an Bildreihungen nach dem Hölzchen-Stöckchen-Prinzip ohne organischen Zusammenhang, doch sie fühlen sich nicht einem Elegantia-Ideal verpflichtet, das sprachpuristisch viele Bereiche als unpoetisch eliminiert. Natürlich sind auch hier nationalliterarische Verschiedenheiten zu beachten, dennoch läßt sich bei aller nationalsprachlichen Verschiedenheit der Barockpoetiken eines Boileau, Opitz u. a. m. die Tendenz ausmachen, den literarischen Wortschatz nach den Regeln der Wohlanständigkeit im Vergleich zu dem des 16. Jahrhunderts auf eklatante Weise zu dezimieren. Die »Verfeinerung« und »Veredlung« ist in unterschiedlicher Weise in allen europäischen Literaturen vollzogen worden.

Was Aretino mit Rabelais trotz ihres unterschiedlichen Selbst- und Wirklichkeitsverständnisses teilt, ist ein grundsätzlich sinnenzugewandtes Lebensgefühl und eine ästhetische Lust an Wortkentauren, Sprachwitz, überraschenden Bildverknüpfungen, an kühnen Bildhüpfern, die im Geist metaphorischer Artistik vom »Spündelchen« und »Bölzchen« zum »Drillbohrer«, »Rotwürstchen«, zum »Rübchen klein, strack und fein« springen. Beide geben sich dem Vergnügen hin, ihre akrobatischen Metaphernsprünge – ohne Dressurregel – nach freier Künstlerlaune zu vollziehen. Während jedoch Rabelais' Darstellung der Riesen mit ihrer sinnenfreudigen Vitalität, ihrer Genußfähigkeit, ihrer Friedfertigkeit den utopischen Entwurf einer nach humanistischen Idealen gestalteten Gesellschaft enthält, zeichnet Aretino ein satirisches, karikaturistisches Gegenbild zur humanistischen Welt.

Sein Zeitgemälde atmet bei aller sexuellen Freizügigkeit gerade nicht den Geist befreiter Sinnlichkeit und Sexualität, es setzt die von der Kirche und der Gesellschaft geschaffenen Tabus voraus und führt einen Tabubruch nach dem anderen vor. Allen Sexualszenen eignet das Stigma des Verbotenen und Perversen. Ehelicher Sex kommt in Nannas Erzählungen nicht vor, und wenn sie von ihrer Hochzeitsnacht berichtet, dem legitimen, kirchlich abgesegneten Vollzug des Eheversprechens, dann auch nur, um sich darüber zu mokieren, mit welch listigem Geschick sie ihrem Gatten vorspiegelte, der Bezwinger ihrer – schon längst verlorenen – Jungfernschaft zu sein. Das Leben der Ehefrauen, das sie am zweiten Tag Antonia schildert, entspricht in keiner Weise den sittlichen Normen der Gesellschaft; man erfährt wenig von ehelicher Pflichterfüllung, vielmehr von den reichen

Erfindungskünsten der Frauen, sich sexuelle Befriedigung zu verschaffen mit einem Mann, der *eines* nicht ist: der eigene Ehemann. Selbst die frömmste Kirchgängerin zeigt ihre Vorliebe für die Kirschen aus Nachbars Garten. Die eine engagiert ihren Auserkorenen als Hauslehrer für den Neffen, den sie unter dem Vorwand der Mildtätigkeit ins Haus nimmt, die andere stellt sich sterbenskrank, damit der Dorfkaplan, dessen imposantes männliches Organ sie beim Wasserabschlagen erspäht hat, zur Abnahme der Beichte an ihr Bett tritt; eine gute Gelegenheit, ungestört durch den Gatten die sexuellen Fähigkeiten des Pfaffen zu testen. Und so erzählt Nanna ihrer Gevatterin eine Fülle von Geschichten, die alle von der sündigen Begehrlichkeit der Ehefrauen und ihrer erfolgreichen Suche nach außerehelicher Lusterfüllung handeln. Daß die Ehemänner ihnen darin gleichen, daran läßt Nanna keinen Zweifel!

Die am dritten Tag geschilderte Welt der Huren führt folglich auch nicht nur die sexuellen Fertigkeiten und die gewinnmaximierenden finanzpolitischen Strategien des Hurenstandes vor, sondern den allbeherrschenden Geschlechtstrieb der Männer durch alle Schichten hindurch. Insofern bildet der dritte Tag, der aus der Kurtisanensicht die sexuellen Begierden der Männer vorstellt, das Pendant zum zweiten, der die diversen Aventüren der Frauen beschreibt.

Wenn am Ende der Revue weiblicher Existenzmöglichkeiten Antonia rät, Pippa zur Hure zu machen, da sie völlig dem Geist ihres Berufsstandes entspricht – »wie der Soldat der dafür bezahlt wird, daß er übel handelt« –, ist das auch wieder als Hieb auf die verlogene Moral der sich christlich gebenden Gesellschaft zu verstehen (224). Da also alle Laster der Huren Tugenden sind und es sich auch schön leben läßt im Luxus, wenn man sein Metier versteht, bietet der Hurenstand im päpstlichen Rom die besten, angenehmsten Lebensmöglichkeiten …

Vermittelt Aretino durch seine erzählfreudige Nanna ein kritisches Sittengemälde seiner Zeit? Oder ist er der Pornograph, der »auf die Erweckung der groben tierischen Sinnlichkeit im Menschen abzielt«, wie Iwan Bloch die Wirkungsabsicht des obszönen – d. h. hier des pornographischen – Buches definierte (795)? Hatte Papst Paul IV. recht, als er Aretinos Werke inklusive der *Ragionamenti* auf den Index setzte?

Antonia, in gewisser Weise die erste Rezipientin von Nannas Erzählungen, ihrerseits eine fiktive Figur, die den »idealen Leser« / Hörer repräsentiert, scheint – wider Willen – das päpstliche Verdammungsurteil zu bekräftigen. In den bewundernden Kommentaren der lustvoll lauschenden Gevatterin drückt sich Aretinos eigene Wirkungsabsicht aus. Hingerissen, voller Spannung und lüsterner Neugier, folgt sie dem Ablauf der Geschichten, sie fühlt sich durch Nannas vitalen, plastischen Erzählstil in die Gegenwart der geschilderten Situationen versetzt. Symptomatisch für ihre Rezeptionsweise ist das Bekenntnis, sie sehe das, was Nanna sage, so deutlich vor sich, daß sie »naß geworden« (72) sei. Antonias Eingeständnis ihrer sexuellen Erregung, von ihr als höchstes Lob für die erzählerische Genialität Nannas gedacht, wäre von Kant als vernichtendes Urteil über den künstlerischen Wert der Erzählungen verstanden worden. Denn seine »Analytik des Schönen« (*Kritik der Urteilskraft*, 116 ff.) reklamierte ja für das ästhetische Geschmacksurteil über die Kunst das berühmte »interesselose Wohlgefallen«, das nicht durch »Reiz« und »Rührung« bestimmt sei.

Diese Differenz von ästhetischem Geschmacksurteil und erotisch-sexueller Empfindung ist auch heute noch Prämisse des juristischen Kunstvorbehalts. Hier interessiert, was man aus Antonias freimütigem Bekenntnis schließen soll. Befriedigt Nanna durch ihre Erzählungen nur deren sexuelle Triebphantasie, bleibt die Kunst hier auf der Strecke, ist sie nur Vorwand für sinnenkitzelnde Enthüllung? Ganz offenbar doch nicht, betrachtet man, wie zuvor geschehen, die sprachliche Verfaßtheit der Erzählungen. Die Fragen, die sich aus einer bis heute wirkenden idealistischen Ästhetik herleiten und ihre Berechtigung haben, erscheinen in diesem Kontext merkwürdig schief. Die Entgegensetzung, hier Kunst – da sexuelle Erregung, vermag nicht recht zu überzeugen.

Nanna selbst leidet – wie ihr Erfinder – nicht an Minderwertigkeitskomplexen, was ihr künstlerisch literarisches Talent betrifft, und auch Antonia erkennt die literarisch ästhetische Dimension ihres Erzählens. Voller Bewunderung äußert sie: »Der Mann mit den hundert Novellen verzeih mir, aber mit dir kann er's nicht aufnehmen!« Und Nanna entgegnet selbstbewußt: »Das will ich nicht sagen. Aber er soll mir wenigstens zugeben, daß meine Geschichten lebendig, seine aber nur gemalt sind.« (68)

Antonia spielt auf Boccaccios *Decamerone* an, stellt also ihrerseits einen Bezug zur literarischen Tradition her, und Nanna/Aretino wehrt zwar halbherzig bescheiden den artistischen Triumph über den auch zu seiner Zeit schon bewunderten Autor ab, gibt aber deutlich zu erkennen, daß sie den Vergleich keineswegs als unangemessen versteht. Sowohl Antonia als auch Nanna messen der erzählerischen Brillanz, der artistischen Darbietungsweise große Bedeutung bei, so daß die Frage nach dem Verhältnis von Kunst und erotisch-sexuell stimulierender Wirkung virulent bleibt. Ein Argumentationstopos der Verteidigung in späteren Literaturprozessen basiert auf der künstlerischen Qualität des jeweiligen der Pornographie, der Unmoral angeklagten Werkes. Da das Pornographische und damit moralisch Anstößige eines literarischen Werkes in seiner sexuell aufreizenden Wirkung gesehen wird, scheint demnach die künstlerische Qualität jede stimulierende Wirkung auszuschließen. Der Kunst eignete in dieser Verteidigungsstrategie eine Sublimationskraft, die die erotische Triebphantasie der Rezipienten gleichsam anästhesierte. Aretino dagegen scheint in dieser aphrodisischen Wirkung geradezu einen Beweis seines herausragenden Erzähltalents zu sehen, in seinem Kunstverständnis harmonisieren Sexus und Kunstästhetik, (sexuelles) Interesse und Wohlgefallen an der künstlerischen Form. Wenn er sich von Boccaccio mit dem Hinweis abhebt, seine Geschichten seien lebendig, dessen Geschichten aber nur gemalt, so will er seine eigene anschaulich realistische Darstellungsweise hervorheben, die das Leben gleichsam ungefiltert, ungeschminkt, durch keine Rücksicht auf die Regeln des gesellschaftlichen Anstands behindert widerspiegelt. Er sucht die Grenze zwischen Kunst und Leben aufzuheben, obwohl er gerade durch seine Metaphernspringflut die Eigenständigkeit der Literatur gegenüber dem metaphernlosen Leben beweist.

Auch Boccaccio führt in seinem *Decamerone* die erwünschte Rezeptionsweise seiner Novellen an, die fröhliche Schar der anmutigen Damen und edlen Jünglinge traten ja nicht nur als Erzähler/innen, sondern auch als Zuhörer/innen auf. Und obwohl es in diesen Erzählungen – wie auch bei denen Nannas – oft um Sex und Betrug, Ehebruch, Geilheit der Nonnen und Priester usw. ging, sie öfter von derber Begierde als von echter Liebe handeln, zeigte die Zuhörerschaft keinerlei Anzeichen von sexueller Stimulation. Boccaccio betont die ästhetische Autonomie, die Differenz zwischen Kunst und Leben, und obwohl er Authentizität seiner Geschichten bekräftigt, wehrt er eine illudierende, aufreizende Wirkung ab. Seine kultivierte fröhliche Schar wird keineswegs – wie Antonia – naß ob der vielen erzählten amourösen Szenen. Boccaccios Rezeptionsideal entspricht seinem Erzählstil, den Aretino mit dem Attribut »gemalt« von dem eigenen »lebendigen« abhebt.

Deutlich zeigt sich das unterschiedliche ästhetische Konzept der beiden Autoren, die die Früh- und die Spätzeit der Renaissance markieren. Hier klassische Einfachheit, zielstrebiges Erzählen auf eine Schlußpointe hin, dort schon eine barocke Lust an Ausschmückung. Boccaccio ordnet das Detail der Zielspannung auf den Gang der Geschichte unter, Aretino – wort- und detailverliebt – nimmt die Begebenheit zum Anlaß, das Thema in immer neuen Bildvariationen mit Prunk und Pracht durchzuspielen. Boccaccios ästhetisches Konzept entspricht einem Kunstverständnis der Zweckmäßigkeit, der harmonischen Zusammenstimmung aller Teile zum Ganzen, wie es später die idealistische Ästhetik eines Kant, Schiller, Hegel u. a. entwickelt hat und das auch noch in der Moderne die Debatten um Kunst und Pornographie prägt.

In ihrer Grobstruktur ähneln Aretinos *Ragionamenti* durchaus der Machart pornographischer Literatur, die mit einem Minimum an Handlung auskommt, um ein Maximum an Sexszenen vorzustellen. So ließe sich auch von Aretinos Konzept der *Ragionamenti* – die Berufswahl Pippas – sagen, sie sei nur ein Anlaß für die ausschweifenden Sexualphantasien eines Literaten, der aus der Geilheit seines Publikums Kapital schlagen will und das Alibi der Kunst, d. h. der als Kunst verstandenen Literatur, nutzt, um seine pornographischen Szenen gesellschaftsfähig zu machen. Aretinos Werk entspricht den Kriterien, die bei den Diskussionen und Prozessen über Pornographie immer wieder angeführt wurden, der selektive Blick, der den Menschen vornehmlich als Geschlechtswesen wahrnimmt, eine gewisse Fetischisierung der Geschlechtsorgane, eine Reduktion der menschlichen Persönlichkeit auf Sexualfunktionen und eine Verdinglichung des Subjekts zum bloßen Sexualobjekt. Diesen ideologisch inhaltlichen Einwänden entspricht der formal ästhetische Aspekt, die fehlende Zusammenstimmung der Teile zum Ganzen, die willkürliche Reihung von sexuellen Szenen ohne einen erkennbaren übergeordneten Sinn.

Man kann den *Ragionamenti* durchaus eine »aufdringliche, verzerrende, unrealistische Darstellung geschlechtlicher Vorgänge« attestieren, ihnen nur eine dürftig verbrämte »Verherrlichung von Ausschweifungen oder Perversitäten« vorwerfen, und es wird auch Geschmacksrichter geben, die Aretinos üppige Sexualmetaphorik als »obszöne Ausdrucksweise« beanstanden – dennoch, Aretinos *Ragionamenti* zeugen von großer künstlerischer Originalität – und zwar durch ihren sprachlichen Erfindungsreichtum, sie zeigen die hohe Kunst, das in seinen Variationen begrenzte Sujet sexueller Aktivität in immer neuen überraschenden Bildkaskaden vorzustellen. Man muß Aretinos Werk nicht dadurch zu retten suchen, daß man ihm seine gesellschaftskritische Absicht bescheinigt – die kritische Anklage einer korrumpierten, genußsüchtigen Gesellschaft. Zweifellos prangert Aretino mit boshaftem Vergnügen die Schamlosigkeit, Bigotterie und Heuchelei der klerikalen und ehrbaren Kreise an, doch bekundet er selbst über sein Erzählmedium Nanna auch seine eigene Lust an pikanten Sujets, an der sprachlichen Darstellung sexueller Tabus. Ob die *Ragionamenti* pornographisch sind, dieses Urteil hängt sowohl von der jeweiligen Pornographie-Definition als auch von den Rezeptionsbedingungen der verschiedenen Leser ab. Doch daß sie ein sprachliches Kunstwerk darstellen, das sollte die Analyse ihrer Sexualmetaphorik hinreichend bewiesen haben. Der Kunstvorbehalt, der aus der juristischen Praxis stammt und der vorgegebenen Alternative Kunst oder Pornographie Rechnung trägt, greift an einem Werk wie dem Aretinos schlicht vorbei.

IV
Von der *amour passion* zur Libertinage

1. Das höfische Spiel von Koketterie und Galanterie oder Die Hermeneutik der Liebe

Im 17. Jahrhundert entstand ein neues Liebeskonzept, das sich erheblich von dem Liebesverhalten der Personen bei Boccaccio oder Aretino abhob. Schon das Grand Siècle Classique, das Zeitalter der französischen Klassik zeichnete sich nicht nur durch den hohen Stil seiner dramatischen Kunst aus, durch die geschliffene Form seiner Aphorismen-, Brief- und Memoirenkultur, es entwickelte auch eine Form des erotischen Romans, die an die Liebesdiskussion der Renaissance anknüpfte und zugleich im Horizont sublimer Liebeskasuistik eine neue Sicht erotischer Erfahrung artikulierte. Hier entwickelten sich schon die Spielregeln des erotischen Zu- und Gegeneinanders, die den Gegensatz zwischen hehrer Fernenliebe und sinnlich erotischem Abenteuer in gewisser Weise entschärfte.

Der Prozeß der Zivilisation, den Norbert Elias als einen Prozeß fortschreitender Affektregulierung und Triebkontrolle beschrieben hat, prägte auch das Sexualverständnis des Subjekts, wirkte auf die Bildung neuer Liebes- und Erotikkonzeptionen ein. Das gesellschaftliche Postulat der Affektkontrolle, das vor allem für die höfischen Kreise seit dem 17. Jahrhundert absolute Verbindlichkeit gewinnt, beeinflußte auch das Verhalten der Geschlechter zueinander, ließ einen neuen »Code der Intimität« entstehen. Das Credo zu erotischer Lust und Sinnenfreude, das eine Strömung der Renaissance grundierte, wich im 17. Jahrhundert mehr und mehr dem Ideal der *amour passion*, der leidenschaftlichen Liebe, die das Subjekt wie ein *coup de foudre*, ein

Blitzstrahl, erfaßt, sich auf die ganze Person bezieht, deren existentielles Lebensgefühl steigert und zugleich bedroht. Wichtige Momente dieser *amour passion*, wie sie sich in der zweiten Hälfte des 17. Jahrhunderts vor allem in Frankreich herausbildet, haben »ihre Vorläufer« – so Niklas Luhmann – »in der arabischen Liebeslyrik, im mittelalterlichen Minnesang, der Liebesliteratur der italienischen Renaissance« (57). Luhmann geht nur auf die Traditionslinien ein, die mit dem Konzept der *amour passion* vergleichbar sind, zugleich jedoch dessen Besonderheit verdeutlichen. »Soweit diese Literatur eine ernsthafte, bewahrenswerte Semantik der Liebe in Abhebung von Alltagswissen, Affären und sinnlichem Vollzug sucht, bedient sie sich des einfachen Mittels der Idealisierung.« (57) Die Geliebte wird in dieser Literatur – sei es Hoher Minnesang oder petrarkistische Liebeslyrik – als Ideal, als Inbegriff von Tugend, Schönheit und Reinheit vorgestellt, die Liebe hat also ihren gleichsam objektiven Grund in der Vollkommenheit ihres Gegenstandes, sie ist zwingend und insofern Passion. Das Konzept der sublimierten Liebe, das die idealisierte Frau in eine unerreichbare Ferne rückte, schloß auch eine soziale Funktion der Liebe ein: Das Werben des Liebenden, der sich in den Dienst der Angebeteten stellte, sollte seine Selbstachtung und Selbstbeherrschung stärken und seine »egoistische Selbstbezogenheit« überwinden helfen (59). Der Liebesdienst gilt also als moralische Idee, die Liebe als Mittel sittlicher Reifung. Diese Vorstellungen wirken in der Liebeskonzeption des 17. Jahrhunderts nach. Die Idee der hohen Minne schließt zwar an sich die Erfüllung sexueller Wünsche aus, doch auch die sexuell gelebte Liebesbeziehung wird spirituell überhöht. »Geschlechtliche Liebe wird durch geistige Liebe überformt« (58). Luhmann orientiert sich nur an Beispielen sublimierter Liebe, er grenzt die sinnenfrohe Liebeslyrik eines Oswald von Wolkenstein etwa oder die erotischen Novellen eines Boccaccio, die von einem sehr »begehrlichen Verlangen« in der Liebe künden, oder Aretinos sinnlich-deftige *Kurtisanengespräche* usw. völlig aus. Doch vor allem im Vergleich mit Darstellungen passionierter Liebe in der Literatur der Renaissance wird der immense Unterschied zum neuen Code der *amour passion* sichtbar. Es zeigte sich bei Boccaccio gerade in den Novellen, die von tiefer Liebe handeln – sei es die heitere von Ricciardo und Caterina, die sich voller Wonne am Nachtigallenfang vergnügten, oder die tragische von Ghismonda, die dem vom Vater getöteten Geliebten Guiscardo in den Tod folgt –: Die Liebenden kommen ohne eine komplizierte Liebeshermeneutik aus, ohne Umschweife bekennen sie sich zu ihrer Liebe, die Männer wie die Mädchen und Frauen der verschiedenen Gesellschaftsschichten haben keinerlei Scheu, ihre Gefühle auszudrücken. Ein vorsichtiges Abwägen und Taktieren, ein geschicktes unauffälliges Sondieren der Gefühle des anderen, das die erotische Literatur im Zeichen der *amour passion* des 17. Jahrhunderts kennzeichnet, spielt in den erotischen Novellen der Renaissance überhaupt keine Rolle. Einen Liebescode im strengen Sinne, der einer subtilen Dechiffrierung bedürfte, gibt es in der Renaissance noch nicht. Eduard Fuchs schreibt in seiner *Illustrierten Sittengeschichte* über die »Formen des gegenseitigen Liebeswerbens« in der Renaissance: »Die Formen des Liebeswerbens waren am Ausgang des Mittelalters fast bei allen Klassen und in allen Ländern noch überaus primitiv und bestanden somit durchwegs in den sogenannten Urformen der Galanterie. Das heißt: die beiden Geschlechter huldigten sich fast ausnahmslos in den unzweideutigen Manieren handgreiflicher Liebenswürdigkeiten. Augen und Hände nahmen und hatten alle Rechte. Gewiß verfuhr man in bäuerlichen Kreisen derber und direkter als beim Bürgertum und beim Adel, und wiederum war der deutsche Adel ungeschlachter als der italienische und spanische, aber es handelte sich dabei stets nur um Unterschiede des Grades und nicht um solche des Wesens.« (I,248) Was Fuchs kritisch kommentiert, das fehlende »stimulierende Raffinement«, das direkte Losgehen aufs »Endziel« ließe sich auch als Ausdruck größerer Natürlichkeit und Spontaneität auslegen. Doch abgesehen von der Bewertung, es bleibt der Befund: »Kurz, man liebte auf beiden Seiten im Prinzip das möglichst abgekürzte Verfahren« (249).

Luhmann überspringt in seiner Argumentation das vielfarbige Spektrum erotischer Ausdrucksformen in der Renaissance. Er deutet den neuen Liebescode, das Konzept der *amour passion* eingleisig linear im Blick auf mittelalterliche Liebesentwürfe idealischer Art: Während in der Hohen Minnelyrik des Mittelalters die Frau allein schon durch die Standesschranken für den liebenden Ritter unerreichbar gewesen sei, äußere Gründe diese Unerreichbarkeit garantierten, werde die Unerreichbarkeit der begehrten Frau im 17. Jahrhundert »in die Entscheidung der Frau selbst verlagert« (59). Die größere Freiheit, die die Frau der gehobenen Stände in Frankreich dieser Zeit genoß, gab dem Liebeswerben – so Luhmann – einen höheren Reiz. Die Umworbene hatte selbst zu entscheiden, ob sie dem männlichen Begehren um ihre Gunst nachgeben wollte. Sie hatte die Gründe dafür und dawider abzuwägen, die Aufrichtigkeit seiner Liebe zu prüfen, die Zeichen und Beweise für echte oder vorgetäuschte Liebe zu sondieren.

Liebe: ein kompliziertes hermeneutisches Problem. Doch daß die Liebe zu diesem Phänomen wurde, das die hohe Kunst der Interpretation herausfordert, läßt sich nicht allein mit der größeren Entscheidungsfreiheit der Frau erklären, sondern eben mit dem fortschreitenden »Prozeß der Zivilisation«, der eine immer stärkere Affektregulierung hervorbrachte und auch die Liebe in all ihren Ausdrucksformen einschloß. Dieser Prozeß erst ließ auch ein neues Liebes- und Weiblichkeitsideal entstehen, das in gewisser Hinsicht die Frau entsinnlichte und die Liebe vergeistigte. Dabei spielte der königliche Hof für das gesellschaftliche Leben im absolutistischen Frankreich eine zentrale Rolle;

er trug mit seinem ausgefeilten Zeremoniell, seiner Etikette, dem Gebot permanenter Gefühlskontrolle zur Bildung des neuen Liebescodes bei. Die Werbung selbst wurde zu einem raffinierten Balanceakt, da sie diskret und überzeugend zugleich sein sollte. Für die Ritter des Mittelalters gestaltete diese sich da noch vergleichsweise simpel. Wenn sie sich der Liebe der angebeteten Dame als würdig erweisen wollten, hatten sie eine Reihe von Aventüren und Gefahren zu bestehen; sie bewiesen durch äußere Taten, daß sie dem Ideal des Rittertums entsprachen und also der Gunst der Dame wert waren. Anders der Werbende des 17. Jahrhunderts; er hatte durch den Grad seiner Liebe selbst, durch die Echtheit und Intensität seiner *amour passion* der Dame zu beweisen, daß er ihre Gunst verdiente. Die gesellschaftlichen Anforderungen wie *bienséance*, *honnêteté*, galant kultiviertes Benehmen, eine entsprechende Herkunft werden als selbstverständlich vorausgesetzt. Diese Qualitäten des Liebenden, die ihm eine ehrenvolle Stellung am Hof und in der Gesellschaft sichern, stellen nur das Entréebillet für den Zugang zum Kreis der Geliebten dar, nicht zu ihrem Herzen. Heroische Taten sind nicht gefragt, Eleganz, rhetorische Brillanz, Prestige bei Hof, Ansehen bei den Damen der Hocharistokratie mögen das Interesse der Angebeteten wecken und verstärken, doch all diese Qualitäten können nicht ihre Entscheidung bestimmen, ob sie sein Liebeswerben erhört, ja, ob sie ihm überhaupt ihre Liebe eingesteht. Das Eingeständnis ihrer Liebe wird für die Frau zu einer hohen Gunst.

Galanterie und Koketterie bestimmen das gesellschaftliche Verhalten der Geschlechter zueinander. Im Begriff der Galanterie – das Wörterbuch verzeichnet darunter ›Höflichkeit‹ bis hin zur ›Schmeichelei‹, ein ›kleines Geschenk‹ bis hin zum ›Liebeshandel‹ – verbinden sich die Bedeutungen von »galant homme« und »homme galant«: Versteht man unter dem *galant homme* – ähnlich dem *honnête homme* – allgemein einen gesellschaftlich geachteten Mann von Lebensart und verfeinertem kultiviertem Benehmen, so gilt der *homme galant* als jemand, der den Frauen zu gefallen sucht und natürlich auch die Kunst gefälliger Umgangsformen beherrscht. Die männliche Galanterie im engeren Sinne, die auf die Gunst der Damen abzielt, steht im Einklang mit dem gesellschaftlichen Sittencode der Zeit, der *bienséance*, dem kultivierten Benehmen.

Während die Galanterie mehr die Domäne des Mannes ist, gilt die Koketterie vor allem als Spezialität der Frau. Daß jedoch auch der *honnête homme* Koketterie an den Tag legt, liegt an der Rolle der Frau in der gehobenen Gesellschaft, die die Muster höflichen Verhaltens entschieden prägt. Strosetzki formuliert: »Die gesellschaftliche Höflichkeit, die in dieser Form durch die Frauen geprägt ist, wird – das beklagen die Moralisten –, auf die gesamte Gesellschaft und auf den Prototyp des ›honnête homme‹ übertragen, der ja als Höfling wie die Frau keiner geregelten Arbeit nachgeht. So ist es nicht verwunderlich, daß die Frauen die größte Bedeutung haben, will man gesellschaftliches Verhalten erlernen.« (202)

Koketterie ist die Gabe, Gefallen zu erregen, Empfindungen zu wecken, ohne daß die Frau diese Empfindungen selbst teilen würde. Die kokette Frau versteht es, den Männern auf so unausgesprochene, unverbindliche Weise Gunst zu verheißen, daß sie nie auf ein Gunstversprechen festgelegt werden könnte; sie schmeichelt dem männlichen Selbstgefühl, ohne ein eindeutiges Zeichen ihrer Neigung zu geben. Sie läßt ihren Charme bei verschiedenen Männern spielen, suggeriert ihnen allen ihre besondere Wertschätzung, so daß keiner sicher sein kann, wirklich der Favorit zu sein, oder – je nach Perspektive – jeder sicher glaubt, er sei der Auserwählte. Molières Célimène im *Misanthrope* ist ein Muster weiblicher Koketterie. Alceste wie Oronte und einige andere Edelleute sind sich der besonderen Wertschätzung der schönen Célimène gewiß, die ihrerseits die Wirkung ihres koketten Spiels genießt. Alceste, der bedingungslose Aufrichtigkeit (*sincérité*) postuliert und praktiziert und damit gegen die höfische Etikette verstößt, ist das tragische (?) Opfer ihrer Koketterie. Die Koketterie Célimènes hält sich durchaus in den Grenzen der gesellschaftlichen *bienséance*, ist das weibliche Pendant zur männlichen Galanterie. Der gesellschaftliche Takt selbst gebietet es dem Gentilhomme, den Frauen Liebenswürdigkeiten zu sagen, Komplimente zu machen, ja sogar erotische Entflammbarkeit anzudeuten. Mag er auch für die eine erglühen, die Konvention fordert, daß er in der Öffentlichkeit gerade diese *amour passion* verbirgt, er sich den Damen allgemein als galant zeigt und er einer jeden seine Aufmerksamkeit beweist. Und nur in der Öffentlichkeit der höfischen Empfänge und Festlichkeiten, der Salons begegnen sich gemeinhin die Damen und Herren.

Wie soll nun angesichts dieses gesellschaftlichen Codes von Galanterie und Koketterie die Umworbene der echten Liebe, der authentischen *amour passion* gewiß sein, wie der Werbende der Gunstverheißung der von ihm umworbenen Frau? Alle haben die Fähigkeit auszubilden, zwischen wahrer und vorgetäuschter Liebe zu unterscheiden. Doch die Hermeneutik der Liebe kennt in diesem geschlossenen gesellschaftlichen System noch einen weiteren Schwierigkeitsgrad: Es gilt nicht nur die Unterscheidung zwischen wahrer und nur vorgetäuschter Liebe, zwischen bloßer Galanterie und der Galanterie, die das Herz diktiert; auch hinter der offensichtlichen Gleichgültigkeit oder Kühle könnten sich leidenschaftliche Gefühle verbergen.

Pointiert formuliert Jean de La Bruyère diesen Sachverhalt in *Les Caractères ou les Mœurs de ce siècle* (dt. *Die Charaktere oder die Sitten des Jahrhunderts*): »Es kommt bisweilen vor, daß eine Frau einem Manne die ganze Leidenschaft, die sie für ihn fühlt, verbirgt, während er auf seiner Seite alles heuchelt, was er nicht fühlt« (I,185). Simulation und Dissimulation bestimmen also ferner das Feld der Erotik, die Vortäuschung von Liebe, erotischer Entflammtheit und Kaschierung, die Maskierung von wahrer Liebe hinter Indifferenz. Das alles macht die Liebe zu einem hochkomplizierten Phänomen, das hohe hermeneutische Kunst erfordert.

2. Der Liebesverzicht um der leidenschaftlichen Liebe willen: *La Princesse de Clèves* der Madame de La Fayette

Der Roman von Marie-Madeleine de La Fayette von 1678, *La Princesse de Clèves*, stellt ein Muster für die damalige Reflexion auf die Liebe, auf das Verhältnis von Liebe und Ehe dar. Er evoziert die Intensität leidenschaftlicher Liebe und zugleich das platonische Ideal der Sublimation, er bietet ein klassisches Beispiel raffinierter Liebeshermeneutik. Die Autoren des 17. Jahrhunderts gehen von der bekannten Opposition zwischen Ehe, die auf Dauerhaftigkeit und Sicherheit gegründet ist, und Liebe als *amour passion* aus. Bei Roger de Rabutin Comte De Bussy findet sich die zugespitzte Formulierung, die Eheschließung sei eine ehrenvolle Weise, mit der Liebe zu brechen.

Schauplatz des Romans ist der Hof der Valois unter Henri II. mit seinen rivalisierenden Gruppen, Intrigen, Festlichkeiten, galanten Affären, in deren Mittelpunkt die berühmte Diane de Poitiers steht, doch der historische Rahmen selbst trägt viele Züge des Hoflebens unter Ludwig XIV., das die Autorin sehr genau kannte. Auch die Liebesgeschichte, eine freie Erfindung trotz der historischen Namen, spiegelt die Liebeskasuistik der damaligen Zeit. Die Charakteristik des Hofes: »Prachtliebe und höfisches Wesen standen in Frankreich niemals in solchem Glanze wie in den letzten Jahren der Regierung Heinrichs II.« (3)

Der Neugier der höfischen Gesellschaft für die Aventüren und Leidenschaften der anderen steht der Wille aller Beteiligten entgegen, äußerste Diskretion zu wahren, ihre Gefühle unbedingt zu kaschieren. Ein spannendes Spiel! Die Protagonistin des Romans, die bei ihrem Debüt am Hof sechzehnjährige Mademoiselle de Chârtres, »une des plus grandes héritières de la France«, wird als vollkommene Schönheit charakterisiert, die selbst die an Schönheiten reiche Hofgesellschaft in Erstaunen versetzt. Der Prince de Clèves, jüngerer Sohn einer der ersten Familien Frankreichs, erblickt die unbekannte Schöne, und sogleich verliebt er sich leidenschaftlich in sie.

Die Prinzessin schließt mit dem Prince de Clèves eine der damals üblichen Vernunftehen, lernt ihn schätzen, ohne ihn zu lieben; der jedoch vermißt schmerzhaft die Erwiderung seiner leidenschaftlichen Gefühle. »So kam es auch, daß er, obwohl er nun ihr Gatte war, nicht aufhörte, ihr wie ein Liebhaber zu begegnen; denn immer blieb ihm über den bloßen Besitz hinaus ein Wünschen unerfüllt; und obwohl er in bestem Einvernehmen mit ihr lebte, war er doch nicht völlig glücklich. Eine heftige Leidenschaft für sie beunruhigte ihn und trübte seine Freude.« (29)

Der Prinz fühlt, daß die Prinzessin als eheliche Pflicht nur gewährt, was er selbst jedoch als Ausdruck ihrer Leidenschaft begehrte. Ein Leitmotiv des Romans klingt hier an: Mangel, Liebesentzug als Stachel der Leidenschaft, und umgekehrt, erotisch-sexuelle Erfüllung als ihr Quietiv. Leidenschaft, *amour passion*, die die Heftigkeit ihres Begehrens als Ewigkeit und Dauer deklariert, erfährt oft mit der Wollust sinnlich-erotischer Genüsse die Melancholie der Erfüllung, erschöpft sich allzu bald in Übersättigung.

Auch die Prinzessin lernt bald nach ihrer Heirat schließlich die Leidenschaft in Gestalt des Duc de Nemours kennen, dem die Herzen der Frauen zufliegen und der nicht nur die Zärtlichkeiten ihrer Herzen genießt. Er wird als »chef d'œuvre de la nature« beschrieben, als Star der höfischen Gesellschaft, der sogar das Heiratsinteresse der englischen Königin Elisabeth geweckt hat. Auf einem illustren Hofball lernen sie sich kennen, bilden im Tanz ein schönes Paar. Im Sinne des neuen geschlechterspezifischen Rollencodes entwickeln sich ihre Gefühle: Der Herzog, von ihrem Liebreiz entflammt, ist sich seiner Liebe gewiß, die Prinzessin, fasziniert von seiner attraktiven Persönlichkeit, weiß die Art ihrer Gefühle nicht einzuschätzen. Die höfische Etikette fördert die Liebesromanze der beiden, die mit jeder Begegnung immer unwiderstehlicher die Reize des anderen empfinden. Das Spiel von Liebe und Abwehr, Liebesbezeugen und Liebesverbergen hat begonnen, bevor die Prinzessin sich selbst überhaupt ihre Liebe eingestanden hat, ein typisches Phänomen der neuen Liebesdoktrin. Die Prinzessin spürt die Neigung des Herzogs, doch zugleich zweifelt sie wieder an seiner Liebe, sucht nach Zeichen; auch der Herzog schwankt zwischen Hoffnung und Unsicherheit. Es entwickelt sich zwischen den beiden ein Liebesverhältnis, ohne daß die Protagonisten je von ihrer Liebe sprechen oder etwa eine Zärtlichkeit austauschen würden. Äußerst subtil ist die Zeichensprache, Scharfsinn ist gefordert.

Ein Beispiel: Die Prinzessin erfährt von Madame la Dauphine, der Herzog habe behauptet, es sei für einen Liebenden unerträglich, seine Geliebte auf einem Ball zu wissen, an dem er selbst nicht teilnehmen könne. Die Prinzessin folgt der Laune ihres Herzens und nimmt an einem großen Ballereignis, dem der Herzog wegen einer politischen Mission fernbleiben muß, ihrerseits nicht teil, sie schützt Unpäßlichkeit vor. Als der Herzog nun erfährt, daß die Prinzessin nicht auf dem Ball erschien und daß sie von seinem Ausspruch wußte, möchte er das als Zeichen ihrer Zuneigung auslegen. Doch gerade diese Interpretation will ihre Mutter verhindern, sie betont, auf die scherzhafte Vermutung von Madame la Dauphine, die Prinzessin habe sich wohl die Argumentation des Herzogs zu Herzen genommen, die Unpäßlichkeit ihrer Tochter. »Madame de Clèves errötete darüber, daß die Dauphine so richtig geraten und daß sie ihre Vermutung vor Monsieur de Nemours ausgesprochen hatte« (47).

Der Herzog ist über die plausible Erklärung der Mutter verstimmt, sinnt jedoch gleichzeitig über das plötzliche Erröten der Prinzessin nach, er tendiert zu einer für ihn günstigen Auslegung, doch er bleibt im Ungewissen. Auch die Prinzessin sucht immer wieder scharfsinnig die Gefühle des Herzogs zu ergründen. Am Hof hat man bemerkt, daß der Duc de Nemours seit seiner Rückkehr aus England – die mit dem Debüt der Prinzessin bei Hof zusammentrifft – sein galantes Leben völlig aufgegeben hat, man vermutet als Ursache dieser überraschenden Wandlung eine heimliche *amour passion* und rätselt, ob wohl Madame la Dauphine der Gegenstand seiner Neigung sei. Sogleich regen sich bei der Prinzessin Zweifel an ihrer eigenen Auslegung, sie könnte ja einer Selbsttäuschung erlegen sein. Ist vielleicht doch Madame la Dauphine die Begehrte? Ohne ihr persönliches Interesse zu bekunden, will sie sich Gewißheit verschaffen. Die Indizien pro und contra sind zu sondieren: Doch Madame la Dauphine spricht mit so offenkundiger Neugier über den geheimnisvollen Gegenstand dieser dem Herzog unterstellten *amour passion*, daß die Prinzessin sie als Adressatin der herzoglichen Leidenschaft ausschließt. Auch die Anteilnahme, die der Herzog ihr bei der plötzlichen Krankheit ihrer Mutter bekundet, bestärkt sie, daß er nicht in Madame la Dauphine verliebt sei. Dennoch, unbedingte Gefühlssicherheit gibt es für die Liebenden nicht. Obwohl die Prinzessin keinen Augenblick daran denkt, eine erotische Liaison mit dem Herzog einzugehen, sie sich dem Ideal ehelicher Treue und Tugend verpflichtet hat, fühlt sie sich angenehm beruhigt bei dem Gedanken, daß sie wohl doch die Ursache seines geänderten Lebenswandels sein müsse.

Die Autorin erzählt nicht nur den Liebesroman der Princesse de Clèves, zahlreiche Digressionen, Episoden, die von Liebesgeschichten am Hofe handeln, unterbrechen die ›eigentliche‹ Erzählhandlung, bezeugen die Macht der Gefühle, die Vergänglichkeit der Leidenschaften, das Existenzbedrohende der *amour passion*, das Trügerische erotischer Zeichensprache. Liebe erscheint da als Vabanquespiel, bei dem einer letztlich immer verlieren wird. Diese erzählten Liebes- und Leidensgeschichten stellen gleichsam einen literarischen Erfahrungsschatz dar, der auch das Verhalten der gänzlich unerfahrenen Prinzessin mitbestimmt. Ihre Reflexion auf Liebe und Leidenschaft, Dauer und Flüchtigkeit großer Gefühle wird wesentlich von diesen Liebesexempeln beeinflußt. Die Geschichte der Madame de Tournon, die im Schmerz über den Tod ihres Gatten – für die Gesellschaft offenkundig – jeder Werbung abhold ist, insgeheim jedoch erst einem, dann einem zweiten Liebhaber Hoffnung macht, ohne dem ersten ihren Gefühlswandel einzugestehen, wird eine wesentliche Rolle in der Geschichte der Prinzessin spielen. Nicht nur, daß sie hier der trügerischen Maskerade der Treue begegnet, die Reaktion ihres Gatten auf das trügerische Spiel der Tournon prägt sich ihr ein. Deren gesellschaftliches Versteckspiel kann er noch respektieren, auch den Wandel ihrer Gefühle, das Erkalten ihrer Liebe für den einen und das Erglühen für den anderen, nicht aber ihre Unaufrichtigkeit. Ihn empört, daß sie dem ersten gegenüber noch Liebe vorspielt, obwohl sie schon den anderen liebt. »Sincerité« ist das Schlüsselwort: »Denn Aufrichtigkeit bedeutet mir so viel, daß, wenn meine Geliebte und selbst meine Frau mir ihre Neigung für einen anderen gestände, ich darüber betrübt, aber nicht erbittert wäre; ich würde aufhören, Geliebter oder Gatte zu sein, um ihr zu raten und sie zu bedauern« (60).

Die Vergänglichkeit leidenschaftlicher Liebe und damit das Uneinklagbare von Liebesversprechen und Liebe, die im Jetzt Dauer fühlt und will, auch wenn die Dauer der Lust und Liebe widerständig ist, dieser Gedanke ist dem Prinzen verständlich. *Amour passion* und Dauer scheinen ihm – ganz im Sinne des Liebes-Diskurses der Zeit – kaum vereinbar; doch er erwartet – im Sinne eines Fair play – Aufrichtigkeit, in der Meinung, daß das Eingeständnis einer neuen Neigung, Liebe bei dem Liebhaber oder selbst bei dem Gatten dessen freundschaftliche Gefühle nur verstärke.

Die Prinzessin erfährt bald die Tiefe ihrer Leidenschaft und den Abgrund der Seelenqualen, den jene bereiten kann. Als der Duc de Nemours sich bei einem Turnier anscheinend schwer verletzt, versagt ihre Affektkontrolle, und ihr Gesichtsausdruck verrät nicht nur dem Herzog, sondern auch dem sie gleichfalls leidenschaftlich liebenden Chevalier de Guise die Art ihrer Empfindungen. Freimütig bekennt dieser seinen Schmerz über die Entdeckung, daß der Duc de Nemours offenkundig glücklicher sei als andere. Damit ist die Liebe der Prinzessin nicht mehr nur deren persönliches Geheimnis.

Sie erfährt nun auf eine zweifache Weise die Intensität ihrer Empfindung, sie bangt bei dem Unfall um das Leben des Herzogs und sie erleidet alle Qualen der Eifersucht und Demütigung bei der Entdeckung seiner vermeintlichen Untreue. Ein scheinbar an den Duc de Nemours gerichteter Brief, der jedoch für dessen Onkel bestimmt ist, bildet das Corpus delicti. In ihm klagt eine Dame die Untreue des Geliebten an, und sie enthüllt seine neuerliche Verliebtheit in sie als Erfolg ihrer subtilen Strategie, einer Strategie fingierter Gleichgültigkeit. Dieser Brief stellt ein Meisterwerk der Dissimulation dar: Die Dame hat nicht einfach mit dem untreuen Geliebten gebrochen, denn der abrupte Bruch hätte ihm sicherlich ihre tiefe Verletztheit offenbart, sie hat auch nicht mit – fingierter – Gleichgültigkeit reagiert, denn diese wäre von ihm als nur vorgetäuscht durchschaut worden, sondern sie antwortet mit matten Liebesbriefen, die ihre erkaltende Liebe zu verbergen suchen und scheinbar ungewollt von ihrer schwindenden Liebe zeugen. Dieser vermeintliche Liebesverlust erregt wiederum seine Leidenschaft, was der Zweck des Spiels war. Damit ist ihr Stolz auf subtile Weise gerächt, der ungetreue Geliebte erfährt nun selbst den Schmerz, sich nicht mehr geliebt zu wissen, die Bitterkeit, daß seine Liebesklagen nur auf gezwungene Weise widerlegt werden. Kurz, er muß der Überzeugung sein, daß die Dame aufgehört hat, ihn zu lieben, als er sie wieder, mehr als zuvor, leidenschaftlich begehrt. Der Brief enthüllt ihm die Motive und die Strategie ihres Verhaltens und verkündet zugleich als Antwort auf seine neuentfachte Liebe den Bruch der Beziehung. Die leidenschaftlich Liebende, die scheinbar Liebe nur vortäuscht, um ihre Gleichgültigkeit zu verbergen, suggeriert auf diese Weise jedoch gerade Gleichgültigkeit, um ihre wahrhafte, verletzte Liebe zu kaschieren.

Da die Prinzessin annehmen muß, der Duc de Nemours sei der Adressat des Briefes, leidet sie alle Qualen der Eifersucht, des verletzten Stolzes. Sie täuscht sich selbst über den Anlaß und das Ausmaß ihrer Gefühle, führt den stechenden Schmerz über den besagten Brief vor allem darauf zurück, daß sie dem Herzog Grund gegeben hatte, »an ihre Liebe zu glauben [...]. Ja, ihr schien, daß alle Übel, die ihr begegnen, alle Nöte, in denen sie sich befinden könnte, weniger schlimm seien als die Tatsache, Herrn von Nemours ihre Liebe gezeigt zu haben und dann zu erfahren, daß er eine Andere liebe« (116). Ihr Trost, der Inhalt des Briefes habe sie wenigstens von ihrer Liebe zu dem Herzog geheilt, der offenkundig ihrer nicht wert sei, bleibt eine Illusion. Sie verkennt die Eigenmacht der *amour passion*, die nicht einfach aus Stolz und Vernunftgründen erlischt.

Der Duc de Nemours kann der Prinzessin glaubwürdig nachweisen, daß sein Onkel der Adressat des verhängnisvollen Briefes sei, und so kann sie erneut seiner aufrichtigen Liebe gewiß sein. Kann sie es wirklich? Auch wenn der Anlaß ihrer bitteren, schmerzenden Empfindungen einer Täuschung entsprang, die Intensität dieser qualvollen Empfindungen bleibt ihr in lebhafter Erinnerung. Mit Staunen vergegenwärtigt sich die Prinzessin, in welchem Maße sie in ihrer Befindlichkeit von dem Gefühl abhängt, der Duc liebe sie bzw. liebe sie nicht. Sie ahnt die zerstörerische Kraft der *amour passion*, die Ausschließlichkeit will, den erotischen Zauber zu verewigen sucht und der Gefahr von lebensvergällendem Mißtrauen und Eifersucht ausgesetzt ist. Sie beschließt, ihre Liebe zu bekämpfen, sich vom Hofleben auf das Land zurückzuziehen, jede Begegnung mit dem Herzog zu meiden. Mögen auch Tugend-Ideal und Respekt vor dem Gatten eine Rolle spielen, vorrangig bestimmt doch das Gefühl äußerster Verletzbarkeit die Entscheidung, das Bewußtsein, gerade durch den starken erotischen Affekt verwundbar zu sein. Obwohl der Herzog ihr deutliche Zeichen seiner leidenschaftlichen Liebe vermittelt, fürchtet sie »grausame Reue« und die »tödlichen Schmerzen der Liebe«.

So ›zeitlos‹ auch gewisse Mechanismen der Liebe sein mögen, ihr prägen sich auch die Strukturen der jeweiligen gesellschaftlichen Öffentlichkeit ein. Das höfische Leben des 17. Jahrhunderts ließ ein Privatleben in unserem Sinne nicht zu. Die Prinzessin als eine Favoritin des Hofs kann sich nicht grundlos für längere Zeit vom Hof fernhalten, ohne Gerüchten Stoff zu bieten, und so drängt gerade ihr Gatte sie zur Rückkehr an den Hof und fordert damit ihr berühmtes Geständnis heraus. Aus Selbstschutz vor ihrer *amour passion*, der sie wider Willen, wider ihre Einsicht nachgeben könnte, gesteht sie dem eigenen Gatten diese ihre geheime Liebe. Sie hat zwar bis jetzt noch kein Zeichen der Schwäche gegeben, in nichts gegen seine Ehre verstoßen, doch das Hofleben mit seiner Geselligkeit, das sie permanent der Verlockung aussetzt, stellt eine zu große Gefahr für eine junge schutzlose Frau dar. Der Prinz, der seine Frau wegen ihrer Aufrichtigkeit noch höher schätzt, ist zugleich in seiner Liebe für sie tief getroffen. Durch Zufall und den Willen der Autorin hat der Duc de Nemours das Geständnis der Prinzessin heimlich mitangehört. Er hat mit der Unruhe des Liebenden und allen Zweifeln, ob vielleicht doch ein anderer und nicht er dieses außergewöhnliche Geständnis bewirkt habe, das Gespräch verfolgt. Obwohl die Prinzessin den Namen des Geliebten nicht preisgibt, entnimmt er schließlich gewissen Details, daß doch er es ist, den sie liebt. Aber sein Glücksgefühl, sich von so einer außergewöhnlichen Frau geliebt zu wissen, streitet mit der Hoffnungslosigkeit, diese Frau je zu gewinnen, die sich aus Selbstschutz dem Gatten anvertraut. »Er war stolz darauf, von einer Frau geliebt zu werden, die so anders war als alle ihres Geschlechts; kurz, bald war er der glücklichste Mensch, bald der unglücklichste« (157).

Das »Anders-Sein als alle anderen«, die Außergewöhnlichkeit, kennzeichnet die geliebte Person im Liebeskonzept der französischen Klassik. Damit zielt es jedoch nicht auf die komplexe Individualität der Person, wie sie in der Literatur des ausgehenden 18. Jahrhunderts erscheint, sondern auf die Perfektion der Liebe. Die *amour passion* wirkt zwar wie eine Naturmacht, doch der *coup de foudre* – so will es das Konzept – entzündet sich immer an einem bewundernswerten Objekt. Der Duc de Nemours erscheint der Prinzessin als Mann außergewöhnlicher Qualitäten, und sie ist über eine Indiskretion, die ihn mit anderen Männern gemein macht, höchst irritiert. Der Herzog hatte, zwar getarnt als Erlebnis eines Freundes, die Geschichte des Geständnisses einem Freund erzählt und so weiter und so fort; schließlich hört die Prinzessin am Hofe ihre eigene Geschichte wieder. Ihre Schlußfolgerung: »Ich tat Unrecht, daran zu glauben, es gäbe einen Mann, der fähig sei zu verbergen, was seinem Ruhm schmeichele. Und doch bin ich wegen dieses Mannes, der sich so von allen anderen Männern zu unterscheiden schien, in derselben Lage wie die anderen Frauen, mit denen mich so wenig verbindet.« (180) Die Indiskretion des Herzogs schmerzt sie in zweifacher Hinsicht: Sie muß an dem herausragenden Charakter des Herzogs zweifeln. Zudem fühlt sie ihr Geheimnis preisgegeben. Daß er sich für den Gegenstand ihrer *amour passion* hält und es – wenn auch verschlüsselt – ausspricht, ist ein

Mangel an Fingerspitzengefühl. Die Prinzessin vermeidet in der folgenden Zeit jede Möglichkeit einer Begegnung mit dem Duc de Nemours, schützt sogar bei seinem Besuch Unpäßlichkeit vor, da die Vorstellung eines Tête-à-tête mit ihm sie verwirrt, sie die Gefühle ihres Gatten schonen will. Doch dieser macht ihr gerade aus dieser ›Vorsorge‹ einen Vorwurf: »Es ist Ihnen also eigens für Herrn von Nemours schlecht geworden, entgegnete Herr von Clèves. Wenn sie alle anderen empfangen haben, warum diese Ausnahme für Herrn von Nemours?« (196) Deutlich wird in dieser Szene wieder die subtile Hermeneutik der Liebe: Was ein Außenstehender als brüskierende Zurückweisung, als Unhöflichkeit interpretieren oder auch als einfaches Faktum ohne Hintersinn auffassen könnte, erscheint als Zeichen besonderen Interesses, der Auszeichnung. Auch die Zurückweisung gehört zum Code der *amour passion*, sie unterscheidet sich von der Indifferenz als dem Gegensatz der Liebe.

Die Prinzessin fühlt zwar die Tiefe ihrer Leidenschaft, entzieht sich jedoch allen Annäherungen des Herzogs, dessen Leidenschaft durch diese Unzugänglichkeit nur um so mehr geschürt wird. Heimlich beobachtet er die Prinzessin auf der Terrasse ihres Landsitzes an zwei Abenden, wird dabei von einem Vertrauten des Prince de Clèves gesehen, und das Imbroglio der Mißverständnisse, Verdächtigungen und Eifersucht beginnt. Obwohl sich die Prinzessin keinen Verstoß gegen Anstand und eheliche Treue hat zuschulden kommen lassen, spricht der Schein gegen sie. Der Prince de Clèves erkrankt, wird zwar von seiner Frau liebevoll gepflegt, doch das Mißtrauen gegenüber ihrer vermeintlichen Untreue vergiftet die vordem respektvoll freundschaftliche Beziehung. Er stirbt, ohne wirklich von der Unschuld seiner Frau überzeugt zu sein. Die Princesse de Clèves findet sich schuldlos schuldig, leidet unter dem Tod ihres Mannes und zieht sich ganz von der Gesellschaft zurück. Der Duc de Nemours ahnt ihre Gefühle, wagt keine Annäherung. Dennoch kommt es nach einer gewissen Zeit zu einer Begegnung. Trotz aller Zurückweisungen – oder vielleicht auch gar wegen dieser Unnahbarkeit – glüht seine Leidenschaft auf, empfindet er nur den einen Gedanken, ihre Liebe zu genießen. Die Princesse de Clèves weiß sich geliebt, sie liebt und hat die Macht der Liebe erfahren, nichts steht einem Happy-End in Form einer Liebesheirat entgegen – oder doch? Die Treue gegenüber dem verstorbenen Mann, die Vorstellung einer indirekten Mitschuld des Herzogs am Tode des Prince de Clèves, ein rigides Tugendideal? Das sind alles nur vordergründige Motive. Die Opposition von Ehe, die auf Dauer gegründet ist, und *amour passion*, die Dauer will und verspricht, jedoch der Vergänglichkeit ausgesetzt ist, prägt ihre Argumentation. Die Prinzessin interpretiert zuvor die ungewöhnliche und anhaltende *amour passion* ihres Gatten, des Prince de Clèves, als Folge eines Mangels, seines ungestillten Verlangens nach leidenschaftlicher Erwiderung seiner Liebe. Sie deutet auch das anhaltende leidenschaftliche Engagement des Herzogs im Sinne dieser Defizit-Theorie:

> Ich weiß, daß Sie frei sind, daß ich es bin, und die Öffentlichkeit nach Lage der Dinge keinen Grund hätte, Sie oder mich zu tadeln, wenn wir uns für immer miteinander verbänden. Aber bewahren Männer ihre Leidenschaft, wenn sie sich auf ewig binden? Soll ich für mich auf ein Wunder hoffen? Will ich mich der Gefahr aussetzen, Ihre Leidenschaft, die mein ganzes Glück ausmacht, erlöschen zu sehen? Herr von Clèves war vielleicht der einzige Mann, der es vermochte, seine Liebe in der Ehe zu bewahren. Mein Schicksal hat nicht gewollt, daß ich dieses Glück genießen konnte; vielleicht war auch seine Leidenschaft nur dauerhaft, weil ich sie nicht erwiderte. Ich aber hätte keine Macht, mir Ihre Liebe zu bewahren: Ich glaube sogar, daß die Hindernisse der Grund für Ihre Beständigkeit waren. (233).

Die Prinzessin sieht im Zusammenspiel von Hoffnung und Widerständen den Grund für die andauernde Leidenschaft des Herzogs; sie zweifelt daran, daß seine Liebe längerfristig die Erfüllung seiner Wünsche überdauern könnte. Die unwillkürlichen Zeichen ihrer Leidenschaft – so ihre Deutung – reizten um so mehr die erotische Passion des Duc de Nemours, als er zugleich den Willen der Prinzessin wahrnahm, sich seinem Liebeswerben zu entziehen. Nicht äußere Hindernisse sind es letztlich, die der Erfüllung seiner *amour passion* entgegenstehen, sondern der innere Widerstand der Prinzessin, die mit Vernunftgründen gegen ihre Liebe ankämpft.

Nicht aus Pietät vor dem verstorbenen Gatten, nicht aus Gründen der Moral lehnt die Prinzessin den Heiratsantrag des Duc de Nemours ab, sondern aus Selbstschutz, aus Angst vor Enttäuschung, vor Liebesverlust. Sie hält es für mehr als fraglich, sich die Liebe des Herzogs in einer gelebten Intimbeziehung bewahren zu können, glaubt, diese innerhalb der Institution Ehe, die Sexualgenuß nicht nur legalisiert, sondern als Recht verbrieft, um so sicherer zu verlieren. Im Gegensatz zum Prince de Clèves, der sie auch in der Ehe noch leidenschaftlich liebte, jedoch nur ihre Achtung erfuhr, sieht sie in dem Duc de Nemours einen Mann, dem sie auch als Gattin die leidenschaftlichen Gefühle einer Geliebten entgegenbringen wird. Gerade diese Gewißheit ihrer andauernden *amour passion* für den Duc, die Überzeugung, ihre Leidenschaft könne sich nicht im Verlauf einer Ehe in ruhige Freundschaft und Achtung verwandeln, führt zu ihrem Verzicht.

Erstaunlich ist das zweite freimütige Geständnis ihrer Liebe. Bei ihrer letzten Begegnung bekennt sie, die während ihres Liebesromans jedes Zeichen ihrer Liebe zu kaschieren suchte, dem Herzog ohne Vorbehalt die tieferen Beweggründe ihrer Absage: Glück kann sie nur in seiner Liebe finden, doch umgekehrt würde der Verlust seiner Liebe sie in tiefstes Unglück stürzen. Sie entscheidet sich für das abgeschiedene Leben im Kloster, das ihr zwar nicht das Glück bescheren wird, sie jedoch bewahren soll vor der existenzbedrohlichen Erfahrung des Liebesverlusts. Frei von jeder Koketterie enthüllt die Prinzessin dem Herzog ihren Seelenzustand, und das Bewußtsein, dieses Spiel der Koketterie nicht spielen zu wollen und zu können, prägt wohl auch ihre Annahme, sie würde schließlich die Verliererin sein. Der Duc de Nemours, ein geborener *homme à femmes*, der die Kunst der Galanterie beherrscht, könnte aus dem sicheren Gefühl ihrer Liebe heraus den Reiz neuer erotischer Begegnungen suchen und ihre Leidenschaft durch Zweifel an seiner Liebe nur anstacheln, sie jedoch fühlt die übergroße Bindung an den Mann, durch den sie zum ersten Mal die Macht der Liebe erfahren hat, und sie müßte schon die subtilen Finessen der Koketterie und Dissimulation beherrschen, wollte sie – innerhalb der Institution Ehe – sich das Liebesengagement des Herzogs erhalten.

Auch der klassische Verführer Don Juan, der nicht zufällig sein theatralisches Debüt im Spanien des 17. Jahrhunderts gab, sah im Widerstand der begehrten Schönen einen höheren Reiz. Auch wenn der donjuaneske Verführer, der auf die unmittelbare Erfüllung seines sinnlich erotischen Begehrens drängt, sich erheblich vom Typ des idealischen Liebhabers à la Nemours unterscheidet, dieser die Geliebte durch delikate Liebesbeweise von der Aufrichtigkeit seiner Leidenschaft zu überzeugen sucht, gilt für beide die Vorstellung, daß Erfüllung der Wünsche auch das Ersterben der Liebe mit sich bringt. Der Roman der Madame de La Fayette setzt die Opposition von *amour passion* und Dauer in einer gelebten Beziehung, die keine Hindernisse mehr kennt, voraus, die Autorin spart den direkten Beweis aus, da ihre Protagonistin sich der Gegenprobe nicht aussetzt. Die Schlüsselfigur einer der Episoden jedoch, Madame de Thémines, hat für sich diese bittere Erkenntnis gewonnen und ihre subtile Rache inszeniert; sie hat auch wieder nur durch Hindernisse – zwar fingierter Art – in Form von wachsendem Desinteresse die sterbende Liebe des treulosen Liebhabers neu entfacht und ihn dann verlassen.

Das Liebeskonzept Marie-Madeleine de La Fayettes ist vom Platonismus geprägt, steht in der Tradition eines Petrarca, einer Marguerite de Navarre. Die erotische Leidenschaft wird als Bedrohung souveräner Ich-Identität, des Seelenfriedens angesehen, zugleich auch als Gefährdung der gesellschaftlichen Position. Letztlich – so die Botschaft – garantiert nur der Verzicht die Möglichkeit inneren Friedens. Doch anders als bei Platon, der in der Sublimierung der Triebe die Grundlage einer tieferen Freundschaft propagiert, bedeutet bei der Princesse de Clèves der Verzicht auf erotische Erfüllung, Triebverzicht, zugleich auch die Trennung, den Verzicht auf jeglichen Kontakt. Kann man bei Platon schon im Freudschen Sinne von Triebsublimierung reden, so schließt das Konzept der *amour passion* letztlich den Gedanken möglicher Sublimierung aus. Zu allgewaltig erscheint hier die Liebe, als daß die Liebenden ihrem Affekt nicht früher oder später erliegen müßten. Der Roman La Fayettes atmet den Geist dieser Liebeskonzeption. Man könnte ihn als das Gegenteil eines erotischen Romans bezeichnen, als einen Roman, der auf Entsinnlichung zielt; die Protagonisten tauschen keinerlei Zärtlichkeit aus, keinen Händedruck, keinen Kuß, und doch erleben sie die ganze Gefühlsskala der Leidenschaft. Auch wenn sie ›nur‹ mit der Dechiffrierung der komplizierten Zeichensprache ›Liebe‹ beschäftigt sind, allgegenwärtig ist der Bezug auf Erfüllung dieser Liebe, auf das erotisch sinnliche Ausleben dieser Leidenschaft. Im Horizont der *amour passion*, die auf Einzigartigkeit gründet, bleibt die erotische Aventüre, die nichts als erotischen Genuß sucht, bloße Marginalie, ein leichtgewichtiges Vergnügen. Allein die *amour passion* verspricht höchste erotische Lust, da die Idealisierung der Person – die Bewunderung, Achtung, Ferne einschließt – die schließlich erreichte Intimität um so erregender gestaltet, diese mehr als nur ein sexuelles Begehren erfüllt. Zugleich birgt sie die Gefahr größter Desillusionierung, da sie über einen längeren Zeitraum kaum ihrem eigenen idealischen Glücksanspruch genügen wird. Die versprochene ›Ewigkeit‹ währt da oft nur eine kurze Weile. Die Dialektik einer Liebe, die Dauer will, und einer Dauer, die Liebe aushöhlt, prägt dieses Konzept der *amour passion*.

3. Die erotische Initiation eines Jünglings: *Les Egarements du cœur et de l'ésprit* von Crébillon fils

Auch im 18. Jahrhundert behält der erotische Code, wie er sich in der *Princesse de Clèves* darstellte, seine Gültigkeit, bestimmt er mit seinen Formen der Dissimulation und Simulation die Kommunikation der Geschlechter, d. h. der Damen und Herren der gehobenen Gesellschaft. Dennoch hat sich einiges geändert: Das Konzept der *amour passion* ist noch gegenwärtig, zugleich jedoch zeigt sich mehr und mehr die Tendenz zur Libertinage, einer freizügigen Liebesvorstellung, die auf unverbindlichen sexuellen Genuß zielt und das Ende der Leidenschaft schon zu Beginn einplant. Doch man mag noch so freizügig sein, das Gebot, sich keine Blößen zu geben, den gesellschaftlichen Schein zu wahren, besteht weiterhin. Erotische Libertinage im 18. Jahrhundert bedeutet nicht unbedingt das offene Geständnis seiner erotischen Neigungen, das direkte unverhüllte Aussprechen seines Begehrens; diese Offenheit würde das prickelnde erotische Spiel zerstören, den Mann als Simpel oder unkultivierten Draufgänger, die Frau als ehrlose Kurtisane abstempeln. Die Kunst, Empfindungen anzudeuten, ohne auf eine Deutung festgelegt zu werden, ist gefordert. Würde der Mann unverhüllt sein Begehren aussprechen, beleidigte er die Ehre der begehrten Frau, denn er unterstellte ihr die Bereitschaft, seinen sexuellen Wünschen entgegenzukommen. Das aber widerspricht dem Rollenverständnis der Frau, die erst allmählich ihrer und des Liebhabers übergroßer Leidenschaft nachgibt. Bekundete die Frau jedoch unverschlüsselt ihr erotisches Interesse, verlöre sie vielleicht nicht sogleich ihre Attraktivität, jedoch ihr Ansehen und damit auch die Möglichkeit einer Liaison Gleichberechtigter. Obwohl beide Geschlechter dem gesellschaftlichen Code der Intimität unterworfen sind, muß doch die Frau ein sehr viel größeres Raffinement entwickeln, um gesellschaftlich unbeschadet die Erfüllung ihrer erotischen Wünsche herbeizuführen.

Der erotische Code, der sich im 17. Jahrhundert in all seiner Subtilität entwickelt hat, prägt nicht nur in einer veräußerlichten Form die Kommunikation zwischen Libertins und Libertines, er lebt auch weiter im Konzept der *amour passion*, das nicht einfach abgedankt hat, vielmehr nun konkurriert mit dem der Libertinage. Die Hermeneutik der Liebe sieht sich vor neuen Schwierigkeiten. Als Meister der neuen erotischen Erzählkunst, die den Code der *amour passion* als raffiniertes Mittel libertiner Strategie und als Stimulanz erotisch-sinnlichen Genusses vorstellt, zeigt sich der noch vielfach von der Literaturwissenschaft vernachlässigte Crébillon fils, der Sohn des zu seiner Zeit sehr geachteten Verfassers pompöser Tragödien, die nur noch in Literaturgeschichten ihr Scheinleben führen. Claude-Prosper Jolyot de Crébillon (1707–1777) erlangte schon früh durch seinen Schlüsselroman *L'Ecumoire* (*Der Schaumlöffel*, 1734), der ihm einen wenn auch nur kurzen Aufenthalt im Gefängnis von Vincennes verschaffte, eine gewisse Berühmtheit. Der erotische Plot: Die zwei sich innig Liebenden werden von einer bösen Fee daran gehindert, ihren Liebesbund zu vollziehen. Ein großer Schaumlöffel nimmt die Stelle des Penis ein, und nur durch eine Untreue an der Geliebten, durch den Beischlaf mit einer häßlichen geilen Kreatur, gewinnt er wieder sein männliches Lustorgan zurück. Doch nun trifft er auf eine Geliebte, die ihrerseits durch bösen Zauber anstelle ihres Genitals nur einen Verschluß aufweist, auch sie gewinnt ihre Weiblichkeit nur durch den Beischlaf mit einem häßlichen Gnom zurück. Mit boshaftem Schalk gibt der Erzähler zu verstehen, daß die beiden so idealisch Liebenden die auferlegten sexuellen Treulosigkeiten sogar noch genossen. Anstoß nahm die Zensur jedoch weniger an dem erotisch freizügigen Inhalt des Werks als an seiner unter orientalischem Kolorit kaum verdeckten Polemik gegenüber der Kirchenpolitik des Hofes, die sich gegen die Jansenisten richtete. Auch *Le Sopha. Conte moral* von 1741, eine Rahmenerzählung in der Tradition der arabischen Märchen von *Tausendundeiner Nacht*, erregte den Unmut des Hofes, der den Autor zunächst einmal in die Verbannung schickte. Der Plot des Werks: Der Brahmane Amanzei sucht dem dümmlichen Sultan Schah Baham die Langeweile zu vertreiben, indem er ihm – im freizügigen Rückgriff auf den Seelenwanderungsglauben – von seiner früheren Existenz als Sofa in Agra (Paris) berichtet. Natürlich hat er in dieser Gestalt die pikantesten Geschichten erlebt, und schon die als schwierig angesehene Bedingung seiner Erlösung, daß zwei Menschen sich auf ihm – dem Sofa – »die Erstlinge ihrer Liebe schenken« müßten, verweist auf die witzig-frivole Behandlung des erotischen Sujets. Auch hier hatte nicht die erotisch-libertine Thematik selbst, sondern gewisse Ähnlichkeiten mit dem Hof Ludwigs XV. die Empfindlichkeit der Sittenwächter geweckt. Diese offiziellen Reaktionen allein legen schon nahe, Crébillon nicht als Autor unverbindlich erotischer Werke mißzuverstehen, ihn vielmehr als Chronisten seiner Zeit, der vorrevolutionären Gesellschaft – vor allem der aristokratischen Klasse und ihres Umfelds – ernst zu nehmen. Crébillon betont allein schon durch die Genre-Bezeichnung »Conte moral« oder »Dialogue moral« – so der Untertitel von *Le Hazard du coin du feu* von 1763 – seinen moralkritischen Anspruch. Seine Vorliebe für erotische Sujets, die sein gesamtes Œuvre prägt, ist jedoch zu offenkundig, als daß man ihn einfach und plan als Kritiker libertiner Lebensweise interpretieren könnte. Crébillons Moralität liegt nicht in der dezidierten Verurteilung sexueller Freizügigkeit, sondern in der unverblümten Darstellung der libertinen Lebensweisen mit ihren verschiedenen Verbrämungsstrategien. Er ist insofern Moralist in der Tradition eines La Bruyère, La Rochefoucould, als er die Psycho-Logik von Zeitcharakteren analysiert. Im Fokus von Sexualität und Erotik entwirft er ein Sittenpanorama, in dem der gesellschaftliche Code der Intimität sich gegenüber dem des *siècle classique* sichtlich gewandelt hat. Dennoch scheinen die Libertins und Libertines – mehr als sie wissen – der guten alten Zeit anzuhängen.

Crébillons Ich-Erzählung *Les Egarements du cœur et de l'ésprit* spiegelt auf brillante Weise diese historische Phase, in der das Konzept vom *amour passion* und Libertinage zugleich wirken. Der Protagonist seines Romans ist der unerfahrene 17jährige Meilcour, der einerseits der Vorstellung der *grande passion* anhängt, andererseits von pubertärer Neigung nach sexuellen Erfahrungen getrieben ist und das libertine Abenteuer sucht.

Der Ich-Erzähler, der von den Frauen und der Liebe desillusionierte Meilcour selbst, entwirft ein sehr kritisches Sittengemälde seiner Zeit: Tugend sei eine Rarität geworden, die Frauen scheinen offensichtlich überzeugt, den Attacken der Liebe früher oder später erliegen zu müssen – eher früher, nach Ansicht des Erzählers. Sie ließen sich zwar nicht alle mit der gleichen Leichtigkeit erobern, er habe Frauen erlebt – so sein ironisch bewunderndes Eingeständnis –, die selbst nach zwei Wochen eifrigster Bemühungen noch unentschlossen waren und einen ganzen Monat brauchten, um ihre Niederlage vollständig zu machen. Sein Kommentar: »Indes werden, wenn ich mich nicht irre, die solchermaßen spröden Frauen für ein wenig prüde gehalten« (13). Deutlich der spöttisch satirische Ton, der noch einmal bekräftigt, daß die Frauen seiner Zeit einen ernsthaften Konflikt zwischen Tugend und Liebe nicht kennen, die Liebe selbst zu einer Art amourösem Amüsement geworden sei. Symptomatisch sind die Begriffe *attaque* ›Attacke‹ und *defaite* ›Niederlage‹, die das Verhältnis der Geschlechter zueinander als Kampf charakterisieren, in dem es Sieger und Besiegte gibt, strategisches Handeln von großer Bedeutung ist. Der Erzähler scheint von der durchgehend libertinen Einstellung seiner Zeitgenossen überzeugt zu sein, einerseits sentimentalisch einer Zeit nachzutrauern, in der die Liebe die Person in ihrer Existenz berührte, andererseits dieses Liebeskonzept als bloße Fiktion anzuzweifeln. Diese Ambivalenz spiegelt sich in der Beschreibung der erotischen Initiation, die der Protagonist, sein jüngeres Ich, durchläuft. Der heranwachsende Meilcour entdeckt immer stärker seine Faszination für die Frauen, sieht in ihnen die Quelle einer Glückserfahrung, die kein anderes Vergnügen aufwiegt. Freilich, in den Augen des rückblikkenden Erzählers stellt sich dieses Glück als eine dieser »süßen Seelentäuschungen« dar. Der Protagonist zeigt die pubertäre Entflammbarkeit für die wechselnden Reize der verschiedensten Frauen, die ihm Interesse entgegenzubringen scheinen, fürchtet die falsche Wahl und mehr noch die Möglichkeit, zurückgewiesen zu werden.

Meilcour verliebt sich mehr und mehr in Madame de Lursay, die seit langem im Hause seiner Mutter verkehrt, ihm vertraut ist und allmählich mit seiner erwachenden Pubertät seine erotische Phantasie reizt. Er achtet, bewundert und begehrt sie, ohne jedoch den Mut zu haben, ihr seine Gefühle zu gestehen, da er ihre Tugend fürchtet und schätzt. Madame de Lursay errät die Gefühle Meilcours, ist keineswegs unberührt von dem Charme des in der Liebe unerfahrenen sensiblen Jünglings, der sie verehrt, begehrt und der doch nichts unternimmt, das ihr erlaubte, ihm entgegenzukommen. Meilcour beherrscht den Liebescode in keiner Weise. Die Marquise ist in einer schwierigen Situation: Sie muß Signale erotischer Sensibilität aussenden, Meilcour zum Liebesgeständnis ermuntern, ihm zugleich jedoch tugendsamen Respekt einflößen, da sie sonst Gefahr läuft, seine Achtung und Liebe zu verlieren.

Crébillon verkehrt die erotische Situation der *Princesse de Clèves*: Hier trifft der gänzlich unerfahrene Liebhaber auf eine Frau mit Erfahrung, die durch dessen Tumbheit zu immer deutlicheren Avancen provoziert wird, die dieser – in komischer Verkennung – jeweils zu seinen Ungunsten auslegt. Deutlicher als Madame de Lursay kann man im Rahmen des damaligen erotischen Kommunikationscodes gar nicht werden, will man nicht als leichtfertige Kokotte gelten. Ein Tête-à-tête, das sie ihm gewährt – letztlich überdeutliches Zeichen ihrer Neigung – endet keusch. Die zärtlichen Blicke, die Seufzer, die Duldung seiner scheuen Zärtlichkeiten fordern ihn geradezu auf, leidenschaftlich in Wort und Tat ihren nur schwachen Widerstand zu brechen, der ja so offenkundig überwunden werden will. Doch die von den Gesellschaftsregeln geforderten Hinweise auf Respekt und Tugend erwecken in Meilcour wiederum die Vorstellung, er könnte die Marquise mit seinen erotischen Wünschen in ihrer Tugendhaftigkeit verletzen.

Der Intrigant Versac, ein *homme à femmes* und Frauenverächter, der sich an der Marquise rächen will, ergeht sich vor Meilcour in boshaftem Spott über deren Prüderie und Scheintugend. Rückblickend empfindet dieser sein scheues und respektvolles Verhalten als lächerlich. Versac hat seine Vorstellung von der Marquise aufs genaueste getroffen. Madame de Lursay erschien ihm nicht nur begehrenswert wegen ihres reizvollen Äußeren, ihres »lebhaften Geistes«, ihres ungekünstelten Benehmens und der »Feinheit ihrer Gedanken«, sie erregte sein Begehren gerade durch die Vorstellung ihrer Unnahbarkeit, durch den schmeichelhaften Gedanken, er allein könne diese Tugendbastion einnehmen, eine widersprüchliche Erwartungshaltung, die in dem Konzept der *amour passion* schon angelegt ist und auch noch – in veränderter Form – das romantische Liebesideal bestimmt. Die erste Partie dieses dreiteiligen Romans endet mit Meilcours Entschluß, sich für seinen lächerlichen Respekt an der Marquise zu rächen.

Meilcours Racheplan sieht nun nicht den sofortigen Bruch mit Madame de Lursay vor, sondern im Gegenteil ihre Eroberung, er will ihren ›äußersten Gunstbeweis‹, ihre sexuelle Hingabe, genießen, um den ihn nur sein »lächerlicher Respekt« gebracht habe, und sie sodann demütigen, bestrafen – durch sofortige Untreue.

Crébillon stellt das Ideal der *amour passion* allein schon durch die Konzeption seines Protagonisten radikal in Frage, der dem Bild des aufrichtig liebenden Jünglings keineswegs entspricht, schon in der ersten Phase der Werbung sie in Gedanken mit einer jungen Schönheit, die er in der Oper erblickte, betrogen hat.

Meilcour stößt bei der Verwirklichung seines Racheplans zunächst auf Schwierigkeiten. Ausgerechnet bei der Marquise trifft er seine Unbekannte aus der Oper, Hortense, in Begleitung von deren Mutter, Madame de Théville und einer Madame de Sénanges, die sogleich sehr unverhohlen ihr Interesse an seiner Jungmännlichkeit bekundet. Auch der scharfzüngige Gesellschaftslöwe Versac, von dem er sich durchschaut fühlt, ist anwesend. Meilcour, der sich die Eroberung Madame de Lursays vorgenommen hat, zugleich jedoch schwärmerische Verliebtheit für Hortense empfindet, müßte den Liebescode schon auf raffinierteste Weise beherrschen, wollte er sein doppeltes Ziel erreichen. Es gelingt ihm zwar, die Eifersucht der Marquise zu erwecken, indem er sich – geschmeichelt in seiner männlichen Eitelkeit – auf die grobe Koketterie der als reizlos, vulgär beschriebenen Madame de Sénanges einläßt, jedoch gewinnt er damit weder die Gunst Hortenses noch die Bereitschaft der Marquise zum Liebesgenuß.

Meilcour gerät in die Zwangslogik eines erotischen Zeichensystems, das er nicht durchschaut. Er ahnt nicht, daß er durch einen Besuch bei der Sénanges und durch gemeinsames öffentliches Auftreten – eine Fahrt durch das mondäne Paris – eine Intimität signalisiert, die verpflichtend wirken könnte. Der Zufall führt eine Begegnung mit Versac, Hortense und Madame de Lursay herbei, die sich in ihrem Verdacht bestärkt sieht. Schein und Sein fallen auseinander, Worte und Gesten täuschen.

Die Verwirrungen von Herz und Gefühl finden im dritten Teil des Romans ihren Höhepunkt. Meilcour, von seiner Liebe zu Hortense überzeugt, gequält von seinem ungeschickten Verhalten, sucht Madame de Lursay einzig in der Hoffnung auf, bei ihr die Begehrte anzutreffen. Vergessen scheint der Racheplan. In seiner neuen Verliebtheit, die mit den Hindernissen noch zunimmt, drängt es ihn, sich von Madame de Lursay auf friedliche Weise zu trennen und sich Hortense zu erklären. Sein Wunsch scheint sich – zumindest in einer Hinsicht – zu erfüllen. Die Marquise begegnet ihm mit ungezwungener Freundlichkeit, liebenswürdig, unverbindlich. Er beobachtet ihr Verhalten mit der größten Aufmerksamkeit, entdeckt nicht einen falschen Ton, kein Zeichen von Ranküne, kaschierter Verletztheit, jedoch auch keinen Hinweis auf unterdrückte zärtliche Gefühle, und er gelangt immer mehr zu der Überzeugung, daß Madame de Lursay ihn in der Tat nicht mehr liebe. Man erinnere sich an den Brief in der *Princesse de Clèves*, der eine ähnliche Strategie beschreibt. Mit Befremden registriert Meilcour, daß ihre offenkundige Gleichgültigkeit ihn keineswegs erfreut. Als er schließlich zu bemerken glaubt, sie habe ihr Interesse einem anderen zugewandt, fühlt er Empörung und gibt – zur Freude der Marquise – deutliche Zeichen seiner Verstimmung. Wieder hat sein hermeneutisches Vermögen vor dem Raffinement erotischer Strategie versagt. Die Marquise hat das Spiel freundlicher Gleichgültigkeit gespielt, das schon den ungetreuen Vidame aus der *Princesse de Clèves* aufs neue entflammte.

Meilcour ist von ihren Reizen erneut entflammt, zugleich treibt ihn die Vorstellung, er habe sich aus eigener Tumbheit um den letzten Beweis ihrer Neigung gebracht, zu stürmischen Bekundungen seiner zärtlichen Leidenschaft. Er denkt weder an Rache noch an die liebreizende Hortense, gibt sich ganz dem Sinnenrausch hin und genießt endlich die letzte Gunst der Madame de Lursay. Er frönt gewissermaßen einem Quietismus der Liebe, d. h. er hängt in Gestalt der Hortense einem Bild idealischer Liebe an, glaubt aber nicht, deshalb auf die sich ihm bietenden erotischen Genüsse verzichten zu müssen.

Das 18. Jahrhundert unterscheidet zwischen der *amour passion* und der *amour goût*, zwischen der tiefen, unbezwingbaren Leidenschaft, die die ganze Existenz erfaßt, und dem flüchtigen Gefallen, der spontanen, momentanen Anziehung, dem Plötzlich-aneinander-Geschmack-Finden. Diese *amour goût* hängt sehr von Ort und Zeit, von den äußeren Umständen, der augenblicklichen subjektiven Stimmung, kurz vom richtigen Moment ab: Gelegenheit macht Liebe. In Crébillons Werk spielt diese *amour goût* eine große Rolle, in seinen Erzählungen *Das Spiel des Zufalls am Kaminfeuer* oder *Die Nacht und der rechte Augenblick* findet man immer wieder Formulierungen wie ›den günstigen Augenblick ergreifen‹, ihn ›abpassen‹, ihn ›verfehlen‹. Bezeichnend schon der Titel *Die Nacht und der rechte Augenblick*, eine Erzählung, die die Charakteristika der *amour goût* erläutert.

Anders als die *Princesse de Clèves*, die an dem Verlust ihres Geliebten zerbrechen würde und auf das Ausleben ihrer Liebe verzichtet, läßt sich Madame de Lursay auf die Liaison ein, dennoch weiß auch sie um ihr Ende. Hierin zeigt sich der große Unterschied zwischen der *amour passion*, die sich ein Ende nicht vorstellen kann und will, auch wenn die Realität tausendfach das Sterben der leidenschaftlichsten Liebe belegt hat, und den *amours érotiques* – à la Casanova –, die immer schon vom Plural ausgehen.

Meilcour – das offenbart der Ich-Erzähler, sein älteres Alter ego – wird seine Schulung durch die erfahrene Kokotte Madame de Sénanges vollenden, durch diejenige im Frauentrio, die er weder jemals begehrte noch bewunderte.

Crébillon demontiert in seinem Roman jede Vorstellung von Unschuld, reiner Liebe, *amour passion*, die die Einzige, den Einzigen ersehnt; er vertritt dezidierter als ein Laclos den Gedanken, daß Liebe nur eine schöne Illusion sei, die mehr oder weniger lang währt.

Crébillon kritisiert mit seinem Sittengemälde keineswegs ein freizügiges Ausleben von Sexualität, dennoch greift er den Zeitgeist der Libertinage an, da er die Liebe zum unverbindlichen Gesellschaftsspiel verflacht. So skeptisch er auch dem Konzept der *amour passion* gegenübersteht, so reizvoll findet er doch die erotischen Schauer, die leidenschaftlichen Gefühle, die reiche Skala der Empfindungen, die nur eine Liebe mit Sentiment beschert. Er scheint die Entsublimierung der Liebe zu beklagen, zugleich jedoch die Prämissen der Sublimierung abzulehnen.

4. Der Machiavellismus der Liebe: *Les Liaisons dangereuses* von Choderlos de Laclos

> »Die Liebe will aus sich herausgehen, sich mit ihrem Opfer vermischen, wie der Sieger mit dem Besiegten, und dennoch Vorrechte des Eroberers bewahren.« (Baudelaire, *Tagebücher*, 194)

Baudelaires Aphorismus formuliert so scharf wie subtil den unlösbaren Widerspruch des erotischen Verführers, der die Macht ebenso liebt wie den erotischen Genuß. Besitzen, ohne besessen zu werden, sich den Wonnen der Leidenschaft hingeben und zugleich den kühlen Überblick zu bewahren, diese widersprüchliche Haltung macht die Liebe in der Tat zu einem gefährlichen Spiel, bei dem die Beteiligten

Freiheit und Seelenruhe riskieren. Der Autor der *Fleurs du Mal*, der selbst immer wieder das Thema der selbstzerstörerischen Leidenschaft intonierte, bezeugte in seinen fragmentarischen Notizen über die *Liaisons dangereuses* seine innere Affinität zu diesem Werk. »Ce livre, s'il brûle, ne peut brûler qu'à la manière de la glace« – mit dieser Charakteristik zur Wirkung beginnt Baudelaire seine »Notes sur les Liaisons dangereuses« (*Œuvres*, 67). Dieses Buch, wenn es denn brennt, kann nur wie Eis brennen. Dieses Oxymoron evoziert eine Erotik, in der Kalkül und strategisches Denken sich mit Sinnenlust und Leidenschaft streiten, Affektkontrolle auch noch den Augenblick erotischer Verzückung dominiert.

Laclos' Roman, 1782 am Vorabend der Französischen Revolution erschienen, stellt die libertine Welt des Ancien régime nicht nur in den Pastelltönen eines Boucher dar, seine Protagonisten sind den Täterfiguren eines de Sade näher, als es auf den ersten Blick scheint. Eros bzw. Sexus als Ausdrucksform von Herrschaft, Macht – das ist ein Thema des Romans, eines Briefromans, der ganz im Sinne des Zeitgeschmacks als Dokumentation einer realen, nicht fiktionalen Korrespondenz arrangiert ist. Laclos tritt nur als der Herausgeber des ›authentischen‹ Briefmaterials auf, er betont den dokumentarischen Wert dieser Korrespondenz, die sich in ästhetischer Hinsicht durch stilistische Vielfalt auszeichne und ein wahrhaftes Sittengemälde seiner Zeit präsentiere. Man kann dieser Charakteristik des Romans von seiten des Autors, der sich als Herausgeber tarnt, nur zustimmen. Laclos hat mit diesem Roman ein Werk von weltliterarischem Rang verfaßt, das Autoren und Filmemacher immer wieder – so etwa Heiner Müller in seinem Theaterstück *Quartett* oder Roger Vadim, Stephen Frears und Miloš Forman in Verfilmungen – zu eigenen Bearbeitungen inspirierte. Merkwürdig und interessant zugleich, es bleibt im literarischen Gesamtschaffen Laclos' singulär, all seine anderen Werke sind ästhetisch und literaturgeschichtlich belanglos.

Laclos betont seine aufklärerisch moralische Absicht, hebt die Nützlichkeit eines Werks hervor, das die Machenschaften derjenigen aufdeckt, die nur ein Ziel kennen, die Sitten der anständigen Personen zu verderben. Ist das mehr als ein altbewährter Verteidigungstopos gegen eine rigide Zensurpraxis? Sieht sich Laclos in der Tat als aufgeklärter Moralist, der die Perversionen seines Zeitalters entlarven will, oder ist er nicht letztlich fasziniert von seinen libertinen Verführergestalten, die er mit soviel Witz, Brillanz und gewissermaßen psychoanalytischem Scharfsinn ausstattet? Hauptakteure seines Romans sind der Vicomte de Valmont und die Marquise de Merteuil, die nicht mehr erotisch-sexuell miteinander liiert sind, jedoch als Komplizen diverser Salon-Intrigen ein Paar bilden. Statt miteinander die Liebe zu genießen, teilen sie sich wechselseitig – mit viel ironischer Distanz – ihre zahlreichen amourösen Abenteuer mit. Ihre vertraulichen Berichte über ihre Eroberungen schaffen mehr Intimität als die erotischen Affären. Unbestreitbar sind die Briefe der Marquise, ihre Porträts, ihre Situationsanalysen, ihre scharfsinnigen Kommentare, aber auch die distanziert ironischen Berichte Valmonts, seine bös-witzigen Situationsbeschreibungen von hohem ästhetischen Reiz. Die Marquise und der Vicomte besitzen die schillernde Leuchtkraft des Bösen, von der Baudelaire fasziniert sein mußte.

Die Marquise de Merteuil, die in den Augen der Gesellschaft als sittlich hochstehende Persönlichkeit gilt, als Beispiel weiblicher Tugend und Liebenswürdigkeit, hat schon in der frühen Blüte ihrer Jugend sich in Affektkontrolle, Maskenspiel, Hypokrisie geübt, mit der Miene zerstreuter Gleichgültigkeit, gedankenverlorenen Sinnes ihre Mitwelt studiert und sich bald den durchdringenden Blick erworben, der die Physiognomien der anderen zu lesen versteht.

Ich war noch recht jung und fast ohne Interesse: aber mein eigen waren nur meine Gedanken, und es empörte mich, daß man sie mir sollte rauben oder mich auf

> ihnen ertappen können, wenn ich es nicht wollte. Im Besitz dieser ersten Waffen, probierte ich sie. Ich begnügte mich nicht damit, mich nicht mehr durchschauen zu lassen, ich machte mir den Spaß, mich unter verschiedenen Gestalten zu zeigen. Meiner Gebärden sicher, beobachtete ich meine Reden. Ich regelte die einen wie die anderen nach den Umständen oder auch nur nach meinen Launen. Vom selben Augenblick an gehörte, was ich dachte, mir allein, und ich zeigte nur noch das, was ich mit gutem Nutzen sehen lassen konnte. (Choderlos de Laclos, 223)

Sie ist ein Produkt ihrer Selbstformung, ihres Willens, der jede spontane Regung verbietet. Selbst in der Hochzeitsnacht dominierten bei der Fünfzehnjährigen Beobachtung und Affektkontrolle, verbirgt sie ihre Lust unter einer »offenkundigen Kälte«, die ihrem Gatten blindes Vertrauen in ihre Tugend einflößen sollte. Ihre frühe Witwenschaft gibt ihr die Freiheit, sich ausgiebig dem Vergnügen der sinnlichen Liebe zu widmen. Doch dabei sind größtes Raffinement und die hohe Kunst der Verstellung gefordert. Auch das Zeitalter der Libertinage ist nicht frei von Doppelmoral: Während die Zahl erotischer Aventüren der verführerischen Aura eines Mannes dient, bringt sie eine Frau um ihren guten Ruf; erscheint er als bewunderter *homme à femmes*, wird sie verächtlich als »femme facile« eingestuft, als leichte Beute. Man wird ihr eine *amour passion* verzeihen, nicht aber einen Reigen wechselnder Liebschaften. Während die Marquise – wie schon Madame de Lursay – ihre Aventüren so führen muß, daß der jeweilige Liebhaber sich als der erste wähnt, der ihr Herz erobert, und sie sich seiner Diskretion zu vergewissern hat, kann Valmont offen als *homme à femmes* auftreten, braucht er keine Rücksichten zu nehmen, im Gegenteil, die Frauen sind der Gnade seiner Diskretion ausgeliefert. Im Brief 81 analysiert die Marquise sehr scharfsinnig die unterschiedlichen Bedingungen männlicher und weiblicher Libertinage und macht deutlich, daß eine Frau bei ihren erotischen Affären weit mehr Scharfsinn und strategisches Denken zu entwickeln hat als ein Mann.

Kalkül und strategisches Denken allerdings prägen beide Anhänger erotischer Freizügigkeit. Symptomatisch die Kriegsmetaphorik bei den beiden Kombattanten, die sich zunächst auf ihre Opfer bezieht, schließlich auf ihre Beziehung selbst. »Guerre«, »combat«, »victoire« und »gloire« – das sind immer wieder auftauchende Schlüsselwörter, die ein Valmont noch ausgiebiger benutzt als die Merteuil, da er noch stärker dem Popanz männlicher Eitelkeit ausgeliefert ist. Er sonnt sich in seinem Ruf als Verführer und souveräner Liebhaber, der genießt, aber über die Fallstricke der Liebe erhaben ist. Letztlich wird er ein Opfer dieser seiner Eitelkeit.

Die Hermeneutik der Liebe, die Crébillons Protagonisten große Schwierigkeiten bereitete, gewinnt in den *Liaisons dangereuses* noch eine neue Dimension, da einer der Akteure, Valmont, zwischen Simulation und Dissimulation, zwischen gespielter Leidenschaft und geleugnetem Gefühlsengagement so laviert, daß er schließlich die Sprache seines eigenen Herzens nicht zu dechiffrieren vermag. Valmont, ein Vorläufer des Kierkegaardschen reflektierten Verführers, der brillant die verschiedenen Sprachcodes der Empfindsamkeit, der Freundschaft, der religiösen Besinnung für seine Zwecke einsetzt, riskiert bei seinem Maskenspiel schließlich die Authentizität seines Selbst. Auch die Marquise de Merteuil, die sich rühmt, für einen Liebhaber gleich einen Harem von Frauen zu verkörpern, als Kokotte ebenso überzeugend wie als zartfühlende Tugend zu wirken, führt eine Existenz permanenter Maskierung, die die Gesellschaft täuscht, schließlich den Komplizen selbst. Und die Frage bleibt offen, ob sich nicht auch die Marquise in ihrer selbstbewußten Nonchalance dem Vicomte gegenüber über ihre eigenen Gefühle täuscht.

Nun geht es in dem Roman nicht nur um die Selbstzerstörung des Komplizenpaars, sondern um die zerstörerische Wirkung der beiden Libertins auf andere. Valmont befindet sich zu Beginn der Korrespondenz im Landhaus seiner alten Tante Rosemonde, der die junge hübsche Madame de Tourvel, eine fromme, tugendhafte verheiratete Frau, Gesellschaft leistet. Die Eroberung dieser sittsamen Schönen, die über jede Verführung erhaben ist, erscheint ihm ein höchst begehrenswertes Ziel, das seine ganze Imagination beansprucht. Insofern widersteht er der Aufforderung der Marquise, die gerade aus der Klosterschule entlassene hübsche Cécile de Volanges zu verführen, die mit dem Comte de Gercourt, dem ehemaligen Liebhaber der Merteuil, verlobt ist. Da Gercourt die Merteuil verließ, um mit der damaligen Geliebten Valmonts eine Liaison zu beginnen, könnten beide an dieser kleinen Rache ein Vergnügen finden. Indes, Valmont begründet seine Ablehnung: »Zwanzig andern kann das so gut gelingen wie mir. Anders steht es mit dem Unternehmen, das mich beschäftigt: sein Gelingen sichert mir ebensoviel Ruhm als Vergnügen. [...] Sie kennen die Präsidentin Tourvel, ihre Frömmigkeit, ihre Gattenliebe, ihre strengen Grundsätze. Darauf also mache ich einen Angriff; das ist der meiner würdige Feind; das ist das Ziel, das ich mir setze.« (29f.)

Symptomatisch sind die Termini »ennemi«, »attaquer«, »gloire«, die das Liebeswerben als strategisch durchdachten Feldzug kennzeichnen, dessen Erfolg dem ›Angreifer‹ nur Ruhm beschert. Die strengen Prinzipien Madame de Tourvels, ihre Verbundenheit mit dem Gatten, ihr religiöser Glaube sind gleichsam die Bollwerke einer Festung, die einen kühnen Eroberer um so mehr zur listenreichen Attacke herausfordern. Sie verkörpert das Tugendideal, das Rousseau mit seiner *Nouvelle Héloïse* gefeiert hat, nicht die catonische Tugend, die – wie Hugo Friedrich (1935, 330) formuliert – »zu männlicher Abwendung von aller Klage verhärtet«, sondern eine Tugend, der der Verzicht auf Liebeserfüllung und die Trauer und Klage um sie innewohnen. Insofern ist dieses Tugendideal, das die *amour passion* einer Princesse de Clèves und die empfindsame entsagende Liebe einer Julie und eines Saint Preux in Rousseaus *Nouvelle Héloïse* grundiert, von einer erotischen Aura umwoben. Die Tugend Madame de Tourvels, die gegen ihre Liebe ankämpft, übt auf Valmont den stärksten erotischen Reiz aus, sie verheißt ihm Sensitivität und Widerstand, den aufzulösen seine Eroberungslust anstachelt. Eine *femme facile* erobert man nicht, sie ist immer schon einverstandene Komplizin des Vergnügens und mindert insofern das Vergnügen des machtbegierigen Mannes, der den Sieg, die erotisch-sexuelle ›Hingabe‹, dem Raffinement seiner Verführungskunst verdanken will. Ein Valmont verschmäht keineswegs die Vergnügungen der leichten Siege, auch während seines passionierten Großfeldzugs gegen die Tugendbastion der Madame de Tourvel verzichtet er nicht auf die kleinen erotischen Scharmützel mit weniger diffizilen Damen, doch sie sind nur die Alltagsvergnügungen eines Libertin, der die sich bietenden Gelegenheiten nutzt.

Ist Valmont, dieser kühle Liebhaber, der sich zuschaut beim Lieben und der die Eroberung mehr als die erotische Lust selbst genießt, der bei seinen leichten Erfolgen schon etwas gelangweilt wirkt, verstrickt in eine *amour passion*, ohne es zu wissen? Liebt er Madame de Tourvel, ohne es sich einzugestehen, oder reizen den übersättigten Libertin nur die Schwierigkeit der Eroberung, die Widerstände einer reizvollen, aber prinzipientreuen Frau? Die Antwort ist nicht einfach. Schon in seinem ersten Brief an Madame de Merteuil konstatiert er:

> So gebe ich mich also schon vier Tage lang einer starken Leidenschaft hin. Sie wissen, wie lebhaft ich begehren kann, ob ich über Hindernisse wegstürme; aber was Sie nicht wissen, das ist, wie sehr die Einsamkeit die Glut der Begierde erhöht. Ich habe nur noch einen

> Gedanken; tags denke ich dran, nachts träume ich davon. Ich habe es sehr nötig, diese Frau zu bekommen, um die Lächerlichkeit loszuwerden, daß ich in sie verliebt bin: denn wohin führt nicht eine durchkreuzte Begierde? O köstlicher Genuß! Ich erflehe dich um meines Glückes und vor allem um meiner Ruhe willen. (30f.)

Offenbar ist der Vicomte von einer erotischen Leidenschaft ergriffen, die sich von dem Schema seiner üblichen erotischen Affären unterscheidet. Es scheint, daß die Liebe den übersättigten erotischen Gourmet besiegt hat. Doch in demselben Zusammenhang, in dem er von seiner »passion forte« spricht, äußert er, daß allein der ›Besitz‹ dieser Frau ihn von seinem ›lächerlichen‹ Liebesengagement befreien werde. Eine Denkweise, die dem Konzept der *amour passion*, der leidenschaftlichen Liebe, völlig zuwiderläuft. Valmont will die Frau besitzen, um sich vor der »Lächerlichkeit« verliebten Begehrens zu retten, ein Schlüsselsatz, der sein Machtstreben, sein Kalkül selbst im erotischen Engagement bezeugt.

Mit strategischer List geht Valmont die Eroberung der tief religiösen Madame de Tourvel an. Er besucht mit den Damen die Messe, zeigt sich als mildtätiger Wohltäter, der eine Familie vor der schon sicheren Obdachlosigkeit rettet, inszeniert seine geheime Wohltat aber so, daß sie den Damen zu Ohren kommt: Die beabsichtigte Wirkung bleibt nicht aus. Madame de Tourvel, gerührt über den ›spontanen‹ Akt großzügiger Nächstenliebe, ist von seinem edelmütigen Wesen – trotz der Warnung Madame de Volanges – überzeugt, fühlt sich ihm freundschaftlich verbunden. Diese Verbundenheit schafft eine Vertrautheit, die Valmonts nächste Attacke ermöglicht, sein leidenschaftliches Liebesbekenntnis. Er rechtfertigt im Stil idealischer *amour passion* seine Liebe, »von der Schönheit eingeflößt und durch die Tugend gerechtfertigt« (74); er arbeitet mit dem

Topos des Opfers, das gleichsam unschuldig von der Macht der Schönheit und Tugend besiegt wurde, setzt das Vokabular der Empfindsamkeit ein, appelliert an das Mitgefühl für den Unglücklichen, begründet sein »unschuldiges« Liebesgeständnis mit dem Vertrauen, das sie selbst ihm zu erlauben schien. Und er endet seine Epistel mit dem Bekenntnis seiner Liebe, die sie nie besiegen, aber leiten könne. Raffiniert die Mischung von emphatischem Liebeswerben und respektvoller Devotion. Madame de Tourvel ihrerseits antwortet im Sinne ihrer Vorstellung von Tugend und Pflicht, verurteilt das Liebesbekenntnis als Mangel an Respekt, als Beleidigung, verbittet sich jedes weitere Zeichen eines sie beleidigenden Ansinnens. Valmont führt – dessenungeachtet – seinen epistolatorischen Liebesfeldzug weiter. Je stärker Madame de Tourvel ihre Affektion für den leidenschaftlich entflammten Anbeter spürt, desto mehr sucht sie sich mit Vernunftgründen gegen ihre Gefühle zu wappnen. Unmerklich gerät sie immer tiefer in den Strudel der Empfindungen, versucht ihre Gefühle im Sinne der Freundschaft zu deuten, ihre Zugeständnisse an Valmont als Ausdruck freundschaftlicher Neigung auszulegen. Während Madame de Tourvel »amitié«, »franchise« und »confiance« anführt, um sich vor der Leidenschaft zu schützen, greift Valmont die Begriffe auf, interpretiert sie frei zu seinen Gunsten. Valmont durchschaut all ihre Selbstrettungsversuche, genießt das Schauspiel, das der Kampf von erotischer Entflammbarkeit, emotionaler Hinneigung und Tugend und religiös geprägten Grundsätzen bietet. Als ästhetischer Connaisseur gleichsam, der die Valeurs eines Seelendramas zu schätzen weiß, beschreibt er die Abläufe von Hinneigung und Widerstand, ihre Gesten, Handlungen, Worte, und die zugrunde liegenden Motive, Gedanken, Empfindungen.

Valmont, letztlich gelangweilt von den leicht gewährten üblichen Sinnesfreuden, sucht in Madame de Tourvel ein Liebesobjekt, das seine verführungsstrategische Raffinesse in höchstem Maße fordert. Er sieht sich als genialischen Feldherrn, dem es Genuß bereitet, einen höchst schwierigen Gegner mit äußerst taktischem Geschick zu besiegen. Er sucht nicht den Überfall, die Überrumpelung, sondern die langsame Auflösung der Widerstände. Einen Moment der Schwäche Madame de Tourvels, in dem er sie vielleicht mit der Verve eines verzweifelten glutvollen Liebhabers hätte besiegen können, läßt er ungenutzt vorübergehen, denn er zielt auf die perfekte Niederlage ihrer Tugend, sucht nicht den schnellen Sieg, der seinem Opfer kaum die Zeit ließe, sich der Preisgabe seiner Prinzipien bewußt zu werden.

> Mein Vorhaben ist im Gegenteil, daß sie fühlen, deutlich fühlen soll, wie viel jedes mir gebrachte Opfer wert ist und wie weit es führt; sie nicht so schnell vorwärts zu reißen, daß die Reue ihr nicht folgen könnte; ihre Tugend in langsamem Todeskampf den Geist aushauchen zu lassen; sie unablässig gebannt zu halten vor diesem trostlosen Schauspiel; und ihr das Glück, mich in den Armen zu halten, erst zu gewähren, nachdem ich sie gezwungen habe, die Begierde danach nicht mehr zu verhehlen. (Brief 70, 180)

Selbst eine Madame de Merteuil, die auf schnelle Erfüllung ihrer erotischen Begierden drängt, erzeugte äußerst geschickt immer den Schein, sie sei gleichsam wider Willen der unergründlichen Macht der Liebe erlegen; hier soll die wahrhaft tugendsame Frau, die mit all ihren Kräften gegen ihre Liebe kämpft, ihr Begehren eingestehen, die Niederlage ihres Willens, ihrer Wertvorstellungen gegenüber ihrem Gefühl von Tugend.

Valmonts Strategie, mit der Sprache der tugendhaften Empfindsamkeit ihr seine unbezwingbare Liebe zu bekennen, zeitigt schließlich einen ersten Erfolg; Madame de Tourvel offenbart ihm wider Willen ihre leidenschaftliche Liebe und ihre Verzweiflung:

> Aber plötzlich ist der Blick erloschen, die Stimme hat versagt, und diese anbetungswürdige Frau ist mir in die Arme gesunken. Kaum hatte ich Zeit gehabt, sie darin aufzunehmen, da machte sie sich mit zuckender Anstrengung daraus los, ihr Blick war irr, die Hände gen Himmel erhoben, und sie rief: »Gott – o mein Gott, rette mich!« Und gleich darauf, rascher als der Blitz, lag sie zehn Schritte weit von mir auf den Knien. Ich hörte, wie sie dem Ersticken nahe war. Ich trat vor, ihr zu helfen; sie aber nahm meine Hände, die sie in Tränen badete, umarmte zuweilen meine Knie und sagte: »O Sie, ja Sie werden mich retten! Sie wollen nicht meinen Tod, verlassen Sie mich! Retten Sie mich, verlassen Sie mich um Gottes willen, verlassen Sie mich!« [...] Ich war, gestehe ich, lebhaft ergriffen, und hätte, glaube ich, in ihre Bitte gewilligt, wenn auch die Umstände mich nicht dazu gezwungen hätten. Die Wahrheit ist, daß ich sie, nach einigen Hilfeleistungen, allein gelassen habe, wie sie gebeten hatte, und daß ich mir dazu Glück wünsche. Schon habe ich fast meine Belohnung erhalten. (287)

Körpersprache und das Pathos unkontrollierten Affekts enthüllen, wie stark Madame de Tourvel einem Gefühl ausgeliefert ist, gegen das sie sich mit all ihren Kräften gewehrt hat. Gleichzeitig scheint auch Valmont, dieser überwache Verführer, der die Ausdrucksformen seines Opfers ebenso scharf beobachtet wie seine eigenen Regungen und Gesten, der sich keinem spontanen Impuls überläßt, engagierter zu sein, als er es sich und der Marquise je eingestehen würde. Offen bekennt er, die Szene habe ihn lebhaft bewegt, doch gleichzeitig wiederum beschreibt er sie als distanzierter Zuschauer eines ästhetisch gelungenen Schauspiels. Er könnte in diesem Stil auch eine Racinesche Dramenaufführung beschreiben.

Seines Erfolgs bei Madame de Tourvel ist er sich sicher, und schon erinnert er die Marquise an den Preis, den sie ihm für den Sieg über die tugendhafte Präsidentin zugesichert hat: ihre sexuelle Gunst und damit eine Untreue an ihrem derzeitigen Liebhaber. Will er nur die Marquise davon überzeugen, daß er vor der Torheit der Liebe gefeit ist, einer Liebe, bei der die Seele beteiligt ist und die die emotionale Freiheit einschränkt? Die Marquise, die ihren Komplizen nicht verlieren möchte und die von dem Stolz beherrscht ist, daß sie allein seine ebenbürtige Partnerin ist, setzt alles auf die Karte seiner Eitelkeit. All ihre Ratschläge, Kommentare, ironischen Anmerkungen zielen nur darauf ab, ihn in seinem Selbstentwurf als einen strategischen Artisten der Verführung zu bestärken. Der Sieg, der Genuß sexueller Lust, kann in diesem Konzept nur der Auftakt neuer Eroberung sein. Auch Valmont huldigt einem absoluten Rationalismus, der auf perfekte Gefühlskontrolle zielt und darin dem stoischen Tugendideal verwandt scheint. Doch während der Stoiker Selbstbeherrschung und Affektkontrolle als Mittel gegen selbstzerstörerische Leidenschaften propagiert, leugnet der Libertin Valmont überhaupt die Möglichkeit seelischen Engagements, ist ihm das Gefühl gleichbedeutend mit Schwäche, Unfreiheit. Er propagiert eine Freiheit des Geistes, der in der Beherrschung der Gefühle der anderen seinen Triumph feiert. Die Liebe wird ihm zum Mittel erotischer Machtausübung: virtuos setzt er Sprache und Gestik der Empfindsamkeit ein und beobachtet die Wirkungen seiner brillanten Performance ehrerbietiger, aber unbezwingbarer *amour passion*.

Das Finale mit Verzicht, Suizidandeutung, exaltiertem Bewegungsstil, fragmentierter Gefühlssprache ist ein Meisterwerk kalkulierter Verführungskunst. Doch gelingt ihm die Rolle des passionierten Liebhabers vielleicht auch gerade deshalb so überzeugend, weil er gegen seinen Willen und sein Selbstverständnis unbewußt von dem Charme der wahrhaft tugendsamen, sensiblen Frau, die ihrer Liebe nachgibt, im Innersten gefesselt ist? Selbst in dem stolzen Bericht über seine vollendete Verführungstaktik gegenüber Madame de Merteuil, der er sein emotionales Desengagement, seine Coolness gerade zu beweisen sucht, fließen Formulierungen ein vom »charme inconnu«, den er beim Sieg über diese »femme superbe« empfunden habe:

> Sollte es denn wahr sein, daß Tugend den Wert einer Frau sogar noch im Augenblick ihrer Schwäche erhöht? Aber verweisen wir diesen kindischen Gedanken zu den Ammenmärchen. Begegnet man nicht fast überall beim ersten Sieg einem mehr oder weniger gut erheuchelten Widerstand? Und habe ich irgendwo den Reiz gefunden, von dem ich spreche? Der der Liebe ist es aber doch auch nicht; denn schließlich, wenn ich bei dieser erstaunlichen Frau manchmal Augenblicke der Schwäche gehabt habe, die dieser kleinmütigen Leidenschaft ähnlich sahen, habe ich sie stets zu besiegen und zu meinen Grundsätzen zurückzukehren verstanden. Wenn auch der gestrige Auftritt mich, wie ich glaube, etwas weiter fortgerissen haben sollte, als ich beabsichtigte, wenn ich einen Augenblick lang die Verwirrung und die Trunkenheit, die ich erregte, geteilt haben sollte, wäre dieser vorübergehende Selbstbetrug jetzt doch zerstreut; und dennoch besteht derselbe Reiz fort. Ich würde sogar, ich gestehe es, ein ziemliches Vergnügen darin finden, wenn ich mich ihm überließe; nur daß er mir einige Unruhe verursacht. Soll ich mich denn in meinen Jahren, wie ein Schüler, von einem unfreiwilligen, unbekannten Gefühl meistern lassen? Nein; vor allem muß ich es bekämpfen und ihm auf den Grund kommen. [...] Es ist also nicht, wie bei meinen übrigen Abenteuern, bloß eine mehr oder weniger günstige Kapitulation, die man wohl benutzt, aber auf die man schwerlich stolz ist; es ist ein vollständiger Sieg, erkauft durch einen mühsamen Feldzug und entschieden durch weise Manöver. Es ist also nicht überraschend, daß dieser Erfolg, den ich mir al-

> lein zu verdanken habe, dadurch für mich im Wert steigt; und der Überschuß an Vergnügen, den ich während meines Triumphs empfand und den ich noch verspüre, ist nur die Süßigkeit des Ruhmbewußtseins. Ich habe eine Vorliebe für diesen Gesichtspunkt, der mich vor der Demütigung bewahrt, denken zu müssen, ich könnte in irgendeiner Weise von der Sklavin selbst abhängen, die ich mir unterworfen habe; daß ich nicht in mir selbst die Fülle meines Glücks habe und daß die Fähigkeit, es mich in seiner ganzen Kraft genießen zu lassen, der oder der Frau, unter Ausschluß jeder andern, vorbehalten wäre. (364f., 365f.)

Valmont hat die Sprache leidenschaftlichen Gefühls als Waffe benutzt, um die Tugend zu besiegen, er glaubt, in seiner eigenen authentischen Sprache des illusionslosen Rationalisten, der über die Fallstricke trügerischer Gefühle erhaben ist, den Reiz seiner amourösen Erfahrung der Komplizin zu vermitteln, und analysiert seine starken Empfindungen als natürlichen Ausdruck des ruhmreichen Eroberers, der seinen Sieg auskostet. Dies ist eine richtige und zugleich falsche Selbstanalyse. Der rationalistische Spötter der Liebe, der die Sprache zärtlicher Empfindung gekonnt zu handhaben versteht, greift bei seinem betont analytisch sezierenden Bericht paradoxerweise – und wohl wider Willen – auf Ausdrucksformen passionierter Liebe zurück. Madame de Tourvel gegenüber schöpfte er bewußt aus dem verfügbaren Sprachrepertoire zärtlicher Liebe, Madame de Merteuil gegenüber gerät er trotz gegenteiligen Bemühens in den Sog dieser Sprache. Darin zeigt sich sein Dilemma: Der Libertin, der Genuß ohne emotionales Engagement, Liebe als Bestätigung seines Machtstrebens suchte, ist letztlich von der Libertinage gelangweilt, hat in der Antipodin der Libertinage, Madame de Tourvel, eine Frau getroffen, die sein Begehren und seinen Eroberungswillen auf das heftigste reizt und die nur durch den Glauben an seine aufrichtige Liebe zu gewinnen ist. Valmont spielt mit Bravour den entflammten Liebhaber und gerät durch sein Spiel immer stärker in den Bann seiner vorgeblich nur fingierten Leidenschaft. Spiel und Ernst, Sein und Schein sind kaum noch zu unterscheiden. Scharfsinnig erkennt die Marquise, daß Valmont bei seinem schwierigen Kampf um Madame de Tourvel Gefahr läuft, selbst der Leidenschaft zu erliegen, deren Früchte er nur genießen will. Doch kann ein Valmont, dessen ganzes Selbstverständnis darin besteht, seine perfekte Strategie, die »pureté de méthode« seien der militärischen Kunst eines Turenne oder Friedrichs des Großen ebenbürtig (Brief 125), wirklich die Liebe erfahren? Das militärisch-strategische Vokabular durchzieht seine gesamte Korrespondenz mit Madame de Merteuil, und sein detaillierter Bericht über seine strategisch meisterhafte Schlußattacke, die ihm endlich den Sieg über die tugendsame Madame de Tourvel bescherte, zeigt ihn als raffinierten Eroberer, der planvoll vorgeht, die Absichten und Gefühle seiner Gegnerin sondiert hat und sich jeder spontanen Gefühlsäußerung enthält. »So ist sie denn besiegt, die hochmütige Frau, die zu glauben gewagt hatte, sie würde mir widerstehen können!« (364) – dieser Feldherrnsatz eröffnet den Bericht an Madame de Merteuil über sein außergewöhnliches erotisches Erlebnis mit Madame de Tourvel. Zweifellos dominiert der Stil des sieggewohnten, stolzen Strategen, der Lob für seine brillante Planung und Durchführung erwartet; doch gleichzeitig mischen sich Formulierungen zärtlicher Emotionalität, erotischen Engagements ein, die dem distanzierten Eroberungscode zuwiderlaufen. Symptomatisch, daß Valmont diese seine Gefühle wieder im Topos der Kriegsstrategie formuliert: Er beendet seinen stolzen Bericht perfekter Kriegsführung mit dem Eingeständnis: »Das ist, glaube ich, alles, was sich tun läßt; aber jetzt fürchte ich erschlafft zu sein, wie Hannibal in den Wonnen Capuas« (372).

Bekanntlich hat Hannibal nach seinem Sieg über die Römer zu lange im schönen Italien die Annehmlichkeiten der

Waffenruhe genossen, und er hat einen bitteren Preis dafür bezahlt. Valmont sieht sich als eben ein solcher Sieger, der der Gefahr demoralisierender Annehmlichkeiten ausgesetzt ist. Was für Hannibal die Wonnen von Capua, das sind für Valmont die bezaubernden erotischen Genüsse einer wahrhaft liebenden Frau. Valmont liebt ›irgendwie‹ Madame de Tourvel, und gleichzeitig wiederum ist er in seiner Eitelkeit zur Liebe nicht fähig. Die Marquise de Merteuil hat letztlich ein leichtes Spiel. Sie braucht nur an seine Eitelkeit zu appellieren, an sein Selbstverständnis, das zärtliche Liebe als Lächerlichkeit einstuft, und schon hat sie ihn überzeugt, daß er seinem lächerlichen Engagement ein Ende setzen muß.

Er brüskiert Madame de Tourvel zunächst auf rüde Weise, doch seine Leidenschaft findet bald das Mittel versöhnlicher Erklärung. Die Marquise mokiert sich über das Zeichen seiner vermeintlichen emotionalen Unabhängigkeit, und sie schickt ihm einen Brief, den angeblich ein anderer Gentleman in ähnlicher Lage an seine Geliebte geschrieben hat, ein epistolarisches Meisterstück an Perfidie, an Gefühlszynismus, der die Liebe des Opfers verhöhnt, sein Selbstwertgefühl, seinen Lebensnerv im Innersten verletzt. Valmont geht in die Falle, die die Marquise seiner Eitelkeit gestellt hat, und er schickt eine Abschrift dieses Briefes, der keinen Widerruf, keine Versöhnung zuläßt, an Madame de Tourvel.

> Alles wird langweilig, mein Engel, das ist ein Naturgesetz; es ist nicht meine Schuld. Wenn mich also ein Abenteuer heute langweilt, das mich seit vier tödlichen Monaten ganz und gar in Anspruch genommen hat, ist es nicht meine Schuld. Wenn ich zum Beispiel gerade ebensoviel Liebe gehabt habe als Du Tugend, und damit ist viel gesagt, dann ist nicht zu verwundern, daß eins zur selben Zeit zu Ende ist wie das andere. Es ist nicht meine Schuld. Daraus folgt, daß ich Dich seit ei-

niger Zeit betrogen habe; aber Deine mitleidlose Zärtlichkeit zwang mich gewissermaßen dazu! Es ist nicht meine Schuld.
Heute verlangt eine Frau, die ich bis zur Bewußtlosigkeit liebe, ich soll Dich opfern. Es ist nicht meine Schuld. Ich sehe ein, daß dies eine gute Gelegenheit ist, über Eidbruch zu schreien; aber wenn die Natur den Männern nur Beständigkeit verliehen hat, während sie den Frauen Hartnäckigkeit gab, ist es nicht meine Schuld.
Glaube mir, suche Dir einen andern Liebhaber aus, wie ich mir eine andere Geliebte ausgesucht habe. Dieser Rat ist gut, sehr gut; wenn Du ihn schlecht findest, ist es nicht meine Schuld.
Leb wohl, mein Engel, ich habe Dich mit Vergnügen genommen, ich verlasse Dich ohne Bedauern; vielleicht komme ich noch wieder zu Dir. Das ist der Lauf der Welt. Es ist nicht meine Schuld. (413 f.)

Das Gift der von Madame de Merteuil ersonnenen Epistel wirkt stärker als der um seinen Ruhm besorgte Valmont sich vorzustellen vermag. Madame de Tourvel, die sich gegen all ihre moralischen Überzeugungen für die *amour passion*, für das Glück des Geliebten entschieden hat, sieht sich nicht nur seiner Liebe beraubt, diese vermeintliche Liebe selbst erscheint als ephemerer Sinnenkitzel, als Caprice eines frivolen Libertin, dessen Interesse nach dem Sieg über die Tugend erlischt, der sich über ihre Tugend wie über ihre Liebe mokiert. Eine Rückkehr zu ihrem friedlichen Leben vor ihrer Begegnung mit Valmont ist nicht möglich, und das Leben mit Valmont hat sich als gemeine Lüge entlarvt, ihr Leben hat jeden Sinn und jede Perspektive verloren. Madame de Tourvel zieht sich in ein Kloster zurück, eine gebrochene Existenz, die an der Qual ihrer gedemütigten Liebe zugrunde geht. Sie ist das Opfer eines erotischen Machiavellismus geworden, der mit dem unbeteiligten Herzen des kühlen Strategen Liebe erzeugen will, um seine verführerische Macht zu genießen.

Madame de Merteuil, die in dem uneingestandenen Engagement Valmonts für Madame de Tourvel letztlich eine Mißachtung ihrer Person und einen Verrat ihres Bündnisses sieht, genießt den bittersüßen Erfolg ihrer Rache: Sie weiß um die tödliche Wirkung ihres Giftes; der von ihr entworfene Brief, den Valmont an die Présidente geschickt hat, läßt keine Versöhnung zu. In der Überzeugung ihrer perfekten Strategie ermuntert sie ihn geradezu zu einer erneuten Verführungsattacke, da sie zu Recht von deren Scheitern überzeugt ist. Sie genießt den zweifelhaften Sieg derjenigen, die ihren Gegner zerstört, aber nichts für sich gewonnen haben.

Valmont und die Marquise de Merteuil haben nicht nur das Leben Madame de Tourvels vernichtet, die halb wahnsinnig innerhalb weniger Tage dahinstirbt, sie haben auch den Lebensnerv der kindlich naiven, sinnlichen Cécile de Volange getroffen, die sich in den schüchternen, liebenswürdigen Danceny verliebt hat und dennoch den raffinierten Verführungskünsten Valmonts erliegt. Charles Baudelaire charakterisiert sie als »den Prototyp des widerlichen jungen Mädchens, albern und sinnlich«, er rühmt die Porträtkunst Madame de Merteuils, die Cécile Grundsätze, Charakter, tiefe Gefühle abspricht, ihr jedoch lebhafteste Sinnesempfindungen attestiert und ihr eine Karriere als Libertine voraussagt. Trifft dieses Porträt auch in gewisser Hinsicht das leichtfertige, oberflächliche Wesen Céciles, die ihre Unschuld etwas zu treuherzig und lustvoll Valmont als dem Liebeskurier Dancenys opfert, es berücksichtigt überhaupt nicht das Alter, die Unerfahrenheit, die romanesken Träume und den Lebenshunger der fünfzehnjährigen Klosterschülerin, die nicht mehr Kind und doch noch Kind ist und eine ganz andere Entwicklung hätte nehmen können, wäre sie nicht in die Fänge zweier Verführungsvirtuosen mit ihrer zynischen Rachestrategie geraten. Cécile ist für

Valmont eine angenehme, lustvolle Episode, die sein ansonsten sexuell asketisches Leben *à la campagne* mit erotischen Genüssen versorgt. Cécile ihrerseits, die um ihrer Liebe zu Danceny willen der jesuitischen Argumentation und mehr noch der Wollust erotischen Raffinements nachgibt, weiß im Grunde ihres Herzens, daß der Zweck nicht alle Mittel heiligt und daß sie Danceny betrügt. Ihre sorglose Fröhlichkeit verliert sie im Verlauf dieser pikanten Affäre immer mehr, dennoch ist sie zu tief in dieses libertine Spiel verstrickt, um sich Valmonts Verführungskünsten wieder zu entziehen. Eine Abtreibung kaschiert nur die physischen Konsequenzen dieser verhängnisvollen Liaison.

Doch auch der keusche Liebhaber Danceny, der seine Cécile so reinen Herzens liebt, daß das Intrigantenpaar Merteuil/Valmont ob seiner Tumbheit schier verzweifelt und die Rache an Gercourt schließlich selbst übernimmt, verfällt am Ende der Verführungskunst Madame de Merteuils, der ›Vertrauten‹ seiner Liebe. Diese Affäre beschert der Marquise einen doppelten Triumph: sie hat über die Liebe Dancenys zu Cécile – wenn auch vorübergehend – gesiegt, und sie erteilt Valmont, der sie durch sein übergroßes Engagement für Madame de Tourvel in ihrem Stolz getroffen hat, eine Lektion. Sie hat ein erotisches Tête-à-tête mit dem unerfahrenen Jüngling der Liebesnacht mit dem renommierten Libertin vorgezogen. Valmont ist in seiner Eitelkeit verletzt. Die Krise der beiden verbündeten Kombattanten der Libertinage spitzt sich zu. Offenkundig sind Danceny und Cécile – abgesehen von ihrem erotischen Abwechslungswert – nur Mittel ihres Machtkampfes. Valmont, der das erotische Intermezzo der Marquise mit Danceny als bewußten Affront begreift, fordert ihren sofortigen Verzicht auf diese Caprice und die Einlösung ihres Paktversprechens: Sie habe die Wahl zwischen »union« oder »guerre«, Ausflüchte, Aufschübe betrachte er als Kriegserklärung. Die Marquise, die ihrerseits den Zwang der Wahl als Attacke versteht, wählt ohne Zögern den

Krieg: »Eh bien! la guerre« – so lautet ihre lakonische Antwort.

Zunächst sieht es so aus, als bestünde das Zweckbündnis der beiden Kombattanten eben nur bis zu dem Punkt, an dem erreicht ist, was man erkämpfen wollte. Doch es gibt darüber hinaus einen Grund, der in der Verletzlichkeit Madame de Merteuils liegt. Diese Frau, ein Produkt ihrer rigorosen Selbstformung, eine Meisterin der Verstellung, kennt und sucht nur das freie Vergnügen ohne emotionales Engagement, doch sie hat eine Schwäche: Valmont! Ihre frühere erotische Liaison scheint doch von einer anderen erotischen Qualität gewesen zu sein als die danach folgenden Aventüren. In Brief 131, in dem sie die Einlösung ihres Paktversprechens auf witzig-elegante Weise hinausschiebt, evoziert sie zugleich die vergangene Zeit.

»Liebe«, »Glück« – das sind Vokabeln, die aus dem Wortschatz libertinen Machiavellismus herausfallen, Sentiment andeuten. Natürlich ist die Marquise der Liebe so wenig fähig wie Valmont, widersetzt sich ihr ganzes Selbstverständnis dieser ›Schwäche‹. Die Komplizenschaft, die ihre erotische Liaison ablöste, befriedigte zugleich ihre Vorliebe für Valmont wie ihr Bedürfnis nach emotionaler Unabhängigkeit und erotischer Abwechslung. Die Erkenntnis jedoch, daß Valmont trotz aller gegenteiligen Beteuerung dem »charme inconnu« einer anderen Frau verfallen ist, muß ihren Stolz um so empfindlicher treffen, als Valmont für sie anders als alle anderen ist, sie in seiner Leidenschaft eine Verletzung ihres intimen Bündnisses sieht. Auch wenn er der Marquise Madame de Tourvel aufopfert – daß es ein Opfer ist, stellt die Komplizenschaft der Libertins in Frage. Madame de Merteuil ist eine zu scharfsinnige Psychologin, als daß sie nicht spürte, daß Valmont ihre erotische Gunst mehr als ›Vertragsrecht‹, als verdiente Entschädigung für übergroßen Verzicht reklamiert. Sie weiß, daß er sie weiterhin attraktiv, er eine Neuauflage ihrer Liaison reizvoll findet, doch zugleich erkennt sie, daß selbst die raffinierteste

Liebestechnik nicht mit dem wollüstigen Charme der Leidenschaft konkurrieren kann. Ihr Stolz leidet es nicht, ihre Gunst als eine Art Entschädigung verstanden zu wissen. Madame de Merteuil, letztlich im Liebeskampf unterlegen, wählt den Krieg. Valmont wie die Merteuil sind zuerst und vor allem ihrem Stolz verpflichtet. Diesem opfert sie eine Freundschaft, die zwar nicht dem klassischen Freundschaftsideal entspricht, jedoch das einzige Vertrauensbündnis innerhalb ihrer Welt der Masken und Intrigen darstellte. Sie brauchten einander, um ihre Triumphe besser genießen zu können, sie feierten gegenseitig ihre Siege und waren sich einig im Selbstgefühl ihres überlegenen Geistes, der mit den Leidenschaften der anderen spielt. Doch ihr Vertrauensverhältnis, das auf Komplizenschaft basierte, war immer schon von Taktik geleitet. Es gibt für die Strategen der Liebe kein Reservat jenseits strategischen Denkens.

Aus Rache zerstört Valmont die erotische Affäre der Merteuil mit Danceny, den Hieb pariert die Marquise, indem sie Danceny über Valmonts Verhältnis mit Cécile aufklärt. Valmont fällt im Duell mit Danceny, rächt sich aber über seinen Tod hinaus an der Marquise, indem er dem Chevalier ihre gesamte kompromittierende Korrespondenz – eben die *Liaisons dangereuses* – anvertraut. Die Machenschaften der Marquise gelangen mittels zweier Briefe an die Öffentlichkeit, die gründlichen Aufschluß über ihre machiavellistische Philosophie und Lebensweise geben, ohne den Ruf beteiligter Personen zu beflecken.

Der Autor ›bestraft‹ das intrigante Paar auf sehr unterschiedliche Weise, er läßt Valmont einen ehrenvollen Tod im Duell zukommen, bedenkt jedoch Madame de Merteuil mit einer Krankheit, den Blattern, die sie auf gräßliche Weise für immer entstellt. Zudem verliert sie durch einen Prozeß ihr ganzes Vermögen, und sie zieht sich durch die Veröffentlichung der Briefe den Hohn und die Verachtung der Gesellschaft zu. Valmonts Andenken bleibt unbeschadet. Mag die Marquise, ein »Tartuffe femelle«, im Vergleich zu

Valmont auch die »palme de la perversité« verdienen – wie Baudelaire (*Œuvres* II,71) formuliert – mag sie ihm an psychologischem Scharfsinn auch überlegen sein, so sind sie doch völlig ebenbürtig in ihrem libertinen Zynismus. Die Vernichtung der Madame de Tourvel hat ein Valmont genauso zu verantworten wie eine Marquise de Merteuil. Rosemonde trauert um ihren Neffen, der alte Diener beklagt den Tod seines lieben Herrn, die Hintergründe des Duells bleiben der Gesellschaft verborgen, Danceny hat ihm verziehen, keine entlarvenden Briefe zerstören das Image des brillanten Vicomte, der als *homme à femmes* Neid und Bewunderung erregte. Am Ende sieht es so aus, als hätten nur die perversen Machenschaften der Madame de Merteuil zerstörerisch gewirkt und als sei Valmont ein Opfer weiblicher Perfidie gewesen. Im Schluß des Romans zeigt sich eine männliche Parteilichkeit, die dem skrupellosen Libertin – anders als der Libertine – seine faszinierende Ausstrahlung beläßt.

Choderlos de Laclos' Roman stellt einen Ausschnitt der Gesellschaft des Ancien régime kurze Zeit vor der Französischen Revolution dar, die Libertinage als Aussatz eines abgelebten Systems geißeln wird. Daß der Kampf der Revolutionäre gegen Libertinage und Laster nicht einfach als Lustfeindlichkeit, als Rückfall in rigide Moralvorstellungen zu interpretieren ist, das verdeutlichen die *Liaisons dangereuses*. Die Salonwelt des vorrevolutionären Pariser Adels ist nicht durch heitere Sinnlichkeit, Spontaneität des Gefühls und des Gefühlsausdrucks, durch die Lust an erotischen Freuden gekennzeichnet, sondern im Gegenteil, hier herrscht ein sich autonom setzender Rationalismus, der sich alle Bereiche des Lebens zu unterwerfen sucht, gerade Sexus und Liebe als Mittel der Macht ausnutzt. Die Vernunft erscheint hier weder wie im klassischen Drama als Mittel einer Selbstdisziplinierung, die das Individuum gegen seine Neigung an seine Pflicht gegenüber der gesellschaftlichen Ordnung gemahnt, noch dient sie – wie in der

Princesse de Clèves – als Schutz gegenüber einer existenzgefährdenden Leidenschaft. Die Vernunft hat alle ethischen Bindungen von sich abgestreift, ist zum Instrument kalkulierter Verführung geworden.

Horkheimer und Adorno haben in ihren »Philosophischen Fragmenten« *Zur Dialektik der Aufklärung* das doppelgesichtige Wesen des Vernunftbegriffs analysiert. Die Aufklärung – nach Kant »der Ausgang des Menschen aus seiner selbstverschuldeten Unmündigkeit« und Unmündigkeit als »Unvermögen, sich seines Verstandes ohne Leitung eines anderen zu bedienen« – hat den von der Vernunft geleiteten Verstand zum Prinzip einer radikalen Entmythologisierung gemacht. Sie befreite damit das Subjekt von undurchschauten Autoritäten, setzte den Grundstein bürgerlicher Freiheit. »Vernunft als das transzendentale überindividuelle Ich enthält die Idee eines freien Zusammenlebens der Menschen, in dem sie zum allgemeinen Subjekt sich organisieren und den Widerstreit zwischen der reinen und empirischen Vernunft in der bewußten Solidarität des Ganzen aufheben. Es stellt die Idee der wahren Allgemeinheit dar, die Utopie. Zugleich jedoch bildet Vernunft die Instanz des kalkulierenden Denkens, das die Welt für die Zwecke der Selbsterhaltung zurichtet und keine anderen Funktionen kennt als die der Präparierung des Gegenstandes aus bloßem Sinnenmaterial zum Material der Unterjochung.« (Horkheimer/Adorno, 76) Die Autoren setzen sich kritisch mit der universalen Formalisierung und Mathematisierung des Denkens auseinander, eines Denkens, dem es nicht gelingt, an die Stelle religiös begründeter Morallehren ethische Gesetze zu formulieren, die schon aus dem Prinzip der Vernunft folgten. Diese, einer formalen Logik verpflichtet, kennt »keine inhaltlichen Ziele« (ebd., 81). Kants Versuch, die Pflicht gegenseitiger Achtung aus einem Gesetz der Vernunft abzuleiten, findet in seiner *Kritik der reinen Vernunft* keine Begründung. Pointiert heißt es: »Der Bürger, der aus dem kantischen Motiv der Achtung vor der bloßen Form des Gesetzes allein einen Gewinn sich entgehen ließe, wäre nicht aufgeklärt, sondern abergläubisch – ein Narr. Die Wurzel des kantischen Optimismus, nach dem moralisches Handeln auch dort vernünftig sei, wo das niederträchtige gute Aussicht habe, ist das Entsetzen vor dem Rückfall in Barbarei.« (Ebd., 78) Was in Kants Kritik bis hin zu Nietzsches Genealogie der Moral angelegt ist – der Auseinanderfall von Vernunft und Moral bzw. die mögliche Perversion der Vernunft zur Rechtfertigung totalitärer Macht, das hat der Marquis de Sade mit der Gründlichkeit des Perfektionisten in seinen Einzelheiten vorgeführt. In dem »Exkurs II – Juliette oder Aufklärung und Moral« zeigen die Autoren, daß das Œuvre des Marquis, das allen Vorstellungen von Menschenwürde, Humanität, »gegenseitiger Achtung« Hohn spricht, mit dem rationalistischen Vernunftbegriff zu vereinbaren ist, der »Selbsterhaltung« zum »konstitutiven Prinzip der Wissenschaft« (79) erhebt. Anders als de Sade, der planvoll und detailliert Sexualität in all ihren möglichen Perversionen darstellt, Sexus als Domäne brutaler Machtausübung auch in den sexuellen Folterpraktiken sinnfällig macht, spart Laclos die Darstellung sexueller Praxis weitgehend aus. Hier wird keiner bzw. keine physisch vergewaltigt, sexuell mißhandelt und gequält. Seine Szenarien erotischer Verführung akzentuieren die intellektuelle Strategie der Verführung, deuten das Fait accompli, den Sexualakt metaphorisch verschlüsselt an. Ein Zensor, der nach pornographischen Stellen suchte, würde in den *Liaisons dangereuses* nicht fündig. Dennoch haben die Protagonisten dieses Romans mehr Affinitäten zu der de Sadeschen Gedankenwelt, als die delikate Zurückhaltung in der Beschreibung sexueller Praxis vermuten läßt. Eine Juliette seziert mit Berufung auf die Vernunft alle moralischen Kategorien, die einem christlichen und humanistischen Ideal der Menschlichkeit verpflichtet sind, sie beruft sich auf das Gesetz des Eigeninteresses und der Selbsterhaltung als alleinige Maximen des Handelns, verabschiedet die Idee einer personenbezogenen Liebe als irrationalen Wahn. Valmont und die Marquise de Merteuil, die nach strategischen Überlegungen ihre erotischen Feldzüge führen, Liebe als ideologische Verbrämung sexuellen Interesses deuten, emotionales Engagement als Schwäche auslegen, isolieren in gleicher Weise wie de Sade den Sexus vom Gefühl personenbezogener Liebe. Wenn sich Valmont eine Heilung seines unvernünftigen erotischen Engagements für Madame de Tourvel durch sexuelle Befriedigung verspricht, drückt sich darin gerade ein kalkulierender Rationalismus aus, der Gefühl als unvereinbar mit den Gesetzen rationaler Vernunft anprangert.

Dieser Vernunft gilt das Sentiment als Feind des autonomen Subjekts. Die Beherrschung der äußeren und inneren Natur als Bedingung der Freiheit des Subjekts – dieser Grundgedanke des Rationalismus offenbart hier seine inhumanen Möglichkeiten. Die Vernunft als Instanz der Affektregulierung, die das Ich in seiner Triebnatur auf das Realitätsprinzip verpflichtet, kann nur in Verbindung mit ethischen Maximen ein soziales Verhalten garantieren, das die menschliche Wolfsnatur aufhebt. Die Behauptung der Vernunft, die allein ihre formale Logik zuläßt, liefert einem egoistischen, machtbewußten Verhalten gute Argumente. Die Libertins Valmont und Merteuil haben das Prinzip der Affektkontrolle perfektioniert, ohne jedoch irgendwelche ethischen Regulative anzuerkennen. Affektkontrolle verbindet sich hier mit Hypokrisie – nicht aus Selbstschutz wie etwa bei Julien Sorel aus Stendhals *Le Rouge et le Noir* – sondern allein zum Zwecke, über den Eros Macht über Menschen zu gewinnen. Die Virtuosen erotischer Verführung setzen all ihr Kalkül, all ihre subtile psychologische Intelligenz ein, um ihr Ziel zu erreichen: ein Höchstmaß sexueller Lust ohne eigenes emotionales Engagement. Diese Akteure, die zugleich als Regisseur und Zuschauer ihrer erotischen Szenarien auftreten, werden letztlich auch Opfer ihrer eigenen Ideologie. Ihre unaufhörliche Jagd nach erotischen Genüssen, nach schmeichelhaften Siegen auf dem Felde Amors, der hier als Zwilling von Mars erscheint, bringt ihnen zwar reiche Beute ein, doch es fragt sich, ob sie zu deren Genuß fähig sind. Sie haben sich so radikal einer Affektkontrolle verschrieben, die Leidenschaft, Ekstase nur als fingierte zuläßt, daß die Lust an der Lust ihnen letztlich verschlossen bleiben muß.

V

Sexualität als Erzählsujet: Der erotisch-pornographische Roman im 18. Jahrhundert

1. Naturkonzepte und Liebesentwürfe

Der erotische Roman eines Crébillon fils oder eines Choderlos de Laclos stand im Zeichen der Verführung, auch wenn die Damen sich in der Regel als äußerst empfänglich für die sinnlichen Genüsse der Liebe erwiesen. Selbst wenn sie nicht wie Madame de Tourvel den Konflikt zwischen Tugend bzw. Gattenliebe und *amour passion* erlitten, gebot ihnen der gesellschaftliche Takt, der hochentwickelte Code, der das Spiel der Begierden regelte, dem Werben um ihre Gunst Widerstand entgegenzusetzen und nur dem übermächtigen Ansturm der Liebesleidenschaft zu erliegen. Während Laclos und die Autoren, die den in der Gesellschaft geltenden Code intimer Kommunikation respektieren, sehr zurückhaltend bei der Beschreibung sexueller Details sind, hat sich zur gleichen Zeit ein Genre ausgebildet, das sich gerade auf die Beschreibung sexueller Szenen konzentriert, die im libertinen Roman, der das *Wie* sexueller Annäherung schildert, ausgespart bleiben. Während die einen Werke ihren Reiz und ihre Spannung aus den subtilen Strategien der erotischen Annäherung beziehen, aus dem Verschweigen erotischen Begehrens, aus der Uneindeutigkeit sexueller Signale, sehen die anderen ihre Attraktivität gerade in der Präsentation detaillierter sexueller Szenen. Neben dem libertinen Roman, der den erotischen Dialog pflegt und das Artistische der einvernehmlichen, doch höchst schwierigen widerständigen Verführung thematisiert – wie etwa Crébillon –, entwickelte sich komplementär die andere Spezies des libertinen Romans, der gerade nicht die Verbrämungsstrategien erotischer Annäherung, sondern in gewisser Weise Peepshow-Szenen präsentiert.

Gleichzeitig trägt auch ein verändertes Naturverständnis zu einer neuen Selbstgewißheit des Individuums bei, das gegen die tradierten Normen der Gesellschaft die Natürlichkeit und Berechtigung seiner sinnlichen Natur anführt. Rousseau mit seinem »Retour à la nature«, der den Sittenverfall der europäischen Zivilisation im Verlust natürlichen Verhaltens begründet sah, hat sowohl das Denken eines Restif de la Bretonne als auch eines Mirabeau beeinflußt. Dennoch liegen Welten zwischen dem Liebeskonzept des einen und den libertinen, äußerst freizügigen Darstellungen der anderen. Der Rückbezug auf die Natur des Menschen, der mit dem Ruf einer freien Entfaltung des Individuums einhergeht, führte nicht notwendig zu einem freizügigen Liebeskonzept, das eine intensiv gelebte Sexualität einschlösse. Rousseaus Œuvre selbst ist voller Widersprüche, und seine Liebenden aus *La Nouvelle Héloïse* (1761) geben sich zwar über die Standesschranken hinweg mit Inbrunst der Leidenschaftlichkeit ihres Gefühls hin, doch, als fürchte Rousseau die Konsequenzen seiner eigenen Kühnheit, läßt er Julie im Einverständnis mit ihrem Geliebten, dem bürgerlichen Hauslehrer Saint Preux, eine standesgemäße Ehe mit M. de Wolmar schließen. Sie bewahren ihre Liebe – das erinnert an Madame de La Fayettes Lösung – durch sexuellen Liebesverzicht. Paul Kluckhohn (1966, 94ff.) kritisiert sicherlich mit Recht die Unstimmigkeit im Gesamtkonzept des Romans: Dieser »stärkste und heißeste der empfindsamen Romane, den das Frankreich des 18. Jahrhunderts geschaffen hat, Rousseaus künstlerisches Hauptwerk«, zeigt, daß sein Autor doch »in der Auffassung der Liebe [...] in den Gedanken seiner Zeit befangen« blieb. Das Werk »erhält nach den ersten von Leidenschaft durchglühten Teilen nicht den innerlichen notwendigen Abschluß, sondern es biegt ein in das breite Fahrwasser der Wohlanständigkeit, der in langen moralischen Reflexionen triumphierenden Tugend. Und mit Recht hat man darauf hingewiesen, daß Rousseau damit dem Geschmack seiner Zeit und seiner Leser, den Traditionen des beliebt gewordenen englischen Romans (Richardson) entsprach«.

Nach Kluckhohn liegt der tiefere Grund für die »unfaßliche Verstümmelung eines großen Kunstwerks« darin, daß Rousseau intellektuell das, was er imaginiert hat, leugnet, nämlich die »Bedeutung des Sinnlichen auch für eine zu inniger Seelenfreundschaft erwachsene Liebe«. Letztlich wehrt Rousseau die Macht der Sexualität für eine seelisch gegründete intensive Liebesbeziehung ab, sieht er im sinnlichen Ausleben der Leidenschaft die Gefahr ihres baldigen Endes (ebd.).

Auch Luhmann (1988, 139) hebt die Bedeutung des Naturbegriffs für das Konzept freier Liebe hervor, er argumentiert: »Gegen die Mitte des 18. Jahrhunderts ermöglicht schließlich der Begriff der Natur, für die jetzt verstärkt als solche thematisierte Sexualität und für die leidenschaftlichen Gefühle einen gemeinsamen Nenner zu finden, der zugleich ausdrückte, daß Liebe sich aus den Fesseln der Gesellschaft herauslöst und als Natur ein Recht dazu hat. [...] Ab etwa 1760 häufen sich Romane, in denen die Helden ihre Passion als ihre Natur darstellen und im Namen der Natur gegen die moralischen Konventionen der Gesellschaft revoltieren. Die ›freie Liebe‹ geht über zum Angriff auf die Gesellschaft.«

Luhmann geht in diesem Zusammenhang nicht darauf ein, daß die Autoren, die wie Rousseau oder Goethe eine leidenschaftliche Liebe schildern, die Sexualität weitgehend auslassen, daß umgekehrt Autoren wie John Cleland, Crébillon, Andréa de Nerciat, Restif de la Bretonne, Mirabeau oder auch der deutsche protestantische Aufklärer Schnabel, die erotisch-sexuelle Szenen beschreiben, einem Rationalismus verpflichtet sind, der die Freiheit des Subjekts gerade aus der Beherrschung der Natur herleitet.

Der Naturbegriff selbst gewinnt im 18. Jahrhundert eine Vielschichtigkeit, die in der sinnlich-geistigen Polarität des Subjekts gründet. Die Figuren, die wie Rousseaus Julie und Saint Preux, Châteaubriands Atala, Goethes Werther oder E. T. A. Hoffmanns Kapellmeister Kreisler z. B. »ihre Passion als ihre Natur darstellen«, erfahren gerade nicht die sexuelle Erfüllung ihrer Liebe. Uninteressant ist in diesem Zusammenhang der empfindsame Typ der Pamela, die sich erfolgreich allen Angriffen auf ihre Tugend widersetzt und am Ende ihr Glück in einer Heirat mit dem gescheiterten adeligen Verführer findet. Es fragt sich, ob man überhaupt bei den unerschütterlich tugendsamen Heldinnen von Leidenschaft sprechen kann, ob nicht ihr Instinkt zielsicher die lukrative Ehe anvisierte.

Im Grunde gibt es kaum ein Paar in der europäischen Literatur des 18. Jahrhunderts, das seine leidenschaftliche Liebe auch sexuell erfährt. Die Protagonistin des gleichnamigen Romans des Abbé Prévost, *Manon Lescaut*, die den Typ »edle Kurtisane« verkörpert und trotz ihrer finanziell einträglichen Liebschaften stets den Charme der Unschuld bewahrt, bildet zusammen mit dem Chevalier de Grieux eines der wenigen Paare der europäischen Literatur des 18. Jahrhunderts, die ihre *amour passion* auch erotisch-sexuell ausleben. Madame de Tourvel geht an ihrer Liebe, die sie außerhalb der Ehe erlebt, auf schreckliche Weise zugrunde. In Tiecks *William Lovell* (1795/96) verhindert eine vom Vater verfügte Trennung, daß die Liebenden, William und Amalie, in einen Konflikt von Tugend und Begehren geraten. Die weitere Entwicklung Lovells, der schließlich die »Wollust« als »das große Geheimnis unseres Wesens«, die »Sinnlichkeit als das erste, bewegende Rad in unserer Maschine« (Tieck, 377f.) versteht, zeigt ihn als ruhelosen sinnlichen Abenteurer, als enttäuschten Idealisten, der all diejenigen, die ihn lieben, verletzt und ins Unglück stürzt. Rosaline, das anmutige Mädchen von einfacher Herkunft, dem er leichtfertig die Ehe verspricht und dessen er nach gekostetem erotischen Genuß bald wieder überdrüssig wird, ist nur eines seiner Opfer. Rosaline kann den Liebesverrat nicht überwinden und begeht Suizid. Dieses Szenario ist symptomatisch für die erotischen Liebesentwürfe vieler romantischer Autoren. Die auch sexuell gelebte Liebe wird in der Regel zum Auslöser tragischer Entwicklungen. Doch auch Ottilie aus Goethes *Wahlverwandtschaften,* die dem Gefühl ihrer Leidenschaft nachgibt bzw. – analog dem chemischen Kräftespiel der Elemente – magisch der Anziehung Eduards ausgeliefert ist, endet tragisch. Daß sie jedoch auf die Erfüllung ihrer Liebe verzichtet, verweist nicht nur auf die sittliche Freiheit des Menschen gegenüber seiner machtvollen Triebnatur, sondern auch auf die andauernde Geltung gesellschaftlicher Normen, auf den hohen sozialen Wert der Ehe.

Luhmanns Einschätzung, daß ungefähr seit 1760 die »freie Liebe« zum Angriff auf die Gesellschaft übergeht, berücksichtigt nicht das unterschiedliche Wertesystem des Bürgertums und des Adels. Auch wenn der Sittenkodex dem Mann grundsätzlich im Falle des Ehebruchs der Frau weitreichende Rechte physischer und juristischer Gewalt einräumte (vgl. Fraisse 1992), in der Praxis verfuhr man in adligen Kreisen lockerer. Das wahrhaft revolutionäre Recht von 1792, das an Stelle der räumlichen Trennung ein für Männer und Frauen gleiches Scheidungsrecht einführte, das auf einem wechselseitigen Einverständnis basierte, dieses egalitäre Recht wurde 1803 zuungunsten der Frau revidiert.

Das leidenschaftliche Gefühl, das gegen die Fesseln der Gesellschaft seine Legitimation aus seiner Natürlichkeit herleitet, schließt weder in der gesellschaftlichen Wirklichkeit der Zeit noch im Spiegel der literarischen Genres das Credo zu sexuellem Genuß ein. Literarische Werke wie die Crébillons jedoch führten gerade vor, daß *amour passion*, leidenschaftliche Liebe, letztlich eine Fiktion darstellt, die auf elegante Weise die Bereitschaft zum sexuellen Genuß legitimieren soll.

Der Naturbegriff, der in der Tat im 18. Jahrhundert eine neue ästhetische und kulturgeschichtliche Bedeutung gewinnt, zeigte sich in verschiedenen Facetten, die sich auch in unterschiedlichen Liebesentwürfen spiegelten. Die sehr kontroverse Diskussion in Novalis' Schrift *Die Lehrlinge zu Sais* über das Wesen der Natur demonstriert eindrucksvoll die Vielschichtigkeit des Naturbegriffs im ausgehenden 18. Jahrhundert. Natur als *natura naturans*, als schöpferisches Prinzip, an dem die Genie-Ästhetik sich orientierte, und Natur als *natura naturata*, als gegenständliche Natur, als Lebensbereich, Rohstoff, Energiequelle, Landschaft, Naturgewalt, ist wiederum von dem Begriff der menschlichen Natur zu unterscheiden.

Menschliche Natur, das bedeutet einmal das Vernunftsubjekt, das seine Natur, seine Triebnatur zu kontrollieren sucht und Dämme gegen die Gefahr der emotionalen Überflutung errichtet; menschliche Natur, das ist andererseits das Gefühlssubjekt, das gegen die Zwänge der kontrollierenden Vernunft die Spontaneität seiner Neigungen, Empfindungen behauptet. Valmont und Werther z. B. wären Repräsentanten dieser zwei divergierenden Konzepte menschlicher Natur; Crébillons Meilcour laviert zwischen den unterschiedlichen Entwürfen. Während sich einerseits gegen die Verstandeskultur der Aufklärung eine Gefühlskultur entwickelt, die eher zur Entsinnlichung und Entkörperlichung der Liebe tendiert, entsteht gleichzeitig eine Literatur, die den Menschen als sinnlich-sexuelles Subjekt begreift und Sexualität in ihren verschiedensten Ausprägungen zum Thema macht.

Im Gegenzug zur entsinnlichten idealischen Liebeskonzeption konstituiert sich ein literarisches Genre im Zeichen des *plaisir*: der erotisch-pornographische Roman. Die Hermeneutik der Liebe und der erotische Diskurs spielen in diesen Romanen keinerlei Rolle mehr, denn die Figuren bekunden offen ihre Bereitschaft zu sexueller Lust, ihr Interesse, das Spektrum sexueller Spielformen kennenzulernen.

Auch wenn Frankreich das Land ist, das eine erotisch-pornographische Kultur von Rang hervorgebracht hat, der Roman eines englischen Autors hat die französischen Werke durch seine große Publizität bis hin zu Verfilmungen, durch die vielen Neuauflagen rezeptionsästhetisch in den Schatten gestellt. Sein Werk soll diese Interpretationsreihe eröffnen.

2. Sexuelle Männerphantasien mit idealischem Sentiment: *Fanny Hill or Memoirs of a Woman of pleasure* von John Cleland

John Cleland (1710–1789), der längere Zeit in der East Indian Company als Soldat und später als Geschäftsmann arbeitete, begann 1741 in London seine mühselige Karriere als Journalist und Schriftsteller. Immer auf der Suche nach Erfolg und Gewinn versprechenden Themen, schrieb er während eines seiner Aufenthalte im Gefängnis – nicht bezahlter Schulden wegen – die fingierte Lebensbeichte der Fanny Hill, deren Name, eine Anspielung auf den *mons veneris*, schon auf die Lieblingsbeschäftigung der Protagonistin verweist. Ein Verbot des Werks trug nur zu seiner Bekanntheit bei und ermutigte den Verfasser zu weiteren Versuchen im erotisch-libertinen Genre. Doch nur sein Erstling erregte das Interesse der Leser und Zensoren, und das gilt nicht nur für die Zeitgenossen des Autors. *Fanny Hill or the Memoirs of a Woman of pleasure*, 1749 in London erschienen, nach Horst Peter Neumann (1975, 80) »der populärste Klassiker unter den pornographischen Romanen«, »fast ebenso oft konfisziert wie gedruckt«, »in Deutschland erst seit 1969 unbehindert im Handel«, genoß schon zu Lebzeiten des Autors eine zweifelhafte Berühmtheit. Sogar Winckelmann, der als der Bewunderer der »edlen Einfalt und stillen Größe« griechischer Kultur in die Literaturgeschichte einging, lobte das Werk.

Die Prostituiertenbiographie hatte schon Daniel Defoe mit *Moll Flanders* (1722) und *Roxana* (1724) in England literaturfähig gemacht, doch er respektierte in einer Weise die *decency* und *delicacy* seines bürgerlichen Publikums in Sexualibus, daß auch der strengste Sittenrichter keinen Anstoß nehmen konnte – zumindest nicht im puritanischen Zeitalter des Autors, das das moralisch provozierende Happy-End, die prosperierende Existenz der gealterten Moll Flanders mit einem ihrer fünf Gatten, einem talentierten Räuber, als Zeichen göttlicher Gnade akzeptierte. Während Defoes Moll Flanders bei ihrem Lebensrückblick zwar minutiös den jeweiligen finanziellen Gewinn und Verlust bei ihren diversen Aventüren auflistet, aber den Mantel des Schweigens über ihre sexuellen Aktivitäten breitet, ergeht sich Clelands Fanny Hill genußvoll in der ausmalenden Darstellung sexueller Szenen. Bei Defoe findet sich nicht einmal ein Hinweis auf das männliche und weibliche Geschlechtsorgan, bei Cleland werden diese »Instrumente« der Lust immer wieder ausführlich beschrieben. Obwohl Defoes Moll Flanders über sehr viel mehr kriminelle Energie als Fanny Hill verfügt, sie als verheiratete Frau mit betrügerischen Mitteln ökonomisch günstig erscheinende Ehen schließt, ihre Liebhaber finanziell betrügt und schließlich zur erfolgreichen Diebin avanciert, erregt das Werk keinerlei Anstoß, denn Moll Flanders ergeht sich immer wieder in moralischen Betrachtungen und verurteilt ihre leichtfertige, sündige Lebensweise. Das allein würde jedoch nicht ausreichen, ein auf Tugend bedachtes Publikum zu beruhigen; doch Defoes Protagonistin klagt nicht nur ihre Verderbtheit an, sondern sie spart in ihren Memoiren auch alles aus, was die erotische Phantasie eines Puritaners reizen könnte. John Clelands *Fanny Hill* ist sicherlich auch als parodistische Replik auf Defoes *Moll Flanders* zu verstehen. Deutlich ist auch der Bezug auf Richardsons *Pamela* (1748) über das tugendhafte Bürgermädchen, das alle sexuellen Attacken ihres listigen, begehrlichen Arbeitgebers Mr. B. erfolgreich abwehrt und dessen standhafte Tugend schließlich in der Heirat mit dem geläuterten Mr. B. eine reiche Belohnung findet. Ähnlich wie Pamela, die alle Ränke des noch lüsternen Mr. B. durchschaut und sein Interesse durch ihren tugendhaften Widerstand nicht ganz unbewußt noch steigert, jedoch bis zum Schluß als sittsam naive Unschuld charakterisiert wird, bleibt auch Fanny Hill trotz ihrer diversen Aventüren gleichsam taufrisch und unverdorben und ehelicht ihren ersten Liebhaber und einzig wahrhaft Geliebten Charles im Stande höherer Unschuld. So suggeriert es der Autor. Obwohl Richardsons *Clarissa* und *Pamela* von der Tugend handeln, enthalten seine Romane weit mehr erotische Szenen als Defoes *Moll Flanders*, die ihr lasterhaftes Leben Revue passieren läßt; denn eine Tugend, die immer wieder neuen dreisten Attacken ausgesetzt ist, läßt trotz siegreicher Verteidigung mancherlei pikante Blößen sehen. Offenkundig fand der Autor – trotz seiner erzieherisch erbaulichen Wirkungsabsicht – an der detailfreudigen Schilderung dieser Szenen viel Genuß, und Kritiker wie D. H. Lawrence monierten die Doppelmoral und das Kalkül mit der Unschuld.

Die Empfindsamkeit, die das Werk Richardsons grundiert, spielt auch bei Clelands Roman eine Rolle, obwohl dessen Protagonistin kaum Mühe darauf verwendet, einem jungfräulichen Tugendideal zu entsprechen. Ähnlich wie Defoes Moll Flanders verliert Fanny Hill schon früh als Heranwachsende ihre Eltern, steht mittellos und ohne sorgende Anverwandte da und sucht ihr Glück in London zu machen, ein Glück, das ihre Reisegefährtin auf folgende Weise ausmalt:

> Schon manches Mädchen vom Lande habe sich und seine Familie für immer glücklich und zufrieden gemacht, sagte sie, einige hätten allein durch Bewahrung

> ihrer Tugend solchen Eindruck auf ihre Herren gemacht, daß diese sie heirateten, ihnen Kutschen hielten und ein Leben in Saus und Braus boten; und manche wären sogar Herzoginnen geworden. Glück sei eben alles, und sie sähe keinen Grund, weshalb es mir nicht ebenso ergehen solle. (7)

Cleland scheint hier auf Richardsons *Pamela* anzuspielen, darüber hinaus jedoch auf Fieldings Parodie *Shamela*, dessen verfremdende Aussprache des gefeierten Ideals der *virtue* als »vartue« er übernimmt, worauf Peter Wagner[1] zu Recht hinweist. Clelands Fanny Hill kann insofern als Gegenentwurf zur Pamela gelesen werden, als sie gleich mehrmals ihre ›Unschuld‹ verliert, sie die diversen erotisch-sexuellen Erfahrungen in vollen Zügen genießt, ohne z. B. die Geißel venerischer Krankheiten zu erfahren, und sie schließlich auch noch zu ehrbarem Eheglück und Prosperität gelangt. Hier scheint nicht »the virtue«, sondern »the vice«, das ausschweifende Lasterleben, mit Glück und Wohlstand belohnt zu werden wie schon zuvor bei Defoes geschäftstüchtiger Moll und später – in programmatischer Absicht – bei de Sades Juliette.

Cleland wählt die Form der Ich-Erzählung, wie sie die Autoren von Abenteuerromanen und libertiner Literatur bevorzugen, denn sie erlaubt es, eine Fülle von Abenteuern und erotisch-sexuellen Szenen aneinanderzureihen, deren Zusammenhalt nur durch die Figur des Helden bzw. der Heldin gegeben ist. Der Autor läßt seine Fanny Hill einer nicht näher charakterisierten Madam von den »scandalous stages« ihres Lebens berichten, führt also die Memoiren seiner Protagonistin als eine Art Lebensbeichte vor, die sich bewußt in die Tradition der christlichen Konfession stellt.

1 Peter Wagner, »Introduction«, in: John Cleland, *Fanny Hill or Memoirs of a Woman of Pleasure*, ed. by Peter Wagner, Hammondsworth 1985, S. 7–36, hier S. 21.

Peter Horst Neumann weist auf die *Confessiones* des Kirchenvaters Augustinus und dessen »unvergleichliche Bedeutung für die abendländische Geistesgeschichte und alle ihm folgende Memoiren-Literatur« (81) hin; sie sind der Rückblick eines durch Irrtümer, Häresie, »Strudel des Lasters« und »Abgründe von Lüsten« gegangenen Menschen, der zu reuiger Umkehr und zur Erkenntnis der göttlichen Gnade gelangt ist und der sich nun seines Lebensweges als eines Weges zum Heil noch einmal vor den Augen Gottes und der Menschen versichert.

Auch wenn Fanny Hill zu Beginn die Haltung der bekehrten Sünderin einnimmt und sie am Ende ihrer Bekenntnisse »the so delicate charms of *VIRTUE*« (Cleland, 223) preist, stellen ihre Memoiren mehr die Parodie der christlichen Bekenntnisliteratur dar. Mag sie ihren Lebenswandel bis zur glücklichen Wiedervereinigung mit Charles auch als skandalös bezeichnen, diese Bewertung prägt sich keineswegs der Schilderung ihrer diversen sexuellen Abenteuer ein. Im Gegenteil, die Distanz zwischen der sich erinnernden Fanny, die als respektable Ehefrau auf ihr lasterhaftes Leben zurückblickt, und den erinnerten Stadien ihrer Karriere einer »woman of pleasure« ist äußerst gering, selbst die nun tugendsam gewordene Fanny scheint voller Wollust ihr ›lasterhaftes‹ Leben in der Rückschau nachzukosten.

Die unerfahrene Fanny gerät gleich am ersten Tag ihrer Ankunft in London in einem Vermittlungsbüro in die Fänge einer älteren Kupplerin, Mrs. Brown, die das hübsche Mädchen vom Lande scheinbar als Dienstmädchen engagiert, es jedoch für ihre Zwecke im Bordell zu präparieren sucht. Fanny setzt den Verführungen in diesem Haus wenig Widerstand entgegen. Ihre Erziehung verlief äußerst dürftig, und das einzige Fundament ihrer Tugend war »die völlige Unkenntnis des Lasters« (6). Im Sinne bürgerlichen Aufklärungsdenkens scheint Cleland die moralischen Verfehlungen seiner Protagonistin dem Erziehungsdefizit der

Eltern anzulasten. Neumann führt Lessing als Beispiel an, der in seiner *Miss Sara Sampson* »die moralische Labilität des verführerischen Mellefont mit dem frühen Verlust beider Eltern begründet und Sara Sampsons Verführbarkeit in eine enge Beziehung zum Tod ihrer Mutter setzt« (Neumann, 86). Dafür spricht der Schluß des Berichts, der zugleich jedoch auch die Differenz zu den Aufklärungsidealen eines Lessing deutlich markiert: Da teilt sie der Adressatin ihrer Memoiren mit, daß ihr Gatte, voller Verantwortungsbewußtsein für die moralische Festigung ihres Sohnes, diesen in die bekanntesten Freudenhäuser der Stadt begleitet habe, damit er mit allen Formen der Ausschweifung vertraut und gegen sie gefeit werde, ein sicherlich umstrittenes Aufklärungsprogramm, das eher dem libertinen Geschmack Clelands entspricht als dem des Autors der *Emilia Galotti.*

Clelands Protagonistin stellt sich keineswegs als tugendhaftes Mädchen dar, das nur durch Unerfahrenheit auf die Bahn des Lasters gerät, sondern sie zeigt von Beginn an eine gleichsam natürliche Disposition für die Lockungen der Fleischeslust. Zwar errötet Fanny oft und anmutig, und das auch noch, als sie schon die höheren Weihen der Venuspriesterin erlangt hat, doch ihr fehlt letztlich jede Scham, jedes Gefühl der Intimität, Preisgabe der Person. Sie verfügt zwar über alle äußeren Attribute der Unschuld bzw. der verführten Unschuld (vgl. Petriconi 1953), doch ihr Schöpfer charakterisiert sie als ein amoralisches Wesen, das zwar die gängigen Floskeln der Wohlanständigkeit und Tugend bemüht, jedoch nur einen Wert kennt, den des persönlichen Vergnügens, *pleasure*.

Und das ist ganz im Sinne des pornographischen Romans, der nicht auf Seelenkonflikte abzielt, sondern auf die Darstellung reizvoller sexueller Szenen. In diesem Sinne gestaltet er die Initiation in die Lust ohne Widerstand, ohne Konflikt. Ihrer Bettgenossin Phoebe verdankt Fanny ein erstes Gefühl lustvoller Körperlichkeit, sexueller Reizbarkeit. So skizziert der Sexualwissenschaftler Hans Giese in seiner Studie die sexuelle Initiation Fannys von seinem fachspezifischen Erkenntnisinteresse her: »Sie erlebt dabei ihren ersten Orgasmus und lernt auch die Masturbationspraktik kennen« (Giese, 57).

Die Einführung durch lesbische Zärtlichkeiten ins Reich der Sinne stellt ein klassisches Motiv des erotisch-pornographischen Romans dar. Natürlich vermittelt Phoebe der Debütantin nur einen Vorgeschmack von den Freuden, die sie unter männlichem Zepter erwarten werden. Voyeurszenen – auch sie ein klassischer Bestandteil der libertinen Literatur – tragen das ihrige zur sexuellen Aufklärung bei. Man denke an Aretinos Nanna. Fanny beobachtet heimlich, wie ein junger herkulischer Pferdeknecht – ohne viel Umschweife – mit ihrer dicken häßlichen Dienstherrin kopuliert; und der Anblick des erigierten Penis, dieses »wunderlichen Werkzeugs« (28), reißt sie noch in der Erinnerung zu bewundernden Elogen hin und versetzt den »Mittelpunkt all meiner Empfindungen« (ebd.) ganz in Flammen. Bei Fanny regt sich kein Anflug von Scham oder Ekel angesichts der deftigen, unpersönlichen Sexszene, die nicht einmal das kleine Abc der *ars amatoria* berücksichtigt. Nach dem Willen ihres Autors empfindet Fanny nur das glühende Bedürfnis, selbst nähere Bekanntschaft mit dem männlichen Instrument der Lust zu machen. Ihre Sorge, daß »jener schreckliche Speer« (31) sie ernsthaft verwunden könnte, diese »ungeheure Maschine« (ebd.) zu riesig für ihr zartes kleines »Lustgefäß« sei, wird durch eine weitere Voyeurszene zerstreut: Aus nächster Nähe erlebt sie die orgiastischen Wonnen eines jungen schlanken Mädchens, das »die steil aufgerichtete Maschine« ihres kräftigen gutgebauten Liebhabers, »die steil aufgerissene Maschine, die das zarte Opfer auseinander zu reißen drohte« (34), lächelnd erwartet. Nach diesem zweiten Voyeurerlebnis fiebert Fanny nur noch ihrer Entjungferung entgegen, erwartet den Mann, einen Mann, der sie endlich zu den Gefilden der eigentlichen sexuellen Wonnen führt. Deutlicher läßt sich der Gegensatz zu Richardsons Pamela nicht artikulieren. Fanny Hill entspricht in keiner Weise dem Typ der verführten Unschuld, wie ihn Petriconi in seiner Studie beschrieben hat.

Da Cleland das libertine Genre mit dem empfindsamen zu verbinden sucht, führt er seine Protagonistin noch als *virgo intacta* ihrem ersten und einzig wahrhaften Liebhaber zu. Wie Psyche angesichts des schlafenden Cupido ist Fanny von der anmutigen Schönheit ihres jungen Adonis, den sie schlafend in der Eingangshalle des Bordells findet, bezaubert. Vom ersten Augenblick an liebt und begehrt sie ihn und willigt freudig in ihre Entführung aus dem Brownschen Haus ein. Charles bleibt es vorbehalten, ihr das kostbare Juwel ihrer Jungfräulichkeit zu rauben. Auch wenn Cleland auf eine erotische Prosa abzielt, die durch ihre freizügige Beschreibung von Sexualszenen die libidinöse Phantasie der Leser zu stimulieren sucht, so bewegt sich sein Erzählstil dennoch unter dem Horizont der *sentimental novel.* Er bezieht sich zwar auf die Natur als Legitimation freier Lustentfaltung, bedarf aber der bürgerlichen Moralvorstellungen, um seiner Beschreibung sexueller Lust und Praxis den Reiz des sündhaft Pikanten zu geben. Diese Ambivalenz der Erzählerposition zeigt sich vor allem im Hinblick auf Fannys Unschuld und Virginität. Obwohl sie sich im Hause der Mrs. Brown als lernbegierige Schülerin erwies, die, ungehemmt durch christlich-moralische Erziehung, ihrem natürlichen Wissenstrieb folgte und durch Phoebe verschiedene Praktiken der Lust kennenlernte, zeigt sie bei ihrem ersten erotisch-sexuellen Zusammensein mit Charles, dem Herzensgeliebten, jungfräuliche Scheu und Zurückhaltung, einen Busen, der sich voller Herzklopfen hebt und senkt, und auch Tränen, wie es sich für eine tugendsame Heldin des empfindsamen Romans schickt. Die lustbegierige Fanny setzt ihrem Adonis zwar keinen Widerstand entgegen, fordert nicht das langwierige Spiel der Eroberung mit seinen

Werbestrategien – wie etwa Madame de Lursay aus den *Egarements du cœur et de l'ésprit* Crébillons –, doch sie entwickelt innerhalb des erotisch-sexuellen Szenenverlaufs den gestischen Code der »verführten Unschuld«. Während in der *sentimental novel* eines Richardson zwar alles um die bedrohte Unschuld und unausgesprochen um den Deflorationsakt kreist, dieser jedoch auch nach dem Happy-End der Heirat erzählerisch ausgespart bleibt, wendet Cleland viel darstellerische Energie auf dessen detaillierte Beschreibung.

Zwei unterschiedliche semantische Felder bestimmen den Stil, die militärische Bildlichkeit der Attacke, die das Geschlechterverhältnis als Kampf faßt, und der Wortschatz inniger Zärtlichkeit, der – im Geiste der Empfindsamkeit – die erotische Beziehung als schicksalhaften Seelenbund begreift. Cleland läßt Fanny den Akt keineswegs nur als lustvolles Erlebnis erinnern, im Gegenteil, sie schildert wortreich die Schmerzen, die sie bei den verschiedenen Angriffen auf ihren verborgenen Schatz (42) erlitt, evoziert die Stadien der Penetration, die nur sehr langsam fortschritt und sie schließlich vor Schmerz in Ohnmacht fallen ließ. Was als realistisches Element gedeutet werden könnte – der Aspekt von Schmerz und Verletzung bei der Defloration, der gewöhnlich ausgeblendet wird –, dient in erster Linie der libertinen Erzählstrategie, stilisiert zugleich die Debütantin der Liebe zur empfindsamen Liebenden, die dem einzig Geliebten trotz aller Marter sich hingibt. Und so heißt es: »Ach, es genügte mir, seine Freude zu sehen, um mich allen Schmerzen willig zu unterwerfen« (43). Das erregt die männliche Phantasie, steigert das Begehren und erhöht die Lust. Nach dem Schema »Je schmerzvoller, desto unschuldiger, desto begehrenswerter« gestaltet Cleland diese Szene.

Letztlich fungiert der Code der Empfindsamkeit jedoch nur als Stimulanz libertiner Lust. Das zeigt sich überdeutlich – ungewollt vom Autor? – in einer späteren fingierten

Deflorationsszene, in der Fanny – mit großem finanziellen Gewinn – einem ältlichen Hymen-Fetischisten auf sehr überzeugende Weise, mit heftigem jungfräulichen Widerstand, großen Mühen und viel künstlichem Blut und herzzerreißenden Schmerzenslauten ein Gefühl höchster Lust beschert. Fannys Statement: ihr Freier, Mr. Norbert, sei über ihre Sprödigkeit und ihren Widerstand keineswegs mißvergnügt gewesen, sondern fühlte sich im Gegenteil durch die Schwierigkeit der Eroberung geschmeichelt. Die fingierte Defloration mit ihrem theatralisch übersteigerten Ritual verschaffte dem in Ausschweifung abgestumpften Lüstling mehr Lust als ein Sexualakt, bei dem seine Partnerin all ihr erotisches Temperament aufgeboten hätte. Zweifellos spielt Cleland mit dem Virginitätskult seiner Zeit, zielt er mit dieser Episode auf eine »parody of the defloration mania«,[2] doch zugleich beutet er selbst in ambivalenter Weise die »mine« zur libertinen Unterhaltung seiner Leserschaft aus.

Fanny schildert einerseits im Stil der gefühlvollen Heroine ihre sexuelle Initiation, ihren altruistischen Opfermut, der sie die eigene Qual angesichts der Wonnen ihres Liebhabers ertragen läßt, und die liebevolle Fürsorge eben dieses ›Verursachers‹ ihrer Schmerzen. Andererseits bedient sie sich einer militärischen Metaphorik, die nicht von zärtlicher Seelenbindung zeugt, sondern eher auf den erbitterten Kampf der Geschlechter verweist. Da zieht der Geliebte »sein angriffsbereites Liebeswerkzeug« und zielt auf »die vermeintlich schon geöffnete Bresche«, er erscheint als »Mörder ihrer Jungfräulichkeit« (43), der den Triumph über die unerwartete Jungfräulichkeit mit gesteigertem Liebesgefühl honoriert, aber die Tränen des Opfers klagen doch seine »Grausamkeit« an.

Mag sich Cleland mit dieser Kriegsmetaphorik auch an einer sexuellen Bildsprache orientieren, die sich schon in

2 Wagner (s. Anm. 1), S. 19.

der Antike ausgebildet hat, so fällt bei ihm doch ein gewisses sadistisches Moment auf, die Akzentuierung von Gewalt und Leiden. Heinz Schlaffer weist darauf hin, daß der »Bildbereich, aus dem die antike Erotik die Metaphern für die *quinta linea* nimmt, selbst zur körperlichen Sphäre« gehört, denn hauptsächlich liefert der Sport, Gymnasion und Agon, die typischen Vergleiche: »Ritt, Ringkampf, Lauf und Fahrt zur Zielsäule [...], Fechtkunst und schließlich der Krieg, das *bellum amorosum*, der sich als einziges dieser Bilder bis in die Neuzeit hält, weil er an reale Verhältnisse anknüpfen kann (während der Sport nichts mehr bedeutet) und außerdem zur Parodie der heroischen Existenz dient.« (Schlaffer, 84 f.) Auch wenn der Sport in der Neuzeit seine Bedeutung als wichtigster Bildspender verloren hat, er lebt in den Reit- und Wettkampfmetaphern fort.

Wenn Cleland jedoch in der Deflorationsszene die Geliebte als eine Art Festung evoziert und er die Stadien der Erstürmung und Einnahme genüßlich – gleichsam in Zeitlupe – schildert, spiegelt sich darin ein männlich dominiertes Geschlechterverhältnis, das die Frau zum Lustobjekt des Mannes instrumentalisiert. Er zeigt nicht zwei gleich starke Kombattanten beim lustvollen Kampf, sondern die Frau als Opfer kühner männlicher Eroberung. Die Waffe des Mannes ist sein Penis, diese »wundervolle Maschine« (28), wie das männliche Sexualorgan immer wieder genannt wird. Clelands Abwandlung des Schwert-Scheide-Topos ist aufschlußreich: Schwert und Scheide bilden eine Einheit wie Mörser und Stößel, Fiedel und Bogen, betonen die Zusammengehörigkeit, das füreinander Bestimmte, doch das Bild der Waffe, aus der Zweierkonstellation gelöst, akzentuiert die aggressive Dynamik männlicher Sexualität.

Auffallend sind die unterschiedlichen Bildspender für das männliche und weibliche Sexualorgan: Während er das weibliche Geschlecht mit Bildern aus der Landschaftsmalerei beschreibt, stellt er das männliche Geschlecht mit Bildern aus dem Maschinen- und Waffenarsenal vor. Da gibt es einmal »den Mittelpunkt der Wonne und auch die herrliche Landschaft ringsum« (77), »den Ort der Lust« (28), »die einladende Pforte« (34), »die herrliche Liebesgrotte, aus der ihr mit Haaren umgebender Mund einladend und schwellend hervorragte« (113), »das schwarze Buschwerk des flaumigen Mooses, das darüber wuchs« (116), kurz, den Liebeskämpfer erwartet ein angenehmer Ort, eine spezielle Art von *locus amoenus* mit Hügel, schattigem Moos und lockender Spalte; hier bedroht keine *vagina dentata* den lustbegierigen Mann, keine gefährlichen Schlünde, tiefen Brunnen oder Abgründe verheißende Existenzbedrohung, und es stellen sich seinem Begehren auch keine Hindernisse in den Weg; das einzige natürliche Hindernis, die Jungfernschaft, erhöht nur den Reiz der Eroberung. Diesem gefälligen – weiblichen – Ort der Lust steht ein kämpferisches – männliches – Lustorgan gegenüber, ein »machtvolles Instrument« (113), das in seiner Größe, Dicke und Steife Respekt und Furcht abverlangt. Da ist die Rede von der erwähnten »wonderful machine« (62/28), der »monstrous machine« (112/77), der »enormous machine« (65/31), »that fierce erect machine of his« (68/34), »the engine of love-assaults« (77/42), »that terrible spitfire machine« (82/47), »the terrible weapon« (65/31).

Einerseits gefällige Landschaft, andererseits imponierende Kraftmaschine: Die Sexualmetaphorik hat sich seit Aretino gründlich verändert. Auch wenn Cleland nicht als der Repräsentant des bürgerlichen englischen Romans und der Frühaufklärung zu werten ist, seinem Roman kommen doch repräsentative Qualitäten zu. Zweifellos kannte Cleland La Mettries Œuvre, seine philosophische Abhandlung *L'Homme machine*, die einen materialistischen Sensualismus vertritt, den menschlichen Organismus im Sinne eines höchst komplizierten Maschinenwerks begreift, keinen prinzipiellen Unterschied zwischen organischer und anorganischer Materie konzediert und einen ungebrochenen Erkenntnisoptimismus ausstrahlt. Der Frühaufklärung galt die Maschine als sinnreiche menschliche Erfindung, und der Vergleich des menschlichen Organismus mit einer Maschine – etwa wie bei Descartes mit einem Uhrwerk – hatte nichts abwertendes an sich, verwies auf dessen kunstvolle, in sich harmonische Zusammensetzung. Eine Maschine zeichnet sich durch das reibungslose Zusammenwirken ihrer Teile aus, sie ist als Produkt menschlicher Kunst in ihrer Zusammensetzung und Wirkweise transparent, handhabbar. Der Organismus als Maschine: Das bedeutet für die Autoren der Aufklärung seine Erkennbarkeit und im Zuge wachsender Erkenntnis z. B. die Heilbarkeit seiner Krankheiten. Symptomatisch für die Maschinenbegeisterung der Zeit steht die Erfindung der vielen Automaten, der Flöten- und Klavierspieler, der Körner pickenden und defäkierenden Ente, alles *l'art pour l'art*-Objekte ohne arbeitserleichternden Wert. Als E. T. A. Hoffmann seinen *Sandmann* publizierte, eines seiner *Nachtstücke*, in dem ein Automat, die Puppe Olimpia, eine unheilvolle Rolle spielt, fanden Vaucansons oder Droz' Automaten beim Publikum keinerlei Interesse mehr. Die Maschine, der Automat, hatte für den Arbeitsprozeß in großem Maße an Bedeutung gewonnen, gleichzeitig jedoch als Bild für den Menschen eine radikale Umwertung erfahren. *L'Homme machine* – der Mensch als Maschine – wurde als Inbegriff von bourgeoisem Nützlichkeitsdenken und Borniertheit interpretiert; der Maschinenmetaphorik eignete nun – im Gegensatz zur Naturbildlichkeit – eine gesellschaftskritische Funktion, sie bezog sich auf den angepaßten Bürger, der wie ein bewußtloses Rädchen im Staatsgetriebe, im bürgerlichen Leben mit seinen Normen und Zwängen funktionierte. Die Mechanik, die Transparenz und Handhabbarkeit der Maschine, galt den Autoren des Sturm und Drang und der Romantik als unvereinbar mit ihrem Konzept eines freien Individuums, das z. B. als künstlerisches Subjekt keiner Regelpoetik folgt, sich im Sinne der Genie-Ästhetik seine eigenen Regeln schafft.

Clelands Maschinenmetaphorik ist sicherlich im Horizont des mechanistischen Weltbilds der Frühaufklärung zu sehen, und die Beschreibung der enorm großen Lustmaschinen und der vielen riesigen Penisinstrumente, die der heutigen Leserschaft skurril komisch anmutet, hatte für Clelands Zeitgenossen nichts befremdliches. Anstößig war ihnen – und in der Folgezeit den amerikanischen, deutschen und englischen Gerichtshöfen – die detaillierte Darstellung des Sexualakts überhaupt. Doch auch wenn man Cleland im Sinne des Zeitgeistes deutet, den eine Maschineneuphorie prägte, es bleibt doch das Mißverhältnis zwischen männlicher Maschinen- und weiblicher Landschaftsbildlichkeit. Da findet kein Schwert zur Scheide, sondern eine herrliche Landschaft begegnet der Riesenwaffe (77). Zwei Aspekte sind dabei bemerkenswert: Das weibliche und männliche Geschlechtsorgan wird mit Bildern aus sehr verschiedenen Bildbereichen beschrieben – Landschaft/Örtlichkeit; Maschine/Waffe –, die Metaphorik verweist also ungewollt auf die Disharmonie männlicher und weiblicher Sexualität; die Bilder weiblicher Sexualität verweisen auf lustbegierige Passivität – Orte, Zentren, Landschaften –, die Bilder männlicher Sexualität evozieren Dynamik, Kampf, Aggressivität. Das entspricht ganz dem Rollenklischee der Geschlechter, das bis in die heutige Zeit wirkt: weibliche Passivität – männliche Aktivität. So suchten Rousseau, Schiller, Kant, Fichte, Humboldt, Hegel und viele andere aus der biologischen Differenz der Geschlechter einen fundamentalen geistig-seelischen Unterschied zu deduzieren. In nicht zu überbietender Deutlichkeit und in völliger Verkennung weiblicher Sexualität folgert Hegel aus dem Geschlechtsunterschied die seinsgegebene aktive Rolle des Mannes und die passive Rolle der Frau:

> Wie im Manne der Uterus zur bloßen Drüse herabsinkt, so bleibt dagegen der männliche Testikel beim Weibe im Eierstock eingeschlossen, tritt nicht heraus

> in den Gegensatz, wird nicht für sich zum tätigen Gehirn und der Kitzler ist das untätige Gefühl überhaupt. Im Manne hingegen haben wir dafür das tätige Gefühl, das aufschwellende Herz, die Bluterfüllung der corpora cavernosa und der Maschen des schwammigen Gewebes der Urethra: dieser männlichen Bluterfüllung entsprechen dann die weiblichen Blutergüsse. Das Empfangen des Uterus als einfaches Verhalten ist auf diese Weise beim Manne entzweit in das produzierende Gehirn und das äußerliche Herz. Der Mann ist also durch diesen Unterschied das Tätige: das Weib aber ist das Empfangende, weil sie in ihrer unentwickelten Einheit bleibt. (Hegel, *Enzyklopädie*, § 369)

Auch wenn Cleland über weibliche Sexualität besser als Hegel informiert ist, Fanny und ihre Geschlechtsgenossinnen sich nicht als mehr oder minder passive Dulderinnen männlichen Sexualbegehrens präsentieren, sie im Gegenteil auch selbst schon einmal bei tumben oder unerfahrenen Jünglingen von vielversprechender Gestalt und verheißungsvollem enormen »Instrument« die Initiative ergreifen, ihnen kommt doch beim Sexualakt eine mehr passive Rolle zu. Einerseits sind die Frauen – ganz im Sinne einer *Pornotopia* immer zu Sex bereit, schätzen den Mann, der sich nicht mit einem Mal begnügt, andererseits prägt die Invasionsmetaphorik die Beschreibung männlicher Sexualität, die wiederum weiblichen Widerstand assoziieren läßt. In diesem Widerspruch spiegelt sich die Wunschphantasie des Mannes, der die Frau als ein sich stets nach Lust verzehrendes Wesen und sich als den omnipotenten Lustspender imaginiert, zugleich jedoch den Triumph der Eroberung auskosten möchte. Eine ähnliche Widersprüchlichkeit eignet dem Deflorationskult, der die Unschuld zum Fetisch erhebt und an ihrem ›Raub‹ größtes Vergnügen findet, das mehr mentale Vergnügen des Eroberers eben. In diese Männerphantasien fügt sich die Beschreibung der Sexualorgane: Die enorme Größe des männlichen kontrastiert mit der reizenden Kleinheit des weiblichen Geschlechts. Im Sinne dieses weiblichen Schönheitsideals – *pars pro toto* – überprüft Fanny nach ihrem ersten Sexualverkehr mit dem bäuerlichen kraftstrotzenden Bill, der sie – ihrer Meinung nach – mit seinem riesigen Penis gleichsam ein zweites Mal defloriert hat, sogleich ihr Genital, und sie ist sehr beruhigt, daß es seine ursprüngliche kleine Form bewahrt hat. Sowohl die Heterogenität der Bildbereiche als auch der Kontrast von Größe und Kleinheit verweisen auf ein aggressives Moment einer letztlich phallisch dominierten Sexualität in Clelands Roman.

An der pornographischen Intention des Autors – in einem wertneutralen Sinn, der den Kunstcharakter des Werks nicht ausschließt – besteht kein Zweifel. Cleland wollte die geheime Lüsternheit seiner puritanischen Zeitgenossen befriedigen und seine zerrütteten Finanzen aufbessern, trotz gegenteiliger Gutachten, die vor Gericht die moralisch kritische Zielrichtung des Werks hervorheben mußten.

Und insofern konnte Fannys Glück mit Charles nicht dauern, denn die wiederholte Beschreibung der sexuellen Wonnen des sich liebenden Paares hätte bald nur noch Langeweile erzeugt. Insofern müssen widrige Umstände – hier in Gestalt eines egoistischen Vaters – das Paar trennen, und die schutzlose und noch immer mittellose Fanny ist wieder einmal der skrupellosen Raffgier einer Art Kupplerin, der Vermieterin ihres Liebesnests, ausgesetzt. Diese vermittelt sie an Mr. B., der ihre Schulden bezahlt und sie zur Mätresse nimmt.

Damit beginnt eine neue Phase ihrer Entwicklung: Sie ist nun eine »kept woman«, eine ausgehaltene Frau, die die Annehmlichkeiten eines luxuriösen Lebensstils genießt, ihre provinziellen Manieren ablegt, ihre Umgangsformen verfeinert und den Unterschied zwischen seelisch bestimmter Liebe und physischer Lust erfährt. Denn Fanny wäre nicht Clelands Fanny, wenn sie nicht auch die sexuellen Begegnungen mit Mr. B. – abgesehen von der ersten, die sie halb ohnmächtig vor Schmerz um den verlorenen Charles erduldet – wollüstig genießt.

Anders als Prévost, der sich bei der Schilderung der sexuellen Abenteuer seiner *Manon Lescaut* sehr zurückhielt, führt Cleland die lustvollen Erlebnisse seiner Protagonistin voller Detailfreude vor. Die Geschichte dieser gleichsam unschuldigen Kurtisane, Titelheldin des gleichnamigen Romans, die ihren Chevalier des Grieux liebt und dennoch bei finanziellen Engpässen sich prostituiert – heimlich, da sie die Gefühle des Geliebten schonen will –, beeinflußte den englischen Autor. Prévost liefert das interessante Porträt einer Frau, die liebt und gleichzeitig ihren Geliebten – in dessen Sicht – hemmungslos betrügt, wenn sie es ökonomisch opportun findet. Manon unterscheidet zwischen ihrer Liebe und den ökonomisch lukrativen Aventüren, deren finanzieller Gewinn doch letztlich – so sieht sie es – dem Liebespaar zustatten kommen soll. Der Chevalier leidet unter dem flatterhaften, amoralischen Charakter seiner Geliebten; diese erkennt zwar seine Leiden, seine Eifersucht, will ihn schonen, verheimlicht deshalb vor ihm ihre erotischen Affären weitgehend, doch letztlich versteht sie Des Grieux' Schmerz und Eifersucht nicht, da sie wie eine Prostituierte oder auch als Prostituierte Sex als Ware von ihrer Liebe unterscheidet. Prévost schildert diese Geschichte einer *amour passion*, die kein glückliches Ende findet, aus der Sicht des glücklich unglücklich liebenden Chevalier, und die schöne anmutige und amoralische Manon Lescaut, die für ihren Geliebten sterben, aber nicht mit ihm in Armut leben würde, bleibt ein Rätsel und Anreiz verschiedenster Deutungen.

Cleland wollte seiner Protagonistin sicherlich etwas von dem Charme dieser mädchenhaften Hetäre und Liebenden geben, aber die Eigenlogik seines Romans, der als Beichte und Enthüllung einer »woman of pleasure« angelegt ist, läßt seiner Figur nichts von Manons Geheimnis, von ihrer irisierenden Aura. Fanny Hill arrangiert sich nicht nur problemlos mit ihrem Status einer »kept woman« – das bedeutete auch für Manon Lescaut keinen Seelenkonflikt –, sondern sie beginnt als Rache für Mr. B.s Gelegenheitssex mit ihrem Dienstmädchen eine Affäre mit dem – schon erwähnten – überaus potenten Bill, bei dem sie ihren heißgeliebten Charles nun völlig vergessen zu haben scheint. Natürlich wird Mr. B. – auch aus erzähltechnischen Gründen der Variation – das vertragswidrige Verhältnis bald entdekken, Fanny mit einer großzügigen Abfindung entlassen und ihr so die Möglichkeit geben, eine neue Phase ihrer erotischen Laufbahn einzuschlagen. Sie begibt sich in die Obhut der seriösen Mrs. Cole, die ein kleines anständiges Bordell für gehobene Ansprüche leitet. Von Charles als dem Einziggeliebten hört die Leserschaft nichts mehr. Fanny beginnt nun ihr Metier als Freudenmädchen, und damit ist der Autor der Notwendigkeit enthoben, sich Handlungsabläufe vorzustellen, in denen es zu sexuellen Szenen kommen könnte. Denn das wohlgepflegte Haus der Mrs. Cole hat seinen Existenzgrund ja im Arrangement sexueller Begegnungen. Da man in diesem Haus die Gesprächskultur pflegt, stellen sich die Mädchen der neuen Kollegin zunächst mit einer autobiographischen Erzählung vor; Thema ist ihre Entjungferung. Emily, Harriet und Louise berichten ausführlich von ihrer Initiation in den heterosexuellen Sex. Da der Autor kaum an der Psychologie der Personen interessiert ist, sie sowohl als Individuen als auch als Sozialtypen schemenhaft bleiben, gerät die Beschreibung der Deflorationsszenen monoton langweilig. Das weitere Initiationszeremoniell sieht eine sexuelle Performance der vier Damen mit vier Männern aus selbstverständlich gutem Hause vor, und Fanny, die als letzte auftritt, bietet mit ihrem Partner eine harmonische, überaus reizvolle Vorstellung und erntet viel Beifall.

In der Tat beschreibt Cleland das Geschehen, als handle es sich um ein gut inszeniertes Theater, bei dem alle Spieler ihr Bestes geben – vor einem Publikum, das aus feinsinnigen Kennern besteht. Er benutzt das Bordell-Motiv, um in konzentrierter Form sexuelle Szenen schildern zu können, gleichzeitig jedoch sucht er den Warencharakter der hier gebotenen Sexualität zu kaschieren. Von Geld ist nicht die Rede, nur beiläufig wird erwähnt, daß Mrs. Cole die finanziellen Interessen ihrer Mädchen – fast möchte man sagen: ihrer Mündel – geschäftstüchtig, loyal und seriös vertritt. Denn »interest and pleasure« stehen im Mittelpunkt der Welt von Fanny Hill, auch wenn diese nicht wie *Moll Flanders* mehr von Bilanzen als von Orgasmen spricht. Die Mädchen werden zwar dank dem seriösen Geschäftsstil der Mrs. Cole sehr gut bezahlt, doch die Bezahlung erscheint als galantes Geschenk, als Ausdruck der Liebe.

Das rauhe Geschäft der Prostituierten, auch wenn sie – wie bei Aretino – als ambitionierte Kurtisane auftritt, erscheint bei Cleland als geschützter Kleingarten Eden, der vom voyeuristischen Bürger interessante Einblicke in Sexualpraktiken und zugleich das Schauspiel gefühlvoller Erotik bietet. Aretinos Beschreibung des Kurtisanendaseins ließ keinen Zweifel übrig, daß es sich für die Kurtisane dabei ausschließlich um den größtmöglichen Profit handelt, von sexueller Lust ihrerseits nicht die Rede sein kann, sie im Gegenteil oft ihre Ekelgefühle angesichts der vielen abstoßend häßlichen Freier mit Blick auf das lockende Geld überwinden muß. Nanna stellt ihrer Pippa das Gewerbe als erbarmungslosen Existenzkampf dar, in dem die Hure alle Vorsicht und alle Tricks anwenden muß, um nicht selbst die Betrogene zu sein und schließlich siech und mittellos an den Kirchentüren um Almosen zu betteln oder jämmerlich an einer der venerischen Krankheiten zugrunde zu gehen. Diese Aspekte blendet Cleland völlig aus.

Fanny Hill begegnet fast ausschließlich gutaussehenden jungen Männern, deren Lust sie teilt. Was bei Aretino als Kunst einer guten Hure erscheint, die ihr Metier beherrscht – nämlich dem Freier die Illusion zu geben, er bereite ihr höchste sexuelle Lust –, das stellt Cleland als Wirklichkeit dar. Die Männer sind in der Regel vital, potent und ansehnlich, und ihre sexuellen Bedürfnisse harmonieren mit denen der Frauen. Ein quantitatives Denken, das sich schon in der Beschreibung der Geschlechtsorgane manifestierte, zeigt sich auch in der Darstellung der sexuellen Aktivitäten: Die Zahl und Schnelligkeit der Erektionen zeugen von herausragenden erotischen Qualitäten. Es entsteht der Eindruck, ständige Sexbereitschaft und unerschöpfliche Potenz kennzeichnen den moralisch gesunden Mann. Wenn ein Mann in der pornotopischen Welt Clelands Potenzschwierigkeiten hat, verweist das schon auf seinen bedenklichen Lebenswandel. In der Regel geht es in diesem idyllischen Reich der Sinne anständig zu; die von der Kirche verbotenen Sexualpraktiken bleiben weitgehend ausgespart. Und wenn Fanny Hill Formen abweichenden Sexualverhaltens begegnet, spart sie nicht mit kritischen Kommentaren. Da er seiner Leserschaft pikante sündige Praktiken nicht vorenthalten will, konfrontiert Cleland sie z. B. mit einem Masochisten – aus gutem Haus und mit feinen Manieren –, den sie befriedigt und zugleich aufrichtig bedauert. Für ein homosexuelles Paar, dessen Aktivitäten sie aus der Schlüssellochperspektive detailliert beschreibt, empfindet sie nur Empörung und Verachtung. Männliche Homosexualität, die im französischen libertinen Roman der Zeit relativ selbstverständlich behandelt wird, erscheint bei Cleland als Inbegriff krimineller Perversion. Letztlich zeigt er ein bürgerliches sexuelles Sauber- und Schlaraffenland, dessen legitime Bewohner fröhlich und immer frisch und bereit zur Sexualität sind, aber jede Abweichung von ihrer Norm ausgrenzen oder gar kriminalisieren.

Es liegt in der Logik des Romans, daß Fanny Hill schließlich Charles, dem sie das Juwel ihrer Jungfernschaft geopfert hat, wiedertrifft, ihn heiratet und mit ihm Kinder zeugt. Und nun hat Cleland größte Schwierigkeiten, dieses wunderbare Happy-End sprachlich zu vermitteln. Fanny ist inzwischen zur wohlhabenden Witwe avanciert, Charles dagegen – durch widrige Umstände – steht völlig mittellos da, so daß die Heirat Fanny einen ehrbaren Stand und ihm eine solide ökonomische Basis verschafft. Doch diesen Aspekt erwähnt Cleland nur beiläufig, er möchte – im Sinne der *sentimental novel* – als krönenden Abschluß dieser Love-Story mit Hindernissen den schönen Seelenbund der beiden füreinander Bestimmten zeigen. Mertner und Mainusch kommentieren zu Recht: »Fanny beschreibt am Schluß des Buches einen der Höhepunkte ihrer Wonne als Enthusiasmus, in dem sich Herz und Geist so durchdringen, daß sie und Charles ein Körper und eine Seele werden« (Mertner/Mainusch, 200). Man erinnert sich, daß von der Vereinigung des Körpers mit der Seele in der Leidenschaft schon einmal als Kennzeichen ihrer Liebesverbindung mit Charles die Rede war (*Fanny Hill*, 71; die Übersetzung läßt das nicht deutlich werden – vgl. dt. Fassung, 59); und wenn das auch kein gewichtiger Anhaltspunkt ist, so könnte man doch annehmen, daß die Seele im Gegensatz zu den zahlreichen körperlichen Verbindungen das Unterpfand der personalen Liebe sei, das allein für Charles reserviert ist. Aber das läßt sich nicht halten; denn wenigstens bei der gemeinschaftlichen ›Liebesfeier‹ zu ihrem Einstand in Mrs. Coles Edelbordell ist auch ihre Seele beteiligt, die charakteristischerweise dahin gezogen wird, wo sich der größte Reiz entwickelt (163; die Übersetzung läßt das aus – vgl. dt. Fassung, 140). Im Grunde hat es natürlich wenig Sinn, nach einem überzeugenden Ausdruck echter oder personaler Liebe zu suchen, zumal das Vokabular sich begreiflicherweise nur in einer gewissen Variationsbreite bewegen kann und sich daher wiederholen muß. Es läuft eben alles immer wieder auf den ›altbekannten letzten Akt‹ hinaus (Mertner/Mainusch, 282f.).

Wenn Walter Jens in seinem dezidiert positiven Gutachten den Roman von seinem Schluß her als moralischen Entwicklungsroman und Fanny Hill als Pendant der Richardsonschen Frauengestalten interpretiert, ist ihm –

mit Vorbehalt – zuzustimmen. Gutachter vor Gericht sind nicht völlig frei in ihrem Urteil, sie haben abzuwägen zwischen der Freiheit der Kunst, dem Recht des mündigen Bürgers, sich selbst ein Urteil über seine Lektüre zu bilden, und den Kriterien der Literaturkritik. Solange das Argumentationsschema ›Kunst versus Pornographie‹ gilt – Pornographie kann nicht Kunst, Kunst nicht Pornographie sein –, solange werden auch Gutachter im Interesse der Meinungs- und Publikationsfreiheit Werke vor Gericht als künstlerisch wertvoll verteidigen, die sie im Feuilleton vielleicht sogar verreißen würden. Ob Jens Clelands Werk wirklich so hochschätzt, wie es Mertner/Mainusch übrigens unterstellen, sei dahingestellt. Doch in der Tat ist Clelands Werk nicht eine Kontrafaktur zur *sentimental novel*, es stellt keineswegs einen Gegenentwurf dar, sondern es arbeitet bewußt mit deren Stil- und Strukturelementen, um seinen zweifellos pornographischen Inhalt dem Leser auf gefällige, wohlanständige Weise darzubieten. Der erotisch-pornographische Roman und die *sentimental novel* der Zeit korrespondieren miteinander. So wie Richardsons Pamela in ihrem Kampf um die Tugend manche Blöße und manchen Reiz ahnen läßt, der Autor unter dem Deckmantel der Moral sicherlich die sinnlichen Instinkte der Leserschaft anspricht, so befriedigt Clelands Fanny deren moralische Ansprüche, indem sie am Ende die genossenen Lüste vom höheren Stand bürgerlicher Wohlanständigkeit als schal verurteilt. Der tugendsame Leser kommt in den Genuß sexueller Ausschweifung und erhält auch noch die Absolution, daß sie seinem moralischen Besten dient.

Anders als auf dem europäischen Kontinent, wo man Ehe und Liebe als Opposition begreift, entwickelte sich in England ein Ehekonzept, das die Liebe zu integrieren suchte. Liebe erscheint in diesem englischen Konzept eher als freundliche Sympathie ohne jeden Bezug zur Sexualität. Niklas Luhmann attestiert dem englischen Konzept eine fatale Schwäche: »Es wurde verlangt, was ohne Heuchelei nicht zu leisten war, sich vor der Ehe zu verlieben und erst in der Ehe die Erfahrung der Sexualität einzubeziehen« (Luhmann, 144). Richardsons Pamela erfüllt das Schema, doch sie weiß ihre Tugend auf so lockende Weise zu verteidigen, daß ihr am Ende der soziale Aufstieg mittels Heirat winkt. Defoes Moll Flanders oder Clelands Fanny Hill dagegen gelingt es, nach einem Leben der sexuellen Libertinage ein bürgerliches Glück in einer ökonomisch prosperierenden Ehe zu finden. So verschieden die drei Frauengestalten auch angelegt sind, sie stimmen darin überein, daß der Hafen der Ehe ihnen mit dem Lebensglück auch Wohlstand und Reputation beschert. Peter Naumann spricht von einer »Verzerrung der puritanischen Ethik des ›Geldmachens‹ als Erfolgsbeweis und Heilsvergewisserung«, die diese Romane prägt. »Die puritanische Sexualmoral, die in Richardson ihren literarischen Höhepunkt findet, ist lediglich die konsequente Folge davon. Es ist dieser sozio-moralische Hintergrund, den Defoe, Richardson und Cleland gemeinsam haben.« (Naumann, 188) *Pleasure* und *profit* gehen in diesem Konzept eine enge Verbindung ein, wobei Clelands Fanny den Akzent auf die Lust setzt, Defoes Protagonisten, sei es in *Moll Flanders* oder *Robinson Crusoe*, nur aus dem Profit selbst ihre Lust beziehen, Richardsons Figuren die Tugend genießen, die Lust am Lustverzicht, die Lustphantasien animiert und zugleich gewinnbringend ist. Der englische – bürgerliche – Entwurf, den Gegensatz zwischen Liebe und Ehe aufzuheben, scheitert, da die Liebe als Leidenschaft, als ein den Menschen in seiner ganzen Existenz erfassendes Gefühl, als fundamentaler sinnlich-seelischer Affekt, nicht begriffen wird. Was da als Liebe in die Ehe eingebracht wird, sind freundliches Benehmen, Achtung und – vor allem von seiten des Mannes – ein Sinn für die häuslichen und emotionalen Qualitäten der Frau und für die Wichtigkeit familiären Zusammenhalts. Peter von Matt (67) weist darauf hin, daß die feudale Ehe »mit der gleichen Umsicht, strategischen Planung und gegebenenfalls todesmutigen Tapferkeit vorbereitet, geschlossen und vollzogen wird« wie eine militärische Kampagne, er interpretiert die sexuelle Kampfmetaphorik im Sinne dieser imperialistischen Heiratspolitik. Obwohl – so von Matt – die bürgerliche Welt »Heiraten und Geldmachen als zwei voneinander unabhängige Vorgänge« hätte begreifen können, ist letztlich »auch für den Bürger die Eheschließung eine singuläre Chance zum großen wirtschaftlichen Coup« (ebd., 68). Das zeigt sich auch in Clelands Roman, in dem die Heirat immer einem der Partner mit dem beschworenen Liebesglück auch ökonomischen Wohlstand beschert. Clelands *Fanny Hill* trägt die Signatur des englischen Frühkapitalismus, des aufsteigenden Bürgertums, das ›Fortune‹ sucht. Das Hymen als »darling treasure« und »hidden mine«, diese Formulierung verweist schon auf die ökonomische Verwertbarkeit von Sexualität, zugleich auf den Versuch, den ökonomischen Aspekt unter dem sentimentalen zu kaschieren. Da Fanny mit ihrem verborgenen Goldschatz so überaus geschickt umzugehen wußte, erlangt sie schließlich die Segnung bürgerlicher Reputation. Und ihr Bericht über ihr sündhaftes libertines Leben, der letztlich jegliche Distanz vermissen läßt und doch pflichtschuldig die Moral bemüht, zeugt von der Hypokrisie des Autors und seiner Klasse, seiner Zeit.

3. Die Reise- und Liebesgeschichte *Der im Irr-Garten der Liebe herumtaumelnde Cavalier* von Johann Gottfried Schnabel

Der erotische Roman hat in Deutschland – anders als in Frankreich etwa – auch im 18. Jahrhundert keine hohe Konjunktur; es entwickelte sich zwar – als Nachfahr und Variante des höfisch historischen Romans – zu Beginn des Jahrhunderts der galante Roman, doch er verschwindet auch schnell wieder von der literarischen Szene. Dementsprechend führt Singer (20) aus: »Dieser galante Roman blüht von 1700 bis 1720, während gleichzeitig einzelne, manchmal schwer identifizierbare Nachfahren des Intrigenromans und epigonale Exemplare des höfisch-historischen Romans erscheinen. Um 1720 jedoch verfällt auch diese kurzlebige Form.«

Christian Friedrich Hunold (1681–1721), Joachim Meier (1661–1731), Talander (d. i. August Bohse, 1661–1742), Georg Christian Lehms (1684–1717) und Johann Leonhard Rost (1688–1727) gelten als die wichtigsten Repräsentanten des galanten Romans, eines Genres, das weder aus den Volten einer raffinierten Liebeskasuistik, den psychologischen Planspielen der erotischen Kombattanten, noch aus der detaillierten Gestaltung erotisch-sexueller Szenen seine Spannung gewinnt. Das Genre zielt vielmehr auf ein Abenteuer- und Intrigen-Potpourri unter dem Zepter des allgewaltigen und launenhaften Amors, der die Liebe der Liebenden mit möglichst vielen Hindernissen traktiert.

Jedoch die Robinsonade, der Erziehungsroman, der empfindsame Roman mehr als der galante Roman erfreuen sich im Jahrhundert der Aufklärung in Deutschland großer Beliebtheit. Auch Schnabel wurde vor allem durch seine literarische Gesellschaftsutopie, die *Insel Felsenburg*, bekannt, die Elemente der Robinsonade mit einem kritischen Sittenpanorama verbindet. Diese »Wunderliche Fata / einiger / See=Fahrer [...]« paart scharfe Kritik an der materialistisch geprägten europäischen Zivilisation mit dem Entwurf einer idyllischen, urchristlich-kommunistisch orientierten Familienkommune, die keinerlei amouröse Irrgärten birgt, Sexualität ganz in den Dienst der Familienplanung stellt. Schnabel entwirft hier ein christlich-patriarchalisches Gesellschaftsmodell, das sich als Gegenentwurf zu der verderbten europäischen Welt versteht. Sein Inselparadies läßt die Freuden der Liebe nur in der abgeschwächtesten Form sparsam dosiert beim christlichen Ehevollzug zu.

Insofern überrascht es, daß ausgerechnet der protestantische Aufklärer Johann Gottfried Schnabel (1692 – um 1750), der Autor, der die fromme asexuelle Felsenburgkommune ersann, einen Roman verfaßt hat, der eine Fülle erotischer Abenteuer erzählt und letztlich die Tradition der galanten Prosa aufnimmt. Von dem Autor dieser dezidiert christlich-protestantisch orientierten Utopie würde man im Grunde ein so freizügiges Werk wie das des im Irrgarten der Liebe herumtaumelnden Kavaliers nicht erwarten.

Nun weist schon der Titel in seiner vollen Länge darauf hin, daß es sich bei diesem Werk nicht einfach um eine frivole galante Erzählung handelt, überdeutlich signalisiert er die didaktische Absicht: »DER IM IRRGARTEN DER LIEBE HERUMTAUMELNDE CAVALIER oder Reise- und Liebes-Geschichte eines vornehmen Deutschen von Adel, Herrn von St.*** welcher nach vielen, so wohl auf Reisen, als auch bey andern Gelegenheiten verübten Liebes-Excessen, endlich erfahren müssen, wie der Himmel die Sünden der Jugend im Alter zu bestrafen pflegt. Ehedem zusammen getragen durch den Herrn E. v. H. Nunmehro aber allen Wollüstigen zum Beyspiel und wohlmeinender Warnung in behörige Ordnung gebracht, und zum Drucke befördert von einem ungenannten. Warnungsstadt, Verlegt Siegmund Friedrich Leberecht, Anno 1746.«

Der Titel signalisiert dem Leser nachdrücklich, er möge sich auf eine Erbauungsliteratur besonderer Art einstellen. Daß der Kavalier taumelt, verweist schon auf Sinnesverwirrung, und daß die Liebe in einem Irrgarten angesiedelt ist, kündigt Gefahr an; plakativ moralisierend ist auch der symbolische Erscheinungsort »Warnungsstadt«, der Verlegername Siegmund Friedrich »Leberecht« und der Untertitel, der die Strafen des Himmels für die Sünden der Jugend, die auf Reisen und bei anderen Gelegenheiten verübten »Liebes-Excessen«, annonciert. In seiner Vorrede wünscht der Herausgeber, der auf verschlungenen Wegen an das Manuskript der Lebensgeschichte Herrn von St.s bzw. Elbensteins geraten ist, »allen Wollüstigen vor dem vergifteten Lasterkonfekt einen so starken Abscheu, als den Vernünftigen und Tugendhaften eine christliche Compassion mit den Schwachen und Ausschweifenden« (10).

Unmißverständlich formuliert Schnabel hier seine moralische Botschaft im Sinne einer christlich protestantischen Ethik, die Triebunterdrückung postuliert und in der Nachfolge Luthers vor der »bösen fleischlichen Lust« warnt. Dennoch, es fällt auf, daß Schnabel – z. B. anders als sein englischer Kollege Defoe – sehr anschaulich und ausführlich die süßen Lockungen des »Lasterkonfekts‹, die Annehmlichkeiten der »verliebten Ringekunst« (61) beschreibt, er ungleich viel mehr Erzählzeit und -raum für die verschiedensten erotischen Abenteuer seines Kavaliers aufwendet als für dessen Reue- und Bußgedanken.

Offenkundig wollte sich Schnabel mit seinem moralisch schwergewichtigen Titel gegen eventuelle Vorwürfe der Sittenverderbnis wappnen. Es fragt sich jedoch, ob der Autor nicht trotz seiner christlichen Tugendmoral, wie sie sich in diesem barocken Titel manifestiert, unbewußt mehr einer libertinen Lebenshaltung à la Crébillon zuneigt. Sein Held, »ein gewisser deutscher Kavalier, den wir Gratianus von Elbenstein nennen wollen« (13), eine Art adliger Picaro, wird – entgegen der im Titel verkündigten Warnung – weder vom Himmel bestraft, noch zeigt er sich im Verlauf des Romans nachhaltig geläutert. Trotz bedrohlicher Erfahrungen und den warnenden Beispielen anderer, die ihre sündhafte Lust sogar mit dem Leben bezahlten, wird er immer wieder rückfällig. Anders als etwa Defoe in seinem Roman *Moll Flanders*, der nicht eine einzige erotisch-sexuelle Szene enthält, widmet sich Schnabel in seinem »Cavaliersroman« sogar ausführlich der Darstellung des »vergifteten Lasterkonfekts« der Wollust. Es fragt sich, ob Schnabel nicht unterschwellig gegen sein Tagesbewußtsein in der Figur seines wollüstigen Kavaliers die Strebungen seiner sinnlichen Natur ausgelebt hat. Allzu groß ist der Kon trast zwischen verkündeter Didaxe und vorgeführten Aventüren.

Das Werk, von der Literaturwissenschaft recht stiefmütterlich behandelt, ist nicht nur von großem kulturgeschichtlichen Interesse, sondern bietet auch in erzähltechnischer Hinsicht ein frühes Beispiel deutscher Romankunst und Novellistik. Möglicherweise brachte es seinen Autor, dessen Biographie sich nur äußerst lückenhaft rekonstruieren läßt, bei seinen Arbeitgebern, den Grafen Stolberg, in Mißkredit. Schnabel, nach eigenem Verständnis »der Herkunft nach etwas mehr als bürgerlich«, da er aus einem protestantischen Pfarrhaus stammte (Haas, 30), verlor schon früh als Kind seine Eltern, wurde 1702 von Verwandten oder Bekannten auf die von August Hermann Francke geleitete Lateinschule in Halle geschickt, lernte also hier die pietistische Religionspraxis, den Gedanken der auf den Alltag bezogenen Vorsehungsgewißheit kennen (vgl. ebd., 39). Ob er die Schule beendete, ob er die Universität besuchte, das alles ist ungewiß. Bekannt ist nur, daß er am Spanischen Erbfolgekrieg teilnahm, die Niederlande kennenlernte, verschiedene Reisen durch Europa unternahm, daß er schließlich als Kammerdiener, Hofchirurgus und Kammersekretär ein eher kümmerliches Auskommen fand und eine erträgliche Anstellung am »Stolberger Hof« anstrebte. Auch die von ihm mit viel Engagement herausgegebene *Stolberger Sammlung*, eine Regionalzeitschrift, die sich an ein bürgerliches Publikum wandte, wurde von ihm selbst finanziert. Haas weist darauf hin, daß »übrigens allen Rezensenten Schnabels – seit der Neuauflage des *Cavaliers* durch den ›Stachlichten‹ (die Ausgabe von 1830) – die starke Verarbeitung seiner Lebensumstände in seiner literarischen Darstellung auffällt« (ebd., 235).

Schnabel lebte in eher bescheidenen bürgerlichen Verhältnissen, und diese seine bürgerliche Erfahrungswelt prägte sich auch der Konzeption seiner fiktiven Werke ein. Zwar präsentiert sich der Protagonist seines pikaresken Romans mit seinen z. T. äußerst abenteuerlichen amourösen Affären keineswegs als Double des Autors, doch die Geschichte weist durchaus Züge von Schnabels eigenen bürgerlichen Lebensumständen auf; und das Verhalten des adligen Kavaliers verrät häufig die eher bürgerliche Denkart des Autors.

Schnabel führt seinen deutschen Kavalier zunächst auf eine Reise nach Italien, den »Lust-Garten von Europa«. Gratianus von Elbenstein hatte seinen Vater, der ihn nach dem Studium als Kammerjunker an einen Hof schicken wollte, davon überzeugt, daß es »eine vortreffliche und höchstnötige Sache sei daß ein junger Kavalier, ehe er Bedienung bei Hofe annähme, sich vorher auf Reisen begäbe, um die Welt sowohl als die Gemüts- und Lebensarten der Menschen von verschiedenen Nationen kennenzulernen« (13).

Was den Kavalier dann in Italien erwartet, entspricht nicht unbedingt dem klassischen Kanon der Bildungsreise. Schnabel nutzte das Reisemotiv selbst keineswegs literarisch aus. Der Kavalier scheint nonstop und mit geschlossenen Augen gereist zu sein, der Leser erfährt von der Fahrt selbst, die Elbenstein – ohne Mentor – zusammen mit seinem Bruder unternimmt, nichts. Da wird nur kurz mitgeteilt: »Also nahmen beide jungen Kavaliere ihre Tour über Nürnberg, Regensburg, Augsburg, München, Innsbruck, Trient, Castel-Franco, Treviso und Mestre nach Venedig, wo sie den 2. Februar 1686 anlangten und den Karneval daselbst abwarteten« (14). Gratianus von Elbenstein tritt am Hof des Fürsten von N. seinen Dienst an, doch diese seine dienstlichen Tätigkeiten stimulieren keineswegs die Erzählfreude des Autors, dafür jedoch um so mehr dessen amouröse Abenteuer. Da reiht sich eines an das andere, und jedesmal sind es die Frauen, die, beim Anblick des hübschen Kavaliers von Amors Pfeil tief getroffen, Elbenstein vom Pfad der Tugend abbringen; sei es die junge Nonne, die verheiratete Baronin, die geheimnisvolle Fürstin oder deren Ruffiana, die drall-vitale Gärtnerin. Sie alle umwerben den deutschen Kavalier, sie machen die Avan cen, übernehmen die Planung und Durchführung der erotischen Rencontres und belohnen – jede auf ihre Art und nach ihren Mitteln – den galanten Kavalier. In Ariqua, wo er sich zur Zeit der Weinlese aufhält, macht er u. a. die folgenreiche intime Bekanntschaft mit einer maskierten Dame, einer italienischen Fürstin, wie sich später herausstellt.

Wie Madame de La Fayette in der *Princesse de Clèves* fügt auch Schnabel in die Haupterzählung etliche Episoden ein, die dem jungen Kavalier zur Mahnung und Erbauung dienen sollen. Mehr als ein Dutzend Erzählungen verschiedener Stilebenen bietet er, mit Plots und Motiven aus der vielfarbigen europäischen Schwank- und Novellenliteratur, die alle von Liebe und Betrug handeln und dem Kavalier moralische Lebenshilfe leisten sollen, die liebestolle Nonne, die geizige Alte, die von ihrem jungen Galan betrogen wird, der Eifersüchtige, der seine überaus hübsche junge Frau einschließt, auf raffinierte Weise überlistet wird und schreckliche Rache nimmt, und viele andere. Die Geschichte von der Venezianerin, die ihren geschwätzigen Liebhaber auf grausame Weise ermorden läßt, weckt in Elbenstein zum ersten Mal einen »recht ernstlichen tiefen Bußgedanken« und den Vorsatz, »der Fleischeslust gänzlich abzusagen. [...] Ja ich will, ich will dieselbe fliehen als die giftigsten Ottern und Schlangen« (76). In der Tat wehrt er einige erotische Attacken erfolgreich ab. Doch die maskierte Dame, der er ein weiteres Rendezvous zugesagt hatte, ohne sich aber zum angegebenen Zeitpunkt einzufinden, die hocharistokratische Anonyma nimmt Elbenstein auf einen bloßen Verdacht der Indiskretion hin gefangen, setzt ihn endlosen Verhören, schließlich grausamen Folterungen aus und errettet ihn ›huldvoll‹ im letzten Moment des Hinrichtungszeremoniells. Erwartungsgemäß gibt sich der Kavalier in dieser Zeit der Leiden und Entbehrungen ganz der frommen Besinnung auf Gott und sein Seelenheil hin, findet Trost in der Lutherbibel und erwartet gefaßt nach der Lektüre des 51. Psalms sein Ende: Elbenstein »sang etliche Buß- und Danklieder« (88).

Schnabel führt seinen Kavalier in einen »Irrgarten der Liebe«, d. h. er bietet ihm alle Genüsse und alle christlichen Korrektivmöglichkeiten. Der Kavalier macht jedoch nur spärlich Gebrauch von dieser Möglichkeit, und er fällt immer wieder auf die verführerisch arrangierten Szenarien herein. So bricht er, kaum vom Tode errettet, angesichts der Verführungskünste der Prinzessin schnell sein Keuschheitsgelübde. Hans Mayer kommentiert in seinem Nachwort diese Episode: »Schauderhaft sind andererseits die Phantasieausflüge ins Grauenhafte, z. B. in der Liebesgeschichte Elbensteins mit der italienischen Fürstin, bei welcher es zu Folterungen, inquisitorischen Maßnahmen, und heimlichen Hinrichtungen kommt – worauf wieder zur Liebesaktion zurückgekehrt wird, als wäre nichts geschehen. [...] Wollust und Grauen leben bei ihm (und bei vielen seiner schreibenden und erlebenden Zeitgenossen) in enger Nachbarschaft.«[3]

Sicherlich liegt dieser abrupte Wechsel auch im Sinne des Genres, das auf bewegte Aktion und nicht auf diffizile Psychologik zielt und gerade in den scharfen Kontrasten die übermächtigen Lockungen des Fleisches versinnbildlicht. »Kurz zu sagen, Elbensteins Gottesfurcht, Buße und Bekehrung wurden zum bloßen Schattenspiel, alles ausgestandene Unglück wurde nach und nach in gänzliche Vergeßlichkeit gestellt, und es prädominierte nichts bei ihm als die Wollust« (156). Elbenstein genießt also die »ersinnlichen Karessen« der heißblütigen Fürstin, führt einige Zeit diese »Lebensart, welche man deutlicher zu beschreiben, ein Bedenken trägt«, bis die »baldige Zurückkunft des Gemahls [...] das fernerweitige Liebes-Commercium« als zu gefährlich erscheinen läßt und die Dame Elbenstein »genereux« seine Demission gibt (194). Natürlich verabschiedet sie den

3 Hans Mayer, »Nachwort«, in: Johann Gottfried Schnabel, *Der im Irrgarten der Liebe herumtaumelnde Kavalier*, München 1968, S. 409–414, hier S. 414.

deutschen Kavalier mit einem prachtvollen Reisekoffer, »worin ihr tausend Zecchinen finden werdet, nebst anderen Kleinigkeiten, die Ihr zum Angedenken meiner Person tragen sollt«. »Einesteils war Elbenstein einigermaßen betrübt, daß er eine so unvergleichliche Amour verlassen sollte, anderenteils aber war er auch erfreut, sich in Freiheit und aus gefährlichen Umständen kommen zu sehen, zumal da er sich dergestalt bereichert sah« (195).

Da Schnabels Kavalier weiteren lebensgefährlichen Attacken der in mehrfacher Hinsicht überaus reizbaren Italienerinnen ausweichen möchte, verläßt er – sobald es seine Dienste erlauben – das ›heiße Klima‹ Italiens und begibt sich nach Deutschland zurück. Hier beginnt der zweite Teil des Romans, der in lockerer Folge auch wieder mehr von den erotischen Verstrickungen des Kavaliers als von Buße und dem Triumph seiner Tugend handelt. Denn auch hier warten auf ihn wieder die verschiedensten Versuchungen in Gestalt nunmehr deutscher Gräfinnen, Baronessen, Kammerkätzchen und Zofen. Und auch wenn der Kavalier zahlreiche erbauliche fromme Oden und Arien verfaßte, er es an Tränen der Buße nicht mangeln ließ, so verfängt er sich doch immer wieder in den amourösen Fallstricken der Damen.

Während im englischen Roman – sei es bei Defoe oder Cleland – die Damen aus ihrer Gunst ökonomischen Nutzen ziehen, ist es bei Schnabel der junge Herr, einer der »galantesten und qualifiziertesten Kavaliere« (7), der für seine Liebesdienste belohnt wird. Elbenstein genießt fröhlich, ohne Skrupel die materiellen Zuwendungen der Damen, sieht sich keineswegs als bezahlter Gigolo etwa diskriminiert und fühlt sich mitnichten durch die Geldgeschenke in seiner männlichen Ehre gekränkt. Symptomatisch der Begriff »Liebesdienst«, der sprachlich auf den mittelalterlichen Begriff des Minnedienstes rekurriert, dessen Bedeutung jedoch hier völlig verkehrt wird. Denn leistete der Ritter dort der Dame allerlei Dienste, um ihre Gunst zu erlangen, ihrer Minne/Liebe würdig zu werden, so besteht hier der Dienst im Gegenteil gerade im praktischen Vollzug der erotischen Liebe. Nicht die Dame gewährt aufgrund seiner geleisteten Dienste ihre Gunst, sondern sie erbittet umgekehrt seine Gunst, d. h. den Genuß seiner Liebesdienste, seiner erotisch-sexuellen Künste. Die Frauen, die Elbenstein mit seinen Karessen, amourösen Attacken, mit einer »Liebesentreprise« (276) beglückt, bezeugen häufig durch großzügige Geschenke ihre Zufriedenheit. Und Schnabel verweilt durchaus bei dem materiellen Wert dieser Geschenke. Hier zeigt sich ein protestantisch-bürgerliches Interesse an ökonomisch-materiellen Fragen, die im französischen erotischen Roman, dessen Autoren im allgemeinen dem Adel angehören und zumindest dem Taufschein nach katholischer Konfession sind, keinerlei Rolle spielen. Schnabels Protagonist zeigt trotz seiner libertinen Affären wenig Verwandtschaft mit den französischen Libertins, sein Autor eher eine gewisse Affinität zu den bürgerlichen englischen Autoren wie Defoe, Richardson, Cleland, die auch bei der Beschreibung von erotischen Affären die ökonomische Seite stets im Blick haben. In gewisser Weise stellt Schnabels Konzept eine Verkehrung von Defoes Welt der Moll Flanders dar, die nicht nur sorgfältig Buch über Kapitalien in Form von Geldern, sondern auch über Leinenballen, Spitzen und solchen Hausrat, um nicht zu sagen Aussteuer, führt. Sowohl vor als auch nach ihrem Prostituiertenleben spielt die materielle Be- und Entlohnung für Moll Flanders' Liebesleben eine große Rolle. Während Defoes Prostituierte jedoch die goldenen Früchte ihres erfolgreichen Erwerbslebens auf einem amerikanischen Landsitz – zusammen mit einem ihrer Gatten, einem Straßenräuber im Ruhestand – glücklich genießt, muß der edle deutsche Kavalier von Elbenstein sich am Ende mit einem eher kargen Leben und einer freudlosen Ehe begnügen. Hier zeigt sich ein Unterschied zwischen englischem Puritanismus und deutschem Protestantismus.

Schnabels protestantischer Glaube hat sich offenkundig auf die Konzeption seines bei den Frauen so überaus erfolgreichen Kavaliers ausgewirkt, der sich zwar allzu willig immer wieder in amouröse Abenteuer verwickeln läßt, doch dann von Anfällen zerknirschter Reue und Bußwilligkeit ob seines ausschweifenden Lebens erfaßt wird. Ein richtiges Happy-End à la Defoe – ein friedliches Leben im Wohlstand mit liebreizender Gattin –, das hätte kaum Schnabels christlichen Gerechtigkeitssinn befriedigt. Eine gewisse Strafe muß sein! Doch daß das Strafmaß sich sehr in Grenzen hält, verweist auf Schnabels Sympathie mit seinem sündigen, immer wieder im Lasterpfuhl versinkenden Elbenstein.

Die Parallelen und Unterschiede in der Konzeption und Struktur seines Romans zu dem Crébillons etwa, der ungefähr zeitgleich seine *Egarements du cœur et de l'ésprit* verfaßte, verweisen nicht nur auf das je eigene Verhältnis der beiden Autoren zu Sinnlichkeit und Erotik, sondern auch auf eine kulturgeschichtliche Differenz in der französischen und deutschen Entwicklung. Crébillons Meilcour bewegt sich als uneingeweihter Neuling in einer geschlossenen gesellschaftlichen Welt, die über einen hochkomplizierten, jedoch anerkannten Code erotischer Annäherung verfügt; Schnabels Protagonist dagegen, in seiner Jugend einer der »galantesten und qualifiziertesten Kavaliere«, im Alter ein »erfahrener, frommer, jedoch unglücklicher Staatsmann«, bewegt sich in einem quasi pikaresken, offenen gesellschaftlichen Raum quer durch verschiedene Schichten; dennoch, die Sprache der Liebesbotschaften ist klar und unmißverständlich, Schnabels Kavalier bedarf keiner hermeneutischen Kunst, die diversen Briefchen aus weiblicher Feder richtig zu deuten. Hier gibt es keine »Egarements du cœur et de l'ésprit«, kein Schwanken zwischen idealischer Liebe und Sinnenlust, *amour passion* und *plaisir*, sondern den Zwiespalt zwischen sinnlicher Verführbarkeit und christlichem Tugendgebot. Schnabels junger Kavalier, der etwas von einem Simplicissimus und Candide hat und keineswegs zu den raffinierten Verführern und Libertins zählt, unterhält zur denkwürdigen Zeit der Weinlese in Ariqua gleich mehrere Liebschaften, ohne darüber nachzusinnen oder Skrupel zu empfinden. Sein Problem ergibt sich allein aus dem christlichen Tugendgebot.

Das ist ein Motiv, das im französischen libertinen Roman keinerlei Rolle spielt. Dort werden bezeichnenderweise Gott, Religion und christliche Moral einzig im Werk des Marquis de Sade diskutiert, und hier natürlich mit negativem Vorzeichen, in Form einer radikalen Demontage aller christlichen Gottes- und Moralvorstellungen.

Zweifellos erscheinen die Frauen bei Schnabel samt und sonders – von der Gärtnerin bis zur Fürstin, von der Nonne bis zur Förstersgattin – als äußerst liebesbegierige Personen, die viel Phantasie entwickeln, um sich auf diskrete Weise das köstliche »Lasterkonfekt« zu verschaffen. Eine Cornelia wie auf der Insel Felsenburg, die von ihrem Naturell her dem Ideal weiblicher Sittsamkeit entspricht und nach der Heirat vor dem Vollzug der Ehe drei Tage im frommen Gebet verbringt, begegnet dem Kavalier weder in Italien noch in Deutschland. Das allein wäre nicht weiter bemerkenswert – auch bei Boccaccio oder Aretino sind die Frauen zielstrebig auf die Erfüllung ihrer erotischen Wünsche bedacht –, doch Schnabel stattet nur seinen Kavalier mit einem protestantischen Sündenbewußtsein aus, während die liebeslustigen Frauen – die Nonne wie die verheiratete Frau – frei von allen religiös-moralischen Bedenken die Liebe genießen. Bei Aretino sündigten Männer und Frauen, Abt und Äbtissin, Mönch und Nonne mit derselben skrupellosen Wollust, Boccaccios fröhliche Schar erzählt von Mädchen und Jünglingen, Männern und Frauen aus allen Gesellschaftsschichten, die sich begeistert der Liebe hingeben. Wenn bei Schnabel den männlichen Protagonisten ab und an Reue und Besserungsgedanken anwehen, während die Frauen unterschiedslos bar jeden Sündenbewußtseins sind, deutet sich darin ein dualistisches Weiblichkeitsbild an, das auf einen gewissen männlichen Chauvinismus verweist: auf der einen Seite die fromme, mütterliche, letztlich asexuelle Frau, wie sie durch die Cornelia der *Insel Felsenburg* repräsentiert wird, auf der anderen Seite die heißblütige, ganz der Wollust lebende Frau, wie sie die geheimnisvolle Anonyma verkörpert, die wahrhaft despotisch ihre Liebesziele verfolgt und jeden Mangel an Diskretion mit tödlicher Rache ahndet. Auch die Opposition von italienisch/deutsch, katholisch/protestantisch spielen mit, aber nicht streng symmetrisch.

Schnabel hat mit seinem im Irrgarten der Liebe herumtaumelnden Kavalier einen frühen Anti-Don-Juan entworfen, der ähnlich wie Bernard Shaws Superman John Tanner keineswegs die Frauen zu verführen sucht, sondern von ihnen verführt wird. Er stellt zwar seinen Protagonisten als Verführten dar, jedoch keineswegs als Opfer. Und dieser Kavalier, mag er auch immer wieder von seinen Bußgedanken ergriffen sein, er ist zugleich ein Genußmensch, der sich gern der Gunst der Stunde und der Frauen überläßt. Schaut man auf die metaphorische Bildwelt, mit der Schnabel die erotischen Erfahrungen seines Kavaliers formuliert, so fällt auf, daß es bei ihm weniger kriegerisch zugeht als etwa bei Cleland. Er warnt zwar im Sinne der protestantischen Ethik vor der fleischlichen Lust, vor den süßen Lokkungen des »Lasterkonfekts«, doch der Sexualakt selbst wird nicht in martialischer Bildlichkeit beschrieben. Da ist die Rede von den Genüssen, die die »verliebte Ringekunst« bietet, vom »Weinberg« der Liebe und von dem Liebesvollzug als einem kunstvollen Prozessieren. Keine »enormous machine«, keine »powerfull weapon« setzt die verführerischen Damen in Erstaunen, erregt ihre Angstlust, ihre sexuelle Neugier; Bilder aus dem sportlichen Wettkampf – sei es Ringkampf oder Rhetorik – deuten die Liebe zwar als Kampf, jedoch als Kampfspiel und Kunst, in der der Mann keineswegs Tempo und Regeln diktiert. Zu Schnabels galantem Kavalier, den die Frauen immer wieder mit Erfolg in Versuchung führen, würde diese Metaphorik männlicher Megapotenz auch nicht passen. Doch wenn die Metaphorik der verliebten Ringekunst auch auf ein gleichberechtigtes Spiel der Beteiligten verweist, so ist Schnabel deshalb doch keineswegs ein Vorläufer frauen-emanzipatorischer Gedanken, vielmehr schiebt er den aktiv sündhaften Part – ganz im Sinne des Sündenfalls – den Frauen zu. Und sein hübscher Kavalier, der die Evas naschhaft macht für das süße »Lasterkonfekt«, bleibt unschuldig schuldig wie Adam, der plötzlich nach dem Feigenblatt sucht …

4. Der gelehrige Jüngling und erotische Grisettenromantik: *Les Amours du Chevalier de Faublas* von Louvet de Couvray

Die französischen Autoren, die wie Andréa de Nerciat, Restif de la Bretonne, Mirabeau oder wie Louvet de Couvray mit ihren vielfältigen libertinen Werken sich den sinnlichen Reizen der Liebe widmeten, kamen ohne Tugendschleier und zweifelhafte Moralbekenntnisse aus. Der seinerzeit viel gelesene erotische Abenteuerroman des Jean-Baptiste Louvet de Couvray (1760–1797), *Les Amours du Chevalier de Faublas* (1787–90), ist zwar, wie Paul Englisch formuliert, »die moralische Bilanz der Zeit«, doch nicht im Sinne eines erbaulichen Sittengemäldes, das zu bürgerlicher Tugend mahnt, vielmehr läßt es noch einmal alles, was sich die »alte Gesellschaft angeschminkt hat, in rosigster Beleuchtung sehen. Wie die ›Liaisons dangereuses‹ die Zeitgenossen mit einer zynischen Offenheit entsetzten, so entzückte sie das andere mit seiner schönen Lüge, mit seiner verliebten Grazie und seinem holden Leichtsinn, in dem zu leben diese

Gesellschaft sich schmeichelte. [...] Das Ganze ist ein Gewebe von lüsternen und wollüstigen Boudoirszenen, wo man sich liebt, geistreich konversiert, über die Liebe debattiert, Tag und Nacht für nichts anderes Sinn hat als den physischen Genuß, wo man sich lächelnd betrügt, sich lächelnd über den Betrug hinwegsetzt und trotz all dieser Nichtigkeit keine Langeweile empfindet.« (Englisch, 452)

Louvet de Couvrays Chevalier und seine adligen Standesgenossen genießen gleichsam mit unschuldiger Frivolität, was Eros an Freuden und Überraschungen bereithält. Sie frönen einem Quietismus der Liebe, begeistern sich für die empfindsame Herzensliebe, ohne auf die reizvollen Genüsse der mehr körperlichen Sensationen zu verzichten. Anders als Crébillons Protagonist der *Egarements du cœur et de l'ésprit* hat der Chevalier de Faublas keinerlei Skrupel, sich den erotischen Unterweisungen einer erfahrenen Marquise zu überlassen, sich mit ihr auf die Erkundung des Sexus einzulassen. Sexuelle Treue wird gar nicht erst diskutiert, dennoch regiert die Vorstellung der oder des einzig Geliebten den Handlungsverlauf. Die mit seiner Schwester in klösterlicher Obhut lebende Sophie erregt Faublas' Interesse, seine idealische erotische Phantasie wählt eben diese Sophie zur schaumgeborenen, d. h. aus dem Meer der Wunschphantasie gezeugten Venus, die gegenüber bürgerlichen Ansprüchen und Leistungsnormen das Bild idealischer Verheißung verkörpert. Im Sinne der Zeit trennt er zwischen »cœur« und »sens« und bilanziert: »Die Marquise war Herrin meiner betäubenden Sinne, mein Herz betete Sophie an« (43). Die von Louvet de Couvray gezeichnete »Gesellschaft galanter Tagediebe« scheut nichts so sehr als eine Leidenschaft, »die mit der tändelnden Lebensauffassung auch nicht vereinbar wäre« (Englisch, 452). Insofern gefällt sich sein Chevalier als passioniert Liebender, ohne jedoch von dieser Liebe in seinem erotischen Flattersinn gestört zu werden. Der Autor präsentiert ein heiteres Sittengemälde mit Weichzeichner und anmutigen Pastelltönen, das mit den Boudoirbildern eines Boucher, den Genrebildern eines Fragonard harmoniert. Der Unterschied in der Behandlung libertiner Sujets bei Cleland und einem Louvet de Couvray ist nicht nur eine Frage des individuellen Temperaments, er ergibt sich auch aus einer unterschiedlichen kulturgeschichtlichen Entwicklung in den beiden Ländern. Luhmann weist darauf hin, daß die Freigabe sexueller Beziehungen in den höheren Schichten Frankreichs besonders in der zweiten Hälfte des 18. Jahrhunderts sehr weit fortgeschritten war und andere Länder und Kulturen begannen, auf »französische Vorbilder ablehnend zu reagieren. Eigenartig und bemerkenswert hat sich das englische Interesse an Sexualität ausgebildet und sogleich verkrampft. Die ›Victorianische‹ Prüderie ist falsch benannt, sie ist ein Produkt des 18. Jahrhunderts.« (Luhmann, 143f.)

Diese ambivalente Haltung zur Sexualität, das Zugleich von Öffnung und Verkrampfung, manifestierte sich auch in einem bewußt libertinen Werk wie der *Fanny Hill*. Anders als Cleland z. B. gehören die Autoren des französischen erotischen Romans – das gilt auch für Casanova mit seinen libertinen *Memoiren* – fast alle der Oberschicht bzw. dem Adel an, dieser jedoch hatte im Bereich der außerehelichen Beziehungen bekanntlich einen »hochkomplexen Code für Liebesangelegenheiten« (144) entwickelt, der die Aufwertung der Sexualität und ihre gesellschaftliche Akzeptanz erleichterte.

5. Der erotisch-sexuelle ›Bildungsroman‹: *Le Rideau levé ou l'Education de Laure* des Comte de Mirabeau

Von einer »Aufwertung der Sexualität«, wie sie Luhmann konstatiert, von einem freieren Verhältnis zu Liebesangelegenheiten zeugen auch das Leben und Werk des Honoré-

Gabriel de Riqueti, Comte de Mirabeau (1749–1791), der von früher Jugend an wie sein italienischer Zeitgenosse Casanova (1725–1798) ein sehr abenteuerliches Leben führte. Er war offensichtlich zur leidenschaftlichen Liebe begabt und verbrachte wegen der Entführung Sophie Ruffeys, der Marquise de Monnier, drei Jahre (1777–80) im berüchtigten Kerker von Vincennes. Dort verfaßte er sein umfangreiches amouröses Briefwerk an Sophie, das in gleichem Maße von seiner literarischen Bildung wie von seiner erotischen Phantasie zeugte, und in dem Caroline Schlegel »die göttlichsten Dinge« fand, eine Sprache, die so »unaufhaltsam zu der Seele, zu dem Herzen, zu den Sinnen redet«.[4] Dort, unter dem düsteren Gewölbe seiner Zelle, übersetzte er Tacitus, Tibull und Boccaccio, verfaßte mehrere gelehrsame Werke, u. a. auch *Erotica Biblion* und *Des Lettres de cachet et des prisons d'Etat*, und er kompensierte seine erotisch-sexuellen Defizite – ähnlich wie sein Antipode, der Marquis de Sade, der zur gleichen Zeit in Vincennes inhaftiert war – mit der Komposition erotischer Romane. Der im Jahr 1783 anonym erschienene Roman *Ma conversion ou le Libertin de qualité* wurde sehr bald Mirabeau zugeschrieben, was seinem Erfolg nur zugute kam, da er zu der Zeit – so Norbert Miller in seinem Nachwort zur deutschen Ausgabe *Der gelüftete Vorhang oder Lauras Erziehung* – durch seinen spektakulären Scheidungsprozeß zum ersten Mal in ganz Frankreich von sich reden machte; »mit ebenso mitreißendem rhetorischen Schwung wie zynischer Rückhaltlosigkeit in seinen Anschuldigungen«[5] gegen seine Frau sorgte er für Gesprächsstoff. Er hatte diese Frau, eine reiche Erbin, deren Vermögen er großzügig für sein verschwenderisches Leben zu nutzen gedachte, 1772 gegen den Widerstand beider Fa-

4 Caroline Schlegel, *Briefe aus der Frühromantik*, nach Georg Waitz vermehrt hrsg. von Erich Schmidt, Bd. 1, Leipzig 1913, S. 249, 251.

5 Norbert Miller, »Nachwort« zu: Honoré-Gabriel Riqueti Comte de Mirabeau, *Der gelüftete Vorhang oder Lauras Erziehung*, Frankfurt a. M. 1971, S. 212.

milien geheiratet. Mirabeau war – so Michel Camus in seiner *Préface* – schon als Siebzehnjähriger »ein feuriger und sehr kultivierter Mann, voller Schulden und voller Frauen«, »ein geborener Verführer trotz seiner Häßlichkeit«[6] (Übers. von H. G.). Die allgemein übliche Trennung zwischen Liebe und Ehe zeigte sich auch in seinem Leben. Seine Abenteuer und Auftritte fanden nach Miller seit seiner spektakulären Performance, dem Plädoyer bei seinem Scheidungsprozeß, großes Interesse in der Öffentlichkeit, sie erhöhten die »Werbewirksamkeit seines Namens«.[7]

Ma conversion zeigt ein Sittenbild aus der Perspektive eines höfischen Chevaliers, der seine Gunst meist in raffinierter Verpackung nur zahlungskräftigen Damen zuwendet und mit dieser Edelprostitution seine kostspielige Lebensweise finanziert. Auf karikaturistisch-satirische Weise entlarvt der Ich-Erzähler, der wie der Autor selbst der gehobenen Schicht angehört, den korrupten und ausschweifenden Lebenswandel seiner Zeitgenossen, deren Geilheit nur ein mehr oder weniger dünner Firnis kaschiert.

Kluckhohn geht davon aus, daß Mirabeaus in der Korrespondenz so leidenschaftlich bekundete Liebe für Sophie »mehr von Trieb und Phantasie genährt« werde als von »innerer Zusammengehörigkeit zu ihrem Gegenstande« und sie »in ihrer Äußerung stark unter literarischem Einfluß, Rousseaus u. a.«, stehe. Denn »wie leidenschaftlich Mirabeau seiner Sophie auch die Dauer seiner Liebe versicherte, aus dem Kerker entlassen, hat er sie bald aufgegeben, und das Feuer der Leidenschaft ist rasch erloschen« (Kluckhohn, 113).

Doch selbst sein libertines Werk *Le Rideau levé ou l'Education de Laure* ist noch imprägniert vom Fluidum der *amour passion*. Dieser Roman, der die erotisch-sexuelle

6 Vgl. Michel Camus, in: *Œuvres érotiques de Mirabeau*, Bd. 1, Paris 1984, S. 26.
7 Miller (s. Anm. 5), S. 212.

Initiation eines zunächst noch vorpubertären Mädchens beschreibt, bietet eine Schule der Wollust und plädiert doch zugleich für individuell gegründete Seelenliebe.

Laures Erziehung, von der im Titel die Rede ist, stellt ein Gegenmodell zu allen weiblichen Erziehungsidealen dar, zu den Tugendvorstellungen und Sexualgesetzen der Zeit. Miller weist in seinem Nachwort darauf hin, daß die französische Gesetzgebung bis zu Beginn der Französischen Revolution »jede Art von Sodomie (›den Coitus gegen die Natur im weitesten Sinn, eines Mannes mit einem Mann oder mit einer Frau‹, Larousse) unter die Todesstrafe« stellte.[8] Mirabeaus Personen, aber auch die Andréa de Nerciats, kümmern sich um dieses Verbot genauso wenig wie um viele andere, die bestimmte sexuelle Praktiken kriminalisieren sollen. Damit folgen die französischen libertinen Autoren dem Beispiel Aretinos. Dessen *Ragionamenti*, selbst eine Kontrafaktur des gelehrten Traktats, die auf witzig-satirische und aufklärerische Weise die delikatesten sexuellen Sujets erörterten, waren Mirabeau wohlbekannt. Sein Chevalier aus *Ma conversion* bezieht sich mehrfach auf ihn. Auch Laure, deren Name auf Petrarcas keusches Idealbild anspielt, beruft sich auf Aretino, um ein Höchstmaß an erotischer Pikanterie zu bezeichnen: »Götter! welche Suchets, teure Eugenie! Petronius! und Aretino haben nichts Wollüstigeres hervorgebracht.« (146)

Daß Laure Aretino zitiert, verweist darauf, daß sie eine andere Erziehung genossen hat als etwa Sophie, die weibliche Protagonistin aus Rousseaus Werk *Emile, ou l'éducation* (1762), an das der Titel *Le Rideau levé ou l'Education de Laure* erinnert. Ihr Vater bzw. Stiefvater engagiert nach dem Tod der Mutter als erstes die junge hübsche Lucette als Erzieherin für Laure, die durch den »gelüfteten Vorhang« neugierig und erregt zunächst beobachten kann, wie ihr Vater die schlafende Lucette manuell befriedigt, was sie

8 Miller (s. Anm. 5), S. 219.

selbst zur Onanie stimuliert; bald darauf sieht sie heimlich dem leidenschaftlichen Geschlechtsverkehr zwischen den beiden zu, und aus dem Ungestüm ihrer Küsse ahnt sie die Intensität der Lust.

Wie Aretinos Nanna und Clelands Fanny Hill gewinnt sie ihre ersten sexuellen Erfahrungen aus der Schlüssellochperspektive. Im Stil der Beschreibung mischt sich die Sicht der Novizin mit dem Wissen der Libertine:

> Von Neugierde verzehrt, hielt mich nichts mehr zurück, ich lüftete den Vorhang, bis ich alles sehen konnte. Nichts entging meinen Blicken, da nichts ihr Vergnügen hemmte. Lucette, die auf ihm lag, den Hintern in die Luft gereckt, mit gespreizten Beinen, ließ mich die ganze Öffnung ihres Spalts sehen, zwischen zwei kleinen fleischigen und prallen Wölbungen. [...] Mein Vater zeigte mir zwischen seinen angehobenen Knien überdeutlich ein wahres Kleinod, ein dickes, steifes, an der Wurzel mit Haaren umgebenes Glied, an dem unten etwas Kugelförmiges herabhing; sein oberes Ende war rot und zur Hälfte mit Haut bedeckt, die aussah, als ließe sie sich noch weiter herunterschieben. Ich erblickte, wie es in Lucettes Spalt eindrang, darin versank und immer wieder auftauchte. Sie küßten sich mit einem Ungestüm, das mich die Lust ahnen ließ, die sie empfanden; schließlich sah ich, wie dieses Instrument mit völlig entblößter Spitze herauskam, purpurrot und ganz naß, und eine weiße Flüssigkeit verspritzte, die sich kraftvoll auf Lucettes Schenkel ergoß. Bedenke, geliebte Eugenie, in welcher Verfassung ich mich selber angesichts eines derartigen Schauspiels befand! (30f.)

Auffallend ist der Realismus bei der Beschreibung des männlichen Genitals, der weitgehende Verzicht auf raffinierte Metaphorik; nur »un vrai bijou« und »instrument«

fallen aus dem Deskriptionsstil heraus, der die verfremdende Sicht der Novizin zu simulieren sucht, aber den Blick des erfahrenen Genießers nicht verbergen kann. Das ist typisch für Mirabeaus Schreibweise, der das kraftvolle natürliche Wort dem »poetisch« verfeinerten Ausdruck vorzieht, der von »vit«, »membre« und »fente«, »clitoris«, »con« und »conin« redet, sich von dem allegorischen Stil des Rokoko weit entfernt. Doch Bezeichnungen wie das »wahre Kleinod« und das »Instrument« stecken den historischen Horizont ab, der für Mirabeau und für die »éducation de Laure« symptomatisch ist. Instrument, ein Wort, das auch bei dem Engländer Cleland häufig den Penis bezeichnet, verweist auf das mechanistische Weltbild, das das Denken Mirabeaus prägt: der Körper als sinnreiche Maschine, bei der der Penis als Instrument der Lust fungiert. Die Metapher *bijou* ›Kleinod‹, die sich in Diderots erotischem Roman *Les Bijoux indiscrets* (1748) auf das weibliche Genital bezieht, signalisiert hier die Umkehrung christlicher Wertvorstellungen, die die Geschlechtlichkeit und Geschlechtsorgane mit dem Ruch des Niederen, Anstößigen umgeben. Das Bild, das Kostbarkeit und Schönheit suggeriert, hier von Laure für das erigierte Glied des Vaters gebraucht, soll aber auch die Begeisterung vermitteln, die das Mädchen beim Anblick des männlichen Sexualorgans empfindet. Und das ist ein Motiv, das in allen libertinen Romanen auftaucht, die sehr häufig, ja fast immer aus fingierter weiblicher Perspektive geschrieben sind.

Laure muß sich noch eine Zeit gedulden, bis auch sie reif genug für die heterosexuelle Liebe ist, in die sie der geliebte Papa mit Hilfe Lucettes einweihen wird. Obwohl in dem gesamten Erzählverlauf reichlich von Entladungen, höchster Lust, strömenden Säften, den kleinen Toden der Wollust die Rede ist, Mirabeau – wie Andréa de Nerciat – letztlich die Macht des Begehrens vorführt, sucht er diese Welt des Verlangens mit Sentiment und Gefühl zu veredeln. Das Verhältnis des Eingangstrios Papa, Lucette, Laure wird idealisiert zu einem Freundschaftsbund, in dem es Eifersucht, Schmerz, Aggression nicht gibt, alle nur an der Lust des anderen interessiert sind. Seine Protagonistin, die den Gruppensex mit äußerstem Vergnügen genossen hat, bekennt schwärmerisch: »Ach, liebe Eugenie, einzig die Tugenden der Seele vermögen uns zu binden, uns unabhängig von den Sinnen einzufangen und unserer natürlichen Unbeständigkeit die Flügel zu stutzen.« (162)

Laure bewundert ihren Vater, schenkt ihm ihr ganzes Vertrauen und genießt seine zärtliche Liebe, die weit über das Maß väterlicher Zuwendung hinausgeht. Daß der Inzest zwischen Vater und Tochter sich letztlich nur als Schein enthüllt, da jener nicht der wirkliche Erzeuger ist, kritisierte Apollinaire als den eines Mirabeau unwürdigen Rückzieher, denn der blasphemische Ansatz des Romans, der auf den Vater-Tochter-Inzest angelegt sei, werde damit verspielt.

Symptomatisch für den libertinen Roman ist die ausführliche Beschreibung der Defloration der jeweiligen Protagonistin, heiße sie nun Fanny, Felicia, Lolotte oder Laure. Mirabeau stellt Laures Defloration im Stil eines religiösen Rituals dar, bei dem der Vater die Rolle des Priesters und Lucette die der Gehilfin einnimmt. Da ist vom *l'autel* ›Altar‹ die Rede, von *sacrifice* ›Opferung‹, *victime* ›Opfer‹ und *sacrificateur* ›Opferndem‹; entsprechend erscheint das für den Akt hergerichtete Zimmer als Kultstätte: »Die durch blaue Gazeschleier gedämpften Lichter vereinigten sich auf einem kleinen feuerroten Satinkissen, das in der Mitte lag und den Stein bildete, auf dem sich die Opferung vollziehen sollte.« (68)

Das Vokabular religiöser Opferung mischt sich mit dem deftigen Wortschatz populärer Sexualsprache:

> Lucette entledigte ihn all seiner Kleider; er legte mich auf das Bett, mit dem Popo auf dem Kissen. Und ich hielt jenes heilige Messer in der Hand, das sogleich

> meine Jungfernschaft verletzen sollte. Dieser Schwanz, den ich leidenschaftlich streichelte, ähnlich dem Stachel einer Biene, besaß eine Härte, die dazu angetan war, mir zu beweisen, wie kraftvoll er die Rose durchdringen würde, die er mit soviel Sorgfalt gepflegt und behütet hatte. Ich brannte vor Begierde; meine kleine Möse stand in Flammen und verlangte nach jenem kostbaren Schwanz, den ich alsbald auf den Weg brachte. Wir hielten uns umschlungen, fest aneinander gepreßt; unsere Münder, unsere Zungen verschlangen einander. Ich merkte, daß er mich schonte, doch indem ich meine Beine über seinen Hintern legte und ihn kräftig drückte, ließ ich ihn mit einem Ruck meines Leibes soweit eindringen, wie er nur konnte. Der Schmerz, den ich empfand, sowie der Schrei, der mir entwich, verkündeten seinen Sieg. (70 f.)

Weit entfernt ist Mirabeau von der farbigen, witzig-phantasievollen Sexualmetaphorik eines Aretino. Das Spektrum der Bildspender hat sich bei Mirabeau – und das gilt auch für die anderen libertinen Autoren des 18. Jahrhunderts – reduziert. Kampf, Wettkampf und religiöses Ritual stellen vornehmlich die Bereiche dar, aus denen Mirabeau seine Sexualmetaphorik schöpft. Der religiöse Bereich diente auch schon einem Boccaccio als Quelle sexueller Bildlichkeit. Doch während die beiden Italiener aus der Früh- und Spätzeit der Renaissance die religiöse Metaphorik satirisch zur Entlarvung kirchlicher Hypokrisie einsetzten, soll sie bei Mirabeau den sublimen Charakter der leidenschaftlichen Liebe vermitteln. Sprechend ist die Formulierung: »stolz über seinen Sieg und bezaubert von dem Opfer, das mein Herz ihm dargebracht hatte« (72); sie suggeriert, daß Laure aus reiner Herzensliebe die »Blume« ihrer »Jungfernschaft« dem geliebten Papa geopfert habe. Auch der Marquis de Sade bedient sich mit Vorliebe religiöser Terminologie bei der Beschreibung sexueller Orgien, so ist z. B.

in der *Justine ou Les malheurs de la vertu* von »Heiligtum«, »Weihrauch«, »Altar« des öfteren die Rede. De Sade, enragierter Atheist, zielt auf den blasphemischen Affront, während Mirabeau, der an ein höchstes Wesen glaubt, durch seine Opfermetaphorik die Tiefe der Empfindungen suggerieren will.

Und obwohl Mirabeau so vehement für die Naturrechte eintritt, er als Tribun der Assemblée Nationale republikanische Werte verteidigt, zeigt er sich keineswegs als Anwalt weiblicher Gleichberechtigung, wie ja im übrigen die Französische Revolution die Hoffnungen der Frauen sehr enttäuscht hat. Er überläßt im Sinne Rousseaus der Frau mehr eine unterordnende Rolle und sucht sie vor allem im Bereich der Sexualität durch Moralgesetze zu fesseln. Eine skurrile chemische Säftetheorie soll die Ungleichheit von Mann und Frau in Sachen sexueller Treue begründen. Mirabeau verzichtet zwar bei der Bezeichnung und Beschreibung des Penis weitgehend auf den martialischen Aspekt eines Cleland und benutzt vornehmlich den Wortschatz der Vulgärsprache (»vit«/»con«), doch die wenigen Metaphern, die er einsetzt, betonen doch wieder den aktiven kämpferischen Part des Mannes. Wenn zuweilen von »Pfeil«, »Lanze«, »Messer«, »Stachel« die Rede ist, verweist das auf ein Moment der Gewalt. Da wird kein »Spätzlein aus dem Nest« geholt, kein Pinsel in den Farbtopf getaucht, nicht der Fiedelbogen geschwungen oder ein Stöpsel in die Flasche gesteckt wie in den Erzählungen der Nanna bei Aretino, es dominiert eine Metaphorik aus dem Bildbereich der spitzen Waffe für den männlichen Part, für den weiblichen Part dagegen kann man kaum von Sexualmetaphorik reden; da ist von der »Spalte« und von dem »Hügel« die Rede, ansonsten erscheint als Bild nur die »Rose« und die »Blume der Jungfernschaft«.

Wenn Aretino, aber auch ein Rabelais aus dem gesamten Lebensbereich der Figuren ihre farbenprächtigen Bilder bezogen, deutet das auch darauf hin, daß Sexualität stärker in das alltägliche Leben integriert ist. Sowohl der libertine Ro man, der seine Spannung aus dem komplizierten Spiel erotischer Kommunikation bezog, als auch der erotisch-pornographische Roman, der seine Personen beim lustvollen Treiben zeigt, stellt die Liebe vornehmlich in der Bildlichkeit des Kampfes dar. Und dieser Kampf oder Wettstreit, dieses Duell oder Gefecht, bei dem der Mann vor allem über die scharfen Waffen verfügt, verlangt Geschicklichkeit, Körperbeherrschung, Rationalität. Der Taumel der sinnlichen Leidenschaft wird eher verbal beschworen als realiter vorgeführt.

Die Erzähllogik des libertinen Genres erzwingt es, daß Lucette irgendwann den Zirkel verläßt und andere Spieler, nämlich die sexbegierige, sexbesessene Rosa und ihr Bruder Vernol, die Intimität des pseudo-inzestuösen Paares beleben. Interessant ist, daß Mirabeau der Zweisamkeit des liebenden Paares nur ganz wenige Seiten widmet, auf denen Laure dann schildert, wie sie dem »cher papa« nach der ersten »Blume« die einer anderen Jungfernschaft schenkt. Erwartungsgemäß erlebt sie dabei den größten Genuß. Und als sie dann auch noch den sinnreichen Gebrauch eines *Godemiché* kennenlernt, ist ihre Lehrzeit abgeschlossen, und der Roman bedarf neuer Handlungsimpulse.

Mirabeau versucht wie zuvor Cleland Empfindsamkeit, leidenschaftliche Liebe mit dem Genre der libertinen Erzählung zu verbinden. Doch es wird gerade nicht die seelenvoll leidenschaftliche Beziehung zweier Liebender in ihrer Zweisamkeit dargestellt, sondern jeweils sexuelle Gruppenarrangements, die ganz im Zeichen rein sensualistischer Luststeigerung geplant sind. Ein sexuelles Quartett aus Papa, Laure, Rose und Vernac, das an Aretinos »Bratspieß«-Szene erinnert, ist nur ein Beispiel. Auch wenn Mirabeau anders als Cleland der geistigen Entwicklung seiner Protagonistin mehr Raum widmet, sie nicht nur mit Verhütungsmaßnahmen, sondern auch mit Voltaire und Geschichtsphilosophie vertraut gemacht wird, er zielt in erster Linie auf die erotische Pikanterie.

6. Ein libertiner Gegenentwurf zur »sentimental novel«: *Mon Noviciat ou Les Joies de Lolotte* von Andréa de Nerciat

Andréa de Nerciats (1739–1800) Roman *Mon Noviciat ou Les Joies de Lolotte* (1792; dt. *Lolotte oder die Stufenleiter der Wollust*), liest sich wie eine Replik auf Clelands Werk. Auch er handelt von einem jungen Mädchen, das von seiner Initiation in das Reich der Sinne berichtet, von seinem erotischen Noviziat. Doch wenn auch die Stufenleiter der Wollust, das erotisch-sexuelle Lernprogramm in mancher Hinsicht dem der Fanny Hill ähnelt, so zeigt sich doch der Unterschied in Ton und Haltung bei den Protagonistinnen und ihren Autoren von der ersten Seite an. Andréa de Nerciats Ich-Erzählerin distanziert sich keineswegs von ihrem wollüstigen Lebensstil, von ihrem »überschäumenden Temperament«, das in der »Praxis wechselnder Liebeskämpfe« höchste Vollkommenheit anstrebte. Sie schildert aus der Distanz von etwa acht Jahren ihre Erlebnisse vom ersten Tag ihres Eintritts in »die süße Laufbahn der Ausschweifung« bis zum Augenblick ihrer Verheiratung. Sie bekennt sich zu ihrem libertinen Leben, fordert die gleichgesinnten Leser kokett zu einem erotischen Tête-à-tête heraus, will ihnen Venus oder nach Belieben Ganymed sein. »Auch dann kannst du kommen, wenn du, in Ermangelung jener Steifheit und Salbung, die ich so abgöttisch liebe, wenigstens zum Trillerschlagen geschickte Finger oder eine muntere und gelenkige Zunge hast« (6).

Die Leser sind gleich zu Beginn vorgewarnt, daß kein moralischer Erbauungsbericht sie erwartet. Lolotte bekennt freimütig:

> Und wenn ich jetzt meine Erfahrungen schildere, will ich dadurch weder eine Reue heucheln, die ich durch Schweigen und zurückgezogenes Leben viel besser beweisen könnte, noch die Schuld davon

> auf den Einfluß des Gestirns schieben, oder zu beweisen suchen, daß ich unwillkürlich fortgerissen wurde. (7)

Anders als Clelands Fanny Hill hat Lolotte nur drei Monate für ihr Noviziat gebraucht, das in einer Heirat mit einem impotenten reichen Lustgreis seinen Abschluß findet. Nicht widrige Umstände, grausame Eltern etwa haben Lolotte zu dieser Heirat gezwungen, sondern sie selbst zieht den Alten seinem potenzstarken, verschuldeten Neffen vor, da sie im Schutze dieser lukrativen Ehe unbehelligter ihren libertinen Neigungen frönen kann. Mit diesem Plot konterkariert Andréa de Nerciat schon die Struktur der *sentimental novel.* Er denkt nicht daran, seine libertinen Inhalte durch Anleihen am empfindsamen Genre moralisch zu verschleiern. Wenn seine Protagonistin nach Autors Willen den unsympathischen, aber vermögenden und gesellschaftlich mächtigen Alten zum Gatten wählt, führt er einerseits deutlich den Dualismus von Liebe bzw. erotischer Anziehung und Ehe vor, andererseits das ökonomische Kalkül, das bei der Gattenwahl ausschlaggebend ist.

Nerciats Kritik an einer rigiden Sexualmoral, an der vor allem in den höheren Schichten subtil praktizierten Heuchelei, seine Polemik gegen Kirche und Klerus, der unter der Maske tugendsamer Gesinnung heimlich die verbotenen Lüste genießt, das alles verbindet ihn mit Autoren einer dezidiert antiklerikalen Literatur, mit dem Autor der *Thérèse philosophe* etwa, der Protagonistin des gleichnamigen Werks, das dem Marquis d'Argens, einem Freund Friedrichs II., zugeschrieben wird und auf das sich Lolotte ausdrücklich bezieht. Auch Diderots Roman *La Réligieuse* (um 1760 entstanden, 1796 postum erschienen), der die Scheinmoral der Kirche und die Widernatürlichkeit des Klosters anprangert, oder Mirabeaus *Erotica Biblion* (1780), ein Werk, das die Bibel selbst als Fundgrube erotisch-sexueller Beschreibung vorführt, gehören zur antiklerikalen Literatur des Ancien régime. Doch gegenüber dem engagiert gesellschaftskritischen Roman Diderots, der die klösterlichen Gelübde von Armut, Keuschheit und Gehorsam als widernatürlich, als unvereinbar mit humanistischen Grundsätzen attackiert, bleibt Andréa de Nerciats Kritik an Klerus und Klosterleben oberflächlich. Während jener seine Protagonistin, Suzanne Simonin, in drei verschiedenen Klöstern qualvollen Erfahrungen aussetzt, er ihre zunehmende Selbstentfremdung schildert, zeigt dieser seine Klosterinsassin bei ihrer lustvollen Initiation in die Liebe.

Auch Lolottes sexuelle Initiation beginnt in sapphischer Manier, und zwar mit der jungen, sinnlich begabten Félicia, ihrer Zofe und Bettgenossin, deren offenkundig sexuellen Traum sie belauscht. Lolotte entlockt Félicia die Geschichte ihres jungen, schon sehr bewegten Lebens und erlebt mit ihr alle Spielarten sapphischer Lust. Andréa de Nerciats Debütantin der *ars amatoria* spart nicht mit Attacken gegen eine heuchlerische und lustfeindliche Gesellschaft. Sie polemisiert gegen die Verteufelung der Onanie, die von den Pädagogen und Philosophen des 18. Jahrhunderts als Ursache schwerer mentaler und physischer Defekte angeprangert wurde, und sie kritisiert den zeitgenössischen Sprachgebrauch, der alles Geschlechtliche tabuisiert bzw. mit dem Ruch des Schamvollen behaftet. Auch wenn Andréa de Nerciats Werk häufig zusammen mit Laclos' *Liaisons dangereuses* genannt wird, er wie Crébillon als Repräsentant des Ancien régime gilt, seine Prosa unterscheidet sich strukturell erheblich von deren erotischem Werk.

Der Dualismus zwischen Liebe (*amour passion*) und Sinnenlust (*plaisir*), der für Crébillons Werk konstitutiv ist, fällt bei Andréa de Nerciat weg. In *Félicia ou Mes fredaines* (1775) gesteht die Protagonistin Sir Sydney, einem passionierten Voyeur, der seine Villa innenarchitektonisch für seine Neigung ausgerüstet hat, ohne Umschweife, daß sie ihn begehre, aber zugleich einen anderen Mann liebe.

Quintessenz ihrer Ausführung: Sie bekennt sich zu einem libertinen Lebensstil, der sexuelle Treue ausschließt, und lehnt entschieden ein Liebeskonzept ab, das die erotische Lust an die individuelle auf Treue gegründete Liebe bindet, den Eros personalisiert. Der Quietismus der Liebe, der die Liebesleidenschaft auf wundersame Weise mit libertiner Vielliebelei verbindet, wird bei Nerciat zum Credo seiner Protagonistin.

Auch bei Andréa de Nerciat nimmt – genregemäß – die Defloration einen größeren Erzählraum ein. Doch anders als Clelands von puritanischer Moral geprägte Fanny stilisiert Lolotte ihre Virginität nicht zu einem hehren Schatz, den sie nur dem einen, einzigen Geliebten opferte. Sie ähnelt in einer Hinsicht eher der Ich-Erzählerin aus Verena Stephans Erstwerk *Häutungen*, das bei vielen jungen Frauen in der BRD in den siebziger Jahren als eine Art Kultbuch gelesen wurde.

Virginität galt hier eher als Makel, als Erfahrungsdefizit, als Zeichen von Prüderie und bourgeoiser Moral. Entsprechend rigoros war der Befreiungsversuch, und entsprechend herb die Enttäuschung. Daß Virginität heute im Vergleich zum 18. Jahrhundert enorm an Bedeutung verloren hat, belegt auf eindrucksvolle Weise ein Urteil eines Zivilprozesses, den die Klägerin, die nach Auflösung ihrer Verlobung umgerechnet rund 500 € als Schadenersatz für ihre verlorene Virginität verlangte, verlor. Auch das Bundesverfassungsgericht wies die Klage ab (vgl. *Der Spiegel*, 20. Juli 1993).

Im Unterschied zu Cleland läßt Andréa de Nerciat seine inzwischen viel und umfassend erfahrene Protagonistin aus einer gewissen amüsierten Distanz heraus von ihrer Defloration mit Hindernissen berichten. Die Befürchtungen des Grafen, die »Miniaturschönheiten« Lolottes könnten den »harten Angriff« seines »unverhältnismäßigen Instruments« nicht aushalten, bewahrheiten sich: Lolotte muß sich vorerst mit der Rolle der Zuschauerin begnügen und ihre Virginität für einen Mann mit einem zierlicheren »Instrument« aufbewahren. Dennoch beobachtet sie voller Lust ihre Zofe und den Grafen bei ihren sexuellen Praktiken und feiert enthusiastisch den »erhabenen Genuß dieses Schauspiels«.

Die Schlüssellochperspektive, der heimliche Blick der Debütantin auf ein sexuell aktives Paar gehört zu den klassischen Motiven der erotisch-sexuellen Literatur. In *Mon Noviciat* wird das Anfangstrio – Félicia, Graf und Lolotte, die sich von ihrer Virginität möglichst bald befreien möchte – noch um einen Baron und einen Jüngling aus fürstlichem Hause ergänzt, der »zum Entzücken, schlank, anmutig, bartlos« und »mit einem wahren Jungfernschaftsbohrer, rund, lang und schlank« ausgestattet ist, was Félicia auf folgende Weise kommentiert: »Schön, rief die Zeremonienmeisterin, das ist ja ein Ding, als wenn wir es eigens beim Drechsler bestellt hätten [...]. O, meine liebe kleine Herrschaft, wie wohl wird Ihnen dieses niedliche kleine Werkzeug behagen!« (49)

Treffend die Charakteristik »Zeremonienmeisterin« für Félicia, die – wie Lucette bei Laure – Regie über Lolottes Defloration führt und für Empfängnisverhütung sorgt. Lolottes Rückschau:

> [Sie] benetzt ihn mit Speichel und bringt ihn an den Eingang meines brennenden, nach Vergnügen lechzenden Schneckchens. Sie quartiert ihn selber ein, lenkt ihn und behält ihn ständig in ihrer Gewalt. Er dringt ein, mit vieler Schwierigkeit zwar, aber doch mit Erfolg, ohne mir eben sehr heftige Schmerzen zu machen. (70)

Auffällig sind bei Andréa de Nerciat die technisch pragmatische Sicht auf den Vorgang, der Verzicht auf Seelenpathos und empfindsame Ausmalung, es fehlt – anders als bei Cleland und bei Mirabeau – jeder Hinweis auf den kostbaren Schatz der Jungfräulichkeit, auf die zärtlichen Gefühle, die Lolotte etwa für den Mann ihrer ersten sexuellen Erfah rung hegte. Nerciats Protagonistin sucht auch in der Rückschau keineswegs den anonymen Jüngling, den der Graf unter gewissen physiognomischen Aspekten ausgewählt hat, zum Geliebten zu stilisieren. Bezeichnend, daß der Beschreibung des Penis der größte Raum zukommt, bezeichnend auch, daß alle drei Männer namenlos bleiben.

Noch in derselben Nacht wechselt Lolotte vom filigranen bartlosen Jüngling mit dem wie gedrechselten, schlanken Jungfernschaftsbohrer zum Baron mit einem »allerliebsten, wohlbeleibten, frischen und anmutsvollen Sprengwedel, der stolz um sich schlägt«, aber doch »weit hinter der Herkuleskeule des Grafen« zurückbleibt. Andréa de Nerciat zeigt in *Mon Noviciat* wie auch in *Félicia ou Mes fredaines* oder in *Le Diable au corps* (1788) und in *Les Aphrodites* (1793) jeweils relativ geschlossene libertine Zirkel aus Angehörigen des Adels und des Klerus, zu denen sich dann noch hübsche Zofen und Diener gesellen, die ein gemeinsames Ziel verfolgen: Sex. Im Bereich der sexuellen Vergnügungen werden die Standesgrenzen zwar aufgehoben, sie behalten aber weiterhin ihre Gültigkeit. Auch für diese Zirkel gilt das pornotopische Gesetz des sexuellen Schlaraffenlandes, das seinen Bewohnern unendlichen Genuß ohne Mühe und Anstrengung verheißt.

Lolottes sexuelle Initiation, von Graf und Zofe geplant und gesteuert, zeigte deutlich, welche Rolle der Rationalität beim scheinbar orgiastischen Genuß der Sinne zukommt. Da die Rokoko-Epoche in ihrem gesamten kulturellen Erscheinungsbild – der Mode im Zeichen von Schnürleib, Reifrock und Perücke, dem gezirkelten Menuett-Tanz, dem auf Pointe angelegten Konversationsstil usw. – einer umfassenden Affektkontrolle verpflichtet ist, überrascht es nicht, daß rationale Kontrolle, Reglement und Plan auch das Gebiet der Sexualität bestimmen.

Doch letztlich entzieht sich orgiastische Lust, das ungehemmte Ausleben der sexuellen Begierden der kontrollierenden Vernunft, dem planvollen Arrangement. Baudelaire hat über ein halbes Jahrhundert später in den *Fusées* und in *Mon Cœur mis à nu* immer wieder Aphorismen über die Liebe formuliert, die das Rauschhafte, Orgiastische der erotischen Passion hervorheben und es zugleich als Bedrohung für das geistorientierte Subjekt, das der Dandy in besonderer Weise verkörpert, kennzeichnen. Liebe als *amour passion* ist gefährlich, kann das Ich in seinem Lebensnerv treffen. Das empfand schon die Princesse de Clèves der Madame de La Fayette, das erlitt Madame de Tourvel aus den *Liaisons dangereuses*.

Doch dem Reich der Sinne, das Andréa de Nerciat zeigt – aber auch Louvet de Couvray in den *Amours du Chevalier de Faublas* (1787–90), Restif de la Bretonne oder Mirabeau in ihrem erotischen Œuvre –, eignet nicht eine sinnverwirrende Dämonie, die das Ich zu sexueller Besessenheit führte, zur Sucht, zur Ich-Gefährdung. In den libertinen Zirkeln des 18. Jahrhunderts herrschen Verstand und verstandeskontrolliertes sexuelles Laisser-faire. Die Protagonisten des libertinen Romans geraten nie in die Gefahr, von ihren sinnlichen Leidenschaften mit den Fluten und Entladungen so überschwemmt zu werden, daß sie in ihrem Lebensnerv gefährdet wären. In der beschworenen Welt orgiastischer Lust bewahrt der Verstand seine Kontrollfunktion. Hier herrscht Amüsement …

7. Pornotopia und Sodom: Der Marquis de Sade

Lolotte und mit ihr die Libertins und Libertines, die im pornographisch-erotischen Roman im Frankreich des 18. Jahrhunderts figurieren, begründen und legitimieren ihren sexuell freizügigen Lebensstil mit der Berufung auf Natur, auf die sinnliche Natur des Menschen, der die gesellschaftlich gemachten Normen gegenüberstehen. Wenn Vergnügen (»plaisir«) zur Lebensmaxime wird, die sich aus der menschlichen Natur herleitet, dann gibt es nach libertiner Auffassung keine moralischen Schranken, die das Ich am Genuß hindern könnten. »Plaisir ist plaisir. Wenn jemand plaisir zu empfinden behauptet, hat es keinen Sinn, ihm das zu bestreiten. Im plaisir braucht das Subjekt also keine Kriterien, um sich seines plaisirs zu vergewissern; hier kann es in einer Art kriterienloser Selbstreferenz seiner selbst gewiß sein.« (Luhmann, 110) Da es keine Kriterien für die Lust, das Vergnügen gibt, gibt es auch keine Ausgrenzungen, keine Tabus. Die »kriterienlose Selbstreferenz« des Vergnügens bedeutet, daß es letztlich keine Perversionen gibt, die Unterscheidung zwischen wahrem und falschem Vergnügen (vgl. Luhmann, 110 ff.) gegenstandslos wird.

Doch nur dem Hungernden, Entbehrenden erscheint die Utopie unaufhörlichen Genusses ohne das Fasten, das die Begierde wieder neu entstehen läßt, als zu wünschender Glückszustand. Hier offenbart die Utopie vom sexuellen Paradies ihre Aporie. Der Marquis de Sade scheint diese Problematik der Sattheit zu ahnen. Der Autor, der in seinem gesamten Œuvre die schrankenlose Befriedigung des Individuums gegen alle ethischen Postulate der Gesellschaft feiert, reflektiert dennoch sehr wohl, wie außerordentlich wichtig der Mangel, die Triebverweigerung, der Triebaufschub für die Intensivierung des Genusses sind. Die detaillierten, pedantisch anmutenden Vorschriften, die in *Les Cent vingt journées de Sodome* (1785) die Orgien der vier Luststrategen regeln, zeugen nicht nur von der absolut antimoralischen, gesellschaftlich provokativen Intention de Sades, sondern auch von seiner Überzeugung, daß Triebschranken zur Perfektionierung der Triebbefriedigung beitragen. Symptomatisch der Beginn der »Hausordnung« aus *Les Cent vingt journées de Sodome*:

> Man wird sich alltäglich um zehn Uhr morgens erheben. Zu diesem Zeitpunkt sollen die vier Beschäler, die keinen Nachtdienst gehabt haben, unsere Freunde auf-

> suchen und je einen Knaben mit sich führen; sie gehen nacheinander von einem Zimmer zum anderen. Sie handeln, ganz nach Belieben und Wunsch der Freunde; aber zu Beginn sollen die Knaben, die sie mitbringen, nur zum Ansehen dasein; denn es ist entschieden und angeordnet, daß die acht vorderen Jungfräulichkeiten der jungen Mädchen erst im Dezember geraubt werden dürfen und ihre hinteren, ebenso wie die der acht Knaben, erst im Laufe des Januars. Es ist beabsichtigt, die Wollust durch das Anwachsen eines beständig geschürten und niemals befriedigten Verlangens bis zu einem Zustand zu steigern, der notwendigerweise zu einem gewissen geilen Grimm führen muß, den als eine der köstlichsten Situationen der Lüsternheit hervorzurufen die Freunde sich mühen. (79)

De Sades Jünger schrankenlosen Genusses planen nicht nur mit viel Kalkül in pedantischer Weise ihre sexuelle Lust, sie setzen den Triebaufschub als Reizmittel raffinierteren Genusses mit ein. Auch Nietzsche, der die jüdisch-christliche Moral mit ihrer Sinnenfeindlichkeit heftig attakkiert, plädiert in seiner Schrift *Jenseits von Gut und Böse* für eine Regulierung der Triebe, als Mittel der Triebschärfung und -verfeinerung. Er postuliert, es müsse ein »Fasten von vielerlei Art geben; und überall, wo mächtige Triebe und Gewohnheiten herrschen, haben die Gesetzgeber dafür zu sorgen, Schalttage einzuschieben, an denen solch ein Trieb in Ketten gelegt wird und wieder einmal hungern lernt. Von einem höheren Orte aus gesehn, erscheinen ganze Geschlechter und Zeitalter, wenn sie mit irgendeinem moralischen Fanatismus behaftet auftreten, als solche eingelegte Zwangs- und Fastenzeiten, während welchen ein Trieb sich ducken und niederwerfen, aber auch sich *reinigen* und *schärfen* lernt; auch einzelne philosophische Sekten (zum Beispiel die Stoa inmitten der hellenistischen Kultur und ihrer mit aphrodisischen Düften überladenen und geil gewordenen Luft) erlauben eine derartige Auslegung. – Hiermit ist auch ein Wink zur Erklärung jenes Paradoxons gegeben, warum gerade in der christlichsten Periode Europas und erst überhaupt unter dem Druck christlicher Werturteile der Geschlechtstrieb sich bis zur Liebe (*amour/passion*) sublimiert hat.« (Nietzsche II,647) Nietzsche entkleidet die Moralbegriffe der jüdischen und christlichen Religion in seiner *Naturgeschichte der Moral* ihrer Verbindlichkeit, er setzt die Sklavenmoral der Schwachen und Unterdrückten der Herrenmoral der Herrschenden und Starken entgegen und leitet die Kategorien »gut« und »böse« nicht von einem metaphysischen Prinzip ab, sondern aus der ökonomischen, sozialen und politischen Interessenlage. Auch wenn er in seinem gesamten Werk konsequent das Christentum attackiert, da es die »erlogene Sündhaftigkeit in die Welt« (I,1034) gebracht habe, die Sinnlichkeit verteufelte, so sieht er andererseits im Christentum dialektisch die Ursache für die Aura des Interessanten, die den Eros umgibt. Nietzsches Plädoyer für das Fasten als Mittel der Triebschärfung und -reinigung hat nichts mit Askese, Triebfeindlichkeit zu tun, sondern zeugt im Gegenteil von seiner Einsicht in die menschliche Triebstruktur. Die Vorstellung vom Schlaraffenland entspringt der kindlichen Märchenutopie eines Hungernden. Andréa de Nerciats Pornotopia und deren Bewohner, die sich unermüdlich an sexuellen Genüssen laben, können im Grunde die hohen Weihen der Wollust gar nicht erfahren, da ihr Begehren sich nicht intensivieren und steigern läßt, wenn es schon mit seinem Entstehen befriedigt wird.

De Sades literarische Welt ist von dem Grundwiderspruch beherrscht, von dem Antagonismus zwischen den mächtigen Naturen, die ohne moralische Skrupel, ohne Rücksicht auf andere, allein ihr Vergnügen verfolgen, und den schwachen, da einer falschen Ethik verpflichteten Tugendhaften, die immer wieder zum Opfer der Skrupellosen werden. Seinen exemplarischen Ausdruck findet dieser

Antagonismus in dem Geschwisterpaar Justine und Juliette: Während Justine Religion und moralische Werte verteidigt, sie eine Art Kantischen Imperativ gegenüber der Maxime uneingeschränkter Bedürfnisbefriedigung anführt, verficht Juliette das Recht, alles dem eigenen Vorteil und der eigenen Lust zu opfern. Und während Justine in ihrem tugendsamen Verhalten alle Arten von Unrecht, Demütigung, Folter und Qual erfährt, sie schließlich einen gewaltsamen Tod stirbt, erfreut sich Juliette, die sich aller Laster und Grausamkeiten rühmt, eines angenehmen Lebens. Keine himmlische Gerechtigkeit sorgt da für einen Ausgleich: Quod erat demonstrandum!

De Sades Protagonisten, die sich der Lust und dem Laster verschrieben haben, negieren gerade mit zynischer Offenheit *die* Prämisse des erotisch-pornographischen Romans: die Wechselseitigkeit der Lust aller an einer Orgie Beteiligten. De Sades Erzähler suggeriert keineswegs, daß eine Justine ihre vielen Vergewaltigungen und Foltern in masochistischer Weise genösse, im Gegenteil, ihre dumpfe Qual steigert nur die Lust derer, die sie benutzen.

De Sades Repräsentanten uneingeschränkten Individualinteresses berufen sich auf die Prinzipien einer asozialen Wolfsgesellschaft, in der der Starke den Schwachen für seine Zwecke benutzt. George Bataille spricht von dem »unicisme« des de Sadeschen Helden: »Die souveräne Persönlichkeit de Sades ist nicht nur jene, die eine Masse zum Exzeß trägt. Die Sexualität, an die er denkt, widerspricht sogar den Wünschen der anderen (fast aller anderen), die nicht ihre Partner, sondern nur ihre Opfer sein können. Sade setzt sich die Ewigkeit seiner Helden zum Ziel. Die Negation der Partner ist nach ihm Grundlage des Systems. Wenn die Erotik zur Übereinstimmung führt, widerspricht sie in seinen Augen dem Trieb der Gewaltsamkeit und des Todes, ihrem Prinzip.« (Bataille, 217f.)

In der Welt des de Sade gibt es die Starken, Vitalen, Machtbewußten, die wie Juliette von »der Natur die höchste Anlage zum Verbrechen erhalten« haben und keine andere Maxime als die des eigenen Interesses, der eigenen Lust kennen, und es gibt die Träger eines Gewissens, die an die Tugend glauben, die sie immer neuen Martern aussetzt. De Sades Libertins der *Cent vingt journées de Sodome* betrachten die Menschen, die nach minutiös festgelegten, äußerst anspruchsvollen Kriterien rekrutiert worden sind, als bloßes Material sexueller Befriedigung. Der Herzog von Blangis teilt den rekrutierten Frauen und Mädchen mit kühler Selbstverständlichkeit ihre absolute Bedeutungslosigkeit mit. Ihr Leben zählt nichts, ihr Tod ist gleichgültiger als der einer Fliege. Da sie alle gleichermaßen zur sexuellen Verfügung aller Herren stehen, können sie keinem ein persönliches Interesse entlocken. Mitleid, Mitgefühl ist von diesem Ort organisierter Lust verbannt.

Auch Nietzsche sprach der Idee des Guten in seiner *Genealogie der Moral* jede zwingende Vernunftlogik ab, leitete es aus der Interessenlage der Schwachen, der Menschen des »Ressentiments« ab, die die Kraft des Starken auf listige Weise zu binden sucht:

> Doch kommen wir zurück: das Problem vom *andren* Ursprung des »Guten«, vom Guten, wie ihn der Mensch des Ressentiment sich ausgedacht hat, verlangt nach seinem Abschluß. – Daß die Lämmer den großen Raubvögeln gram sind, das befremdet nicht: nur liegt darin kein Grund, es den großen Raubvögeln zu verargen, daß sie sich kleine Lämmer holen. Und wenn die Lämmer unter sich sagen »diese Raubvögel sind böse; und wer so wenig als möglich ein Raubvogel ist, vielmehr deren Gegenstück, ein Lamm – sollte der nicht gut sein?« so ist an dieser Aufrichtung eines Ideals nichts auszusetzen, sei es auch, daß die Raubvögel dazu ein wenig spöttisch blicken werden und vielleicht sich sagen: »*wir* sind ihnen gar nicht gram, diesen guten Lämmern, wir lieben sie sogar: nichts ist schmack-

> hafter als ein zartes Lamm.« Von der Stärke verlangen, daß sie sich *nicht* als Stärke äußere, daß sie *nicht* ein Überwältigen-Wollen, ein Niederwerfen-Wollen, ein Herrwerden-Wollen, ein Durst nach Feinden und Widerständen und Triumphen sei, ist gerade so widersinnig als von der Schwäche verlangen, daß sie sich als Stärke äußere. (Nietzsche II,789)

Der Marquis de Sade hat vor Nietzsche die Umwertung aller Werte verkündet, die naturgemäße Ungleichheit aller Menschen, die sich in Starke und Schwache einteilen, und er hat gegenüber allen christlichen, humanistischen, ethischen Postulaten das Eigeninteresse zur alleinigen Triebfeder menschlichen Handelns erklärt. Er räumt dem Starken das Recht ein, den Schwachen für seine Interessen ohne Rücksicht auf dessen Wollen und Empfinden zu benutzen: Er erklärt das Verbrechen gleichsam zum Grundrecht des Starken, das keiner Vorwände bedarf. Horkheimer und Adorno zeigten in ihrer Schrift *Dialektik der Aufklärung*, daß der kantische Optimismus, »nach dem moralisches Handeln auch dort vernünftig sei, wo das niederträchtige gute Aussicht habe«, sich nur dem »Entsetzen vor dem Rückfall in die Barbarei« verdanke, jedoch nicht herzuleiten sei aus den Grundsätzen der wissenschaftlichen Vernunft (Horkheimer/Adorno, 78f.).

Horkheimer und Adorno (vgl. im vorliegenden Band, Kap. IV,4) verweisen auf eine Aporie der Aufklärung, die sich im Werk des Marquis de Sade auf irritierend beunruhigende Weise manifestiert. Seine Libertins, die sich ganz der Lust verschrieben haben, sich zu einem unbedingten Egoismus bekennen, dem Menschenliebe, Menschlichkeit, Mitleid, jede Art von individueller, sozialer Bindung nichts bedeuten, können sich durchaus auf die Prinzipien der Aufklärung berufen. Doch in der Geschichte der Philosophie nahm das Mitleid noch nie einen besonders hohen Rang ein, darauf verweisen auch Horkheimer und Adorno:

> Sade und Nietzsche wußten, daß ihre Lehre von der Sündhaftigkeit des Mitleids altes bürgerliches Erbgut war. Dieser verweist auf alle »starken Zeiten«, auf die »vornehmen Kulturen«, jener auf Aristoteles und die Peripatetiker. Das Mitleid hält vor der Philosophie nicht stand. (Horkheimer/Adorno, 92)

Auch sie betonen den problematischen Aspekt des Mitleids, da es »die Regel der Unmenschlichkeit durch die Ausnahme, die es praktiziert«, bestätigt (ebd., 93).

De Sades Machiavellisten des Sexus, die gegenüber allen ethischen Postulaten des Gemeinwohls allein ihr individuelles Vergnügen gelten lassen, berufen sich auf dieselbe formalistische Vernunft, die den Menschen nicht nur aus seiner selbst verschuldeten Unmündigkeit hinausführen, sondern ihn auch hinführen soll zu einem gerechten Gemeinwesen. De Sades Protagonisten dagegen demonstrieren, daß es keinerlei Zusammenhang zwischen formalistischer Vernunft und Moral bzw. Unmoral gebe. Noch der kleinste eigene Lustgewinn rechtfertigt es, das Unglück und den Tod anderer zu bewirken. So ermorden Juliette und Lady Clairwil ihre Freundin Olympia, nur um die Natur herauszufordern und ihre Lust angesichts der Qual und des Todes Olympias zu steigern:

> Endlich nach zwei Stunden der furchtbarsten Qualen hoben wir sie auf und warfen sie in die Mitte des Vulkans hinein. Noch sechs Minuten nachher hörten wir ihren Körper hinunterkollern, langsam nahm der Lärm ab, bis schließlich alles still wurde. »Es ist geschehen«, sagte Clairwil, die sich unablässig gerieben hatte, nachdem wir den Körper losgelassen hatten, »o, zum Teufel! Geliebte, wir wollen uns jetzt beide entladen, während wir uns auf dem Rand des Vulkans selbst niederlassen! Wir haben hier ein Verbrechen begangen, eine der köstlichsten Handlungen, welche die Menschen

scheußlich zu nennen wagen. Nun gut! wenn diese Tat wirklich die Natur beleidigt, möge sie sich rächen, sie vermag es ja; möge augenblicklich der Vulkan ausbrechen und uns in einem Lavastrom verschlingen.« (*Juliette*, Werke II,196)

Die »Natur« schweigt, der Vulkan rührt sich nicht, und das gilt de Sade bzw. seinen Figuren als Beweis, daß die überlieferten ethischen Werte weder vor der Natur noch vor der rationalen Logik bestehen können. Manfred Schneider verweist auf ein klassisches Vorbild dieser Vesuvszene: den Empedokles-Stoff (Schneider, 170).

De Sade führt in seinem gesamten, höchst umfangreichen Werk, das in gewisser monomanischer Weise – ähnlich dem des Graphomanen Restif de la Bretonne – um Lust und Verbrechen kreist, vor, daß der Tugend kein überzeugendes Argument, dem Laster die Evidenz des Vergnügens und die Punktsiege der formalen Logik zukommen. De Sades Justine, die sich immer wieder auf das Tugendgebot beruft und ebenso oft wegen ihrer Gutmütigkeit bestraft wird und die die ganze Skala der Demütigungen und Mißhandlungen erduldet, erinnert an Voltaires Candide, der genauso unbelehrbar wie Justine an die beste aller Welten glaubt und doch am eigenen Leib immer wieder die Ungerechtigkeit und Niedertracht der Welt erfährt. Justines freigeistige Schwester Juliette dagegen, die das Verbrechen, auch den Mord als größte Normverletzung, legitimiert, wenn es dem eigenen Genuß dient, bewegt sich – nach dem Willen ihres Autors – unangefochten von Schicksalsschlägen durch das Leben.

Seine Strategen der Lust – seien es die Akteure von Sodom oder die Freigeister um Juliette – gestehen nicht nur offen ein, daß sie sich um die Lust und das Wohlbefinden ihrer Sexualobjekte nicht in geringster Weise kümmern, sie erklären auch, daß ihre eigene Lust gerade aus dem Kontrast zum Schmerz, zum Elend der anderen sich steigert.

Durcet aus den *Cent vingt journées de Sodome* und durch ihn de Sade proklamiert, daß die eigentliche Lust, die wahre Befriedigung, immer des Kontrastes bedarf, des Wissens um die Darbenden.

> Nicht im Genuß besteht das Glück, sondern in der Begierde, im Zerbrechen der Schranken, die man diesen Begierden entgegensetzt. [...] Übrigens fehlt uns hier meiner Meinung nach eine für das Glück sehr wesentliche Sache, nämlich das Vergnügen der Vergleichung, ein Vergnügen, das nur aus dem Anblick des Unglücks erwächst, von dem wir hier nichts sehen. (186)

Diesen Gedanken greift Nietzsche in seiner Schrift *Zur Genealogie der Moral* auf – mit einer höchst interessanten Volte: Er bezieht sich auf Dantes *Divina Commedia,* deren Inschrift über das Tor zur Hölle – »auch mich schuf die ewige Liebe« – ingeniös verfehlt sei, doch über dem Tor zum ewigen Paradies und zur christlichen Seligkeit »würde jedenfalls mit besserem Rechte die Inschrift stehen dürfen ›auch mich schuf der ewige Haß‹« (Nietzsche II,793), und er zitiert altbewährte christliche Theologen, christliche Autoritäten, die wie Thomas von Aquin, der »große Lehrer und Heilige«, bezeugen: »*Beati in regno coelestis*, sagt er sanft wie ein Lamm, *videbunt poenas damnatorum, ut beatitudo illis magis complaceat*« (ebd., 793). Sehr eindrucksvoll führt Nietzsche vor, daß die christlichen Theologen und Kirchenväter die Wonnen des Paradieses hemmungslos aus dem Kontrast zu den Martern der Hölle darstellten, sie also voraussetzten, daß die Wonnen der Seligen sich zu einem großen Teil aus dem Blick auf die Martern der Verdammten entwickelten. Die »Johanneische Apokalypse« schließlich gilt ihm als Inbegriff der »wüstesten aller geschriebenen Ausbrüche [...], welche die Rache auf dem Gewissen hat« (ebd., 795). Nietzsche macht bei den Christen das aus, was der Libertin Durcet in den *Cent vingt journées de Sodome* proklamiert: Das Paradies bedarf des Kontrastes, um als Paradies erlebt zu werden. Das Vergnügen bedarf des Kontrastes, um seines Lustwertes innezuwerden. Dieser Kontrast, der in Dantes christlicher Gegenüberstellung von Inferno und Paradiso seinen sinnfälligen Ausdruck findet und der in der perversen Welt des Marquis de Sade eine säkularisierte Bedeutung erfährt, fehlt in der pornotopischen Welt. Die Protagonistinnen des erotischen Œuvres Louvet de Couvrays, Restif de la Bretonnes, Andréa de Nerciats oder Mirabeaus genießen die Annehmlichkeiten sexueller Freizügigkeit ohne den Kitzel des Privilegs, ohne die Vorstellung, daß ihre Lust sich der Qual anderer verdankt.

Cleland, aber auch Louvet de Convray, Restif de la Bretonne, Andrea de Nerciat, Honoré-Gabriel de Riqueti Comte de Mirabeau, sie zeigen einen erotischen Garten Eden, deren Bewohner kein Feigenblatt kennen, obwohl sie vom Baum der Erkenntnis gegessen haben. Doch so sehr sich ihre erotisch-sexuellen Szenarien im heiter wollüstigen Allegro-Stil von den provokativen Lustphantasien des Marquis im Zeichen der Gewalt auch unterscheiden – gemeinsam ist ihnen allen ein strategisches Bewußtsein, der Wille zum Reglement, der dem dionysischen Chaos orgiastischer Lust letztlich entgegenwirkt. Was den Marquis de Sade, dessen Werk bis heute als das unübertroffene Skandalon schlechthin gilt, von den libertinen Autoren pornotopischer Dorados unterscheidet, ist sein Bekenntnis zu einem schrankenlosen Egoismus, der jeden und jede nur als Sexualobjekt nimmt, die eigene Lust um den Preis der Vernichtung eines anderen sucht. Dagegen suchen die libertinen Autoren mit allen Mitteln den Eindruck zu erwecken, daß es in ihren Zirkeln der Wollust keine Herrschaftsverhältnisse, keine Verdinglichung, kein Ausleben von Lust auf Kosten der Unlust des anderen gebe. Hier scheint ein Moment der Unwahrheit, rosaroter Heileweltphantasie auf, das die Werke in die Nähe der Trivialliteratur bringt. De Sade dagegen kann das keineswegs zweifelhafte Verdienst für sich in Anspruch nehmen, die Geister verschiedenster Couleur herausgefordert und das Denken über die Dialektik der Aufklärung und über ihre Aporien provoziert zu haben.

Der libertine Geist im Frankreich des 18. Jahrhunderts von Mirabeau bis zu de Sade hat ein so vielfarbiges Spektrum erotischer, pornographischer, obszöner Literatur hervorgebracht, daß spätere Autoren Mühe hatten, in diesem Genre innovativ, auf neue Weise provokativ zu sein. Apollinaires Werk *Les onze mille verges* (1907), dessen deutsche Übersetzung 1971 zusammen mit der *Josephine Mutzenbacher* vom Landgericht München nach §184 StGB als unzüchtige Schrift indiziert wurde, ist das jedoch gelungen. Auch der Verteidigung, die im Sinne des »Kunstvorbehalts« die literarische Qualität belegte, gelang es nicht, die Indizierung aufzuheben. Nicht zufällig steht das Werk sowohl in der Tradition eines de Sade als auch eines Mirabeau, dessen Œuvre Apollinaire selbst herausgegeben und kommentiert hat. Sein Repertoire der sexuellen Perversionen fand er beim Marquis vor, mit seinem sexuellen Wortschatz orientiert er sich eher an dem umgangssprachlichen sachlichen Stil Mirabeaus, und er folgt auch dessen Prämisse wechselseitiger Lust, obwohl es an Szenen sexueller Gewalt, die zum Tod führen, nicht mangelt. Apollinaires Werk stellt in der Tat ein Skandalon dar, das Szenen brutalster, menschenverachtendster Art – ohne einen Anflug moralischer Distanzierung – beschreibt.

Doch anders als bei de Sade moduliert eine gewisse Ironie, ein karikaturistischer Blick für das Komische und Groteske einer Situation, d. h. der sexuellen Orgien, durchgehend die *Onze mille verges*, und so gelingt es Apollinaire, auf diese Weise – gleichsam im Geiste des schwarzen Humors – eine Distanz zu schaffen. Seine *Onze mille verges*, die einerseits dem libertinen Zeitgeist des 18. Jahrhunderts verpflichtet sind, stellen andererseits ein ästhetisch-innovatives Werk vor, das immens geeignet ist, die Debatte um Kunst, Pornographie und Obszönität zu beleben.

VI

Die Liebesehe: Ein neues Konzept erotischer Intimität

1. Der Wandel der Ehe- und Liebeskonzeption

Das 19. Jahrhundert zeichnet sich nicht durch einen ausgeprägten Sinn für erotische Pikanterien oder Subtilitäten aus. Weder die Strategien erotischer Intimität noch die Variationen sexueller Genüsse – diese beliebten Sujets in der Prosa des 18. Jahrhunderts – finden im Roman des 19. Jahrhunderts größere Beachtung. Die libertine Lebensform, die für die hedonistischen Maximen ungetrübten Sinnengenusses und sexueller Freizügigkeit einstand, überdauerte die Französische Revolution und die Napoleonische Ära nicht. Die relative Freizügigkeit des Adels in sexueller und moralischer Hinsicht schwand in der Folge der Französischen Revolution, und die Tugendideale des Bürgertums bzw. der Bourgeoisie gewannen allgemein an Geltung. Eine eigentlich erotische Literatur, die das spannungsvolle Spiel amouröser Annäherung darstellte oder seinen Reiz aus den Variationen erotisch-sexueller Szenen schöpfte, war für das Zeitalter fortschreitender Industrialisierung und Bürokratisierung kaum noch interessant.

Eine zunehmende Prüderie, die Tabuisierung von Sexualität gleichzeitig mit der Postulierung einer Ehemoral, die außereheliche Geschlechtsbeziehungen mit strengen gesellschaftlichen Sanktionen verfolgte, charakterisierten die gesellschaftliche Öffentlichkeit und haben sicherlich am Verschwinden des erotisch-libertinen Romans im 19. Jahrhundert mitgewirkt. Zugleich nimmt jedoch seit dem 18. Jahrhundert, wie Michel Foucault in *Der Wille zum Wissen* feststellt, der Diskurs über Sexualität in den verschiedenen

Disziplinen zu: »Um das 18. Jahrhundert herum entsteht ein politischer, ökonomischer und technischer Anreiz, vom Sex zu sprechen. Und das nicht so sehr in Form einer allgemeinen Theorie der Sexualität, sondern in Form von Analyse, Buchführung, Klassifizierung und Spezifizierung, in Form quantitativer und kausaler Untersuchungen.« (35) Foucault setzt sich kritisch mit der »Repressionshypothese« auseinander, die die sexuelle Repression nach »Jahrhunderten offenen Umgangs und freien Ausdrucks« im 17. Jahrhundert »mit der Entwicklung des Kapitalismus zusammenfallen« läßt, sie als eine Ausdrucksform der kapitalistischen Entwicklung sieht. Ironisch distanziert skizziert er den Argumentationsmodus vom »Diskurs über die moderne Unterdrückung des Sexes«:

> Noch zu Beginn des 17. Jahrhunderts sei es freimütiger zugegangen, sagt man. Die Praktiken wurden kaum verheimlicht, die Worte wurden ohne übertriebene Zurückhaltung gesagt und die Dinge ohne übermäßige Verhüllung; man lebte in vertrautem und tolerantem Umgang mit dem Unziemlichen. Die Codes für das Rohe, Obszöne oder Unanständige waren recht locker, verglichen mit denen des 19. Jahrhunderts. [...] Dem lichten Tag sollte eine rasche Dämmerung folgen, endend in den monotonen Nächten des viktorianischen Bürgertums. Die Sexualität wird sorgfältig eingeschlossen. Sie richtet sich neu ein, wird von der Kleinfamilie konfisziert und geht ganz im Ernst der Fortpflanzung auf. Um den Sex breitet sich Schweigen. Das legitime, sich fortpflanzende Paar macht das Gesetz. Es setzt sich als Modell durch [...]. Im gesellschaftlichen Raum sowie im Innersten jeden Hauses gibt es nur einen Ort, an dem Sexualität zugelassen ist – sofern sie nützlich und fruchtbar ist: das elterliche Schlafzimmer. [...] Das Eigentümliche der Repression, das, was sie von den einfachen Verboten des

> Strafgesetzes unterscheidet, soll demnach darin bestehen, daß sie zugleich als Verbannungsurteil und als Befehl zum Schweigen funktioniert, als Behauptung der Nicht-Existenz und – konsequenterweise – als Feststellung, daß es bei alledem überhaupt nichts zu reden, zu sehen oder zu wissen gibt. (Ebd., 11 f.)

Auch wenn sich Foucault von dieser Argumentation gerade abzuheben sucht, so manifestiert sich noch in seiner ironischen Zitierweise deren Gewichtigkeit. Foucault kann zwar nicht prinzipiell behaupten, daß das »Verbot des Sexes eine Täuschung« sei, doch er hält dagegen, daß »die negativen Elemente – Verbote, Verweigerungen, Zensuren, Verneinungen« – einen bedeutsamen Wandel in der sexuellen Diskursstrategie bewirkten (ebd., 22). Er sieht in der Auffächerung der Diskurse über den Sex nicht »die Macht der Untersagung« (56), sondern die Ausdehnung und Steigerung der Macht manifestiert (63). Seine Arbeitshypothese: »Die Gesellschaft, die sich im 18. Jahrhundert entwikkelt – man mag sie bürgerlich, kapitalistisch oder industriell nennen –, hat dem Sex nicht eine fundamentale Erkenntnisverweigerung entgegengesetzt. Sie hat im Gegenteil einen ganzen Apparat in Gang gebracht, um wahre Diskurse über ihn zu produzieren« (88 f.).

Symptomatisch ist für Foucaults Argumentation, daß er Zunahme und Auffächerung der Diskurse über Sexualität letztlich wertneutral behandelt, daß er auch die religiösen und juristischen Geständnisrituale als positive Indizien gegen die Repressionsthese beansprucht. Selbst in den verschiedenen Diskursen sexueller Inquisition entdeckt er eine »Lust an der Wahrheit der Lust, die Lust sie zu wissen, sie auszukleiden, sie zu enthüllen, sich von ihrem Anblick faszinieren zu lassen, sie zu sagen, andere mit ihr zu fangen und zu fesseln, sie im Verborgenen mitzuteilen, sie listig aufzuspüren; die spezifische Lust am wahren Diskurs über die Lust« (ebd., 91). Die Lust scheint danach beim Voyeur und Inquisitor ihre intensivsten Orgien zu feiern und eine weitgehend nur noch zerebrale Angelegenheit zu sein. Mögen die verschiedenen Konzepte befreiter Sexualität auch kritisierbar sein – das Postulat vom gesunden Sex, das Erotik oft mit sportlicher Leistung verwechselt, das romantische Ideal lebenssteigernder Liebe, das selten der rauhen bzw. banal alltäglichen Wirklichkeit standhält, oder die Orgasmustheorie eines Wilhelm Reich –, problematisch wiederum bleibt Foucaults undialektische Betrachtungsweise selbst, die in dieser spezifischen »Lust am wahren Diskurs über die Lust« (ebd.) nicht auch das Surrogathafte ausmacht und den Verlust festhält, der in dem Siegeszug der *scientia sexualis* aufscheint, den Verlust an Sinnlichkeit, Körperlichkeit und Spontaneität.

Bezeichnenderweise führt Foucault für seine These, »daß der Diskurs über den Sex seit mittlerweile drei Jahrhunderten eher vermehrt als verknappt worden ist« (69), keinerlei Beispiele aus der Literatur an. Der Grund ist offenkundig: Gegenüber der enormen Ausdifferenzierung der sexuellen Diskurse im nicht fiktionalen Bereich erweist sich die fiktionale Literatur des 19. Jahrhunderts in dieser Hinsicht als erstaunlich enthaltsam. Nun könnte man diesen Befund als Argument gegen Foucaults Polemik an der Repressionstheorie ins Feld führen. Sollte ein restringierter Moralcode im 19. Jahrhundert – anders als den Autoren im vergangenen Jahrhundert – ein erotisch-sexuelles Beschreibungsverbot oktroyiert haben? Doch das wäre zu plan und simpel argumentiert. Ein Schriftsteller ist zwar von Zeitströmungen geprägt, doch ihnen nicht hörig.

Es hat vielmehr im Übergang vom 18. zum 19. Jahrhundert ein sozial- und kulturgeschichtlicher Wandel stattgefunden, der der Literatur neue Themen, neue Probleme und neue ästhetische Strategien eröffnete. Offenkundig verlieren Genres wie die Robinsonade, der Abenteuer- und Reiseroman mit dem ausgehenden 18. Jahrhundert ebenso an Bedeutung wie der erotisch-libertine Roman, der empfindsame Roman oder die fiktive Konfessionsliteratur à la Richardsons *Pamela*, Defoes *Moll Flanders* oder Mirabeaus *Le Rideau levé ou l'Education de Laure*. Weder der empfindsame Roman, der in Goethes *Werther* seine höchste, radikalste Ausprägung und Aufhebung fand, noch der erotisch-libertine Roman, der sich in Laclos' *Liaisons dangereuses* vollendete, finden im Roman des 19. Jahrhunderts eine Nachfolge. Der Bildungsroman, der Künstlerroman, der Gesellschaftsroman, Genres, die den inneren Konflikten, Bewußtseinsprozessen, dem komplizierten Verhältnis von Individuen und Gesellschaft nachspüren, lösen sowohl die handlungsorientierten epischen Formen als auch die Spielformen der *sentimental novel* ab.

Das romantische Liebesideal hat in der Folgezeit einen neuen Romantypus hervorgebracht, der auf den Wandel moralischer Kategorien und Tabuzonen reagiert, auf das veränderte Ehe- und Liebeskonzept, das neue Konfliktstoffe schuf: den Konflikt von ehelicher Pflicht und außerehelicher Liebe, von Treue gegenüber dem Gatten und Selbsttreue gegenüber seinem Gefühl, von Liebe zum eigenen Kind und der außerehelichen Liebe usw. Die neue Ehekonzeption und die Neufassung des Scheidungsrechts seit der Französischen Revolution haben die gesellschaftlichen Strukturen verändert und damit auch den Grund für neue literarische Fragestellungen, für neue künstlerische Strategien geschaffen. Kurz, es entwickelt sich ein Genre mit einem thematischen Spektrum, das als Eheroman bezeichnet werden kann.

Balzacs Erzählung *La Duchesse de Langeais* aus der *Histoire des Treize* dokumentiert auf ironische, feinsinnige Weise diesen historischen Wandel der Moral, die Verbürgerlichung aristokratischer Verhaltensnormen. Er macht deutlich, daß eine erotische Romanze, die im Ancien régime als interessante Herzensaventüre aufgenommen worden wäre, in postrevolutionärer Zeit nur noch ungesetzlich und peinlich wirkt. Auf interessante Weise dokumentiert

Balzacs Roman den Wandel gesellschaftlicher Normen. Einerseits verhalten sich die Figuren seiner Erzählung mehr im Sinne des erotischen Intimcodes aus dem 18. Jahrhundert. Andererseits mischt sich der Familienclan ein, um die kapriziöse Duchesse mit den moralischen und rechtlichen Normen der neuen Ära zu konfrontieren, die den gesellschaftlichen Schein ehelicher Intaktheit über alles hochhält. Der neue Sittencode erlaubt zwar im Falle des Ehebruchs die Scheidung, aber nach einem Modus, bei dem die Frau nur verliert. Für das Bewußtsein der Herzogin spielt ihr ehelicher Status keine Rolle, sie kennt keinerlei Gewissenskonflikt zwischen leidenschaftlicher Liebe und ehelicher Treue, fraglos gilt für sie die tradierte Opposition zwischen Liebe und Ehe. Balzac führt in seiner Erzählung Figuren vor, die in ihrem Denken dem Intimcode des 18. Jahrhunderts anhängen, sich jedoch in einer von bürgerlichen Moralvorstellungen geprägten Gesellschaftsordnung bewegen.

Die Institution Ehe blieb offenkundig – wie sich gezeigt hat – für die epischen Genres des 18. Jahrhunderts ohne Belang, sie blieb als Konfliktstoff für den Handlungsablauf ausgespart. Dennoch wirkte sie als geltendes Sozialsystem auch zuvor auf das Bewußtsein der Figuren. Richardsons Pamela z. B. weiß nur zu gut, daß ihre Unberührtheit unabdingbar für einen guten Ehekontrakt ist; erwartungsgemäß wird sie nach vielen Prüfungen schließlich mit einem lukrativen Heiratsantrag belohnt. Mit dem Ehestand, der das Ende ihrer Prüfungen und Anfechtungen bedeutet, ist dann auch das Ende des Romans erreicht. Schnabels im Irrgarten der Liebe herumtaumelnder Kavalier dagegen erliegt bekanntlich immer wieder den lasterhaften erotischen Anfechtungen, bis er eher glücklos als glücklich den Hafen der Ehe erreicht, in dem er auf fromm-tugendsame, aber kümmerliche Weise den Rest seiner Tage verbringt. Die Ehe selbst spielt für den Handlungsverlauf des Romans insgesamt keine Rolle; der schließt mit der Abkehr des Kavaliers vom sündigen Leben. Andréa de Nerciats Lolotte schreibt zwar als verheiratete, noch junge Frau ihre Memoiren, doch diese handeln keineswegs von ihrem ehelichen Leben, sie enden – wie die der Fanny Hill – quasi mit der Eheschließung. Die Ehe fungiert hier als Happy-End, als Hafen der Ehe, in den man nach allerlei Irrfahrten gelangt, d. h. als Schluß der epischen Handlung, als willkommene Ausstiegsmöglichkeit für den Erzähler. Auch Laclos' Madame de Tourvel, die an ihrer *amour passion* für Valmont zugrunde geht, ist verheiratet, doch der Gatte bleibt während des gesamten Romangeschehens abwesend, die Ehe als solche bildet nur den Hintergrund für das eigentliche Sujet: die Verführung der moralisch hochstehenden, religiösen Frau durch die fingierte *amour passion* eines reflektierten Verführers. Offensichtlich galt die Ehe in ästhetischer Hinsicht als völlig reizlos. Das ist verständlich, solange das Oppositionsschema Liebe/Ehe gilt und sich die interessanten Herzensverwicklungen außerhalb der ehelichen Gemeinschaft abspielen.

Im Zuge der Entwicklung einer arbeitsteiligen Industriegesellschaft, die das Konzept des ›Ganzen Hauses‹, des integrierten Wohnens und Arbeitens innerhalb der Großfamilie aufgab, gewann die Kleinfamilie als Ort der Geborgenheit und des Schutzes gegenüber den Anforderungen der Gesellschaft an Bedeutung. Wenn den vorangehenden Jahrhunderten die Opposition Ehe/Liebe als Selbstverständlichkeit galt, so postuliert man nun, im 19. Jahrhundert, als Lebensideal die Einheit von Ehe und Liebe, die Integration des Eros in die Ehegemeinschaft: eine kulturgeschichtliche Revolution!

Niklas Luhmann erklärt den Wandel der Ehekonzeption durch die »zunehmende Differenzierung von Wirtschaft in ihrem Produktionsbereich und Familienleben«. »Schon im 18. Jahrhundert hatten die Oberschichtenfamilien ihre ›staatstragende‹ Bedeutung verloren. Die gesellschaftsstrukturellen Gründe für eine Kontrolle der Eheschließung waren entfallen, und was sollte die Gesellschaft daran hindern, von arrangierten Heiraten zu Liebesheiraten überzugehen« (Luhmann, 183). Die Ehe der beiden Gatten, als Neugründung einer Familie verstanden, beansprucht gegenüber dem Familiensystem, gegenüber den verschiedenen Verwandtschaftszusammenhängen, die »als Stützpfeiler politischer, religiöser oder wirtschaftlicher Funktionen« (ebd., 184) fungierten, eine größere Unabhängigkeit. Entsprechend bedurfte auch die Gattenwahl einer anderen Legitimation. Die »Entwicklung des Kommunikationsmediums Liebe« in seinen verschiedenen Ausprägungen – teils orientiert an »außerehelichen Passionen (Frankreich), teils orientiert an Häuslichkeit (England), teils orientiert an Bildung (Deutschland)« – hatte diesen Strukturwandel vorbereitet (ebd.).

»Am Ende des 18. Jahrhunderts bekennt man sich zur Einheit von Liebesehe und ehelicher Liebe als Prinzip der natürlichen Vervollkommnung des Menschen« (ebd., 185). Doch die »Freigabe der Eheschließung für romantische Liebe« (186), die sich nach Luhmann im 19. Jahrhundert durchgesetzt habe, wird zwar von einigen Intellektuellen seit dem Ende des 18. Jahrhunderts immer wieder gefordert, sie kennzeichnet jedoch nicht die soziale Wirklichkeit im allgemeinen. Die Differenz zwischen Theorie und Praxis ist groß. Die Liebesehe – das wird auch der Eheroman des 19. Jahrhunderts zeigen – behält auch in dieser Ära eher Seltenheitswert.

Dennoch gilt: Das emanzipierte Bürgertum stellt die jahrhundertelang geltende Opposition von Ehe und Liebe in Frage. Und trotz der großen Differenz zwischen Theorie und Praxis, Ideal und Wirklichkeit, Liebesehe und arrangierter Heirat – die Erwartungen vor allem von seiten der Frauen an die Ehe, an die Partnerbeziehung schufen neue Konflikte und damit neue literarische Sujets. Wie auch immer sich die Ehethematik in den literarischen Werken des 19. Jahrhunderts präsentiert, die Voraussetzung für das offenkundige Interesse an dieser Frage liegt in einem gesellschaftlichen Paradigmenwandel: in der neuen Konzeption der Liebesehe, die ein neues literarisches Genre hervorgebracht hat.

2. Friedrich Schlegels *Lucinde* und der neue romantische Liebescode

Im 18. Jahrhundert hatte der erotische Roman in all seinen Spielformen und Varianten hohe Konjunktur. Eines verband die so konträren Liebesentwürfe: die Entgegensetzung von Liebe und Ehe. Nicht der Gatte ist der einzig Geliebte der Nouvelle Héloïse, und nicht zwischen den Gatten in Schnabels oder Mirabeaus libertinen Romanen spielen sich die lustvoll erotischen Begegnungen ab. Darin spiegelt sich die gesellschaftliche Wirklichkeit. Die Opposition von Liebe und Ehe bestimmt fraglos bis zum Ende des 18. Jahrhunderts Theorie und gesellschaftliche Praxis in der europäischen Zivilisation. Christliche Moralvorstellungen wirkten sich u. a. auf diese Entgegensetzung von Ehe und Liebe im Sinne erotisch-sinnlicher Leidenschaft und idealisch-emotionaler Passion aus.

Erst die Romantik propagierte – am Ende des 18. Jahrhunderts – das neue Ideal einer Liebesehe, in der Vernunft und Neigung, Achtung, Herzensliebe und erotische Anziehung eine harmonische Allianz bilden. Ja, die Romantik entfaltete ein Liebeskonzept, das auch heute noch in den Köpfen oder Herzen der Zeitgenossen seelengeistert.

Friedrich Schlegel entwickelt in der *Lucinde* seinen Entwurf einer geglückten Geschlechterbeziehung, die sich in einer die ganze Person ergreifenden Liebe ausdrückt. Schlegel geht – im Geiste der zeitgenössischen Philosophie und Anthropologie – von der Geschlechterpolarität aus und ordnet den beiden Geschlechtern unterschiedliche, einander ergänzende Qualitäten zu: Geist, Vernunft versus Natur, Gefühl. In der Liebe erst entwickelt sich das Ich zum ganzen Menschen. Insofern bilden Julius und Lucinde als liebendes Paar eine »Allegorie auf die Vollendung des Männlichen und Weiblichen zur vollen ganzen Menschheit« (19).

Schlegels Protagonist, der Künstler Julius, sehnte sich schließlich am Ende seiner »Lehrjahre der Männlichkeit« »nach einer Heimath und dachte an eine schöne Ehe, die mit den Forderungen der Kunst nicht streiten sollte« (76). Bezeichnend der Begriff »schöne Ehe«, die ästhetische Kategorie ›schön‹ als Charakteristikum der Ehe, die als moralisch-gesellschaftliche Einrichtung im allgemeinen eher als Hindernis für die Anhänger des Schönen, der freien Kunst betrachtet wird. Radikaler kann die Differenz zum tradierten Ehekonzept nicht gefaßt werden. Man denke an die vielen Künstlergestalten bei E. T. A. Hoffmann, die durch Flucht vor der Heirat doch noch für die Kunst gerettet wurden. In diesem Begriff der schönen Ehe drückt sich ein romantisches Lebens- und Kunstkonzept aus, das das Leben zu poetisieren sucht und die Kunst als die poetische Möglichkeit des Lebens begreift.

Friedrich Schlegels *Lucinde* beginnt in der Tat da, wo die meisten Romane des 18. Jahrhunderts endeten, mit der Ehe, er feiert das Eheleben zweier Liebender, die beide schon ihre *éducation sentimentale* durchlebt, Spielarten der Liebe erfahren haben, und sich nun in der hohen Schule lebenssteigernder Liebe üben, die sich – wie auch bei Novalis – in der Ehe vollzieht. Zweifellos unternimmt Schlegel eine Aufwertung und Neubestimmung der Ehe aus dem Geist der Liebe bzw. aus der Körperlichkeit der Liebe. Immer wieder beschwört Julius bzw. Schlegel »die Empfindung des Fleisches« (31), »die süße Gluth« (12), die Wollust, d. h., er nimmt in seinem Liebesideal den Sexualtrieb und die Sinnlichkeit des Menschen ernst, er will die sinnliche Natur des Menschen nicht durch Triebverzicht sublimieren, sondern durch Geist und Gefühl veredeln.

Schlegels Konzept, das sich in der *Lucinde* präsentiert, vielfarbig, antilinear, in Sprüngen die Genres mischend, und doch wieder streng allegorisch und rational, ist originell, in seiner Art ein Unikat, und ist doch auch wiederum symptomatisch für das neue romantische Liebes- und Eheverständnis. Bei allen Differenzen, die zwischen den verschiedenen Künstlerpersönlichkeiten der Romantik bestehen, so lassen sich gerade in der Option auf die idealische, lebenssteigernde Liebe Gemeinsamkeiten feststellen.

In Schlegels *Lucinde*, Novalis' *Ofterdingen* oder in Eichendorffs *Taugenichts* gestaltet sich die Entwicklung der Liebesbeziehung völlig gegen die Regeln des Liebescodes, der sich zu Beginn des 17. Jahrhunderts ausgebildet hat und auch noch im ausgehenden 18. Jahrhundert seine Gültigkeit bewahrte. Die höfisch geprägte Liebesstrategie zielte auf die Verschlüsselung der Gefühle, auf Affektkontrolle, auf Galanterie und Koketterie als gesellschaftlich anerkannte Formen unverbindlicher Gunstverheißung. Dieser komplizierte Code der Intimität – so Luhmanns Terminologie – verlangte von den Beteiligten die Kunst der Maske und ein subtiles Interpretationsvermögen. Das romantische Liebeskonzept dagegen postuliert Spontaneität, unwillkürlichen Empfindungsausdruck, setzt der Verschlüsselungstaktik den Entwurf ungekünstelter, natürlicher Herzenssprache entgegen.

Symptomatisch für dieses neue erotische Kommunikationsmodell ist der erste Kuß zwischen Julius und Lucinde:

> Da er ihren Gesang vernahm, der sich rein und stark gebildet aus tiefer weicher Seele hob, da er ihn mit dem seinigen begleitete, und ihre Stimmen bald in Eins flossen, bald Fragen und Antworten der zartesten Empfindung wechselten, für die es keine Sprache giebt! Er konnte nicht widerstehn, er drückte einen schüchternen Kuß auf die frischen Lippen und die feurigen Augen. Mit ewigem Entzücken fühlte er das

göttliche Haupt der hohen Gestalt auf seine Schulter sinken, die schwarzen Locken flossen über den Schnee des vollen Busens und des schönen Rückens, leise sagte er *herrliche Frau!* als die fatale Gesellschaft unerwartet hereintrat. (79)

Es bedarf keiner Worte, Julius ist sich der liebenden Hingabe Lucindes gewiß, er entwickelt weder raffinierte Verführungsstrategien, noch erwartet er von Lucinde die üblichen Abwehrmechanismen nach dem Modell der belagerten weiblichen Tugendbastion. Völlig konträr zum herrschenden Liebescode maskierten Begehrens heißt es:

Nun hatte sie ihm nach seinen Begriffen eigentlich schon alles gewährt; es war ihm nicht möglich zu künsteln an einem Verhältniß, das er sich so rein und groß dachte [...]. Von einer Gottheit, dachte er, begehrt man nicht erst das, was man nur als Übergang und Mittel denkt, sondern man bekennt sogleich mit Offenheit und Zuversicht das Ziel aller Wünsche. (54)

Lucinde ist zwar »nicht wenig überrascht« von seinem »mit der unschuldigsten Unbefangenheit« geäußerten Verlangen, doch sie verzichtet auf kokette Abwehrspiele, »überließ es nur den Umständen, die es so fügten, wie es gut war. Sie waren nur wenige Tage allein, als sie sich ihm auf ewig ergab« (54).

Schlegel charakterisiert Lucinde als junge Künstlerin, »welche das Schöne gleich ihm [Julius] leidenschaftlich verehrte, die Natur und die Einsamkeit eben so zu lieben schien« (77), er führt sie als erfahrene Frau ein, die »schon Mutter gewesen von einem schönen starken Knaben, den ihr der Tod bald wieder entrissen« (78), die die Liebe schon erfahren und »mit kühner Entschlossenheit alle Rücksichten und alle Bande zerrissen« und »völlig frey und unabhängig« (ebd.) lebte. Ein Novum: nicht das unerfahrene

Mädchen, sondern die erfahrene Frau wird zum Liebessubjekt!

Dieser Frau mit einem »entschiednen Hang zum Romantischen« (ebd.) begegnet Julius nach einem in erotisch-sexueller Hinsicht sehr bewegten Entwicklungsprozeß. Die »wunderbare Gleichheit zog den Jüngling bald in ihre Nähe, er bemerkte, daß auch sie diese Gleichheit fühle, und beyde nahmen es gewahr, daß sie sich nicht gleichgültig wären« (ebd.).

Die Entwicklung der Liebesbeziehung gestaltet sich nun völlig gegen die Regeln des Liebescodes, der sich zu Beginn des 17. Jahrhunderts ausgebildet und auch noch im ausgehenden 18. Jahrhundert seine Gültigkeit nicht verloren hat. Die Hermeneutik der Liebe, die subtil nach den Indizien für wahre bzw. vorgetäuschte Liebe fahndet, bzw. das Spiel mit Simulation und Dissimulation, die hohe Kunst von Galanterie und Koketterie, diese Formen der Liebesartistik verlieren für das romantische Paar ihre Bedeutung. Das romantische Liebeskonzept setzt gegen den komplizierten, gesellschaftlich ausgerichteten Code der *amour passion* den Entwurf der Spontaneität ungekünstelter, natürlicher Herzenssprache. Julius setzt ihr Einverständnis ohne Worte voraus. Ein Zeichen dieses romantischen Liebesentwurfs ist es gerade, daß die Liebe keiner hermeneutischen Kunst bedarf, sich die Liebenden gleichsam in einem Blick ihrer Liebe gewiß sind. So läßt auch Novalis seinen Protagonisten, Heinrich von Ofterdingen, in Mathilde spontan das idealische Bild der blauen Blume erblicken: Der Dichter-Jüngling und das anmutig seelenvolle Madonnenmädchen lieben sich mit dem ersten Augen-Blick, sie besiegeln ihre Liebe durch den Ehebund und geben ihr damit – im Sinne der Logik des Romans – erst ihre hohe Weihe. Symptomatisch für das romantische Liebesideal ist ihre erste Begegnung:

> Mathilde sah ihn mit stiller Aufmerksamkeit an. Sie schien sich über seine Reden zu freuen, die sein Gesicht mit den sprechendsten Mienen noch mehr erklärte. Seine Augen glänzten ungewöhnlich. Er sah sich zuweilen nach Mathilden um, die über den Ausdruck seines Gesichts erstaunte. Im Feuer des Gesprächs ergriff er unvermerkt ihre Hand, und sie konnte nicht umhin, manches was er sagte, mit einem leisen Druck zu bestätigen. Klingsohr wußte seinen Enthusiasmus zu unterhalten, und lockte allmählich seine ganze Seele auf die Lippen. Endlich stand alles auf. Alles schwärmte durcheinander. Heinrich war an Mathildens Seite geblieben. Sie standen unbemerkt abwärts. Er hielt ihre Hand und küßte sie zärtlich. Sie ließ sie ihm, und blickte ihn mit unbeschreiblicher Freundlichkeit an. Er konnte sich nicht halten, neigte sich zu ihr und küßte ihre Lippen. Sie war überrascht, und erwiderte unwillkürlich seinen heißen Kuß. Gute Mathilde, lieber Heinrich, das war alles, was sie einander sagen konnten. (*Heinrich von Ofterdingen*, 104)

Heinrich wirbt im eigentlichen Sinn nicht um Mathilde, sucht nicht – wie etwa der Duc de Nemours die Princesse de Clèves – durch vielfache Liebesbeweise sie von der Echtheit seiner Leidenschaft zu überzeugen. Von einem erotischen Diskurs zwischen den Liebenden kann nicht die Rede sein. Heinrich spricht zwar »mit der lebhaftesten Begeisterung« zu Klingsohr und der Festgemeinschaft, doch gegenüber Mathilde fehlen ihm eher die Worte, und auch Mathilde ihrerseits teilt sich eher durch eine spontane Gebärdensprache mit. »Unwillkürlich« ist ein Schlüsselwort des romantischen Liebescodes, das auf das naturhaft Unbewußte der Liebesäußerung zielt und damit gerade gegenüber den Täuschungsmöglichkeiten kunstvoller Rhetorik die Wahrhaftigkeit des Naturlauts verbürgt. Weit entfernt von galanter Liebeswerbung oder einer Liebeskasuistik à la

Crébillon, drückt sich das selbstgewisse Liebesgefühl gerade in einem plötzlichen Mangel an Sprachkompetenz aus.

Parallelen lassen sich auch in der Gesellschaft des Ancien régime finden. Da alle Mitglieder der Gesellschaft sich in Affektkontrolle, in der Maskierung ihrer Begierden, Leidenschaften, in der Kunst der Dissimulation und Simulation perfektionierten, wurden gerade die Schnitzer, Ausrutscher, die Verstöße der Spontaneität gegen die Etikette für die Liebeshermeneutik relevant. Der romantische Liebesentwurf richtet sich allerdings bewußt gegen jede Form von Affektregulierung, d. h. gegen den herrschenden Code der *amour passion* und seines libertinen Gegenentwurfs. Das Neue und Interessante an dem romantischen Liebeskonzept liegt gerade in der Propagierung unvermittelter Gefühlssprache, einer unartifiziellen Gefühlskultur. Heinrich verliert bei Mathilde momentan seine dichterische Sprachkraft, und Mathilde ihrerseits vergißt ob der liebenswürdigen Erscheinung Heinrichs alle Verhaltensregeln für höhere Töchter. Offenkundig verfügen Mathilde und Heinrich über untrügliche Sensoren ihrer Liebe, bedürfen sie nicht eines gesellschaftlichen Verhaltenscodes, einer Taktik klugen Benehmens, die Blößen und Peinlichkeiten verhinderte. Ebenso wie Lucinde ist Mathilde in ihrem Verhalten frei von gesellschaftlichen Konventionen.

Auch Eichendorffs Liebende verhalten sich im Sinne des neuen romantischen Liebescodes, sei es der Müllerssohn aus dem *Taugenichts*, der schließlich die vermeintliche Gräfin, die Portiersnichte, gewinnt, oder sei es der junge Edelmann Florio aus der Erzählung *Das Marmorbild*, der zu guter Letzt nach phantastischen Irrungen, Wirrungen sein »heiteres Engelsbild« wiederfindet. Symptomatisch für das romantische Liebeskonzept ist die erste Begegnung: Florio fühlte sich vom ersten Moment an spontan von der »zierlichen, fast noch kindlichen Gestalt« (1149) Biankas, von der »Anmut aller ihrer Bewegungen« (ebd.) beim Federballspiel angezogen. Ein verirrter Federball, den Florio der

Spielerin überreicht, schafft den ersten Blickkontakt, später sehen sie sich unverhofft bei einem fröhlichen Nachtmahl wieder, und da jeder »in die Runde seinem Liebchen mit einem kleinen improvisierten Liedchen zutrinken« (1150) soll, singt Florio die sinnigen Verse (ebd.):

> Jeder nennet froh die Seine,
> Ich nur stehe hier alleine,
> Denn was früge wohl die Eine,
> Wen der Fremdling eben meine?
> Und so muß ich, wie im Strome dort die Welle,
> Ungehört verrauschen an des Frühlings Schwelle.

Bianka verbirgt keineswegs, daß sie die Botschaft verstanden hat:

> Seine schöne Nachbarin sah bei diesen Worten beinah schelmisch an ihm herauf und senkte schnell wieder das Köpfchen, da sie seinem Blick begegnete. Aber er hatte so herzlich bewegt gesungen und neigte sich nun mit den beiden schönen bittenden Augen so dringend herüber, daß sie es willig geschehen ließ, als er sie schnell auf die roten, heißen Lippen küßte. (1150 f.)

Florio stürzt zwar hastig und verwirrt sein Glas hinunter, und die schöne Geküßte schaut hochrot in den Schoß, doch das ist die Spontangestik romantischer Empfindung. Symptomatisch für das neue Liebeskonzept und für die völlig neue Kommunikationsform ist auch hier der spontan gegebene und empfangene Kuß. »Bravo, bravo! riefen mehrere Herren, ein mutwilliges aber argloses Lachen erschallte um den Tisch« (1151). Nicht das Boudoir fern der Gesellschaft ist Ort der Begegnung, sondern ein offenes Zelt. Bianka errötet zwar, doch sie wehrt sich nicht gegen den Kuß, bietet »willig« ihre Lippen.

Die Frau in der romantischen Liebesbeziehung taktiert nicht, sei es Novalis' Mathilde, Eichendorffs Bianka, Fouqués Undine, das zunächst schelmische, dann seelenvolle Nixlein aus dem gleichnamigen Kunstmärchen, oder sei es die von Kreisler geliebte Julia in E. T. A. Hoffmanns Roman *Kater Murr*, der nicht nur den Werdegang eines bildungsbeflissenen Katers darbietet, sondern auch die notwendig (?) fragmentarisch bleibende Geschichte des zerrissenen, ›idealisch‹ liebenden Kapellmeisters Kreisler, der Angst vor seiner Liebe hat, vor dem Selbstzerstörerischen der erotischen Leidenschaft. Dennoch, auch Kreisler und Julia kommunizieren ihre Liebe gleichsam wortlos; daß sie nicht sinnlich gelebt wird, verweist auf Hoffmanns besondere Perspektive, seinen gleichsam idealischen Realismus, auf seine Skepsis gegenüber dem romantischen Liebeskonzept, das Dauer und ekstatischen Moment, Pflicht und Leidenschaft, Achtung und sehnende Liebe in der Idee der Liebesehe zu verbinden sucht. Hoffmanns gesamtes Werk zielt auf dieses romantische Ideal lebenssteigernder Liebe und stellt es zugleich radikal in Frage. In seinem epischen Kosmos wird vor allem der Künstler als Repräsentant des phantasiebegabten, schöpferischen Menschen entweder vor der Ehe mit der Geliebten bewahrt, die das hehre Ideal in die Niederungen eines banalen Ehealltags ziehen würde, rechtzeitig schafft er etwa die Flucht nach Italien, wo er sich – mit seinem Liebesideal im Herzen – ganz der Kunst widmen kann, oder aber er gibt seiner Leidenschaft nach und wird bitter dafür von seinem Schöpfer, dem Autor, bestraft. E. T. A. Hoffmann hat für die vielen Maler und Musiker, die sich ihrer leidenschaftlichen Liebe hingeben, nur negativ warnende Beispiele parat, sie werden entweder wahnsinnig oder verlieren ihre Schöpferkraft, sterben. Zu ihrer Kreativität finden sie nur zurück, wenn sie der Kunst ihr Opfer gebracht haben, den Verzicht, ihre leidenschaftliche Liebe zu leben.

Bezeichnend, daß Pygmalion, der griechische Künstler, der sich in die von ihm geschaffene weibliche Statue verliebte, für E. T. A. Hoffmann zum Inbegriff des vermessenen Künstlers wird, der die Hybris besitzt, das hohe Ideal der Kunst in die Niederungen der Realität zu ziehen. In den *Elixieren des Teufels* gedachte der Maler Francesko in dem Augenblick, als er vor seinem vollendeten Bild der heiligen Rosalie steht, »des heidnischen Bildhauers Pygmalion, dessen Geschichte er gemalt, und er flehte so wie er zur Frau Venus, daß sie seinem Bilde Leben einhauchen möge« (232). Die Heilige erscheint ihm als lockendes Venusbild, das mit »üppigem Liebesblicke« reizt und »wilde freveliche Triebe« in ihm entzündet (233). Francesko versündigt sich an seiner Kunst, indem er das lebendige Abbild seines von ihm geschaffenen Bildes begehrt, er sein leidenschaftliches Begehren mit dem »fremden Weibe« stillt, dessen Schönheit sich schließlich als »lügnerisches Trugbild verdammter Zauberei« entlarvt (ebd.). Bei der Geburt eines Knaben stirbt sie, gräßlich entstellt, und »Francesko wußte nun wohl, mit wem er es zu tun gehabt hatte, und es bemächtigte sich seiner eine entsetzliche Angst« (235). Er flieht die unheimliche Stätte und bereut, das von ihm geschaffene Bild der heiligen Rosalie wird noch manche Verwirrung hervorrufen, Begierden erregen, die der Idealität der Kunst und der Religion konträr sind. Ein glücklicheres Los gewinnen nach allerlei Wirren der zum Komödianten gewordene Giglio aus dem Capriccio *Die Prinzessin Brambilla*, der die zur Theaterprinzessin gewandelte Schneiderin Giacinta heiratet, und der der Poesie zugeneigte Student Anselmus aus dem *Goldnen Topf*, der das Schlänglein Serpentina ehelicht und in Atlantis die Freuden der Liebe erlebt. Doch Atlantis ist ein idealischer Ort der Phantasie, hier also siedelt Hoffmann seine erfüllte Liebesutopie an, er hält damit die Option auf das romantische Liebesideal aufrecht, signalisiert zugleich seine Skepsis. Das Komödiantenpärchen Giglio und Giacinta, das auch nach einem Jahr der Ehe noch im Liebesglück schwelgt, stellt eine bemerkenswerte Ausnahme im Werk E. T. A. Hoffmanns dar.

Hier ist es nicht ein Atlantis der Märchenphantasie, sondern eine Art künstlerischer Jungbrunnen, nämlich die italienische Commedia dell'arte, die dem Paar die Liebe ermöglicht.

Bezeichnenderweise sind sowohl Julius als auch Lucinde beide Künstler, die sich anders als die männlichen Künstlergestalten in E. T. A. Hoffmanns Œuvre intensiv ihrer Liebe widmen, ohne ihre Kunst zu gefährden.

Schlegels *Lucinde* wurde nach der moralischen Entrüstung in der ersten Rezeptionsphase, die auch noch in der Wertung bei Haym, Dilthey und Gundolf mitschwang, als romantischer Eheroman interpretiert, eine sicherlich naheliegende Deutung, die sich bei Kluckhohn und Korff findet. Zweifellos unternimmt Schlegel eine Aufwertung und Neubestimmung der Ehe aus dem Geist der Liebe bzw. aus der Körperlichkeit der Liebe. Er postuliert die Verbindung von Seelen- und Sinnenliebe als die wahre Wesensform der Liebe und die Ehe als deren eigenes Medium. Pointiert wendet er sich gegen die Konvenienzehe, die Liebe und Ehe auseinanderdividiert, jedoch auch gegen die Trennung von sinnlicher und geistiger Liebe, die mit der Liebe auch den Menschen in isolierte Partikel spaltet, seine Entfremdung noch im Intimsten festigt. Schlegels Werk präsentiert sich als Facettenspiel, als eine »wahre Arabeske« (Polheim, 73), die das Thema Liebe in verschiedene Aspekte bricht. Sein Protagonist Julius sinniert über den Müßiggang, entfaltet dithyrambische Phantasien über die schönste Situation, feiert die Frechheit, schildert seine Lehrjahre der Männlichkeit, er evoziert das Porträt der kleinen Wilhelmine, des gemeinsamen zweijährigen Töchterchens, und er endet mit den Tändeleien der Phantasie, die eine allumfassende Liebesharmonie entwirft. Dieses poetische Puzzle, das ein kontinuierliches, teleologisch fortschreitendes Erzählen negiert, gewinnt durch die Briefe von Lucinde und einem engen Freund an Julius noch eine weitere Dimension. Die Einheit des Werks, das sich jeder Form klassischer

Geschlossenheit, Homogenität und Ganzheit, widersetzt, liegt in einem romantischen Liebes- und Lebensideal, das sich in den verschiedenen Sequenzen spiegelt.

Zwei Menschen finden sich – nach verschiedenen Vorstufen – gleichsam auf dem Gipfel vollendeter Liebesfähigkeit. Schlegel läßt seinen männlichen Protagonisten diese Erfahrung enthusiastisch, dithyrambisch feiern. Lucindes Lehrjahre der Weiblichkeit und ihre Sicht, die Schlegel ankündigte, hat er – leider – gegen seinen Plan nicht formuliert. Auch wenn das Fragmentarische zum Werk selbst dazugehört, diese Leerstelle paßt nicht zum poetischen Konzept, deutet wohl auf ein grundsätzliches Problem, die weibliche Sicht nuanciert vorzustellen. Schlegel hat – trotz seiner idealisch getönten Feier schöner Weiblichkeit – dem weiblichen Part wenig Raum gegeben, die Perspektive der Lucinde sehr reduziert. Das männliche Wunschdenken lugt allenthalben aus Lucindes Worten hervor, und nicht zufällig artikulieren zeitgenössische Wissenschaftlerinnen wie Barbara Becker-Cantarino ihr Unbehagen an Schlegels Liebeskonzept, das der Frau einen letztlich recht konventionellen Part zukommen läßt. Lucinde ist zwar selbst Malerin, doch ihrer Malerei eignet das Fluidum einer begabten intuitiven Sonntagsmalerin. Lucinde wird zwar als idealische Liebes- und Ehegefährtin gefeiert, doch sie ist ganz in bezug auf die emotionalen, intellektuellen und sinnlichen Bedürfnisse des Mannes entworfen. Schlegel zeigt sein glückliches liebendes Paar – wie schon Schleiermacher dezent moniert – fern aller alltäglichen Kontakte, Verpflichtungen, die gesellschaftliche Realität bleibt ausgeschlossen, und letztlich scheint auch der eheliche Liebesbund selbst statisch zu sein, da er alle Reibung mit der Außenwelt ausblendet.

E. T. A. Hoffmanns tiefliegende Skepsis gegenüber dem auch von ihm propagierten idealischen Liebeskonzept, das in der Ehe seinen angemessenen Ausdruck findet, ist offenkundig. Novalis wirkt im Vergleich zu dem Erfinder der Kreisler-Figur optimistisch, ungebrochener. Doch er scheint – zumindest in seinem Unterbewußtsein – die ästhetische Problematik zu empfinden, die ein solcher idealischer Bund von Ehe und Liebe für den Fortgang des Romans entfalten könnte: nämlich ästhetische Langeweile. Was kann schon interessant sein an der Erzählung ungetrübten Ehe- und Liebesglücks? Novalis läßt die idealische Mathilde sterben und ermöglicht so seinem Protagonisten eine neue, auch für den Leser interessante Entwicklung: Das Leiden Heinrichs von Ofterdingen, der seiner Bestimmung als Dichter entgegenreift, nimmt größeren Erzählraum ein als die Darstellung der glücklichen Liebesbeziehung. Eichendorff zeigt seine Protagonisten bei ihrer ersten Begegnung mit der Geliebten, die eine Art *coup de foudre* auslöst, und er führt seine Figuren dann auf eine Art Wanderschaft; Friedrich Schlegel ist derjenige, der in seiner *Lucinde* explizit die Einheit von Ehe und Liebe postuliert, die Synthese von legalem Vertragsverhältnis und freier Herzensneigung, die erotisch-sexuelles Begehren dezidiert einschließt. Anders als Novalis' idealischer Jüngling Heinrich durchlebt Schlegels eigentlicher Protagonist, Julius, die unterschiedlichsten erotischen und sexuellen Erfahrungen, bevor er der seinerseits erfahrenen Lucinde begegnet, die ihm die tieferen Schichten der Liebe eröffnet.

Die Lucinde als »a passionate protest against the inequality of the sexes and the condemnation of sensuality«, wie Eichner (1970, 85) formuliert, diese Deutung betont Schlegels Kritik an der herrschenden bürgerlichen Moral, an der Polarisierung von erotisch-sinnlicher und geistig-idealischer Liebe, an Doppelmoral und Ehediktat. In der Tat propagiert Schlegel das Ideal der Liebesheirat, das der Liebe – anders als im englischen Diskurs über Liebe und Ehe – auch in der Bedeutung sinnlich-erotischer Leidenschaft eine wesentliche Rolle beimißt. Er begreift die Frau als begehrendes Geschlechtswesen, gesteht ihrer Liebe durchaus das begehrliche Verlangen zu, das schon bei Boccaccio sich der wahren Liebe beimischt. Schlegel – und da stimmt er mit Novalis, Fichte, selbst Schiller überein – gesteht der Frau ihre Gleichwertigkeit zu, doch sein Protest »against inequality« zielt nicht auf Gleichheit im Sinne der Trikolore, sondern auf eine Geschlechterpolarität, die der Frau und dem Mann aufeinander bezogene, jedoch diametral entgegengesetzte Qualitäten zuordnet.

Anders als W. Paulsen, H. Eichner oder E. Klin, die den emanzipatorischen Aspekt des Romans auch im Hinblick auf die Frauenrolle betonten, setzen sich Henriette Beese, Sigrid Weigel und Barbara Becker-Cantarino kritisch mit Schlegels Beitrag zum Frauenbild der Frühromantik auseinander.

Was Schlegel und Schleiermacher als »Befreiung der Natur« gegenüber der vorangehenden Ideologie, der Konvenienzehe, der Unterdrückung weiblicher Sexualität intendierten, das zielte zugleich wiederum auf verfeinerte Ausdrucksweisen der Triebunterdrückung. Schlegels Frauenbild unterscheidet sich eklatant etwa von Rousseaus letztlich frauenfeindlicher Weltsicht, die der Frau alle intellektuellen Fähigkeiten abspricht und ihr nur eine dienende Rolle zuerkennt, doch auch er geht von einer wesenhaften Trennung des Männlichen und Weiblichen aus, konstruiert aus dem Geschlechterunterschied einen Wesensunterschied, wertet zwar im Sinne seiner Geschlechterpolarität die Frau auf, idealisiert sie zu einem von der Natur zur Liebe begabten Wesen und spricht ihr als einer romantischen Diotima die Rolle der weiblichen Erlöserin des Mannes zu. Doch mit dieser Erhöhung und Idealisierung der Frau fixiert Schlegel zugleich wiederum auf subtile Weise die Ungleichheit zwischen Frau und Mann.

Die Romantiker entwickeln ein neues Liebeskonzept, das Momente der klassischen *amour passion* bewahrt, sich jedoch in einem radikal anderen Code erotischer Kommunikation vollzieht. Während der klassische Liebescode von den Liebenden die hohe Kunst hermeneutischer Deutung des Verborgenen, Maskierten, Verschwiegenen, halb Gesagten verlangte, setzt der neue Liebescode ein spontanes Verstehen ohne Worte voraus, bedarf dieser romantische Liebesentwurf gerade keiner hermeneutischen Kunst.

Einerseits präsentieren sich die Romantiker als die größten Ehe-Enthusiasten, die mit Verve die leidenschaftliche Liebesehe propagierten und die Ehe als sichtbaren Bund der Liebe aufwerten; andererseits jedoch als radikale Verfechter einer idealischen Liebesbeziehung attackieren sie die Profanierung der Liebe durch die Banalität des Ehealltags aufs heftigste. Sie entwerfen ein idealisches Liebeskonzept allumfassender personaler Liebe, und zugleich wiederum mißtrauen sie in extremer Weise allen Liebessuggestionen, die in die Niederungen einer bourgeoisen Ehe führen könnten. In E. T. A. Hoffmanns Künstlergestalten kristallisiert sich diese tiefe Skepsis gegenüber dem eigenen romantischen Liebes- und Eheentwurf auf paradoxe Weise. Eine »schöne Ehe« im Sinne Schlegels, in der das Ich sich zur Menschheit vervollkommnet, scheint nur in Atlantis, im Reich der Phantasie möglich. Byron, der für die Liebe in vielerlei Formen aufgeschlossen war, zeigte sich zynisch gegenüber einem romantischen Ehekonzept. Symptomatisch seine Äußerungen angesichts von Heiratsplänen mit einer standesgemäßen reichen Frau, die seinen lädierten Ruf verbessern und ihn zugleich aus seiner finanziellen Misere befreien könnte: »[...] ich habe noch niemanden gesehen, der durch die Ehe gewonnen hätte. Alle meine kopulierenden Zeitgenossen sind glatzköpfig und unzufrieden« (*Byron in seinen Briefen und Tagebüchern*, 190). Er ist der Ansicht: »[...] außerdem fährt eine Ehe besser mit Achtung und Vertrauen als mit Romantik« (ebd., 144). Die Romantiker, die ein neues idealisches Konzept »schöner Ehe« entwickeln, sind dennoch der Ehe als literarischem Thema ausgewichen. Schlegels *Lucinde* bildet da nur oberflächlich eine Ausnahme, doch das Werk ist auch als ein poetologisches Capriccio über die Dichtkunst, als lebensphilosophischer Entwurf zu lesen, ist mehr und weniger als ein Roman.

VII

Goethes *Wahlverwandtschaften* als Paradigma des klassischen Eheromans

Zu Beginn des 19. Jahrhunderts findet ein moralischer und ästhetischer Paradigmenwechsel statt, der die Ehe zu einem interessanten Thema und zugleich zu einem literarisch reizvollen Sujet macht. Galt die Ehe – die Vernunftehe, die Konvenienzehe, die von den Familien arrangierte Ehe – zuvor als eine zu nüchterne Angelegenheit, als daß sie die Phantasie der Autoren reizte, gewann sie nun mit ihrem veränderten emotionalen Anspruch und dem darin verborgenen Konfliktstoff ästhetischen Reiz. Nach 1800 erfreut sich neben den neuen Genres Bildungsroman und Gesellschaftsroman das Genre des Eheromans großer Beliebtheit. Goethe hat mit seinem Werk als einer der ersten ein klassisches Modell des neuen Genres präsentiert.

Seine *Wahlverwandtschaften* können in gewisser Weise als Paradigma des klassischen Eheromans betrachtet werden, wie er sich im 19. Jahrhundert herausbildete. Das Thema Ehe und Liebe wird nicht nur immanent durch das Romangeschehen in seiner Komplexität entfaltet, es ist auch immer wieder Gegenstand der Unterhaltung. Und es beschäftigt und betrifft nicht nur die Hauptakteure, die – vor Ottilies Ankunft – geistvoll, anspielungsreich die Wirkung der Wahlverwandtschaften in der chemischen Welt erörtern und diese schließlich durch die Ironie des Schicksals bzw. des Autors schmerzvoll selbst erfahren. Auch die anderen Personen, z. B. der Graf und die Baronesse, äußern sich aufgrund ihrer eigenen Situation emotional engagiert zur Eheproblematik. Über das »Verhältnis dieser beiden Personen« heißt es dem Hauptmann gegenüber: »Sie hatten früher, beide schon anderwärts verheiratet, sich leidenschaftlich lieb gewonnen. Eine doppelte Ehe war nicht ohne Aufsehn gestört; man dachte an Scheidung. Bei der Baronesse war sie möglich geworden, bei dem Grafen nicht. Sie mußten sich zum Scheine trennen, allein ihr Verhältnis blieb; und wenn sie winters in der Residenz nicht zusammen sein konnten, so entschädigten sie sich sommers auf Lustschlössern und in Bädern.« (68) Symptomatisch für das neue Problembewußtsein hinsichtlich der Ehe ist die kurze Dialogszene zwischen dem Grafen und Charlotte, die zuvor von der Scheidung einer Jugendfreundin erfahren hat:

> Es ist unerfreulich, sagte Charlotte; wenn man seine abwesenden Freunde irgend einmal geborgen, eine Freundin, die man liebt, versorgt glaubt, eh' man sich's versieht, muß man wieder hören, daß ihr Schicksal im Schwanken ist, und daß sie erst wieder neue und vielleicht abermals unsichre Pfade des Lebens betreten soll. Eigentlich, meine Beste, versetzte der Graf, sind wir selbst schuld, wenn wir auf solche Weise überrascht werden. Wir mögen uns die irdischen Dinge, und besonders auch die ehlichen Verbindungen gern so recht dauerhaft vorstellen, und was den letzten Punkt betrifft, so verführen uns die Lustspiele, die wir immer wiederholen sehen, zu solchen Einbildungen, die mit dem Gange der Welt nicht zusammentreffen. In der Komödie sehen wir die Heirat als das letzte Ziel eines durch die Hindernisse mehrerer Akte verschobenen Wunsches, und im Augenblick, da es erreicht ist, fällt der Vorhang, und die momentane Befriedigung klingt bei uns nach. In der Welt ist es anders; da wird hinten immer fortgespielt, und wenn der Vorhang wieder aufgeht, mag man gern nichts weiter davon sehen und hören. (72 f.)

Anders als in der hier genannten Komödie – man könnte die Romane hinzufügen – läßt Goethe in seinem Roman den Vorhang da aufgehen, wo er sonst fällt: nach der Heirat von Eduard und Charlotte, die beide zunächst trotz ihrer wechselseitigen Neigung auf Geheiß der Eltern eine Vernunftehe eingingen und erst nach dem Tod der Gatten sich miteinander ehelich verbinden konnten. Auch ihnen erscheint die »Heirat als das letzte Ziel eines durch die Hindernisse mehrerer Akte verschobenen Wunsches«, und der Graf, der von der idealen Verbindung zwischen Eduard und Charlotte überzeugt ist, weiß nicht, wie prophetisch er über die Entwicklung nach dem Fall des Vorhangs spricht. Er selbst, der eine neue Ehe mit der Baronesse eingehen möchte und darin durch seine bestehende Ehe gehindert wird, war »bitter gegen alles, was eheliche Verbindung betraf, die er doch selbst mit der Baronesse so eifrig wünscht«. Während der Graf die Ehe als einen auflösbaren Vertrag begreift, der mit der Liebe seine Legitimitätsbasis verliert, er romantische Vorstellungen der Ehe mit pragmatischen Argumenten verbindet, geht Charlotte von ihrem Naturell und ihrem Denkhorizont eher von der Unauflöslichkeit der Ehe aus. In ihrer Vorstellung spielen weniger christlich-religiöse Momente eine Rolle als bürgerlich-moralische. Sie ist in ihrem Denken stärker von dem traditionellen Ehekonzept geprägt als die Ausgangssituation des Romans ahnen läßt.

Goethes Roman ist um so interessanter, als er gerade den Paradigmenwechsel von tradiertem und neuem Ehekonzept mit ihren jeweils radikal verschiedenen sittlich moralischen Ansprüchen an das Ich und den Partner fokussiert. In Eduard und Charlotte stehen sich nicht nur unterschiedliche Temperamente, Persönlichkeiten, sondern letztlich auch Repräsentanten unterschiedlicher Liebes- und Ehekonzeptionen gegenüber. Eduard erfährt in der Begegnung mit Ottilie die leidenschaftliche Liebe, die die Person in der Mitte ihres Seins ergreift, eine Liebe, wie Julius sie in Schlegels *Lucinde* erlebt und feiert. Auch Charlotte wird aus ihrem ruhigen Glück mit Eduard durch ihre wachsende Neigung zum Hauptmann gerissen, dem seinerseits die mehr als freundschaftliche Art seiner Empfindung zu der Frau seines Freundes bewußt wird. Doch ihre – und auch des Hauptmanns – Art, mit ihrer Liebe füreinander umzugehen, unterscheidet sich ganz und gar von der unbedingten, kompromißlosen Weise Eduards und auch von der traumwandlerisch selbstverständlichen Ausdrucksform Ottilies, die bis zum Eklat, ja bis zum Tod des Knaben keinen Augenblick die Schicklichkeit, Rechtmäßigkeit ihres Empfindens und Verhaltens reflektiert. Als Gast im Hause Charlottes, als deren Pflegetochter und Freundin müßte Ottilie nach den allgemein üblichen gesellschaftlichen Gepflogenheiten Skrupel empfinden, den Mann ihrer mütterlichen Freundin emotional so eng an sich zu binden, einen heimlichen Briefwechsel zu führen und deren Ehe zu gefährden. Eduards wachsende Leidenschaft für sie ist offenkundig, und ebenso unmißverständlich sind ihre eigenen Gefühle ihm gegenüber. Mit scharfem Blick hat z. B. die Baronesse bei ihrem kurzen Besuch im Hause des befreundeten Paares sogleich die Gefahr gesehen und Charlotte gewarnt.

Bezeichnend und vieldeutig schillernd ist der Titel des Werks *Wahlverwandtschaften*. Dieser Terminus, von menschlichen Konstellationen anthropomorphistisch auf den naturwissenschaftlichen Bereich, auf chemische Verbindungen übertragen, wird in einem weiteren Schritt wieder aus dem naturwissenschaftlichen Bereich auf menschliche Verhältnisse bezogen. Doch während in der Natur alles nach innerem Gesetz und Notwendigkeit geschieht, beansprucht die menschliche Welt den sittlichen Anspruch der Freiheit. Die Frage der freien Selbstbestimmung gewinnt einen neuen Impuls im Diskurs über die leidenschaftliche Liebe, da dieses Konzept in letzter Konsequenz die freie Willensentscheidung außer Kraft setzt. Bezeichnenderweise ist es wiederum Charlotte, die in dem beziehungsreichen Gespräch über die chemischen Wahlverwandtschaften Einwände gegenüber dem Begriff der Wahl vorbringt. Der Hauptmann hat am Beispiel der Schwefelsäure und des Kalksteins, einer Verbindung von »reiner Kalkerde« und einer »zarten Säure«, das Wirken der chemischen Stoffe veranschaulicht:

> Bringt man ein Stück solchen Steines in verdünnte Schwefelsäure, so ergreift diese den Kalk und erscheint mit ihm als Gips; jene zarte luftige Säure hingegen entflieht. Hier ist eine Trennung, eine neue Zusammensetzung entstanden und man glaubt sich nunmehr berechtigt, sogar das Wort Wahlverwandtschaft anzuwenden, weil es wirklich so aussieht, als wenn ein Verhältnis dem andern vorgezogen, eins vor dem andern erwählt würde. (36)

Charlotte stellt den Begriff selbst in Frage und bestreitet damit den Anspruch der Freiheit, der freien Wahl einer solchen wahlverwandtschaftlichen Verbindung:

> Verzeihen Sie mir, [...] wie ich dem Naturforscher verzeihe; aber ich würde hier niemals eine Wahl, eher eine Naturnotwendigkeit erblicken, und diese kaum; denn es ist am Ende gar nur die Sache der Gelegenheit. Gelegenheit macht Verhältnisse, wie sie Diebe macht; und wenn von ihren Naturkörpern die Rede ist, so scheint mir die Wahl bloß in den Händen des Chemikers zu liegen, der diese Wesen zusammenbringt. Sind sie aber einmal zusammen, dann Gnade ihnen Gott! In dem gegenwärtigen Falle dauert mich nur die arme Luftsäure, die sich wieder im Unendlichen herumtreiben muß. (Ebd.)

Charlotte trifft einerseits mit ihrem launig formulierten Einwand den problematischen Aspekt der sich leidenschaftlich Suchenden und Findenden, andererseits verweist sie unwissentlich auf den kommenden Konflikt. Eduard und der Hauptmann greifen ihre Anspielung auf und führen sie scherzhaft weiter:

> Es kommt nur auf sie an, versetzte der Hauptmann, sich mit dem Wasser zu verbinden und als Mineralquelle Gesunden und Kranken zur Erquickung zu dienen.
> Der Gips hat gut reden, sagte Charlotte, der ist nun fertig, ist ein Körper, ist versorgt, anstatt daß jenes ausgetriebene Wesen noch manche Not haben kann, bis es wieder unterkommt.
> Ich müßte sehr irren, sagte Eduard lächelnd, oder es steckt eine kleine Tücke hinter deinen Reden. Gesteh nur deine Schalkheit! Am Ende bin ich in deinen Augen der Kalk, der vom Hauptmann, als einer Schwefelsäure ergriffen, deiner anmutigen Gesellschaft entzogen und in einen refraktären Gips verwandelt wird. (36f.)

In diesem Ton setzen sie das beziehungsreiche Geplänkel fort. Interessant ist die Fehleintschätzung der Konstellation. Und das ist ein Grundzug des Romans bzw. seiner Protagonisten: Er steckt voller symbolischer Bezüge, allegorischer Verweisungen, die die Beteiligten jeweils falsch für sich ausdeuten. Denn nicht die gleichgeschlechtlichen Freunde bzw. Freundinnen finden sich in neuer wahlverwandtschaftlicher Konstellation, die man sich in diesem Kontext als erotisch neutral, ohne Konsequenz für die bestehende Ehe denken müßte, sondern beide Gatten driften aus ihrer ehelichen Beziehung hinaus zu dem andersgeschlechtlichen Part. Der Hauptmann ist der erste, der Konsequenzen aus seiner Gefühlslage zieht und der die vertrauten Begegnungen mit Charlotte meidet, als ihm bewußt wird, »daß eine unwiderstehliche Gewohnheit ihn an Charlotte zu fesseln droht«. Als ihr der Graf seine ökonomisch, gesellschaftlich überaus attraktiven Pläne für den Hauptmann vorträgt, die die Abreise des Freundes bedeuten, wird sie sich ihrer tiefen Neigung und ihrer Verlustangst bewußt. Auf dem Weg zur Mooshütte, ihrem »Asyl«, »stürzten ihr die Tränen aus den Augen, und nun warf sie sich in den engen Raum der kleinen Einsiedelei und überließ sich ganz einem Schmerz, einer Leidenschaft, einer Verzweiflung, von deren Möglichkeiten sie wenig Augenblick vorher auch nicht die leiseste Ahnung gehabt« (78). Charlottes Verhältnis zum Hauptmann – so suggeriert es diese Passage – ist durchaus leidenschaftlicher Natur, jedoch betrachten beide die Ehe als gleichsam unantastbares Gut. Es ist müßig zu spekulieren, was wäre gewesen, wenn, wenn z. B. der Hauptmann entschiedener um Charlotte geworben hätte. Das hat Goethe nicht interessiert. Er teilte Charlotte – und mit ihr dem Hauptmann – den die Ehe erhaltenden Part zu, Eduard dagegen den des leidenschaftlich Liebenden, der seiner Liebe alles andere unterordnet. Ottilie ist darin Eduard wahlverwandtschaftlich verbunden. Ohne sich dessen ganz bewußt zu werden, wendet sie sich – wie die Blume zur Sonne – ganz Eduard zu. Als sinnreicher Ausdruck ihrer völligen Hingabe erscheint ihre Abschrift eines von Eduard geschriebenen Dokuments:

> Die ersten Blätter waren mit der größten Sorgfalt, mit einer zarten weiblichen Hand geschrieben; dann schienen sich die Züge zu verändern, leichter und freier zu werden: aber wie erstaunt war er, als er die letzten Seiten mit den Augen überlief! Um Gottes willen! rief er aus, was ist das? Das ist meine Hand! Er sah Ottilien an und wieder auf die Blätter; besonders der Schluß war ganz, als wenn er ihn selbst geschrieben hätte. Ottilie schwieg, aber sie blickte ihm mit der größten Zufriedenheit in die Augen. Eduard hob seine Arme empor: Du liebst mich! rief er aus: Ottilie du liebst mich! und sie hielten einander umfaßt. Wer das andere zuerst ergriffen, wäre nicht zu unterscheiden gewesen. (87 f.)

In der allmählichen Angleichung der Handschriften bis zur Ununterscheidbarkeit offenbart sich Ottilies Liebe gleichsam wie ein Naturprozeß; unverhüllt, ohne Scheu und ohne rhetorische Maskerade spricht Eduard das aus, was sich ihm sprachlos mitteilt: ihre Liebe. Wie Julius und Lucinde, Heinrich und Mathilde, Florio und Bianka, wie die romantischen Paare berühren sie einander, ohne nach Schicklichkeit oder irgendeinem gesellschaftlichen Code der Intimität zu fragen. Und wie für die romantisch Liebenden ist mit dieser ersten Berührung, die wie ein Sesamöffne-dich des Herzens wirkt, ihre Welt eine andere geworden: »Von diesem Augenblick an war die Welt für Eduarden umgewendet, er nicht mehr, was er gewesen, die Welt nicht mehr, was sie gewesen. Sie standen voreinander, er hielt ihre Hände, sie sahen einander in die Augen, im Begriff sich wieder zu umarmen.« (88) Wie in der entsprechenden Szene in der *Lucinde* stört die Gesellschaft – hier in Gestalt des Hauptmanns und Charlottes – das intime Beisammensein.

Ähnlich und doch wieder ganz anders gestaltet sich der erste und einzige Austausch von Zärtlichkeiten zwischen Charlotte und dem Hauptmann. Als dieser, durch äußere Umstände genötigt, Charlotte auf seinen Armen an Land tragen muß, diese die Arme um seinen Hals geschlungen hat, fühlt er sich durch die anziehende Nähe verunsichert und erregt: »Er hielt sie fest und drückte sie an sich. Erst auf dem Rasenabhang ließ er sie nieder, nicht ohne Bewegung und Verwirrung. Sie lag noch an seinem Halse; er schloß sie aufs neue in seine Arme und drückte einen lebhaften Kuß auf ihre Lippen; aber auch im Augenblick lag er zu ihren Füßen, drückte seinen Mund auf ihre Hand und rief: Charlotte, werden sie mir vergeben?« (90) Der Hauptmann folgt wie Eduard der Spontaneität seines Herzens, doch nur für einen Moment, und sein moralisches Bewußtsein und seine Affektkontrolle gewinnen die Oberhand. Ähnlich ergeht es Charlotte:

> Der Kuß, den der Freund gewagt, den sie ihm beinahe zurückgegeben, brachte Charlotte wieder zu sich selbst. Sie drückte seine Hand, aber sie hob ihn nicht auf. Doch indem sie sich zu ihm hinunterneigte und eine Hand auf seine Schultern legte, rief sie aus: Daß dieser Augenblick in unserem Leben Epoche mache, können wir nicht verhindern; aber daß sie unser wert sei, hängt von uns ab. Sie müssen scheiden, lieber Freund, und sie werden scheiden. (Ebd.)

Sie überläßt sich einen Augenblick dem Impuls ihres Herzens und folgt sogleich, auch als Reaktion auf das Verhalten des Hauptmanns, Vernunft und moralischem Gebot. Der chevalereske Kniefall des Hauptmanns, die Höflichkeitsform des Sie im Gegensatz zum vertrauten Du bei Eduard, das verweist schon auf den tradierten Code intimer Kommunikation.

Charlotte und der Hauptmann, beide trotz all ihrer Irritation durch die gleichsam ›wahlverwandtschaftliche‹ Anziehung stärker dem Ehebund verpflichtet, meiden fortan einander, d. h., in erster Linie ist es der Hauptmann, der aus dem Gefühl seiner mehr als freundschaftlichen Neigung für Charlotte seine Konsequenzen zieht und sich entfernt. Damit erspart Goethe im Grunde Charlotte eine radikale Selbstbefragung. Charlotte hat sich im Sinne ihrer Ehe entschieden und sich darin gefunden, daß sie ihre Neigung zum Hauptmann nie wird erfüllen können. Daraus leitet sie entsprechende Ansprüche an Eduard ab, erwartet von ihm ähnliche Konsequenzen und wird von dessen Weigerung, Ottilie aus dem Hause zu lassen, von dessen ausweichenden, unaufrichtigen Formulierungen, seinem unausgesprochenen Scheidungswunsch völlig überrascht. Sie hat zwar das immer inniger werdende Verhältnis zwischen ihrem Mann und Ottilie ohne Schmerz, Aggression, Eifersucht beobachtet, da sie selbst von ihrer Leidenschaft für den Hauptmann erfüllt ist, doch ihre Ehe hielt sie trotz allem für beständig. Darin zeigt sich, in welchem Maße sie doch dem tradierten Ehekonzept verhaftet ist, das zwischen Ehe und Liebe unterscheidet.

Als sie dann die »Entschlossenheit ihres Gatten hinter der Verstellung gewahr« wird, fühlt sie, »wie weit er sich von ihr entfernt hatte«. Sie appelliert: »Kann Ottilie glücklich sein, wenn sie uns entzweit! wenn sie mir einen Gatten, seinen Kindern einen Vater entreißt! [...] Kannst du mir zumuten, daß ich auf mein wohlerworbenes Glück, auf die schönsten Rechte, auf dich so geradehin Verzicht leisten soll?« (107f.) Charlottes Argumentation für die Fortsetzung der Ehe ist bezeichnend, läßt eher an eine wohlüberlegte Vernunftehe mit wechselseitiger Achtung denken denn an eine Liebesheirat, als die ihre Verbindung allgemein angesehen wird. Hier wie auch in anderem Kontext weisen ihre Formulierungen auf den Versorgungsaspekt der Ehe, auf die materielle und emotionale Sicherheit, auf die wechselseitige Fürsorgepflicht der Gatten, auf die Ehe als Hort der Geborgenheit und schützenden Heimstatt inmitten der Turbulenzen des Lebens. Symptomatisch der Ausdruck »wohlerworbenes Glück«, der das uneinklagbare Glück zu einem Rechtsanspruch macht. Einem romantischen Eheverständnis stellte sich diese Ehe zu diesem Zeitpunkt, da beide Partner die Liebe zu einem anderen erfahren haben, kaum als Glück dar. Doch das vorherrschende Koordinatensystem, das die intimen Beziehungen in der gesellschaftlichen Welt dieses Romans regelt, basiert auf der tradierten Vernunftehe. Sowohl Charlotte als auch Eduard schlossen trotz ihrer wechselseitigen Liebe zunächst die von den Eltern gewünschte Ehe mit einem von diesen ausgewählten Partner. Auch Charlottes Tochter Luciane entspricht mit ihrer lukrativen, gesellschaftlich vorteilhaften Wahl eher tradierten Heiratskriterien. Die zweite Ehe zwischen Charlotte und Eduard, mehr als zehn Jahre später geschlossen, soll die Erfüllung der jugendlichen Liebeswünsche bringen und scheint diese Erwartung auch einzulösen, bis der »Scheidekünstler« Zufall,

Schicksal, Leben auf den Plan tritt und in der Viererkonstellation sich andere Seelenverwandte zeigen. Wie formulierte Eduard so zukunftsweisend: »eigentlich sind die verwickelten Fälle die interessantesten. Erst bei diesen lernt man die Grade der Verwandtschaften, die nähern stärker, entfernter die geringern Beziehungen kennen; die Verwandtschaften werden erst interessant, wenn sie Scheidungen bewirken.« (35) Bedeutsam, daß Charlotte sich hier wie bei anderer Gelegenheit gegen das »traurige Wort« Scheidung wendet, sie die Vereinigung für »eine größere Kunst« hält (36). Trotz aller Gefühlswirren hält Charlotte an ihrer Ehe fest, wehrt sie sich gegen eine Scheidung. Nun hat Goethe Charlotte weder als unselbständig, weibchenhaft, noch als kühl berechnend, ohne Sinn für leidenschaftliche Gefühle charakterisiert, im Gegenteil, er läßt sie selbst trotz »erworbenen Glücks« die Erfahrung »einer Leidenschaft, einer Verzweiflung« (78) machen, die sie sich vorher nicht hätte vorstellen können. Das heißt, auch sie erlebt erst außerhalb ihrer Ehe, in der Begegnung mit dem Hauptmann, die leidenschaftliche Liebe. Damit macht Goethe die Position Charlottes, ihre Opposition gegen Eduards zunächst unausgesprochenem Scheidungsbegehren stark. Das heißt, in Charlotte und Eduard stehen sich nicht einfach die Repräsentanten von Tugendmoral und leidenschaftlicher Liebe gegenüber. Hier geht es um zwei unterschiedliche Positionen, um die Differenz alter und neuer Ehemoral. Eduard steht für die neue, Charlotte für die alte Liebeskonzeption.

Interessant in dieser Hinsicht ist die einzige sexuelle Szene des Romans, die eine denkwürdige Nacht zwischen den Gatten, die Eduard am Morgen wie ein »Verbrechen« schien, nach der »Charlotte und Eduard gleichsam beschämt und reuig dem Hauptmann und Ottilien entgegentraten« (86). Das heißt, Eduard wie auch Charlotte empfinden spontan den legal abgesegneten sexuellen Akt zwischen den Ehepartnern als Untreue am Herzensfreund (ebd.). Der Sexualakt selber wird ausgeblendet, ist für den Erzähler nicht von Belang, im Grunde ist auch hier nicht der Geschlechtsverkehr Thema, sondern die »Macht der Einbildungskraft«, die »ihre Rechte über das Wirkliche« behauptet, die eigentümliche Situation der Treulosigkeit in der ehelichen Umarmung: »Sehnlich wünschte Charlotte den Gatten weg, denn die Luftgestalt des Freundes schien ihr Vorwürfe zu machen«. Eduard seinerseits »hielt nur Ottilien in seinen Armen, Charlotten schwebte der Hauptmann näher und ferner vor der Seele, und so verwebten, wundersam genug, sich Abwesendes und Gegenwärtiges reizend und wonnevoll durcheinander« (85).

Anders als Charlotte und der Hauptmann, die ihrer wachsenden Liebe im Blick auf den ethisch gesellschaftlichen Wert der tradierten Ehekonzeption entgegenwirken, bewegen sich Eduard und Ottilie nachtwandlerisch, quasi willenlos wie die chemischen Elemente aufeinander zu, sie können, wollen ihrer leidenschaftlichen, gegenseitigen, seelisch-geistig-erotischen Anziehung nichts entgegensetzen. Dennoch bleibt ihre Beziehung keusch. Sie verhalten sich bei aller leidenschaftlichen Anziehung gleichsam körperlos füreinander. Erst nach langer Trennung, bei dem unverhofft plötzlichen Wiedersehen und der Hoffnung, »einander anzugehören«, schloß Eduard Ottilie in seine Arme, »umschlang sie ihn mit den ihrigen und drückte ihn auf das zärtlichste an ihre Brust«. Sie »wechselten zum erstenmal entschiedene freie Küsse und trennten sich gewaltsam und schmerzlich« (225).

Doch der weitere Verlauf des Geschehens vernichtet alle Hoffnung auf Liebeserfüllung: er bringt den Tod des Knaben, an dem sich Ottilie schuldig fühlt und den sie durch den Verzicht auf ein Liebesglück mit Eduard und schließlich mit ihrem verdeckten Suizid zu sühnen sucht. Goethe versagt seinen Liebenden in den *Wahlverwandtschaften* den erotischen Vollzug ihrer Liebe, anders als etwa seinem Egmont aus dem gleichnamigen Stück oder Fernando aus *Stella. Ein Schauspiel für Liebende*. Darin läßt sich weder ein

Plädoyer Goethes für die Unauflöslichkeit der Ehe ableiten, wie sie mit Vehemenz der unfreiwillig komische, stets unsensibel, poltrig auftretende Mittler fordert; noch drückt sich darin ein Bekenntnis des reifen Goethe zum Platonismus aus. Personenkonstellation, Handlungsverlauf und das allegorische Beziehungsgeflecht des Romans sprechen eher für eine Lösung der Ehe zwischen Charlotte und Eduard und für eine neue Verbindung der wahrhaft füreinander Bestimmten, die sich wie zwei Hälften eines Ganzen verhalten. Ihr gemeinsamer Kopfschmerz, bei dem einen an der linken, bei dem anderen an der rechten Schläfe, ihr gemeinsames, leicht fehlerhaftes, aber um so erstaunlicher sich harmonisch darbietendes musikalisches Zusammenspiel, die Ununterscheidbarkeit ihrer Schriften usw. Alles verweist auf die innigste Körper- und Seelensympathie, auf einen wahrhaft naturgesetzlich begründeten Ehebund. Doch auch wenn Goethe sich im Verlauf seines Romans immer stärker in die Figur der Ottilie zu verlieben scheint,[1] er mischt in das Bild dieser gleichsam dämonisch unausweichlichen Liebesbeziehung auch die graue Farbe kritischen Zweifels: Harmonieren die beiden nicht vorwiegend in ihren Fehlern und Gebrechen?

Kopfschmerz zu Kopfschmerz? Oder ist nicht gerade die Harmonie ihres harmonisch verkehrten Spiels Zeichen eines Urverständnisses? Sicherlich, und doch bleibt der Eindruck von diesem füreinander bestimmten Paar ambivalent. Charlotte selbst zweifelt zwar am Ende die Richtigkeit ihrer ursprünglichen Entscheidung an, ist zu einer Scheidung bereit. Auch der Hauptmann ist schließlich dem Gedankenspiel Eduards und dessen Wahlverwandtschaftstheorie zugeneigt. Alles zielt nun auf ein schönes Happy-End, auf die Verbindung der wahlverwandtschaftlichen Paare. Alles könnte zu einem guten Ende führen, aber Goethe hat die Katastrophe gewählt und sich damit – gewissermaßen auf

1 Vgl. Bettina von Arnim an Goethe, 9. November 1809, in: HA VI,649.

skeptisch-romantische Weise – für die ungetrübte Liebesutopie entschieden. Der Schluß seines Romans erscheint als Apotheose der Liebenden: »So ruhen die Liebenden nebeneinander. Friede schwebt über ihrer Stätte, heitere, verwandte Engelsbilder schauen vom Gewölbe auf sie herab, und welch ein freundlicher Augenblick wird es sein, wenn sie dereinst wieder zusammen erwachen« (261). Jakobi hat mit seiner moralischen Empörung über »die scheinbare Verwandlung am Ende der Fleischlichkeit in Geistigkeit; man dürfte sagen: die Himmelfahrt der bösen Lust«[2] eher »die Seele des Buches« getroffen als diejenigen, die in ihm einen Sieg der Entsagung sahen. Benno von Wiese hebt gegenüber dem Urteil Jakobis die Reinheit der Liebesbeziehung zwischen Ottilie und Eduard hervor: »So unentrinnbar, tief ins Unbewußte hinabreichend, die magnetische Anziehung zwischen Ottilie und Eduard auch ist, sie reicht weit über das Körperliche hinaus. In dieser Atmosphäre der Liebe gibt es nichts Schwüles oder Laszives. Nur ein einziges Mal im ganzen Roman, bei der leidenschaftlichen Wiederbegegnung am See, bricht das Erotische durch. Aber auch dort wie rein, wie kindlich!«[3] Was hier als Ausdruck kindlicher Unschuld gedeutet wird, könnte jedoch auch von einem zwiespältigen Verhältnis zur Sinnlichkeit zeugen, oder von einer romantischen Skepsis gegenüber der sinnlichen Erfüllung leidenschaftlicher Liebe im irdischen Leben, wie sie E. T. A. Hoffmann aufs tiefste empfand. Auch er versagt seinem Kapellmeister die Erfüllung seiner Liebe zu Julia, gesteht jedoch dem Studenten Anselmus ein Liebesglück mit dem Schlänglein Serpentina aus dem Geschlecht der Feuergeister im utopischen Atlantis zu. Goethes Atlantis wäre demnach das »friedliche Nebeneinanderruhen der Liebenden« im Jenseits, im Tod.

2 »Die Wahlverwandtschaften im Urteil Goethes und seiner Zeitgenossen«, HA VI,644 f.
3 Ebd., 659.

Die *Wahlverwandtschaften* haben ihren kulturgeschichtlichen Ort in einer Umbruchsepoche, in der die jahrhundertelang tradierte Ehekonzeption noch Geltung hat, jedoch durch ein neues romantisches Ehekonzept radikal in Frage gestellt wird. Goethes recht widersprüchliche Äußerungen über seinen Roman bedürfen ihrerseits subtiler hermeneutischer Kunst, sind z. T. Camouflage, raffinierte Ablenkungsmanöver von der moralistischen Kritik. Doch daß ihm Eduard, Dilettant, aristokratischer Müßiggänger mit Liebhabereien, »wenigstens ganz unschätzbar« darin »scheint, weil er unbedingt liebt«,[4] verweist auf seine hohe Wertschätzung der von keinen Nützlichkeitserwägungen bestimmten, leidenschaftlichen Liebe. Der neue Ehe-Entwurf, der die Ehe allein durch die Liebe legitimiert sieht, findet in Eduard seinen wahrhaft glühenden Anhänger. Doch der Roman stellt nicht eine Abrechnung mit der Konvenienzehe, der Vernunftehe bzw. mit der gesellschaftlichen Institution Ehe dar, die gegenüber der Leidenschaft des Herzens ihre rigiden Gesetze behauptete; die leidenschaftliche Liebe, von der Eduard und Ottilie ergriffen sind, steht ihrerseits auf dem Prüfstand, wird in ihren zerstörerischen Möglichkeiten reflektiert.

4 HA VI,624.

VIII
Der Eheroman – ein Genre des 19. Jahrhunderts: Die Frau auf der Suche nach Liebesglück

Erst das 19. Jahrhundert, das die Polarität von Liebe und Ehe aufzuheben suchte, hat offensichtlich die Ehe als literarisches Sujet entdeckt. Seit Beginn des Jahrhunderts – u. a. in der Nachfolge der *Wahlverwandtschaften* – erschien eine Fülle von Romanen, die man als Eheromane bezeichnen kann. Doch auch für die Protagonisten der anderen, neuen epischen Genres, dem Bildungsroman, dem Gesellschaftsroman – sei es Heinrich von Ofterdingen, Wilhelm Meister, Julien Sorel aus *Le Rouge et le Noir* oder Frédéric Moreau aus *L'Education sentimentale* – gewinnt die Ehe- und Liebesthematik an Bedeutung, der Heiratsentschluß selbst setzt komplizierte Gefühlssondierungen voraus. In Stendhals Roman *Le Rouge et le Noir* spielt Julien Sorels Liebesbeziehung zu der verheirateten Madame de Rênal eine wesentliche Rolle, und die heroisch-romantisch veranlagte Mathilde de la Mole will ihre romaneske Liebe zu dem sozial sehr viel tiefer stehenden Julien mit der Heirat besiegeln. Flaubert läßt die Geschichte seiner Madame Bovary kurz vor ihrer Heirat mit Charles beginnen. Tolstois Anna Karenina hat aus ihrer Ehe mit Alexander Karenin schon einen siebenjährigen Sohn, als sie Wronskij begegnet. Nathaniel Hawthorne entwickelt in *The Scarlett Letter* (1850) aus dem Motiv des Ehebruchs das Psychogramm seiner Personen. Henry James läßt seinen Roman *The Golden Bowl* am Vorabend der Hochzeit des Prinzen Amerigo mit der jungen amerikanischen Erbin Maggie Verver beginnen. Diese Werke aus Literaturen verschiedener Sprachkreise haben bei aller Unterschiedlichkeit, aller stilistischen und atmosphärischen Eigenheit dennoch eines gemeinsam: Die Protagonisten ihrer

Romane verheiraten sich schon bald im Handlungsgeschehen bzw. sind schon zu Beginn der Romanhandlung verheiratet, und dieses abgesegnete Verhältnis spielt für das Bewußtsein der Personen und für den Fortgang des epischen Ablaufs eine außerordentlich große Rolle. Sie erfahren auf unterschiedliche Weise die Ehe als Problem, da sie außerehelichen Lockungen, Anziehungen, Lieben bzw. der Liebe begegnen. Das heißt letztlich: Erst Konflikt, innere Zwiespälte, Ehebruch, die Preisgabe des Treueversprechens machen die Ehe zu einem interessanten Sujet für die Autoren; die glückliche Ehe findet in dieser Literatur nur in vagen Hintergrundpanoramen statt. Doch wie auch immer sich die Ehethematik in den literarischen Werken des 19. Jahrhunderts präsentiert, die Voraussetzung für das neue Interesse an dieser Frage liegt in einem gesellschaftlichen Paradigmenwandel: in der neuen Ehekonzeption.

1. Gustave Flaubert: *Madame Bovary*

Als Flaubert 1857 seinen Roman *Madame Bovary. Mœurs de province* (dt. *Madame Bovary. Sittenbild aus der Provinz*) – im selben Jahr wie Baudelaire seine *Fleurs du Mal* – publizierte, sah er sich mit der Zensur konfrontiert, erfuhr, wie in einem Prozeß sein Werk der Unmoral und Sittenverderbnis bezichtigt wurde. Nach der reichhaltigen libertinen Produktion im französischen Roman des 18. Jahrhunderts könnte die Leserschaft die Erwartung hegen, Flaubert übertreffe diese Autoren noch an Freizügigkeit, doch das Gegenteil ist der Fall, er enthält sich aller ausmalenden Beschreibung erotischer Szenen, aller Details, die den Erotophilen animieren könnten.

Flaubert (1821–1880) begann sein literarisches Schaffen mit Werken – *Novembre*, die erste Fassung der *Education sentimentale* – im Stil des lyrisch-romantischen Romans.

Mit der Arbeit an seiner *Madame Bovary* – so Hugo Friedrich – »bricht diese romantische Periode ab, oder vielmehr: das neue Werk, die entpersönlichte Sachlichkeit seines Stiles und Sehens wird dem Kampf gegen das lyrisch-romantische Erbe abgerungen, das nur noch charakterisierend aus den Gestalten reden darf, also objektiviert wird. Der berühmte Bruch in Flauberts Entwicklung liegt mehr im Willen als in der Substanz. Er hat den romantischen Untergrund seines Wesens immer gewußt, und in ihm liegt seine innere Einheit. Ein natürlicher Hang treibt ihn zur Bekenntnisliteratur, zu exotischer Bilderstürmerei, zum weitgeschwungenen oratorischen Stil. [...] Er hat im Werk seine eigene romantische Erlebnismöglichkeit zum Gegenstand der distanzierten Darstellung gemacht.« (Friedrich 1980, 107) Mit *Madame Bovary* bricht Flaubert entschieden mit den Idealen der Romantik, und während seine Protagonistin Idealen romantischer Liebe anhängt, entlarvt Flaubert diese romantischen Vorstellungen als Illusionen. Auch der Protagonist aus der *Education sentimentale*, Frédéric Moreau, beginnt wie Emma sein Leben als poetischen Traum, schwelgt in seiner Liebe zu Madame Arnoux, der Gattin seines Verlegers, und er erfährt seine ›Lehrjahre des Gefühls‹ als eine Folge von Desillusionierungen. Flaubert betrachtet seine Zeit mit verächtlichem Blick, stellt überall nur utilitaristisches Denken, eine bourgeoise Magenphilosophie fest, er haßt – ähnlich wie Baudelaire – die Trivialität und Banalität der Zeit. Schon die Romantiker hatten das »épater le bourgeois« zu ihrer Devise erhoben, doch seit den vierziger Jahren hatte sich die kritische Abhebung vom Bourgeois zu unerbittlichem Haß gesteigert. Baudelaire beschreibt die Veränderung im gesellschaftlichen Leben der Zeit in seiner enthusiastischen Kritik über Flauberts *Madame Bovary*, er konstatiert, daß in den letzten Jahren das Interesse der Öffentlichkeit an »geistigen Dingen« sich eigentümlich verringert hat: »[...] der neue Romancier [fand sich] einer völlig verbrauchten Gesellschaft gegenüber, – ja, mehr als verbraucht, – verdummt und fraßgierig, der nichts ein solcher Greuel war als die poetische Erfindung, und die nichts liebte außer dem Besitz« (Baudelaire, *Sämtliche Werke und Briefe* V,69). Baudelaire versetzt sich nun in seinen literarischen Zeitgenossen, fragt, welche Überlegungen ein kunstbegeisterter, in der Fechtkunst geübter Schriftsteller angesichts seines stumpfen, zeitgenössischen Publikums angestellt haben mochte, das sich vor der Größe ekelt und die naive glühende Leidenschaft erröten läßt. Und er läßt gleichsam Flaubert folgern: »Seien wir denn gewöhnlich in der Wahl unseres Gegenstandes, da der Leser des 19. Jahrhunderts die Wahl eines zu hohen Gegenstandes als eine Zumutung empfindet. [...] Mit Eiseskälte werden wir Leidenschaften und Abenteuer erzählen [...] Wir werden einen banalen Grund mit einem nervigen, farbenprächtigen, subtilen und genauen Stil überziehen.« (Ebd., 69f.)

Und da die Provinz den Ort der Dummheit, das stumpfsinnigste Milieu, wo es von intoleranten Dummköpfen nur so wimmelt, darstellt, wählt er die Provinz als Schauplatz, und er nimmt das abgenutzteste, das abgedroschenste Thema als Sujet: den Ehebruch.

In der Tat wählt Flaubert für seinen neuen Roman einen Stoff ›terre à terre‹, wie es ihm seine Freunde Maxime du Camp und Louis Bouilhet empfahlen, einen authentischen Fall aus dem bürgerlichen Leben: der Selbstmord der Delphine Delamare, die einem Zeitungsbericht zufolge mit einem biederen Landarzt verheiratet war, aus Langeweile außereheliche Liebschaften pflegte, Schulden machte und sich schließlich 1848 vergiftete. Flaubert arbeitete von 1851 bis 1856 an der literarischen Gestaltung dieses Sujets, berichtet in seiner *Correspondance* über den unendlich mühsamen Prozeß der Arbeit, klagt über die »grauenhaften Anstrengungen der Kunst«, über die Sklavenarbeit, zu der ihn die genaue Wiedergabe der »niederen Wirklichkeit des Sujets« zwinge. Von seinem literarischen Naturell eher zu einem ausschmückenden opulenten Stil neigend, zwingt er sich zu einer minutiös realistischen Darstellung, die sich auf die ›objektiven‹ Begebenheiten konzentriert. Realismus bedeutet nicht, wie Baudelaire betont, eine minutiöse Beschreibung der Accessoires, sondern eine neue Schaffensweise, bei der der Erzähler völlig hinter seinen Figuren zurückzutreten sucht.

Der Plot seines Romans: Charles Bovary, die Verkörperung biederer Mittelmäßigkeit, bringt es schließlich nach einer desolaten Schulkarriere zu einer nicht gerade glanzvollen Position eines Landarztes, folgt brav dem Rat seiner Mutter und heiratet ihrer Rente wegen eine 45jährige häßliche, vertrocknete Witwe, die ihn mit ihrer Eifersucht schikaniert. Die Begegnung mit Emma Rouault, der wohlbehüteten Tochter eines Patienten, eines begüterten Bauern, die ihm als Inbegriff aparter Schönheit, mädchenhafter Anmut, Eleganz erscheint, berührt sein Herz und erweckt zum ersten Mal in ihm die konkrete Vorstellung von einem glücklicheren Leben als das, was er in seiner Schul-, Studenten- und Ehezeit gelebt hat. Nach dem plötzlichen Tod seiner Frau wird der Gedanke an ein Leben mit Emma immer mächtiger, jedoch auch seine bange Scheu, seinen Antrag um das kostbare Wesen zu formulieren. Vater Rouault nimmt die Sache in die Hand, und Charles heiratet Emma, die mit hohen Erwartungen diese Ehe eingeht, von einer Liebesheirat träumt, wie sie in den Romanen so wunderbar beschrieben wird. Emma schließt keineswegs eine Konvenienz- bzw. Vernunftehe, sie wird nicht ohne ihre Zustimmung verheiratet, sondern sie glaubt, aus Liebe zu heiraten. Die Besuche des respektvollen, schüchternen Landarztes, der auch vor der Ehe nicht durch geistvolle Beredsamkeit brillierte, hatten dennoch die Monotonie ihres Landlebens auf dem väterlichen Bauernhof aufgelockert, boten ihrer Phantasie Projektionsflächen romantischer Ausgestaltung.

> Vor der Hochzeit hatte sie geglaubt, sie liebe ihn; aber als das Glück, das aus dieser Liebe hatte entspringen sollen, ausblieb, dachte sie, sie müsse sich getäuscht haben. Und Emma suchte zu begreifen, was man denn eigentlich im Leben unter den Ausdrücken Glückseligkeit, Leidenschaft und Trunkenheit verstehe, die ihr in den Büchern so schön erschienen waren. (43)

Als Kind hat sie *Paul et Virginie* von Bernardin de Saint-Pierre gelesen, sie träumt von exotischen Landschaften mit Bambus-Hütten, von dem Schwarzen Domingo und einem kleinen Bruder, der die schönsten Früchte von turmhohen Bäumen für sie holt. Als sie mit dreizehn Jahren die Klosterschule der Ursulinen in Rouen besucht, ist ihr schwärmerisches Gemüt von den katholischen Ritualen mit dem Kerzenglanz, Weihrauch, der mystischen Aura angezogen. Emma ist keineswegs religiös, jedoch empfindet sie »in der Tiefe ihrer Seele unverhoffte, süße Schauer« (45), sie genießt das geheimnisvoll Atmosphärische der Zeremonien, die frommen Geschichten vom heiligen Herzen, das von spitzen Pfeilen durchbohrt wird, fühlt sich erhoben von Vergleichen Christi mit dem Verlobten, dem himmlischen Bräutigam. In der Beichte erfindet sie kleine Sünden, um länger knieend im Dunkeln, mit gefalteten Händen, das Gesicht am Gitter, dem Flüstern des Priesters lauschen zu können. Im Prozeß gegen Flauberts Roman führt Ernest Pinard, der Ankläger, gerade auch diese Szene an, um den durchgehend lasziven Ton des Erzählers zu belegen. Was er dem Autor vorwirft, den erotisierenden Stil, das ist letztlich die Sicht Emmas, die in ihrem Bedürfnis nach ›romantischem Gefühl‹ ihre Umwelt verklärt.

Flaubert läßt keinen Zweifel an seiner kritischen Haltung gegenüber der schwülen, schwülstigen und verkitschten Klosterwelt aufkommen, die die Phantasie Emmas, die sich von ihrem Naturell her aus dem Alltag in eine poetische Gegenwelt zu flüchten sucht, erregt. Romane billiger

Machart, aber auch die historischen Romane Walter Scotts, die Châteaubriands, die Erzählungen und Geschichten, mit denen sie eine alte Jungfer versorgte, in denen nur von Lieben, Liebhabern, Liebhaberinnen, Herzensqualen, Tränen, Schwüren, Küssen, Mondschein, Nachtigallen in den Büschen usw. die Rede war, tragen zu Emmas romantischer Wirklichkeitsverschleierung bei. Später in ihrer Ehe liest sie die Romane Eugène Sues, Balzacs, George Sands, und wenn man auch von Balzac z. B. die Brüchigkeit erotischer Liaisons erfahren könnte, Emma sucht überall die Gegenwelt zu ihrer als trist und vulgär empfundenen Umgebung.

Emma, äußerst empfänglich für die romantischen Entwürfe passionierter Liebe, flüchtete aus ihrer asketischen Klosterwelt in die Welt des schönen Scheins. Als Charles um ihre Hand anhält, geht sie diese Ehe ein mit all ihren aus der Literatur gespeisten idealischen Erwartungen. Sehr bald holt sie der Ehealltag mit dem biederen Landarzt ein, der nun gar nicht den verheißenen romantischen Vorstellungen entspricht. Schon in den ersten Wochen empfindet sie ein unerklärliches Unbehagen, und sie fragt sich: »Warum, mein Gott, habe ich geheiratet?« (55)

Eine Einladung auf das Schloß des Marquis d'Andervilliers unterbricht zwar die Monotonie ihres Ehealltags, doch der elegante Lebensstil, die vornehmen Toiletten, die teuren Juwelen, die raffinierten Speisen, kurz, der Luxus im Schloß im Kontrast zu ihrem relativ bescheidenen bürgerlichen Leben verstärkt nur noch ihr Ungenügen an der eigenen häuslichen Situation, die Sehnsucht nach einem anderen Leben. »Alles, was sie unmittelbar umgab, das langweilige Land, die schwachsinnigen Kleinbürger, die Durchschnittlichkeit des Daseins, dünkte sie eine Ausnahme in der Welt, ein zufälliges Etwas, in dem sie gefangen saß, während sich draußen, so weit man sehen konnte, das unermeßliche Reich der Beglückungen und der Leidenschaften erstreckte. In dem, was sie wünschte, verschmolz das Sinnliche des Luxus mit den Freuden des Herzens, die Eleganz der Lebensgewohnheiten mit den Feinheiten des Gefühls.« (73)

Emma empfindet ihre Ehe mit Charles als desolat, sie ist zwar eine aufmerksame Hausfrau, besser Hausherrin, denkt sich immer wieder kleine Erneuerungen in der Einrichtung, bei den Speisen aus, doch sie ist tief enttäuscht von der glanzlosen bourgeoisen Existenz ihres Gatten, von dessen gutmütig behäbiger Mediokrität, und sie verachtet ihn um so mehr, als er fest davon überzeugt ist, sie sei mit ihm glücklich. Lieber wünschte sie sich einen dieser ehrgeizigen, schweigsamen Männer zum Gatten, die bis in die Nacht über ihren Büchern sitzen und schließlich mit sechzig, wenn das Alter der Rheumatismen kommt, das Ehrenkreuz besitzen, als diesen mittelmäßigen Menschen ohne Ehrgeiz! Sie fühlt nur abgrundtiefe Scham und Verachtung, als Charles ihr zutraulich von einer demütigenden Zurechtweisung durch einen Kollegen erzählt. »›Solch ein Jammerlappen! Solch ein Jammerlappen!‹ sagte sie ganz leise vor sich hin und zerbiß sich die Lippen.« (77)

Zunächst scheint ein Ortswechsel, den Charles ihrer angegriffenen Gesundheit wegen unternimmt, Emma eine gewisse Abwechslung zu bringen. Der Notariatsangestellte Léon, der von ihrer anmutigen Erscheinung bezaubert ist, und Emma, die sich umgekehrt auch von Léon in seiner feingliedrigen, gepflegten Erscheinung angezogen fühlt, empfinden schon von der ersten Begegnung an eine Art Seelenverwandtschaft innerhalb einer bourgeoisen Umgebung. Sie führen feinsinnige Gespräche über die Schönheit von Sonnenuntergängen, die Weite des Meeres, die Erhabenheit der Alpen, Kunst, Literatur, Mode, Gespräche, die jedoch voll sind von den Klischees, die Flaubert in seinem *Dictionnaire des idées reçues* sammelte.

Emma jedoch, irritiert durch ihre wachsende erotische Faszination, spielt aus einer Mischung von Scham und Stolz Léon gegenüber die liebende Ehefrau und Mutter, schürt seine passionierte keusche Leidenschaft, treibt ihn jedoch schließlich dazu, Yonville zu verlassen. Sein Fortgang läßt bei ihr eine Leere zurück, die sie um so aufgeschlossener macht für die Verführung durch den skrupellosen Lebemann Rodolphe Boulanger, einen reichen Gutsherrn »von brutaler Wesensart und scharfem Verstand« (160). Auf den ersten Blick erkennt er, daß Emma sich in ihrer Ehe mit dem braven Landarzt langweilt und sich nach der romantischen Liebe sehnt. Sarkastisch resümiert er: »So was schnappt nach Liebe wie ein Karpfen auf dem Küchentisch nach Wasser« (161).

Anders als Valmont, der Libertin aus Choderlos de Laclos' Roman *Les Liaisons dangereuses*, den gerade die langsame strategische Eroberung der tugendsamen Madame de Tourvel reizt, sucht dieser Frauenheld ein schnelles, bequemes, erotisches Abenteuer: »Nach drei galanten Redensarten würde so was unsereinen vergöttern, da bin ich mir sicher! Das wäre zärtlich! Zauberhaft …! Ja, aber wie wird man sie hinterher wieder los?« (161)

Und wie vorausgesehen, genügen drei Worte galanter Zuwendung, um die völlig unerfahrene Emma, die sich nach einem romantischen Liebesroman sehnt, zu verführen. Symptomatisch dafür ist auch Flauberts Darstellung vom Beginn der Liebschaft zwischen Emma Bovary und Rodolphe. Bei einer Begegnung auf dem von den Einwohnern von Yonville lang erwarteten »Fest der Landwirte« spielt er den melancholischen, am gewöhnlichen Leben Leidenden, der offenbar auch zu jenen gehört, die »in ewiger Unruhe leben«. »Sie verlangen Abwechslung, stille Träumerei und Drauflosleben, sie kennen die reinsten Leidenschaften und sehnen sich nach dem wildesten Genuß. Wer so ist, stürzt sich in alle möglichen Launen und Tollheiten.« (202) Scharfsinnig hat er Emmas romantische Sehnsüchte, ihr Ungenügen an ihrer bürgerlichen mediokren Existenz erkannt, und gekonnt spielt er auf den Saiten ihrer von Liebeserwarten gespannten Seele. Meisterlich boshaft durchwebt Flaubert hier die von Nationalpathos triefenden, fortschrittsstolzen Reden der

Honoratioren mit dem Rodolpheschen Diskurs von Leidenschaft und Glückserfüllung. Beide Diskurse konterkarieren einander, entlarven sich als Pose.

In dem zufriedenen Gefühl, daß er Emmas Phantasie hinreichend beschäftigt, läßt Rodolphe bewußt sechs Wochen verstreichen, bevor er sie aufsucht. Die Ungeduld auf ein baldiges Wiedersehen wird ihr Verlangen nur noch steigern. Sein Kalkül trifft zu. Und die in erotischer Rhetorik unerfahrene Emma genießt die Flut seiner Worte, die von ihrer unwiderstehlichen, anbetungswürdigen Schönheit sprechen, von Sehnsucht, heimlichen Liebesblicken beim Mondschein unter ihrem Fenster, das rührende Bild eines unglücklich sich nach ihr Verzehrenden malen. Es kommt zu einem ersten gemeinsamen Ritt – ein Vorschlag Rodolphes zur Stärkung von Emmas fragiler Gesundheit, den Charles begeistert unterstützt –, der Rodolphe in Waldeinsamkeit ein ungestörtes Zusammensein mit Emma verschafft – und die Gelegenheit zu ihrer Verführung bzw. zur erotischen Erfüllung. Es bedarf von seiten Rodolphes in der Tat nur weniger Verführungskünste, um den Widerstand der nach erotischer Leidenschaft dürstenden Emma aufzulösen. Wie die romantisch Liebenden überläßt sich Emma sehr schnell dem erotischen Ansturm Rodolphes, doch anders als diese, die ihre Liebe mit einem Kuß und dem Eheversprechen besiegeln, gibt sich hier die verheiratete Frau ihrem Liebhaber hin.

Mit nur wenigen Worten beschreibt Flaubert den Beginn der Liebschaft zwischen Emma Bovary und Rodolphe. Er verzichtet auf jede ausmalende Beschreibung des sexuellen Akts, da heißt es nur: »Das Tuch ihres Kleids verfing sich in dem Samt seines Fracks. Sie bog den weißen Hals zurück, den ein Seufzer schwellte, und halb ohnmächtig, tränenüberströmt, am ganzen Leib zitternd und das Gesicht verbergend, gab sie sich hin.« (199)

Emma empfindet nach ihrer Hingabe an Rodolphe ein von keiner Reue oder von moralischen Skrupeln geschmälertes Glück, und sie fühlt sich und ist schöner als zuvor. Flaubert zeigt keine von Gewissensbissen belastete Ehebrecherin, und darin sahen die Zeitgenossen auch das moralisch Anstößige dieses Romans. Hier zeigt sich deutlich der antibürgerliche, kritische Impetus des Romans, der die bürgerliche Institution der Ehe so wenig als Wert begreift, wie er auch der romantischen Liebeskonzeption skeptisch gegenübersteht. Auch Emmas von der Literatur genährten romantischen Liebeserwartungen werden von ihrem Autor gründlich demontiert. Denn während Emma in der erotischen Beziehung mit Rodolphe den Beginn einer neuen erfüllten Lebensphase sieht, sie die Trennung von Charles beschließt, den sie nicht liebt, plant Rodolphe die erotische Begegnung mit ihr als kurzfristige Affäre. Sie ist bereit, ihren Mann zu verlassen, packt ihre Sachen, um mit dem Geliebten ein neues Leben zu beginnen, der hinterhältig ihre Erwartungen unterstützt, sich davonstiehlt und nur einen bigotten, pseudomoralischen Abschiedsbrief hinterläßt. Emma leidet unter der »Besudelung durch die Ehe« ebenso wie unter der »Enttäuschung durch den Ehebruch« (278), wie sie angesichts des melodramatischen Schicksals der Lucia di Lammermoor aus der gleichnamigen Oper von Donizetti klagt. Sie identifiziert sich mit Lucia, will wie diese einem Geliebten Lagery in die Arme fliegen und ihm zurufen: »Entführe mich! Nimm mich mit! Laß uns forteilen! Dir, dir gehören alle meine Gluten und alle meine Träume!« (280)

Doch letztlich hat Emma ihren Traum von romantischer Liebeserfüllung nicht aufgegeben. Als sie bei diesem Opernbesuch in Rouen Léon wiederbegegnet, empfinden beide dieselbe Anziehung wie zuvor in Yonville, doch nun ist Emma bereit, ihrer erotischen Faszination nachzugeben, sie wird seine Geliebte. Der Vorgang selbst bleibt den Augen der Leser verborgen. Bei ihrem ersten Rendezvous um elf Uhr in der Kathedrale von Rouen will Emma ihm eigentlich nur einen Brief übergeben, der erklärt, warum sie ihn unmöglich treffen kann, und man sieht sie schließlich eilig vor der Zudringlichkeit eines Schweizers die Kirche verlassen, Léon ruft eine Kutsche, verscheucht Emmas Einwand: »Es ist sehr unschicklich, wissen Sie?« (301) mit einem »In Paris macht man es so!«, und nun wird die endlose Kutschfahrt mit heruntergelassenen Gardinen beschrieben, kreuz und quer, mit einem erschöpften Kutscher, der fast »weinte [...] vor Durst, Ermüdung und Kümmernis« (303), den eine laute Stimme bei jedem Halteversuch zur Weiterfahrt antreibt. Am Ende dieser fast sechs Stunden dauernden Fahrt heißt es nur: »Dann, gegen sechs Uhr nachmittags, hielt der Wagen in einer Gasse des Stadtviertels Beauvoisine, und es entstieg ihm eine Frau, die mit gesenktem Schleier davonging, ohne sich umzuschauen« (303). Flaubert verzichtet völlig auf die Ausmalung erotischer Körperlichkeit, auf die Beschreibung leidenschaftlicher Küsse, Umarmungen, die Leidenschaft deutet sich allein in dem Tempo der ziellosen stundenlangen Kutschfahrt durch Rouen an.

Die Zeitgenossen nahmen an dieser Szene Anstoß. Darin zeigt sich die Geschichtlichkeit moralischer Tabus, denn eine solche Szene würde keinen Sittenrichter des 20. Jahrhunderts empören. Doch vielleicht waren die des 19. Jahrhunderts auch subtiler, empfindlicher für das Provokative des Romans, der nicht oberflächlich durch Körperblößen den Bürger schockiert, sondern den Nerv seiner bürgerlichen Moral trifft.

Emma besucht Léon regelmäßig jeden Donnerstag in der Stadt, unter dem Vorwand, Klavierstunden zu nehmen. Léon genießt ihre Grazie und Eleganz: »Er genoß zum erstenmal den unausdrückbaren Reiz weiblicher Eleganz«; sie fühlten sich wie »zwei ewig junge Gatten« (327). Emma, ebenso verliebt in die Liebe wie in die Subtilitäten eleganten Lebensstils, scheut keine Kosten, um ihre Beziehung mit exquisitem Luxus zu garnieren. Sie liebt die Kostbarkeit schöner Kleidung ebenso wie die Raffinesse delikater lukullischer Genüsse oder vornehmer Wohnkultur. Und sie schwelgt in dem euphorischen Taumel ob ihrer leidenschaftlich romantischen Liebe in einem Kaufrausch.

Auch diese Beziehung gerät allmählich in den Sog der Gewohnheit, und während Emma mit allen Mitteln kämpft, das schal gewordene Verhältnis zu beleben, wird Léon immer mehr der überspannten Geliebten überdrüssig. »Sie war seiner so überdrüssig wie er ihrer müde war. Emma fand im Ehebruch alle Plattheiten der Ehe wieder.« (358) Anders als in Goethes *Wahlverwandtschaften* hat die Ehe bei Flaubert ihre moralische Berechtigung verloren, doch auch die leidenschaftliche Liebe einer Ottilie und eines Eduards erweist sich bei ihm nur als Illusion, die bald ihren banalen Charakter offenbart.

Am Ende dieses Sittengemäldes, als der Wucherer Lheureux die Bezahlung all der Luxusartikel einfordert, die die leichtsinnige Emma bei ihm während ihrer erotischen Affären auf Kredit gekauft hat, steht die Protagonistin völlig allein dar, keiner ihrer ehemaligen Liebhaber hilft ihr, und sie beschließt ihren Selbstmord. Sicherlich hätte ihr Mann ihr geholfen, doch sie ist zu stolz, sich an den Mann zu wenden, den sie wegen seiner Mittelmäßigkeit verachtet hat. Und Charles, in all seiner bourgeoisen Durchschnittlichkeit, gewinnt zuletzt doch Größe, als er – trotz der Briefe, die Emmas Untreue offenlegen – verzeiht: »Er fügte sogar einen großen Ausspruch hinzu, den einzigen, den er je getan hat: ›Das Schicksal ist schuld!‹« (430)

Baudelaire hat in seinem Essay den letztlich heroischen Charakter der Madame Bovary hervorgehoben, die in einem tieferen Sinn dem Diktum Flauberts entspricht: »Madame Bovary, c'est moi«. Flaubert, der die romantische Liebe als absolute Illusion entlarvt, hängt nichtsdestoweniger – wider Willen – dem schönen Schein romantischer Liebe an, und er drückt in seinem Roman all die Vorstellungen passionierter Liebe aus, an die er selbst nicht glaubt. Er wählt eine Protagonistin, die den Illusionen der romantischen, passionierten Liebe anhängt, und er demontiert unerbittlich all diese schönen Vorstellungen als schönen Schein, den die Literatur den sensiblen, an der Banalität der Zeit leidenden Personen vorgegaukelt hat.

Die Sittenrichter, die das Werk wegen seiner Unmoral anklagten, konnten sich nicht auf sogenannte erotisch freizügige ›Stellen‹ beziehen. Der Prozeß um Flauberts *Madame Bovary*, einen Roman, dessen literarisch ästhetische Qualität von der Anklage nicht bestritten und der dennoch als Inbegriff von Frivolität und Amoralität beschrieben wird, ist typisch für die herrschende Moral, aber auch für die Art des literarischen Tabubruchs im 19. Jahrhundert: Obwohl der Erzähler an keiner Stelle sexuelle Intimität beschreibt, das Werk im Hinblick auf erotische Freizügigkeit keineswegs an die erotische Literatur des 18. Jahrhunderts heranreicht, zog es die Aufmerksamkeit der Sittenwächter auf sich. Nicht die Tatsache, daß Emma Bovary ihren allzu simpel treuherzigen Gatten betrog, erregte die Zeitgenossen, sondern die Art und Weise, wie ihre erotischen Affären vorgestellt wurden, geriet zum Skandalon. Flauberts Konzept der »impassibilité«, der Leidenschaftslosigkeit, kühlen Gleichmütigkeit, die den Verzicht auf jede moralische Wertung einschloß, bedeutete auch eine Innovation des Erzählens. Indem der Erzähler sich ganz zurücknimmt, er gleichsam die Sehweise seiner Figuren annimmt, versetzt er den Leser in deren Gefühls- und Bewußtseinslage. Diese neue personale Erzählhaltung hat die Rezeption des Romans, dessen negative Resonanz bei einem konservativen Bürgertum, beeinflußt.

Dieses verlangte nach dezidierter Verurteilung des Ehebruchs von seiten des Erzählers, empörte sich über eine reuelose, nicht in Zweifeln zerrissene Emma nach ihrem ersten Liebesabenteuer, einer Emma, die sich zu neuer Schönheit erblüht sah. Eine Formulierung wie die, daß sie unter der »Besudelung durch die Ehe« leide (278), attakkierte die ›heilige‹ Institution der Ehe als einen Pfeiler bürgerlicher Grundordnung. Der Ankläger Pinard, der eine sehr intelligente, geradezu einfühlsame Interpretation des Werks gab, kritisierte, der Autor zeige eine »Poesie des Ehebruchs« (624). Pinard erkennt die literarische Kunst des Autors und sieht darin – wohl zu Recht – gerade verstärkt die Gefahr für die allgemeine bürgerliche Moral: »Ich verweise auf zwei Dinge, meine Herren, ein bewundernswertes Gemälde im Hinblick auf die Moral. Ja, Herr Flaubert versteht es, seine Gemälde mit allen Mitteln der Kunst zu verschönen, aber ohne die Milderungen der Kunst. Bei ihm gibt es keine Gaze, keine Schleier; das ist die Natur in ihrer ganzen Nacktheit, in ihrer ganzen Rohheit.« (Ebd.; Übers. von H. G.) Während Pinard das Provokative des Werks sehr genau erfaßt, zielt der Verteidiger, Marie-Antoine Jules Senard, dagegen darauf ab, das Werk zu verharmlosen, ihm eine moralisierende Tendenz zu unterschieben. In Pinards Ausführungen scheint die Erkenntnis auf, daß gerade auch durch die faszinierende Kunst des Erzählens, durch das Innovative der Schreibweise, der personalen Perspektivik, das Werk seine ›demoralisierende‹ Wirkung entfalte.

Es ging in diesem Literaturprozeß – wie auch in dem gegen Baudelaires *Fleurs du Mal* oder Schnitzlers *Reigen* – nicht um eine ausmalende Beschreibung erotisch-sexueller Szenen – die gibt es offenkundig bei Flaubert nicht –, sondern um den grundsätzlichen Verstoß gegen die bürgerlichen Wertvorstellungen.

2. Leo Tolstoi: *Anna Karenina*

Leo N. Tolstois (1828–1910) zweiter großer Roman nach *Krieg und Frieden*, *Anna Karenina*, entfaltet ein vielschichtiges, weit gespanntes Panorama der zeitgenössischen Gesellschaft. Im Mittelpunkt des vielsträngigen Geschehens stehen drei durch Heirat miteinander verwandte Familien der russischen Oberschicht, die Oblonskijs, Lewins und Karenins, und die Frage der Familie, der Ehe spielt in dem Roman eine bedeutende Rolle. Die Titelheldin Anna Karenina, von bezaubernder Anmut, warmherzig, klug und geradlinig, hat eine glänzende Position in den höchsten gesellschaftlichen Kreisen inne, trotz ihrer außergewöhnlichen Schönheit und Faszinationskraft genießt sie einen untadeligen Ruf, den auch üble Klatschmäuler nicht anzutasten wagen. Sie tritt – anders als Emma Bovary – zu Beginn des Geschehens schon als verheiratete Frau auf, die eine gute Ehe führt, ihren Sohn Sergej liebt und allgemein in der Petersburger Gesellschaft geachtet und beliebt ist. Sie wird von ihrem Bruder, dem gutmütigen, hübschen, lebenslustigen, den sinnlichen Freuden überaus zugeneigten Stepan Arkadjewitsch ungeduldig in Moskau erwartet, denn er hofft, sie werde mit ihrem psychologischen Geschick seine Frau versöhnlich stimmen und den Hausfrieden, den er durch eine außereheliche Affäre getrübt hatte, wiederherstellen.

Stepan Arkadjewitsch ist zwar tief betrübt über die Situation, er liebt seine Kinder, und er würde nicht daran denken, seine Frau Dolly, die Mutter seiner fünf Kinder, zu verlassen, aber er fühlt sich zu jung, um auf erotische Abwechslung zu verzichten, und die kann ihm die von den vielen Geburten gezeichnete Dolly nicht mehr geben. Symptomatisch für seinen naiv-gutmütigen, egozentrisch-leichtlebigen Charakter, der seinen Mitmenschen das Beste wünscht, jedoch auf seine Freuden und Annehmlichkeiten nicht verzichten will, ist sein Räsonnement angesichts der unerquicklichen Situation:

> Stepan Arkadjewitsch war immer aufrichtig gegen sich selbst. Er konnte sich nicht betrügen und sich einreden, daß er seine Tat bereue. Er konnte jetzt nicht bereuen, daß er, ein hübscher, liebebedürftiger Mann von 34 Jahren, nicht mehr in seine nur ein Jahr jüngere

Frau, die Mutter von fünf noch lebenden und zwei verstorbenen Kindern, verliebt war. Er bereute nur, daß er es nicht besser vor seiner Frau geheimgehalten hatte. Er empfand aber die ganze Schwierigkeit seiner Lage und es war ihm leid um seine Frau, seine Kinder und sich selbst. Vielleicht hätte er seine Sünden besser vor seiner Frau geheimzuhalten gewußt, wenn er geahnt hätte, wie die Entdeckung auf sie wirken würde. Er hatte sich diese Frage nie gründlich überlegt, aber er hatte doch die unklare Vorstellung gehabt, daß die Frau seine Untreue längst ahne, sie ihm aber nachsehe. Er glaubte sogar, die entkräftete, gealterte, nicht mehr schöne Frau, die sich durch nichts Besonderes auszeichnete, die nur eine schlichte, brave Familienmutter war, müsse schon aus Gerechtigkeitsgefühl nachsichtig sein. Nun aber hatte er sich vom Gegenteil überzeugen können. »Ach, entsetzlich! Ach, ach, ach, wie entsetzlich!« sagte Stepan Arkadjewitsch immer wieder vor sich hin und wußte nicht, was er anfangen sollte. »Und wie schön war alles bisher, wie gut haben wir gelebt! Sie war zufrieden, freute sich an den Kindern, ich störte sie nie, ließ sie über die Kinder und die Wirtschaft verfügen, wie sie wollte. Das ist allerdings nicht recht, daß jene Person Gouvernante in unserm Hause war! Das ist nicht schön! Es ist etwas Triviales, Gemeines in so einer Liebelei mit der Gouvernante der eigenen Kinder. Aber was war es auch für eine Gouvernante!« (Er stellte sich Mlle. Rolands schwarze Schelmenaugen und ihr Lächeln lebhaft vor.) (12f.)

Mit leichter Ironie, die Sympathie für den zerknirschten, dennoch reuelosen Sünder einschließt, zeichnet Tolstoi die Figur, die auch künftig auf »Liebeleien« außerhalb des ehelichen Bettes nicht verzichten wird. Anna gelingt es in der Tat, den häuslichen Frieden wiederherzustellen, und sie gewinnt in Dolly, die in ihrer biederen, einfachen Fraulichkeit so ganz anders ist als ihre schöne faszinierende Schwägerin, eine Freundin, die auch in der Not, als die Gesellschaft sie ausschließt, zu ihr steht.

Gleich zu Beginn des Romans wird auch ein anderes Ehebündnis avisiert, das zwischen Kitty, der jüngsten Schwester Dollys, und dem Grafen Wronskij, der Kitty den Hof gemacht hat und dessen Antrag die Familie, d. h. Kitty und deren Mutter vor allem, erwartet. Und da gibt es noch Lewin, einen verantwortungsvollen Gutsherrn, der sich mit der sozialen Lage der Bauern auseinandersetzt, nach einer Verbesserung der Güterbestellung sucht und der seit langem Kitty liebt und um ihre Hand anhalten möchte. Doch Kitty, in Erwartung des Wronskijschen Antrags, verhindert Lewins Erklärung. Wronskij jedoch, ein Lebemann und versierter *homme à femmes*, erlebt eine ›Liebe auf den ersten Blick‹, er hat Annas Bekanntschaft gemacht, als er auf dem Bahnhof seine Mutter erwartete, und er ist von ihr so fasziniert, daß er auf dem Ball, von dem sich Kitty so viel verspricht, nur Augen für die bezaubernde Anna hat. Und auch Anna fühlt sich unwiderstehlich zu dem Grafen Wronskij hingezogen, tanzt nur mit ihm, und sie beschließt ihre sofortige Abreise aus Moskau, da sie ihre eigene Verführbarkeit spürt. Als sie im Zug nach Petersburg Wronskij begegnet, der ihr – und seiner Leidenschaft – gefolgt ist, wird sie, trotz ihrer rationalen Abwehr »im ersten Augenblick des Zusammentreffens, von einem Gefühl freudigen Stolzes gepackt« – »Unbändige Freude und lebhafte Erregung strahlten aus ihrem Gesicht« (159). Und Wronskij antwortet auf ihre Frage nur schlicht. »›Warum ich mitfahre?‹ sagte er, ihr gerade in die Augen sehend. ›Sie wissen es doch, ich fahre mit, um da zu sein, wo Sie sind. Ich kann nicht anders.‹« (160) Wronskij, ein Offizier, der zur *jeunesse dorée* zählt, einer brillanten Karriere entgegensieht und von den angesehensten Familien als Heiratskandidat favorisiert wird, ein eher unromantischer Charakter, ist von einer Leidenschaft erfaßt, der das ›Schicksalhafte‹ der *amour passion* eignet. Kitty bedarf auf dem für sie fatalen Ball nur eines Blicks, um den ungeheuren Wandel auf Wronskijs Gesicht auszumachen. »Was sich Kitty so deutlich im Spiegel von Annas Gesicht gezeigt hatte, sah sie nun an ihm. Wo war seine immer so ruhige, feste Haltung und der sorglos ruhige Ausdruck seines Gesichts? Nein, jedesmal, wenn er sich jetzt zu ihr wandte, beugte er den Kopf ein wenig vor, als wolle er vor ihr niederfallen und aus seinem Blick sprach nur Ergebenheit und Furcht.« (127f.) Wronskij folgt ohne Vorbehalt seinem leidenschaftlichen Gefühl. »Wohin das alles führen sollte, wußte er nicht und er dachte auch nicht daran. Er fühlte, daß alle seine bisher zersplitterten Kräfte jetzt zusammengeschlossen waren und sich mit furchtbarer Energie auf ein ersehntes Ziel richteten.« (162) Anna ihrerseits erlebt bei ihrer Ankunft in Petersburg beim Anblick ihres Mannes ein starkes Unbehagen, sie empfindet ihre Abneigung gegenüber seiner Physiognomie – »Ach, mein Gott! Seit wann hat er diese Ohren?« –, gegenüber seinem Gebaren, seinem »gewohnt spöttischen Lächeln«, seiner »langsamen, hohen Stimme« (161). Die Begegnung mit Wronskij, die Erfahrung ihres eigenen leidenschaftlichen Gefühls hat ihren Blick auf Karenin verändert, ihn schmerzhaft geschärft für die Dissonanzen in ihrer Verbindung, für die »Unaufrichtigkeit, die ihr Verhältnis zu ihrem Gatten kennzeichnete; früher hatte sie aber dieses Gefühl nicht gemerkt, während es ihr jetzt klar und schmerzlich bewußt wurde« (161). Ähnlich wie Emma Bovary wird sich Anna Karenina durch das neue Gefühl erotischer Anziehung verstärkt ihrer Fremdheit gegenüber dem eigenen Mann bewußt. Doch während Flaubert gerade auch das Illusionäre der außerehelichen Liebesgeschichten entlarven wollte, gestaltet Tolstoi die tragische Entwicklung einer den Lebensentwurf verzehrenden Liebesleidenschaft. Sowohl Rodolphe als auch letztlich Léon genießen zwar Emmas Liebesbegehren, sind aber anders als Wronskij bald durch den erotischen Genuß der Affäre mit der hochgespannten in

Liebesphantasien schwelgenden Emma überdrüssig. Zwar werden auch Anna und Wronskij die Melancholie der Erfüllung erfahren, aber sie bleiben trotz aller Konflikte in tiefer Leidenschaftlichkeit einander verbunden, ja über den Tod hinaus aneinandergekettet.

Zwischen der ersten Begegnung auf einem Moskauer Bahnhof und dem Selbstmord der Protagonistin unter den Rädern eines Eisenbahnwagens liegen die wechselvollen Phasen einer intensiv erlebten und erlittenen Liebesbeziehung, die Tolstoi psychologisch nuanciert in all ihren Peripetien zu veranschaulichen weiß. Anna, die unter der Falschheit ihres scheinbar intakten Ehelebens mit Karenin leidet, die die Lüge verabscheut und die Heimlichkeit ihrer Liebesbeziehung nicht erträgt, hat sich in ihrem leidenschaftlichen Bedürfnis nach Klarheit und Aufrichtigkeit für den Geliebten entschieden, und sie bekennt schließlich ihrem Mann ihre Liebe für den anderen. Hatte sie zunächst noch den Schein gewahrt, macht sich angesichts eines Unfalls von Wronskij bei einem Pferderennen ihr leidenschaftliches Gefühl für den Geliebten Luft, sie schleudert Karenin gewissermaßen ihre Liebe für Wronskij entgegen, sucht den Bruch mit dem ungeliebten Gatten und ist kurz darauf entsetzt über ihren ungezügelten Gefühlsausbruch, der ihre gehobene gesellschaftliche Situation vernichten könnte. Doch als Karenin, der nach Sondierung seiner möglichen Reaktionen auf diese ehrverletzende Ungeheuerlichkeit – Duell, Scheidung, Trennung –, ihr den Status quo vorschlägt, empfindet sie nach einem kurzen Moment der Erleichterung nur eine unsägliche Wut und Verachtung für den Gatten, der scheinbar leidenschaftslos, eine Beamtenseele, nur die Dehors zu wahren sucht und einer radikalen Lösung ausweicht.

Und so leben sie wie zuvor miteinander, und trotz des Übereinkommens empfindet Anna immer stärker das Unangemessene ihrer Situation:

> Das Ehepaar Karenin hauste nach wie vor unter demselben Dache, sie sahen sich jeden Tag, waren sich aber völlig fremd geworden. Alexej Alexandrowitsch hatte es sich zur Regel gemacht, jeden Tag mit seiner Frau zu sprechen, damit die Dienstboten keinerlei Vermutungen anstellten, aber er vermied es, im Hause zu speisen. Wronskij erschien nie mehr in Alexej Alexandrowitschs Hause, aber Anna kam an anderen Orten mit ihm zusammen, und ihr Gatte wußte das. Die Situation war qualvoll für alle drei, und keiner von ihnen wäre imstande gewesen, auch nur einen Tag in diesen Verhältnissen zu leben, wenn nicht die Hoffnung gewesen wäre, daß die Lage sich ändern werde und daß es sich nur um vorübergehende, bedauerliche Schwierigkeiten handelte, die bald überwunden sein würden. (543)

Auch Wronskij fühlt sich nicht mehr wie in der ersten Zeit ihrer Begegnung als der glückliche Liebhaber, er leidet zwar nicht unter dem Druck gesellschaftlicher bzw. familiärer Zwänge, doch auch auf ihn wirkt sich Annas Zerrissenheit, ihre Anspannung, ihr ungeduldiges Warten auf eine Befreiung aus der unseligen Lage aus, der Gefühlsdruck, der auf Anna lastet, trübt auch sein Liebesverhältnis zu ihr.

> Damals hielt er sich für unglücklich, das Glück aber stand ihm noch bevor, jetzt fühlte er, daß das schönste Glück schon hinter ihm lag. Sie war ganz anders, als wie er sie in der ersten Zeit gesehen hatte. Seelisch und körperlich hatte sie sich zu ihrem Nachteil verändert. Sie war sehr breit geworden, und ihr Gesicht wurde, als sie von der Schauspielerin sprach, durch einen bösen Zug entstellt. Er sah sie an, wie ein Mensch eine welke Blume betrachtet, die er abgerissen hat und in der er nur mit Mühe die Schönheit findet, um derentwillen er sie abriß und vernichtete. Und doch fühlte er,

daß damals, als seine Liebe noch stärker war, er sie dennoch aus seinem Herzen hätte reißen können, wenn er gewollt hätte; jetzt aber, da es ihm, wie in diesem Augenblick, schien, daß er gar keine Liebe für sie empfinde, wußte er, daß das Band, das ihn an sie fesselte, nicht zerrissen werden konnte. (551)

Doch die Situation spitzt sich zu, als die von Wronskij schwangere Anna, durch einen Alptraum geschreckt, ihren baldigen Tod fühlend, Wronskij zu sich bittet und damit gegen die Vereinbarung verstößt. Karenin, der Wronskij bei einem Besuch in seinem Haus überrascht, entschließt sich zur Scheidung, nimmt Annas Korrespondenz an sich und entzieht ihr ihren Sohn. Es kommt jedoch zu einem pathetischen Intermezzo: Anna, nach ihrer Entbindung vom Tod bedroht, in Fieberagonie, wünscht die Versöhnung mit ihrem Mann, sucht Geliebten und Gatten zu versöhnen, sagt sich von ihrer unmoralischen Beziehung zu Wronskij los, leidet dann im ehelichen Zusammenleben erneut unter ihrer Antipathie zu Karenin, und Wronskij, in seiner hoffnungslosen Liebe zu Anna, erholt sich nur allmählich von einem Selbstmordversuch. Auch Karenin, der sich bewußt wird, daß Annas zärtliche Gefühle für ihn nicht vorhalten, leidet unter der Situation:

Noch nie war die Unmöglichkeit seiner Lage der Gesellschaft gegenüber, der Haß seiner Frau gegen ihn und überhaupt die Gewalt jener rohen, geheimnisvollen Macht, die in schroffem Widerspruch zu seiner Seelenstimmung sein Leben lenkte und von ihm die Erfüllung ihres Willens und eine Änderung seines Verhältnisses zu seiner Frau verlangte, ihm so klar vor Augen getreten wie heute. Er sah deutlich, daß die ganze Welt und seine Frau etwas von ihm verlangten; was das aber war, konnte er nicht begreifen. Er fühlte, daß infolgedessen in seiner Seele ein Gefühl der Verbitterung auf-

> stieg, das seine Ruhe vernichtete und ihn des ganzen Verdienstes seiner selbstlosen Tat beraubte. Er war der Meinung, daß es besser wäre, wenn Anna ihr Verhältnis zu Wronskij völlig löste; wenn aber alle fanden, daß das unmöglich sei, war er sogar bereit, dieses Verhältnis noch weiter zu dulden, um nur keine Schande über die Kinder kommen zu lassen, sie nicht zu verlieren und an seiner Lage nichts zu ändern. So häßlich das auch sein mochte, es war immer noch besser als ein vollständiger Bruch, durch den sie in eine aussichtslose, schmachvolle Lage geriet, er aber alles verlor, was er lieb hatte. Allein er war machtlos; er wußte im voraus, daß alle gegen ihn waren, und daß man ihm nicht gestatten würde, das zu tun, was ihm jetzt natürlich und gut schien, sondern daß er etwas werde tun müssen, was schlecht sei, von den Leuten aber für das Notwendige gehalten wurde. (649f.)

Offenkundig ist Karenin der Lage nicht gewachsen, er hängt an Anna, obwohl diese ihn tief verletzt hat, er sieht sich mit einem gesellschaftlichen Ehrenkodex konfrontiert, der seinen eigenen Empfindungen entgegensteht. Anders als der schlichte, unambitionierte Charles Bovary ist er ein stolzer, auf Form und gesellschaftliche Anerkennung bedachter Charakter, der jedoch trotz alledem seine Ehe weiterführen möchte, und das nicht nur, um die äußere Form zu wahren. Tolstoi gibt dem Leser hier Einblick in die intimsten Gedanken, Gefühle Karenins, und der Leser nimmt Anteil an der desolaten Lage des zunächst unberührbar erscheinenden Staatsbeamten, den er aus der Perspektive Annas als kühlen Formalisten kennenlernte.

Doch auch Annas Sicht wird unmittelbar darauf vorgestellt. Sie klagt ihrem Bruder gegenüber das Unhaltbare ihrer Situation:

»Ich habe gehört, daß die Frau den Mann auch wegen seiner Laster lieben kann«, fing Anna plötzlich an, »ich aber hasse ihn wegen seiner Tugend. Ich kann nicht mit ihm leben. Du mußt mich verstehen, sein Anblick erweckt in mir einen physischen Widerwillen, ich verliere die Selbstbeherrschung. Ich kann nicht, kann nicht mit ihm leben. Was soll ich tun? Ich war unglücklich und dachte, man könnte gar nicht unglücklicher sein, aber den entsetzlichen Zustand, in dem ich mich jetzt befinde, habe ich mir nicht vorstellen können. Kannst du's mir glauben: ich weiß, daß er ein guter vortrefflicher Mensch ist, daß ich nicht seinen kleinen Finger wert bin, und doch hasse ich ihn! Ich hasse ihn wegen seiner Großmut! Und es bleibt mir nichts übrig als …« (652)

Stepan versteht, daß sie sagen wollte »der Tod, aber Stepan Arkadjewitsch ließ sie nicht ausreden«. Meisterhaft versteht Tolstoi es, die beiden Positionen dem Leser nahezubringen, der nicht urteilen, nicht verurteilen kann, nur die Hilflosigkeit, den Leidensdruck der beiden Individuen begreift. Er will nicht etwa die unmoralische Tat Annas anklagen, oder das Verhalten ihres Bruders, Stepan Arkadjewitschs, des verantwortungslosen ›Taugenichts‹, dieser wird immer wieder als ein liebenswürdiger, freundlicher Mensch gezeigt, dessen »Rosenöl«-Lächeln voller Güte die Mitmenschen versöhnlich stimmt. Doch auch er vermag trotz aller Bemühungen Anna nicht aus ihrer unglücklichen Lage zu befreien. Seine Vermittlungsversuche zwischen Karenin und der Schwester scheitern. Im leidenschaftlichen Gefühl ihres Füreinander-bestimmt-Seins finden sich Anna und Wronskij wieder, und erneut beginnt die Suche nach einer Lösung, die sie alle aus dieser unglücklichen Lage befreien könnte. Karenin hat sich inzwischen mit der ihm ergebenen, frömmelnden Lydia verbunden, die als moralische Instanz auftritt und Karenin gegen

Annas ›unsittlichen‹ Lebenswandel aufstachelt und sie ihrem Sohn entfremdet.

Zugleich macht Anna die bittere Erfahrung, daß die Gesellschaft bei all ihrer vorgeblichen Toleranz für außereheliche Amouren zwar ihre offen gelebte Liebe zu Wronskij interessant findet, aber unerbittliche gesellschaftliche Gesetze erlauben es nicht, daß sie wie zuvor in ihrem Status als moralisch integre Ehefrau in ihren Kreisen zugelassen ist. Letztlich erleidet sie das Los einer von der Gesellschaft Ausgestoßenen. Für Wronskij, als Mann und Junggesellen, stellt sich das Problem nicht, denn er »wußte sehr gut, daß er durchaus keine Gefahr lief, sich in den Augen Betsys und der ganzen vornehmen Welt lächerlich zu machen. Er wußte sehr gut, daß bei diesen Leuten der unglückliche Liebhaber eines jungen Mädchens und einer frei dastehenden Frau wohl eine lächerliche Rolle spielen kann, daß aber die Rolle eines Mannes, der einer verheirateten Frau nachstellt und sein ganzes Leben daransetzt, sie zum Ehebruch zu verleiten, etwas Schönes, Erhabenes an sich hat und nie lächerlich wirken kann.« (200)

Anna, von ihrem Sohn getrennt, von ihren eigenen gesellschaftlichen Kreisen ›exkommuniziert‹, stürzt sich verzweifelt auf das einzige, was ihr verblieben ist: ihre Liebe, der sie alles geopfert hat und die sie für alle Entbehrungen entschädigen soll. Eifersüchtig sucht sie den Geliebten an sich zu ketten, wittert immer wieder Verrat, eine lukrative Heirat etwa, und Wronskij kann trotz seiner Liebe Annas Erwartungen bedingungsloser Zuwendung, die sie für all ihre Entbehrungen und gesellschaftlichen Diskriminierungen entschädigen soll, nicht erfüllen. Ihr Kampf um den Geliebten, der ihr völlig ergeben ist, aber auf harmlose gesellschaftliche Annehmlichkeiten nicht verzichten will, vergiftet das Liebesverhältnis, führt letztlich zur Entfremdung, auf seiten Annas zu erbitterten Eifersuchts- und Haßausbrüchen, auf seiten Wronskijs zur Resignation ob des unheilvollen Zirkels von Verdächtigung und Liebesverlangen.

Als Dolly aus freundschaftlicher Anhänglichkeit zu Anna, die ihr in dem düsteren Moment ihrer Ehe beigestanden hat, diese besucht, sieht sie – trotz all der äußeren Betriebsamkeit, des Glamours auf dem luxuriösen Anwesen – die innere Unruhe, die Unsicherheit Annas, die ihr schließlich ihr ganzes Unglück gesteht, ihre unerträgliche gesellschaftliche Situation, ihren permanenten Kampf und ihren Zweifel um und an Wronskijs Liebe, ihren Willen zu Schönheit und Jugendlichkeit, erotischer Ausstrahlung. Wronskij selbst leidet auch unter der Situation, unter der Vorstellung, daß sein Kind, die kleine Anni, nicht seinen Namen trägt, er, wenn Anna sich nicht um die Scheidung von Karenin müht, immer nur der illegale Liebhaber Annas bleiben werde ohne Anrecht auf sein Kind, seine zukünftigen Kinder. Doch Anna will Karenins Bedingung – ein persönliches Schreiben, das ihn um die Scheidung bittet – nicht erfüllen. Und so lebt sie in glanzvoller Umgebung nur so dahin. Schließlich gibt sie sich einen Ruck, Karenin um die Scheidung zu bitten, da sie selbst ihre Situation mit Wronskij unerträglich findet, sie mit ihrer Lage als Geliebter, die jederzeit verlassen werden könnte, hadert, sie mit ihren Verdächtigungen und Unterstellungen den Geliebten, der ihr völlig zugetan ist, martert. Doch Karenin, unter dem Einfluß der frömmelnden Lydia, die zudem noch dem Diktum eines durchleuchteten Scharlatans glaubt, verweigert in pseudochristlicher Moral Scheidung und Sohn. Anna stürzt sich ganz in ihre Liebe zu Wronskij und martert sich und ihn mit ihren ungerechten Verdächtigungen. Sie bringt ihn immer mehr durch ihre eifersüchtigen Unterstellungen in eine Protesthaltung, und sie gefährdet – quasi mutwillig, tragisch – seine Liebe, die immer mehr ins Leere geht.

Anna versinkt immer mehr in tiefste Hoffnungslosigkeit, und sie findet, gefangen in ihrer seelischen Qual und Verzweiflung, keinen anderen Ausweg mehr, als »die Kerze« zu löschen, »in deren Schein sie das von Unruhe, Täuschungen, Kummer und Übel erfüllte Buch ihres Lebens gelesen«. Sie begeht Suizid, wirft sich auf die Schienen vor einen Zug, und Wronskij zieht lebensmüde, todesbereit in den serbischen Krieg. Unterwegs auf einem Bahnhof beim Anblick der Schienen und »unter Einwirkung eines Gesprächs mit einem Bekannten, den er nach seinem Unglück noch nicht gesehen hatte, mußte er plötzlich an *sie* denken«, und er sucht sich »ihr Bild zurückzurufen, als er sie zum erstenmal ebenfalls auf einer Bahnstation getroffen hatte – geheimnisvoll, reizend, liebend, Glück suchend, und nicht grausam-rachsüchtig, wie sie ihm im letzten Augenblick erschienen war. Er suchte sich die schönsten Augenblicke ihres Zusammenseins ins Gedächtnis zurückzurufen, doch diese Augenblicke waren für alle Zeit vergiftet. Er dachte nur immer an ihre triumphierende, in Erfüllung gegangene Drohung mit der nutzlosen und doch nicht auszulöschenden Reue. Er fühlte den Zahnschmerz nicht mehr und ein verhaltenes Schluchzen verzerrte sein Gesicht.« (1180f.) Wronskij bleibt in seinem Schmerz, in seiner Leere nicht einmal der Trost glücklicher Erinnerungen; da Anna mit ihrem Selbstmord seinen Lebensnerv zu treffen suchte, ist ihr Tod von der Aura schwarzgalliger Rachsucht umhüllt.

Doch der Roman endet nicht mit diesem Kapitel verzweifelter Liebe, da gibt es auch noch die beiden anderen Paare: Dolly, Kittys ältere Schwester, lebt weiter mit Stepan, ihrem unverbesserlichen Herzensbrecher, zusammen, leidet unter seiner Untreue, seiner Unzuverlässigkeit. Sie erwägt jedoch kaum ernsthaft eine Trennung, sie freut sich trotz gelegentlicher Unzufriedenheit an ihren Kindern und begnügt sich mit dem Status der geachteten Ehefrau und Mutter. Daß ihre Ehe ursprünglich auch nicht auf einer Vernunftheirat aufbaute, sondern wechselseitiger Liebe entsprang, wird aus Stepan Arkadjewitschs Selbstentschuldigungen zu Beginn des Romans deutlich.

Der leidenschaftlichen Beziehung zwischen Anna und Wronskij mit ihrem tragischen Ende ist kontrapunktisch die Liebesbeziehung zwischen Kitty und Lewin gegenübergestellt, die unglücklich begann, jedoch schließlich zu einer Liebesheirat führt, die beiden trotz gelegentlicher Auseinandersetzungen ein tiefes Glück beschert. Sie führen ein offenes Haus, in dem Stepan sich mit Freunden zur Jagd trifft, der gelehrte Halbbruder Sergej Iwanowitsch öfter erscheint, auch Dolly und ihre Kinder den Sommer verbringen, deren Gatte in der Zeit jedoch nur für eine Stippvisite erscheint. Stepan Arkadjewitsch bleibt der leichtlebige, liebenswürdige Gesellschaftsmensch, der z. B. den schwerblütigen Lewin, als dieser die Flirtversuche des Stepanschen Begleiters bei Kitty mit dessen Hinauswurf quittiert, nur »ridicul« findet, der Luxus und Genuß liebt, sich verschuldet und nicht daran denkt, sich einzuschränken. Lewin dagegen »ärgerte sich über Stepan Arkadjewitsch, daß er in seinem Leichtsinn, statt sich selbst um den Unterricht seiner Kinder zu kümmern, alles der Mutter anheimstellte, die nichts davon verstand« (863). Und Lewin übte mit dem Neffen Latein. Tolstoi verurteilt auch diesen Leichtfuß Stepan nicht, so wie er über keine seiner Personen ein Urteil fällt, vielmehr einfühlsame differenzierte Charakterporträts zeichnet.

Tolstoi wollte keineswegs moralisch engagiert die schlimmen Folgen eines Ehebruchs aufzeigen – jede abziehbare Moral lag ihm fern –; er wollte auch nicht die Freuden und Pflichten der Ehe dokumentieren, sondern ihm ging es um ein psychologisch nuanciertes Porträt seiner Personen. Er schafft es, den verantwortungslosen Herzensbrecher Stepan so liebenswert sympathisch zu zeigen, und er entwirft auch von Karenin ein Bild, das diesen trotz seiner bürokratischen Züge, seiner preußischen Disziplin anrührend zeigt. Und Anna Karenina in ihrem leidenschaftlichen Anspruch auf Glück, die mit allen Konventionen bricht, ihren Gatten in seinem Toleranzgefühl extrem fordert, die auch die Liebe ihres Geliebten durch ihre ungerechten Unterstellungen auf die Probe stellt, bleibt die tragische Person, die an ihrem hochgespannten Gefühl zerbricht. Tolstoi räumt der Ehe zwar eine wichtige Rolle im gesellschaftlichen Zusammenleben ein, doch er diskreditiert nicht diejenigen, die in ihrer Herzensneigung in Konflikt mit der Institution geraten.

3. Theodor Fontane: *L'Adultera* und *Effi Briest*

Theodor Fontane (1819–1898) hat in seinem Œuvre die Ehe, den Ehebruch, den Konflikt von Liebe und Vernunftehe immer wieder thematisiert, er problematisierte den Ehrenpunkt, den Point d'honneur, der in preußischen Offiziers- und Beamtenkreisen – ähnlich wie in der gehobenen österreichischen Gesellschaft eines Arthur Schnitzler – immer noch Geltung beanspruchte, von den ›Stützen der Gesellschaft‹ als Richtmaß korrekten Handelns betrachtet wurde.

In seinem Roman *L'Adultera* (1880) behandelt Fontane das Sujet in scharfem Kontrast zum Konzept seiner *Effi Briest* (1894/95) in harmonisierender Weise, wählt einen versöhnlichen Schluß, der wohl bei den rigiden Gepflogenheiten der Zeit eher eine Ausnahme darstellte. Im Vergleich zu *Effi Briest* entbehrt diese Gestaltung des Sujets der pointierten Gesellschaftskritik. Jedoch, das sei vorausgeschickt, Fontane bezog sich auf einen authentischen Fall in der Berliner Haute Finance, der zu seiner Zeit 1874 großes Aufsehen erregte.

Die Kritik sah in der verständnisvollen Zeichnung der ihren eigenen Weg gehenden Ehefrau einen Angriff auf die sittlichen Grundlagen der Gesellschaft. Das Happy-End dieses Ehebruchromans schockierte. Wilhelm Jensch hat darin in der *Magdeburgischen Zeitung* (11. Januar 1882) einen Verstoß gegen die Moral gesehen, der um so beunruhigender sei, als sich der Roman als Produkt eines »eminenten Talentes« darstelle. Dies erinnert an die Prozesse der *Fleurs du Mal* und der *Madame Bovary*, deren Ankläger ja auch gerade in der ästhetischen Subtilität des Werkes seinen moralisch verderblichen Einfluß auf die Leserschaft ausmachte.

In dem in den zeitgenössischen Offiziers- und Adelskreisen spielenden Roman *Cécile* gestaltet Fontane noch einmal das Thema einer Ehe zwischen einem älteren Mann mit einer viel jüngeren Frau und führt den Konflikt einer tragischen Lösung zu. Über ein Jahrzehnt nach *L'Adultera* greift Fontane erneut in *Effi Briest* das Thema der Ehe und des Ehebruchs auf, und er wählt auch hier den tragischen Ausgang.

Dieser Roman, begonnen 1890, in zwei Teilen zuerst 1894/95 in der *Deutschen Rundschau* erschienen, erreichte innerhalb eines Jahres fünf Auflagen, 1905 lag schon die 16. Auflage vor. Er traf den Geschmack der Kritiker und der Leserschaft, zahlreiche Briefe der zeitgenössischen Literaturkritiker erhielt der Autor, denen er auch ausführlich antwortete, so daß Fontanes literarische Selbsteinschätzung und auch die Rezeption des Romans genau belegt sind.

Wie zuvor bei *L'Adultera* ließ sich Fontane von einem authentischen Fall inspirieren: von der Ehe zwischen der allgemein als bezaubernd gerühmten Else Freifrau von Ardenne und ihrem Mann, Rittmeister von Ardenne, der seinen Freund, den Amtsrichter Emil Hartwich, wegen dessen intimer Korrespondenz mit seiner Frau forderte und am 27. November im Duell tötete. Fontane geht sehr frei mit dem Fall um, Effis Vorbild starb keineswegs in jungen Jahren, sondern erreichte ein biblisches Alter. Fontane schreibt (an Clara Kühnast, 27. Oktober 1895): »Vielleicht interessiert es sie, daß die *wirkliche* Effi übrigens noch lebt, als ausgezeichnete Pflegerin in einer großen Heilanstalt. Innstetten, in natura, wird mit nächstem General werden. Ich habe ihn seine Militärcarrière nur aufgeben lassen, um die wirklichen Personen nicht zu deutlich hervortreten zu lassen.«[1]

Interessant für Fontanes besonderes Interesse am Stoff sind gerade seine Abweichungen vom authentischen Fall. Effis Vorbild, die 17jährige Else, heiratete auf Geheiß ihrer Mutter den 25jährigen Cousin Armand Léon von Ardenne, »für den sie schon als Kind ihre ausgelassenen Spiele unterbrechen mußte, um dem Vetter beim Klavierspiel zuzuhören. Else, die sich bei solchen Gelegenheiten hinter einer Hecke zu verbergen pflegte, wurde gewöhnlich mit einem: ›Else, komm, der junge Ardenne spielt Klavier!‹ herbeizitiert.«[2] Fontane vergrößert den Altersunterschied zwischen Effi und Innstetten, macht diesen darüber hinaus zum ehemaligen Verehrer der Mutter, die sich ihrerseits für den zu der Zeit schon in Rang und Würden stehenden Briest entschied. Im authentischen wie im fiktionalen Fall ist die Mutter die treibende Kraft, die die Tochter zu dieser Heirat, in diese Konvenienzehe führt. Indem Fontane den Altersunterschied zu einer Generationsspanne erweitert, verschärft er das kritische Potential.

> Die ganze Geschichte ist eine Ehebruchsgeschichte wie hundert andre mehr und hätte, als mir Frau L. davon erzählte, weiter keinen großen Eindruck auf mich gemacht, wenn nicht die Szene bzw. die Worte: »Effi, komm« darin vorgekommen wären. Das Auftauchen der Mädchen an den mit Wein überwachsenen Fenstern, die Rotköpfe, der Zuruf und dann das Niederducken und Verschwinden machten einen *solchen* Eindruck auf mich, daß aus *dieser* Szene die ganze lange Geschichte entstanden ist.[3]

1 Zit. in: *Theodor Fontane: Effi Briest. Erläuterungen und Dokumente*, Stuttgart 1972 [u. ö.], S. 111.
2 Ebd., S. 84.
3 Ebd., S. 93.

Fontane beschreibt die Szene nur, ohne jedoch zu erläutern, was ihn daran gerade so fasziniert hat. Wenn man das väterliche Alter Innstettens bedenkt – Briest hat Schwierigkeiten, den »Kindern« zu gratulieren –, so ist es eben das fast noch kindliche Alter der verspielten Effi, die glücklich auf ihrer Schaukel wippt und mit den Zwillingen, den Rotschöpfen, herumtollt, das ihn zu seinem Roman inspirierte.

Fontane läßt seinen Roman im Hause des Ritterschaftsrats von Briest auf Hohen-Cremmen mit einer Szene beginnen, in der sich Effis schelmisches, temperamentvolles Wesen zeigt, ihre Abneigung gegen damenhafte Stickerei, ihre Lust an Turnerei und Spiel, ihre lebhafte Phantasie, die sich an dem angekündigten Besuch des Barons von Innstetten entzündet, der ein Verehrer ihrer Mutter gewesen sei. Diese »Liebesgeschichte [...] mit Entsagung« (6) interessiert auch die Freundinnen, die Rotschöpfchen Hertha und Bertha, sowie die damenhafte, etwas langweilige Pastorentochter Hulda. Daß dieser Jugendfreund der Mutter, Baron von Innstetten, um die Hand der Tochter des Hauses anhalten wird, ahnt sie nicht. Frau von Briest, mehr als ihrem eher skeptischen Mann, der jedoch resigniert hat, seiner Frau zu widersprechen, erscheint eine Verbindung mit Innstetten – er ist inzwischen Landrat des Kreises Kessin in Hinterpommern, hat eine vielversprechende berufliche Zukunft, gilt als »Mann von Charakter [...] und guten Sitten« – als wünschenswert. In folgendem Gespräch eröffnet ihre Mutter Effi den Zukunftsplan:

»... Ich muß dir nämlich sagen, Effi, daß Baron Innstetten eben um deine Hand angehalten hat.«
»Um meine Hand angehalten? Und im Ernst?«
»Es ist keine Sache, um einen Scherz daraus zu machen. Du hast ihn vorgestern gesehen, und ich glaube, er hat dir auch gut gefallen. Er ist freilich älter als du, was alles in allem ein Glück ist, dazu ein Mann von Charakter, von Stellung und guten Sitten, und wenn

> du nicht nein sagst, was ich von meiner klugen Effi kaum denken kann, so stehst du mit zwanzig Jahren da, wo andere mit vierzig stehen. Du wirst deine Mama weit überholen.« (15)

Effi äußert der Mutter gegenüber ihre Bedenken, fühlt den großen Charakter- und Mentalitätsunterschied: »Das ist ein Mann von Charakter, ein Mann von Prinzipien [...]. Ach, und ich ... ich habe keine. Sieh, Mama, da liegt etwas, was mich quält und ängstigt. Er ist so lieb und gut gegen mich und so nachsichtig, aber ... ich fürchte mich vor ihm« (35).

Obwohl Furcht wohl keine gute Grundlage für eine Ehe bildet, redet ihr die Mutter ihre Bedenken aus, und so folgt Effi, ohne eine rechte Vorstellung von der Ehe zu haben, ja ohne den zeremoniell-steifen Innstetten eigentlich zu lieben, dem Rat der Mutter, heiratet den mehr als zwanzig Jahre Älteren und folgt ihm in die Fremde in sein Kessiner Haus, absolviert mit ihm die vorgeschriebenen Pflichtvisiten bei den sie kritisch betrachtenden, standesgemäßen Nachbarn, die ihr alle nicht ihre Freundinnen ersetzen können, hat Heimweh, ohne es sich offen einzugestehen. Sie will den Erwartungen ihres »lieben Geert« entsprechen, der auf die hübsche, kindlich lebensfrohe Effi – ähnlich wie Torvald Helmer in Ibsens *Nora*, auf sein Eichkätzchen, seine Elster Nora – stolz ist, sie als entzückendes Kind betrachtet und gleichzeitig von ihr erwartet, daß sie die pflichtbewußte vernünftige Gattin verkörpert.

Innstetten zeigt sich seiner jungen Frau gegenüber zwar als aufmerksamer, zugewandter Gatte, doch die Furcht vor dem prinzipientreuen Mann bleibt, obwohl Effi immer wieder betont, wie gut und reizend er zu ihr sei. Ein Spuk im Hause – ein dubioser Chinese und eine weiße Frau – ängstigen sie, und Innstetten verhält sich merkwürdig ambivalent. Er kritisiert zwar ihre Furcht, doch er tut nichts, um ihr diesen Spuk als substanzlosen Aberglauben auszureden, scheint im Gegenteil selbst an diese Spukgestalten zu glauben. Der Leser gewinnt den Eindruck, er selbst inszeniere diese Spukgeschichten eigens, um Effi zu disziplinieren, sie durch Furcht von allen Anflügen erotischer Vagabondage abzuhalten. Er errichtet um sie einen »Angstapparat aus Kalkül« (150).

Zunächst wirkt das Ungewohnte der neuen Umgebung anregend auf Effi, doch bald beginnt sie, von ihrem Mann oft allein gelassen, sich in dem gesellschaftlich uninteressanten Kessin zu langweilen. Trotz seiner Aufmerksamkeiten vermißt Effi bei ihrem Mann liebevolle Zärtlichkeit, einen spontanen Kuß z. B., sie bezeichnet ihn als »verhinderten Zärtlichkeitsmenschen«, und umschreibt damit seinen Gefühlspanzer, der alle spontanen Regungen aus ›Pflicht‹ unterdrückt, ein Charakterzug, der gerade am Ende bzw. in der Krise, bei der Entdeckung des zurückliegenden Ehebruchs, sein inhumanes Potential enthüllt.

Schmerzlich wird ihr bewußt, was ihr in ihrer Ehe fehlt: »Huldigungen, Anregungen, kleine Aufmerksamkeiten«, denn »Innstetten war lieb und gut, aber ein Liebhaber war er nicht« (113). Als sie ihre Schwangerschaft den Eltern mitteilt, drückt sie zwar ihre Freude darüber aus, doch zugleich offenbart sich in ihrem Brief auch ihr Ungenügen an ihrer Ehe, ihr schmerzvolles Wissen, daß ihr Mann sie nur als verspieltes Kind betrachtet, für das das neue Leben »ein liebes Spielzeug« bringen werde (109).

Die Geburt ihrer Tochter Anni ändert wenig an Effis Situation, auch das Kind kann sie aus ihrer inneren Vereinsamung nicht befreien. Und auch Roswitha, ihre schlichte, treu ergebene Kinderfrau, kann ihr weder die Freundinnen zu Hause noch den innigen Austausch mit ihrem Gatten ersetzen. Als sie dem neuen Bezirkskommandanten Crampas begegnet, einem erfahrenen, leichtsinnigen »Damenmann«, dem »alle Gesetzmäßigkeiten [...] langweilig« sind – wie Innstetten warnt –, fühlt sie sich zu ihm zwar unbewußt hingezogen, doch sie verhält sich ihm gegenüber distanziert korrekt, meidet das Alleinsein mit ihm. Doch schließlich will es der Zufall bzw. der Plan des Autors, daß Effi nach einem Ausflug mit Freunden mit Crampas allein die nächtliche Rückfahrt im Schlitten antritt, und sie geben ihrem wechselseitigen Verlangen nach. Wie Flaubert verzichtet auch Fontane auf eine Beschreibung der erotischen Szene. An Heilborn, der den Roman sehr positiv rezensiert hat, schreibt er (in einem Brief vom 24. November 1895): »Sie sind, wie ich zu meiner Freude sehe, auch einverstanden damit, daß ich, in den intrikaten Situationen, der Phantasie des Lesers viel überlasse; dies anders zu machen wäre mir ganz unmöglich, und ich würde totale Dunkelheiten immer noch einer Gasglühlichtbeleuchtung von Dingen vorziehen, die, selbst wenn ihre Darstellung geglückt ist (ein sehr selten vorkommender Fall), immer noch mißglückt wirken.«[4] Es widerspricht also Fontanes ästhetischem Konzept, jedoch offenkundig auch einem gewissen Hang zum Puritanismus, das erotische Tête-à-tête auszumalen.

In der folgenden Zeit reiten Effi und Crampas ohne Innstetten, den seine beruflichen Verpflichtungen ganz beanspruchen, regelmäßig zusammen aus, zwei Diener begleiten sie und sorgen für die Etikette. Offenkundig verkörpert der temperamentvolle Crampas das Gegenbild zu dem korsettierten von Innstetten, der in erster Linie seiner Pflicht und dem Ehrenpunkt folgt. Dennoch leidet Effi unter ihrem Treuebruch, den Heimlichkeiten, und so ist sie, trotz aller Wehmut, erleichtert, als Innstetten nach Berlin versetzt wird und damit ihre Beziehung zu Crampas ein unauffälliges Ende findet. Effi, die gesellschaftlichen Ehrgeiz hat, genießt die gesellschaftlich gehobene Position in Berlin, sie verlebt mit ihrem Mann und der kleinen Tochter eine friedliche und harmonische Zeit, und sie erinnert sich zuweilen

4 Zit. in: Theodor Fontane, *Romane und Erzählungen in acht Bänden*, hrsg. von Peter Goldammer [u. a.], Berlin 1969, Bd. 7, S. 554.

noch wehmütig an die Zeit in Kessin und an ihre Liebschaft mit Crampas, doch das alles rückt immer ferner, und sie gewinnt mit der Zeit ihre Unbefangenheit zurück.

> Innstetten lebte ganz seinem Dienst und seinem Haus. Er war glücklicher als vordem in Kessin, weil ihm nicht entging, daß Effi sich unbefangener und heiterer gab. Und das konnte sie, weil sie sich freier fühlte. Wohl blickte das Vergangene noch in ihr Leben hinein, aber es ängstigte sie nicht mehr, oder doch um vieles seltener und vorübergehender, und alles, was davon noch in ihr nachzitterte, gab ihrer Haltung einen eigenen Reiz. In jeglichem, was sie tat, lag etwas Wehmütiges, wie eine Abbitte, und es hätte sie glücklich gemacht, dies alles noch deutlicher zeigen zu können. Aber das verbot sich freilich. (234 f.)

Sie schämt sich nicht ihrer Affäre. Doch Scham empfindet sie, die von ihrem Naturell her aufrichtig ist, ob der Lügen und Unaufrichtigkeit, zu der sie dabei gezwungen war. Und sie fürchtet in ihrem Innersten, daß eines Tages diese Affäre ans Licht kommt und ihre friedvolle Existenz mit ihrem Mann und ihrem Kind gefährden könnte. Da findet Innstetten eines Tages, während eines Kuraufenthalts seiner Frau, die Briefe, die Crampas vor mehr als sechs Jahren in Kessin an Effi geschrieben hat. In seinem spontanen Gefühl verletzter Ehre bittet er seinen Kollegen, den Geheimrat Wüllersdorf, zu sich, um mit ihm die Formalitäten des Duells abzusprechen. Auch wenn er keinerlei Gefühl von Haß oder Rachsucht empfindet, so glaubt er doch, es seiner Ehre schuldig zu sein, Crampas zum Duell zu fordern. Obwohl er sich der Fragwürdigkeit des geltenden Ehrbegriffs bewußt ist, obwohl er erkennt, daß »alles einer Vorstellung, einem Begriff zuliebe« geschehen ist, »eine gemachte Geschichte, halbe Komödie« war, kann er sich doch über die Gebote der Gesellschaft nicht hinwegsetzen: »Und diese

Komödie muß ich nun fortsetzen und muß Effi wegschikken und sie ruinieren und mich mit ...« (276).

Auf Wüllersdorfs Argumente, die Geschichte liege lange zurück und er liebe seine Frau, beruft sich von Innstetten auf die gesellschaftliche Konvention, auf den Ehrenpunkt. »Es gibt eine Verjährungstheorie, natürlich, aber ich weiß doch nicht, ob wir hier einen Fall haben, diese Theorie gelten zu lassen« (265). Und da er Wüllersdorf im ersten Ansturm seiner Gefühle zu sich gebeten hat, dieser nun Mitwisser seiner Geschichte ist, kann er nicht mehr zurück, denn dieser weiß um den Makel, damit ist es eine öffentliche Angelegenheit geworden, und es gibt für ihn keinen anderen ehrenvollen Schritt als das Duell.

> Es ist jetzt zehn Uhr. Vor sechs Stunden, diese Konzession will ich Ihnen vorweg machen, hatt' ich das Spiel noch in der Hand, konnt' ich noch das eine und noch das andere, da war noch ein Ausweg. Jetzt nicht mehr, jetzt stecke ich in einer Sackgasse. Wenn Sie so wollen, so bin ich selbst schuld daran; ich hätte mich besser beherrschen und bewachen, alles in mir verbergen, alles im eigenen Herzen auskämpfen sollen. Aber es kam zu plötzlich, zu stark, und so kann ich mir kaum einen Vorwurf machen, meine Nerven nicht geschickter in Ordnung gehalten zu haben. Ich ging zu Ihnen und schrieb Ihnen einen Zettel, und damit war das Spiel aus meiner Hand. Von dem Augenblicke an hatte mein Unglück und, was schwerer wiegt, der Fleck auf meiner Ehre einen halben Mitwisser, und nach den ersten Worten, die wir gewechselt, hat es einen ganzen. Und weil dieser Mitwisser da ist, kann ich nicht mehr zurück. (268)

Innstetten hat von seinem Standpunkt im Hinblick auf den Ehrenpunkt recht, indem er die Affäre Effi/Crampas einem Dritten, dem Kollegen Wüllersdorf, anvertraute, ist der Makel an seiner Ehre öffentlich, und er kann seine Ehre nur durch das Duell wiederherstellen. Er zeigt sich hier als problembewußter Zeitgenosse, der die gesellschaftlichen Gepflogenheiten distanziert und kritisch sieht, dennoch ihren Zwängen folgt. Für ihn gibt es, anders als für Schnitzlers Protagonisten in *Freiwild*, keine Verhaltensweise jenseits der gesellschaftlichen Konvention. Er reflektiert zwar die Fragwürdigkeit dieser Ehrenhändel, doch er sieht für sich keine andere Form, als im Duell seine Ehre wiederherzustellen, ganz nach den Regeln des Point d'Honneur, wie sie das 17. Jahrhundert aufgestellt hat.

Crampas fällt in diesem Duell. Von Innstetten läßt sich scheiden; das Töchterchen Annie bleibt bei ihm, Effi wird jeder Kontakt mit ihrem Kind versagt. Auch Effis Eltern distanzieren sich von ihr, vor allem die Mutter, die die Heirat der kindlichen Effi mit dem sehr viel älteren von Innstetten arrangiert hat, zeigt sich nur indigniert über das moralische Defizit Effis, verweigert ihr aus gesellschaftlichen Rücksichten die Zuflucht im elterlichen Haus in Hohen-Cremmen. Der Kommentar der Mutter:

> Und nun Deine Zukunft, meine liebe Effi. Du wirst Dich auf dich selbst stellen müssen und darfst dabei, soweit äußere Mittel mitsprechen, unserer Unterstützung sicher sein. Du wirst am besten in Berlin leben (in einer großen Stadt vertut sich dergleichen am Besten) und wirst da zu den vielen gehören, die sich um freie Luft und lichte Sonne gebracht haben. Du wirst einsam leben und, wenn du das nicht willst, wahrscheinlich aus deiner Sphäre herabsteigen müssen. Die Welt, in der Du gelebt hast, wird Dir verschlossen sein. Und das traurigste für uns und für Dich ist (auch für Dich, wie wir Dich zu kennen vermeinen) – auch das elterliche Haus wird Dir verschlossen sein; [...] einfach, weil wir Farbe bekennen und vor aller Welt, ich kann Dir das Wort nicht ersparen, unsere Verur-

teilung Deines Tuns, des Tuns unseres einzigen und von uns so sehr geliebten Kindes, aussprechen wollen ... (289f.)

Die Mutter opfert dem gesellschaftlichen Popanz der Ehre und Schicklichkeit die Fürsorge für die in Bedrängnis geratene Tochter auf. Ihr gesellschaftliches Image ist ihr wichtiger als das Wohl ihrer Tochter, die gerade jetzt ihrer Zuwendung bedürfte. In einer Rezension, die in Westermanns *Illustrierten Deutschen Monatsheften für das gesamte geistige Leben der Gegenwart* im Juniheft 1896 veröffentlicht wurde, heißt es: »Die Grausamkeit der gesellschaftlichen Vorurteile wird namentlich durch die Haltung von Effis Eltern charakterisiert.«[5] Effi lebt fortan zusammen mit Roswitha, die ihrer liebenswürdigen Herrin in die bescheidene Existenz gefolgt ist, in einer kleinen Berliner Wohnung. Dort findet auf ihr wiederholtes Bitten ein Wiedersehen mit der nun zehnjährigen Annie statt. Aber die Begegnung ist schmerzlich und bitter: Das Kind ist der Mutter entfremdet und verhält sich, offensichtlich vom Vater dazu angehalten, abweisend. In diesem Moment verdrängt der Abscheu über dieses grausame Verhalten Innstettens all ihre Schuldgefühle, all ihr Bedauern über ihr unaufrichtiges Verhalten, was ihre unglückliche Lage verschuldet hat.

O du Gott im Himmel, vergib mir, was ich getan; ich war ein Kind ... Aber nein, nein, ich war kein Kind, ich war alt genug, um zu wissen, was ich tat. Ich *hab* es auch gewußt und ich will meine Schuld nicht kleiner machen ... aber *das* ist zuviel. Denn das hier, mit dem Kind, das bist nicht *du*, Gott, der mich strafen will, das ist *er*, bloß er! Ich habe geglaubt, daß er ein edles Herz habe, und habe mich immer klein neben

5 Zit. in: *Theodor Fontane: Effi Briest. Erläuterungen und Dokumente* (Anm. 1), S. 124.

> ihm gefühlt; aber jetzt weiß ich, daß *er* es ist, er ist klein. Und weil er klein ist, ist er grausam. Alles was klein ist, ist grausam. Das hat *er* dem Kinde beigebracht, ein Schulmeister war er immer, Crampas hat ihn so genannt, spöttisch damals, aber er hat recht gehabt. (312f.)

Und voll Abscheu ruft sie aus: »Mich ekelt, was ich getan; aber was mich noch mehr ekelt, das ist eure Tugend« (313). In diesem Moment spricht Effi sicherlich Fontanes tiefste Überzeugung aus. Immer wieder prangert er in seinen Romanen die Tugendphilister an, die Tugend und Moral ins Feld führen, um über ihre Mitmenschen zu richten, ironisch entlarvte er schon in *L'Adultera* das bigotte Verhalten der ›guten Gesellschaft‹.

Nach diesem Besuch bricht Effi, die schon lange kränkelt, zusammen. Auf Vermittlung ihres Arztes holen die Eltern die kranke Tochter endlich heim. Der alte Briest konstatiert seiner Frau gegenüber: »Damals, als Innstettens Brief kam, ein Blitz aus heiterem Himmel, damals war ich deiner Meinung. Aber das ist nun schon wieder eine halbe Ewigkeit her; soll ich hier bis an mein Lebensende den Großinquisitor spielen? Ich kann dir sagen, ich hab es seit lange satt [...]« (315).

Deutlich wird aus dem sich anschließenden Gespräch, daß es Frau Briest nicht vorrangig um die Moral in einem tieferen Sinne geht, sondern um gesellschaftliches Ansehen, gesellschaftlichen Verkehr. Und da die Gesellschaft auf solche ›Vergehen‹ wie Ehebruch – wenn er denn öffentlich wird und Konsequenzen hat – rigoros reagiert, mit gesellschaftlichem Boykott straft, auch diejenigen, die sich von der Schuldigen nicht distanzieren, entschied sich Frau Briest und mit ihr der gefügige, resignierte Briest, Effi von Hohen-Cremmen verbannt zu halten. Denn, wie Frau Briest klagt: »Es ist sehr schwer, sich ohne Gesellschaft zu behelfen« (316).

Doch Effi kann kein neues Leben beginnen, sie kränkelt, führt ein sehr ruhiges, zurückgezogenes Leben, ohne Erwartung, es käme noch einmal eine neue vitale Lebensphase. Pastor Niemeyer, die alte Roswitha und ihr Hund Rollo, der sie auf ihren einsamen Spaziergängen begleitet, sind neben den Eltern fast ihre einzige Gesellschaft. Sie stirbt schließlich, äußert ihrer Mutter gegenüber in ihren letzten Tagen, sie sei innerlich mit ihrem Mann versöhnt und gesteht ihm gar zu, »daß er in allem recht gehandelt [...]. Denn er hatte viel Gutes in seiner Natur und war so edel, wie jemand sein kann, der ohne rechte Liebe ist.« (335) Doch diese Versöhnung wird vom Autor kritisch gesehen, Effis Eingeständnis, daß Innstetten in allem recht gehandelt habe, wird durch den Handlungsablauf selbst karikiert. Und der Innstetten von Effi zugestandene Edelmut wird durch die Worte »wie jemand sein kann, der ohne Liebe ist« sehr in Frage gestellt. Denn der in christlicher Tradition stehende Autor und auch Leser erinnert sich bei dieser Formulierung sehr wohl an Paulus' Worte an die Korinther: »Wenn ich mit Menschen- und mit Engelzungen redete und hätte der Liebe nicht, so wäre ich ein tönend Erz oder eine klingende Schelle. Und wenn ich weissagen könnte und wüßte alle Geheimnisse und alle Erkenntnisse und hätte allen Glauben, so daß ich Berge versetzte, und hätte der Liebe nicht, so wäre ich nichts. [...] Die Liebe ist langmütig und freundlich, die Liebe eifert nicht, die Liebe treibt nicht Mutwillen, sie blähet sich nicht, sie stellet sich nicht ungebärdig, sie suchet nicht das Ihre, sie läßt sich nicht erbittern, sie trachtet nicht nach Schaden.« (1. Kor. 13,1–5)

Vor dem Hintergrund dieses christlichen Diktums gewinnt Effis Ausspruch über Innstetten eine Hintergründigkeit. In seinen Augen mag er recht gehandelt haben, doch er ist letztlich nicht seinem Herzen gefolgt, sondern dem Popanz der Ehre, einem veräußerlichten Ehrencode des preußischen Adels, der sich als leeres Ritual erweist. Dem vereinsamten, freudlos dahinlebenden Innstetten aber bleibt nur das Bewußtsein, »daß es ein Glück gebe, daß er es nicht mehr habe und nicht mehr haben könne«.

Fontane war über die Reaktion seiner Leser verwundert, die eindeutig für Effi Partei ergreifen und sich von Innstetten distanzieren: An Clara Kühnast schreibt er am 27. Oktober 1895: »Ja, Effi! Alle Leute sympathisieren mit ihr, und einige gehen so weit, im Gegensatz dazu, den Mann als einen ›alten Ekel‹ zu bezeichnen. Das amüsiert mich natürlich, gibt mir aber auch zu denken, weil es wieder beweist, wie wenig den Menschen an der sogenannten ›Moral‹ liegt und wie die liebenswürdigen Naturen dem Menschenherzen sympathischer sind. Ich habe dies lange gewußt, aber es ist mir nie so stark entgegengetreten wie in diesem Effi-Briest- und Innstetten-Fall. Denn eigentlich ist er (Innstetten) doch in jedem Anbetracht ein ganz ausgezeichnetes Menschenexemplar, dem es an dem, was man lieben muß, durchaus nicht fehlt. Aber sonderbar, alle korrekten Leute werden schon bloß um ihrer Korrektheit willen, mit Mißtrauen, oft mit Abneigung betrachtet.«[6]

Das »Maß von Verurteilung« war größer, als Fontane recht war. Er hatte trotz seiner scharfen Kritik am preußischen Adel doch noch gewisse Sympathien. Vielleicht wünschte er sich eine Reaktion wie angesichts des Konflikts in den *Wahlverwandtschaften*, die zwei Verhaltensweisen vorführen, beide Positionen stark machen und ein Votum für Charlotte oder für Eduard schwer machen.

Alle drei Autoren, Flaubert, Tolstoi und Fontane, zeichnen sich durch große Zurückhaltung bei der Beschreibung erotischer Details aus. Diese auffällige Aussparung erotisch-sexueller Szenen könnte befremden, und es fragt sich, ob die Sinnenfeindlichkeit und Prüderie der Zeit, die sich z. B. in den Prozessen gegen Baudelaires *Fleurs du Mal* und

6 Ebd., S. 111.

Flauberts *Madame Bovary* präsentieren, auch das Denken der Autoren geprägt hat. Sicherlich hat sich das Erkenntnis- bzw. Darstellungsinteresse dieser Autoren verschoben. Der Konflikt zwischen den Glücksvorstellungen des Individuums und den Moralvorstellungen der Gesellschaft tritt in den Vordergrund, und das bedeutet, daß die Beschreibung libertiner Konstellationen, erotischer Aventüren, wie sie sich – vor allem im Roman des 18. Jahrhunderts – in einem in sich geschlossenen Zirkel quasi jenseits gesellschaftlicher Postulate abspielten, uninteressant wird. Und es geht auch nicht mehr um sexuelle Affären, um primär außereheliche sexuelle Erfahrungen, sondern um Liebesansprüche, die sich in einer immer noch konventionell arrangierten Ehe nicht verwirklichen lassen.

Der Roman des 19. Jahrhunderts hat kein Interesse an sexuellen Praktiken mit wechselnden Sexualpartnern, sondern am Konflikt zwischen Ehedoktrin und erotisch-emotionalen Bindungen. Der russische Autor Tolstoi lebt in einem Kulturraum, in dem es nie eine libertine Literatur gab. Weder der Klassiker Tschechow in seinen Erzählungen wie *Die Dame mit dem Hündchen* noch etwa Lermontow in seinem Roman *Ein Held unserer Zeit*, der das Porträt eines zynischen Dandys zeichnet, malen erotische Szenen aus. Auch der Preuße Fontane bewegt sich in einem antilibertinen Umfeld, und er scheut selbst vor den erotisch »intrikaten Situationen« zurück, möchte hier der »Phantasie des Lesers viel überlassen«; er mißtraut selbst einer ›geglückten Darstellung‹ erotischer Szenen. Dieses Bekenntnis offenbart deutlich sein Unbehagen an jeder Beschreibungserotik.

Auch Flaubert, der in der bedeutenden Tradition der französischen libertinen Erzählung steht, überrascht durch seine dezidierte Zurückhaltung. Er thematisiert immer wieder erotisch brisante Situationen und entlarvt das Illusionäre romantischer Glücksvorstellungen. Doch auch er interessiert sich nicht für die nuanciert ausmalende Beschreibung erotisch-physiognomischer Prozesse, sondern für die

Bewußtseinsprozesse seiner Figuren mit ihren hochgespannten Erwartungen, ihren Desillusionen, ihren ›Lehrjahren des Herzens‹. Der opulent sinnlich-erotische Roman hat im Verlauf des 19. Jahrhunderts eine immer stärkere Psychologisierung erfahren; und zugleich gewinnt er durch die Konfrontation von individuellem Liebesanspruch und gesellschaftlichen Normen an Brisanz.

IX

Ausbruch aus dem Patriarchat: Erotisch-emanzipatorische Selbstentwürfe von Autorinnen des Fin de siècle

1. Die Institution Ehe und weibliche Emanzipation

Niklas Luhmann, der für das ausgehende 18. Jahrhundert die wachsende Akzeptanz der Gesellschaft für die Liebesehe diagnostizierte, berücksichtigte bei der Analyse dieses Strukturwandels in Fragen von Liebe und Ehe in keiner Weise die gesellschaftlich wirkende Geschlechterdifferenz bzw. -polarität.

Doch obwohl die Frauen schon im 18. Jahrhundert sich vielstimmig literarisch zu Wort meldeten, gibt es keinen erotischen Roman zu verzeichnen, der aus weiblicher Feder stammt. Das sollte kaum überraschen, denkt man an die eingeschränkten Möglichkeiten weiblicher Entfaltung. Und auch wenn die Literatur nicht das simple Abbild des gesellschaftlichen Lebens darstellt, Wunschphantasien und Projektionen eine nicht unwichtige Rolle in den literarischen, erotischen Entwürfen der Autoren spielten, so prägt sich doch die Realität den literarischen Fiktionen ein. Und offenkundig stand den Autoren ein ungleich größerer erotischer Erfahrungsschatz zur Verfügung, den sie literarisch verarbeiten konnten, als den Autorinnen, die sich zunächst meist mühsam ihren Freiraum künstlerischer Verwirklichung erkämpfen mußten. Das Thema weiblicher Emanzipation beherrschte – auf unterschiedlichste Weise – den literarischen Diskurs.

Wie zuvor dargestellt, löste der Eheroman im 19. Jahrhundert den erotischen Roman des 18. Jahrhunderts ab, doch hier muß auch wieder zwischen den fiktionalen Entwürfen von Autoren und Autorinnen unterschieden werden. Thematisierten die Autoren vornehmlich den Widerspruch zwischen Ehe und außerehelicher Liebe, erotischer Faszination, so problematisieren die Autorinnen grundsätzlich die Ehe als Institution, die ihrer Selbstverwirklichung entgegensteht. Selbst eine ›Liebesehe‹, in der der Konflikt einer Madame Bovary z. B. aufgehoben wäre, erscheint ihnen problematisch, da sie um ihre beruflichen Entfaltungsmöglichkeiten fürchten. Ihnen geht es nicht in erster Linie um Konvenienzehe oder Liebesehe, sondern um die subtilen Fallen, die ihnen eine Ehe – sei sie noch so erotisch-emotional geprägt – bei ihrer künstlerischen Selbstverwirklichung stellt.

Schon die Französische Revolution, die die »égalité« und die »liberté« auf ihre Fahne geschrieben hatte, verbesserte die Situation der Frauen kaum. Im Gegenteil spielten die Frauen in der aristokratischen Salonkultur noch eine bedeutende Rolle – man denke an die Madames La Fayette, de Graffigny oder de Staël –, so suchte die an männlicher römischer Tugend orientierte Republik die Frauen aus dem öffentlichen Leben zu verbannen. Die proklamierte *égalité* der Männer ging mit der Entmündigung der Frauen, auch der bislang privilegierten Aristokratinnen einher. Die Bürgerinnen hatten zwar aktiv für die Freiheit gekämpft, wurden aber sowohl vom aktiven als auch passiven Wahlrecht in der Nationalversammlung ausgeschlossen. Olympe de Gouges, Autorin der berühmten *Déclaration des droits de la femme* vom September 1791, forderte im Artikel 10 dieser Erklärung: »Die Frau hat das Recht, auf das Schafott zu steigen, sie soll gleichermaßen dasjenige haben, auf die Rednerbühne zu steigen.« Und Germaine Necker de Staël (1766–1817), Autorin der Romane *Delphine* (1802) und *Corinne ou l'Italie* (1807), konstatierte in ihrer Schrift *De la littérature*, seit der Revolution seien die Männer der Meinung, daß es »politisch nützlich wäre, die Frauen auf die absurdeste Mittelmäßigkeit zu beschränken«. Scharf kritisiert sie die Unterdrückung der Autorinnen in den französischen Literaturgeschichten, den verstärkten Ausschluß von Frauen aus dem literarischen, kulturellen Leben.

Während der *Code civil* an dem Scheidungsrecht festhielt, jedoch die Durchführung erschwerte, wurde es mit der Restauration nach einem knappen Vierteljahrhundert wieder abgeschafft und erst mit dem Gesetz vom 27. Juli 1884 wieder eingeführt. George Sand (Amandine-Lucie-Aurore Dudevant, geb. Dupin; 1804–1876) verarbeitete in ihrem Erstlingsroman *Indiana* (1832) ihre Erfahrungen in der Ehe mit dem sehr viel älteren autoritären Dudevant, die zu der Zeit nicht durch Scheidung aufzulösen war. Sie befreite sich schließlich aus dem Ehekerker durch Trennung. Auch in den Romanen *Lélia* (1833), *Consuelo ou la Comtesse de Rudolstadt* (1843) attackiert sie die im *Code civil* festgeschriebene Unmündigkeit der Frau, die eingeschränkten Entfaltungsmöglichkeiten in einer patriarchalischen Gesellschaft.

Die Frage des Scheidungsrechts ist gerade für die Entfaltungsmöglichkeit der Frau insofern von Bedeutung, als die Ehe dem Mann in fast allen wichtigen Fragen alleiniges Entscheidungsrecht zugestand. Trotz der proklamierten Gleichheit aller Bürger zielen die Gesetze des *Code civil* darauf ab, die patriarchalische Herrschaft des Mannes als Vater und Ehemann in der Familie zu sichern. Die Frau wechselt mit der Heirat nur den Herrn, an die Stelle des *pater familias* tritt der Ehemann, der nun seinerseits über die Lebensführung der Frau wacht, ihren Wohnsitz bestimmt, ihre Korrespondenz überwachen darf, die Alleinverwaltung ihrer Güter übernimmt. Die Männer der Revolution führten letztlich jedoch nur das aus, was der pädagogische Diskurs der bürgerlichen Aufklärung mit seiner speziellen weiblichen Tugendideologie den Frauen schon beschieden hatte: Die Unterordnung der Frau unter das Zepter des Gatten, typisch weibliche, d. h. beschränkte Bildungsmöglichkeiten, einen reduzierten, häuslichen Wir kungskreis. Es versteht sich, daß die Autorinnen wenig Interesse an erotischen Planspielen zeigten, da ihnen das Spektrum erotischer Genüsse in den ihnen verordneten Ehen meist verschlossen blieb. Selbst ein Roman wie die *Liaisons dangereuses* verweist am Beispiel der Madame de Tourvel auf die zurückgezogene Lebensweise der Frau, auf das rigorose Gebot weiblicher Tugend. Madame de Tourvel zerbricht zwar am Verrat ihrer Liebe, doch zugleich schuf erst das herrschende Tugendideal, das sie selbst völlig verinnerlicht hat, ihre ›Fallhöhe‹. Und auch eine Madame de Merteuil, die junge Witwe, die als Meisterin libertiner Verführung brilliert, analysiert scharfsinnig die Gesellschaftsstrukturen der Zeit, die den Handlungsspielraum der Frauen enorm einengen. Nur da sie sich – anders als ihr männlicher Gegenpart Valmont – als Artistin in geheuchelter Tugend übt, kann sie ihren libertinen Neigungen nachgeben. Doch ihr schreckliches Ende bezeugt letztlich wiederum den Sieg der männlichen Tugenddoktrin.

Da das Bürgertum, das sich im Zuge der Industrialisierung ökonomische und später politische Macht erkämpft hat, die bürgerliche Frau vom Produktionsprozeß, d. h. von der Macht ausschließt, muß die Frau an der Ehe als an einem Tauschgeschäft interessiert sein, da nur der Mann ihr ökonomische Sicherheit bieten kann. Der Preis für die in der Ehe vertraglich zugesicherte materielle Versorgung ist die Unterwerfung unter ein männliches Tugendideal: das der »züchtigen Hausfrau«, die »drinnen« im beschränkten Umkreis des häuslichen Herdes – abgeschnitten vom öffentlichen Leben – »waltet«, legale Kinder gebiert und aufzieht. Eheliche Treue gehört zur Vertragspflicht der Frau, da nur sie die legale Nachkommenschaft garantiert. Nach der Französischen Revolution verhindern sowohl Bürgertum als auch Aristokratie schon durch eine entsprechende Ausbildung und Erziehung, daß die Frau den Weg finanzieller Unabhängigkeit durch einen Beruf anstrebt.

Den eingeschränkten Bildungs- und Berufsmöglichkeiten der Frau entspricht eine Moral, die die Frau – anders als den Mann – auch in ihrer erotischen Sinnlichkeit, Körperlichkeit unterdrückt. Die streitbare *femme de lettres*, Madame de Staël, hat in ihrem Roman *Corinne* (1790–92) den Konflikt thematisiert, vor den sich die künstlerisch hochbegabte Protagonistin in einer Gesellschaft gestellt sieht, die der Frau nur eine Rolle im Privatbereich zugesteht: den Konflikt zwischen künstlerischer Ambition, Berufstätigkeit und emotionalen Bedürfnissen, dem Wunsch nach Liebe, Partnerschaft.

Auch George Sand setzt sich in ihrem Werk, so in dem Roman *Consuelo ou la Comtesse de Rudolstadt* (1843) mit der Problematik auseinander, sie entwirft mit Consuelo die Gestalt einer Künstlerin, die als Sängerin eine glänzende Karriere macht, doch die Einsamkeit und die Außenseiterexistenz der ›Fahrenden‹, der Künstler-Bohémienne erlebt, den Preis ihrer Liebe mit Anzoleto zahlt, die – wie später die Renée der Colette oder die Fenitschka der Lou Andreas-Salomé – die Hand des Grafen Albert ausschlägt, da die Ehe ihrem Künstlertum hinderlich wäre. Dennoch bleibt die Zerrissenheit zwischen künstlerischem Selbstentwurf und der Sehnsucht nach emotionaler Geborgenheit. George Sand hat – entgegen populären Vorstellungen – in ihrem Werk keineswegs erotisch-libertine Ideen ausgedrückt, sie ist vielmehr geprägt vom romantischen Liebesideal. So verweigert sich die fragile Indiana aus dem gleichnamigen Roman trotz ihrer glühenden, hochgespannten Liebe Raymon, und sie schenkt dem edlen Ralph, dem treuen Gefährten seit ihrer Kindheit, ihre »letzte Gunst« erst nach der Hochzeit. Noun, ihr vitales Dienstmädchen von üppiger Schönheit, das zuvor mit Raymon ein leidenschaftliches Liebesverhältnis auslebte, geht an seinem Verrat zugrunde, stürzt sich ins Wasser. Lelia dagegen übt aus Angst vor leidenschaftlicher Hingabe und daraus drohender Selbstgefährdung dandyistische Gefühlskontrolle, verbirgt ihr sensibles

Ich hinter der Maske stolzer *impassibilité*. Die Autorin scheint ihre Leserschaft vor ungeschützter Leidenschaft warnen zu wollen. Diese Konzeptionen zeugen nicht von befreiter Sinnlichkeit. Überraschend ist in dieser Hinsicht der Gegensatz zwischen Biographie und Werk: Obwohl George Sand selbst nach ihrer Trennung von Dudevant verschiedene leidenschaftliche Beziehungen einging – u. a. mit Sandeau, Musset und Chopin –, konzipierte sie ihre Heldinnen meist als romantisch Liebende, die vor sexueller Erfüllung zurückschrecken. Darin mag sich ihre uneingestandene Skepsis gegenüber einem überhöhten Liebesanspruch ausdrücken, jedoch deutet sich hier auch ein gewisser Hang zur Sentimentalität an, zu edel-auratischem Gefühlspathos. Das emanzipatorische Moment im Werk George Sands liegt vor allem in dem Anspruch individueller Selbstverwirklichung der Frau auch jenseits des familiären Bereichs. Das verbindet sie mit den Autorinnen der Jahrhundertwende, die darunter zugleich auch ihre erotische Emanzipation verstehen und diese in ihren Fiktionen gestalten.

Das 19. Jahrhundert entwickelte in seinem Verlauf – entgegen Luhmanns Theorie – eine immer rigidere Sexualmoral für die Frau, eine Doppelmoral für den Mann, und es verbannte gerade die weibliche Sexualität innerhalb der patriarchalisch organisierten Gesellschaft in die lustfeindliche Institution der Konvenienzehe. Insofern besaß die Opposition der Frauen um die Jahrhundertwende gegen diese rigide Sexualmoral gerade auch einen emanzipatorischen Impetus. Arthur Schnitzler hat in seinem Werk immer wieder das Klischee von der Unterschiedlichkeit der Berechtigung sexueller Begierden und ihrer Befriedigung bei Mann und Frau thematisiert und es als egoistische männliche Konstruktion entlarvt, ein Klischee, dem er sich dennoch in seinem eigenen Leben nicht entziehen konnte. Kritisch stellt er in seinen Œuvre immer wieder die männliche Doppelmoral aus, die das »gefallene Mädchen«, die Frau mit sexueller »Vergangenheit« diffamiert, gleichzeitig die zahlreichen sexuellen Erfahrungen des Mannes als »fesch«, weltmännisch-souverän taxiert. Das Motiv der ›Gefallenen‹, der Frau, die vor der Ehe eine erotische Beziehung einging und damit als Ehefrau nicht mehr in Betracht kommt, ist symptomatisch für den Zeitgeist.

2. Boheme und erotische Rebellion: Franziska zu Reventlow und Else Lasker-Schüler

Franziska zu Reventlow (1871–1918), eine Libertine, die der politischen Rednerbühne fernbleibt und lieber die erotischen Schauplätze erkundet, gilt als ein Prototyp, eine Symbolfigur erotischer Rebellion. Die lebenshungrige, sinnliche Gräfin, die eine strenge, ja diktatorische Erziehung erlitten hat, nur heimlich die damals modernen Autoren wie Lassalle, Bebel, Ibsen, Zola usw. lesen konnte, mußte sich zäh ihre Freiheit erkämpfen. Ihr Wunsch, unter fachlicher Anleitung gründliche Malereistudien zu betreiben, stieß auf den erbitterten Widerstand der Eltern. Nur um der Enge des Elternhauses zu entkommen und um finanziell unabhängig zu werden, setzt sie es durch, ein Lehrerinnenseminar zu besuchen. Lehrerin, Gouvernante, Pflegerin – so sieht im allgemeinen das Spektrum der beruflichen Möglichkeiten der »gebildeten Schicht« aus. Was ihre Romanfigur Ellen Olestjerne aus dem gleichnamigen autobiographischen Roman (1903) äußert, als sie auf viele Bälle geschickt wird, um vielleicht »doch mal jemand zum Heiraten zu finden«, entspricht ihrem eigenen Verhalten: »Momentan ist hier das ganze Haus voll von Offizieren zur Jagd. Ich halte ihnen Reden über Ibsen und moderne Ideen [...]. Die werden sich schwer hüten, mich zu heiraten. Überhaupt macht es mir furchtbaren Spaß, die Leute vor den Kopf zu stoßen, besonders diese aristokratische Bande« (85).

Am Tag ihrer Mündigkeit, dem 18. Mai 1892, flieht die Reventlow nach Wandsbek zu einer befreundeten Familie des »Ibsen-Clubs«, eines intellektuellen Zirkels, der u. a. auch Ideen weiblicher Emanzipation diskutiert. Ihre Familie wird ihr diesen Schritt nie verzeihen, versagt ihr auch in der Not jede Hilfe, verweigert sogar den Abschied vom sterbenden Vater. An der psychischen und ökonomischen Strafe läßt sich das Ausmaß der Provokation ablesen, die eben der Ausbruch aus dem Paradigma weiblicher Lebensgestaltung – im Sinne des Patriarchats – bedeutet. Im Ibsen-Club lernt sie den Gerichtsassessor Walter Lübke kennen, der viel Verständnis für ihre künstlerischen Ambitionen zeigt, sie verlobt sich mit ihm, ohne daß sie konkreter an eine Ehe mit ihren ›Implikationen‹ dächte. In München – Lübke finanziert den einjährigen Aufenthalt – nutzt sie nicht nur ihre Chance, unter fachlicher Anleitung intensiv ihre Kunststudien zu betreiben, sie genießt in vollen Zügen die neue Freiheit, ist hingerissen von dem unkonventionellen Leben der Künstlerbohème – Diskussionen bis zum frühen Morgen, improvisierte Imbisse, turbulente Maskenbälle, ungeplante nächtliche Eskapaden und dann wieder die aufreibende Mühe, in der Kunst weiterzukommen. Freiheit ist ihre Devise, und das bedeutet für sie, der Spontaneität ihrer Einfälle und Wünsche – ohne Rücksicht auf gesellschaftliche Normen, Vernunftgründe, moralische Vorstellungen – zu folgen, ihre Sinnlichkeit auszuleben, ihren Leidenschaften sich hinzugeben – auch auf Kosten der Gesundheit, des guten Rufes, friedlicher Geborgenheit. Als Neunzehnjährige schreibt sie an ihren Freund:

> [...] von jungen Mädchen findet man's entsetzlich, wenn sie ein Selbst sein wollen, sie dürfen überhaupt nichts sein, im besten Fall eine Wohnstubendekoration oder ein brauchbares Haustier, von tausend lächerlichen Vorurteilen eingeengt. Die geistige Ausbildung wird vollständig vernachlässigt, schändlich ist's, daß

> man in ihrer Erziehung und Lebensweise immer versucht, ihre Sinnlichkeit zu reizen, um sie zu verheiraten, ›damit sie ihren Beruf erfüllen‹ – und dann vollständig im Haushalt und dergleichen versumpfen. [...] Ich will und muß einmal frei sein, es liegt nun einmal tief in meiner Natur, dies maßlose Sehnen und Streben nach Freiheit. (28)

Eine besondere Wertschätzung der Ehe spricht nicht aus diesen Zeilen; dennoch heiratet sie 1894 Walter Lübke. Sie liebt ihren Mann, aber sie fühlt sich zugleich von den erotischen Reizen verschiedener Männer angesprochen. Ähnlich wie ihre Romanfigur Ellen Olestjerne erfährt sie die Liebe als eine »blinde, wütende Sturmflut, die alle Dämme niederbrach« (172). Franziska zu Reventlow fragt nicht nach den Konsequenzen, wenn sie sich der »Sturmflut« ihrer erotischen Begierden überläßt, sie wägt nicht das Für und Wider ab, teilt ihre Gunst nicht nach sicheren Zukunftsperspektiven aus, sondern sie empfindet den Eros als Selbstzweck, der Mann und Frau das lustvolle Gefühl ihrer Körperlichkeit beschert. Und darin liegt auch das emanzipatorische Moment ihrer libertinen Lebenskonzeption: Sie fordert gegenüber einer repressiven Gesellschaft, die die Frau einerseits zum niedrigen Lustobjekt degradiert, sie andererseits zur hehren Gattin und Mutter stilisiert, die rein ist von der Verderbnis sexueller Wollust, das Recht auf ein undiskriminiertes Sexualleben. Die Gräfin liebt die flüchtigen Amouren ebenso wie die große Passion, sie kennt kein Nacheinander, empfindet mehrere Lieben auf einmal, nimmt en passant noch erotische Aventüren mit. In ihrem Tagebuch (16. Oktober 1905) notiert sie: »Fühle ganz als ich selbst, wenn alles durcheinandergleitet, Wehmut, tiefe Liebe und frivole Oberflächlichkeiten.« In ihrem erotischen Briefroman *Von Paul zu Pedro* (1912), in dem sie eine Galerie verschiedener Liebhabertypen ironisch porträtiert, schöpft sie aus ihrem eigenen reichen Erfahrungsschatz. Stärker als in ihrem Erstling *Ellen Olestjerne* entfaltet sie hier ihr Talent zur Satire und distanzierten Beobachtungsgabe.

So freimütig Franziska zu Reventlow auch von ihren erotischen Beziehungen und Episoden in ihrem fiktionalen und autobiographischen Werk spricht, ihr ist nicht an der Beschreibung sexueller Details gelegen. Sie reizt die heitere, geistvolle Darstellung einer pikanten Situation, eines erotischen Imbroglio, sie evoziert erotische Stimmungen, Gefühlswirren, Sehnsüchte, die Lust, im Jetzt aufzugehen – ohne moralischen Zensor –, und ihr impressionistischer Sprachstil vermittelt das Flair unbekümmerter Spontaneität. Gelungener noch als ihr autobiographischer Roman *Ellen Olestjerne* mit seiner Erzählhandlung spiegelt ihr Tagebuch ihre natürliche Begabung für das Sinnlich-Konkrete, ihre spielerische Handhabung des Wortes, zeugt von der Kunst unartifizieller, authentischer Sprache.

So erfrischend ihr Freimut ist, ihre sexuellen Abenteuer nicht mit der Aura hehrer Empfindung moralisch zu polieren, so problematisch bleibt doch ihr Versuch, das schrankenlose Ausleben der Sexualität schon als geglückte weibliche Emanzipation darzustellen. Obwohl die Bohémienne die eigene Klasse als »Aristokratenbande« verachtet, entwickelt die stets von Finanznöten Geplagte doch letztlich aristokratische Vorstellungen einer erstrebenswerten weiblichen Existenzform. In ihrem programmatischen Aufsatz *Viragines oder Hetären* (1899), der sich polemisch gegen die Ziele der damaligen Feministinnen, eben der »Viragines« richtet, definiert sie die Frau als »Luxusobjekt in des Wortes schönster Bedeutung, das Schutz, Pflege und günstige Lebensbedingungen braucht«, für den Kampf ums Dasein nicht geschaffen ist und das seine Zeit damit ausfüllen soll, »Männer zu lieben, Kinder zu bauen und an allen erfreulichen Dingen der Welt teilzunehmen«. Und folgerichtig fordert sie eine Frauenbewegung, die »die Frau als Geschlechtswesen befreit«, »die uns das Hetärentum wiederbringt« (*Autobiographisches*, 478). Sie teilt hier der Frau letztlich eine Drohnenexistenz zu, die sie weiterhin vom politischen und öffentlichen Leben, von Selbstbestimmung, im umfassenden Sinne von Eigenverantwortung, freier Berufswahl, ökonomischer Unabhängigkeit ausschließt. Im Grunde reproduziert sie die Denkmuster über eine Geschlechterpolarität, die dem Mann Aktivität, Aggressivität, Genialität, der Frau dagegen Passivität, Hingabefähigkeit, einen künstlerischen Sinn, der nur im »Sichhineinleben, Nachempfinden« besteht (477), zuschreiben. Zwar träumt die Reventlow immer wieder von einem charmanten Mann, der sie finanziert und ihr alle sexuellen Freiheiten läßt, zwar geht sie mehrere solcher Liaisons mit ›Finanzhintergrund‹ ein, aber ihr Unabhängigkeitsdrang ist größer als ihr Wunsch, umhegtes »Luxusobjekt« eines Mannes zu sein.

Was Franziska zu Reventlow für die Schwabinger, bedeutet Else Lasker-Schüler (1869–1945) für die Berliner Bohème: Sie ist mit den unterschiedlichsten Künstlerpersönlichkeiten wie Peter Hille, Oskar Kokoschka, Karl Kraus, Tilla Durieux, Emmy Destinn, Adolf Loos, Max Oppenheimer, Karl Schmidt-Rottluff, Gottfried Benn befreundet, und sie selbst verkörpert eine Schlüsselfigur der Berliner Szene. Anders als Franziska zu Reventlow erlebte sie ihre Kindheit und Jugend in einem gut- bis großbürgerlichen Elternhaus als eine glückliche Zeit. Die Familie Schüler gehörte zu jenen assimilierten bürgerlichen Juden Deutschlands, die liberal, selbst an Kunst, Theater, Literatur interessiert, ihren Kindern die beste Ausbildung zukommen ließen. Dennoch bedeutete wohl nach dem Tod ihrer Mutter die Ehe mit dem Arzt Lasker auch eine Art Befreiung vom Elternhaus mit den älteren Brüdern und dem eher provinziellen Elberfeld. Schon bald zog das Paar nach Berlin. Sie stürzte sich in das kulturelle Leben, nahm Mal- und Zeichenunterricht bei Simon Goldberg, begann zu schreiben und hatte schließlich erste Erfolge als Schriftstellerin. Ihr künstlerischer Selbstfindungsprozeß entfremdete sie ihrer Ehe, und sie tauscht – wie Franziska zu Reventlow – die sichere bürgerliche Existenz gegen das wechselvolle Künstlerleben ohne soliden Finanzhintergrund ein. Wie diese hat auch sie den Erzeuger ihres Sohnes Paul, dem sie jedoch wohl bewußt diese Rolle zugedacht hatte, nie benannt.

Ihr erotisches Selbstverständnis unterscheidet sich von dem der Gräfin, ist idealischer, wunderbar, phantasmagorisch. Sie erfindet sich Namen, schreibt als Prinzessin Tino von Bagdad, bald als Jussuf, imaginiert sich als Prinzen, Knaben, wählt immer wieder die Maske, den Namen eines arabischen Prinzen einer exotischen Traum- oder Gegenwelt.

In *Mein Herz. Ein Liebesroman mit Bildern und wirklich lebenden Menschen* (erschienen 1912) entwirft sie einen impressionistischen Bilderreigen vom Leben und Treiben der Berliner Künstlerbohème. Ähnlich dem Tagebuch der Reventlow hält sie ihre Erlebnisse, Eindrücke, Assoziationen in spontan formulierten Briefen an ihren zweiten Mann Herwarth Walden, dem Herausgeber der expressionistischen Zeitschrift *Der Sturm*, fest, sie wirft sie aufs Papier, überläßt sich – scheinbar ungefiltert durch Selbstkontrolle oder Selbstzensur – ihren Einfällen und Phantasien. Walden und seinem Freund »Kurtchen«, die sich auf einer längeren Skandinavienreise befinden, diesen »lieben Eiskühlern«, »Renntieren«, »sehr edlen Gesandten«, malt sie höchst phantasievoll ihre immer neuen, sich überlagernden Lieben aus. Da heißt es im ersten Brief an die »Lieben Jungens«:

> Ich tanzte mit *Minn,* dem Sohn des Sultans von Marokko. Wir tanzten, tanzten wie zwei Tanzschlangen, oben auf der Islambühne, wir krochen ganz aus uns heraus, nach den Locktönen der Bambusflöte des Bändigers, nach der Trommel, pharaonenalt, mit den ewigen Schellen. Und Gertrude tanzte auch, aber wie eine

> Muse, nicht muselhaft wie wir, sie tanzte mit graziösen, schalkhaften Armen die Craquette, ihre Finger wehten wie Fransen. Aber er und ich verirrten uns nach Tanger, stießen kriegerische Schreie aus, bis mich sein Mund küßte so sanft, so inbrünstig, und ich hätte mich geniert, mich zu sträuben. Seitdem liebe ich alle Menschen, die eine Nuance seiner Hautfarbe an sich tragen, an sein Goldbrokat erinnern. [...] Ich kann gar nicht ohne zu brennen an seine Augen denken, schmale lässige Flüsse, schimmernde Iris, die sich in den Nil betten. Was soll ich anfangen? (291)

Ein Augenmensch ist sie, ganz Ästhet, wortverliebt, wortverspielt, immer neuen Reizen hingegeben, immer neuen erotischen Räuschen sich überlassend, dennoch, bei aller erotischen Faszination ist immer der Trieb da, ihr Empfinden, ihre Sicht, ihre Vision erotischen Erlebens in eigenwillig originäre Worte zu transponieren. Das romantische Liebesideal, das dem komplizierten gesellschaftlichen Code der *amour passion* die Spontaneität der Empfindung entgegensetzte, lebt in ihren erotischen Phantasien fort. Die Liebe, die erotische Faszination ereignet sich wie eine Naturmacht, und wenn es bei Schlegel heißt, »es war ihm nicht möglich zu künsteln an einem Verhältnis, das er sich so rein und groß dachte« (71), so bekennt sie, »ich hätte mich geniert, mich zu sträuben«. So wie Julius in Schlegels *Lucinde* nicht taktiert und er von der geliebten Lucinde keinerlei Abwehrmechanismen in Sinne des gesellschaftlichen Tugendrituals erwartet, so vermag oder will auch die Frau in Else Lasker-Schülers Roman nicht ihre Gefühle verbergen, ihr Entflammtsein für den schönen exotischen Minn. Sie überläßt sich völlig dem erotischen Augenblick.

Doch in der literarischen Rückschau, in der Gestaltung sucht sie das außergewöhnlich Exotische dieser erotischen Begegnung sprachlich zu fassen, und sie evoziert die Haut, die Augen des Geliebten in einer kühnen Metaphorik –

»Goldbrokat«, »schmale lässige Flüsse« –, die Kostbarkeit und weite Naturlandschaft zugleich assoziiert. Ihre exotische Bildlichkeit stilisiert die Liebe und ihren Geliebten zu einem schönen Kunstwerk. Anders als die romantischen Liebesentwürfe jedoch atmen ihre Porträts trotz ihrer idealischen Emphase eine Sinnlichkeit, die Sehnsucht und Begehren ausdrückt. »Haut« und »Kuß«, diese Schlüsselworte sind symptomatisch für ihre Liebesutopie, sie verweisen auf das sinnlich-erotische Moment, das sich mit romantischer Idealisierung paart.

3. Boheme, Emanzipation und Ehe: Colette und Lou Andreas-Salomé

Der Widerspruch, der das Leben der Franziska zu Reventlow prägt, ein Unabhängigkeitsstreben, das die Fesseln der Ehe scheut, und ein Sehnen nach Geborgenheit und finanzieller Sorglosigkeit, ist symptomatisch für eine ganze Reihe von Schriftstellerinnen um die Jahrhundertwende. Colette hat diesen Konflikt in ihrem Roman *La Vagabonde* von 1910 thematisiert, in dem sie u. a. ihre eigenen Erfahrungen mit ihrem ersten Mann Willy verarbeitet und die Anfechtungen ihrer nach der Scheidung allein lebenden Protagonistin Renée, einer Schauspielerin, durch die Werbung eines liebenswürdigen und finanziell potenten Mannes darstellt. Renée entscheidet sich trotz mancher Katerstimmung, die das Alleinsein, die ständige Sorge um die Existenz, das Leben aus dem Koffer auf Tourneen usw. mit sich bringt, gegen eine neue Ehe, auch gegen eine emotionale Bindung, die sie neuen Demütigungen, einer neuen Abhängigkeit aussetzen könnte. Obwohl Colette selbst – wohl aus dem Wunsch nach emotionaler Geborgenheit – sich dreimal verheiratete, setzt sie sich in ihrem Werk immer wieder kritisch mit den patriarchalischen Strukturen der damaligen Ehe auseinander, die vor allem die unerfahrene junge Frau – ohne eigene Existenzgrundlage – zu entmündigen droht. Ihre erste Ehe mit dem renommierten Musikkritiker Henry Gauthier-Villars, genannt Willy, einem Mann von Welt, einem sex-erfahrenen Lebemann, dessen Lebensstil »ein junges Ding von zwanzig Jahren« zunächst faszinieren mußte, erwies sich als herbe Enttäuschung, führte schließlich zu einem physischen und psychischen Zusammenbruch (vgl. *Mes Apprentissages*; dt. *Meine Lehrjahre*, 1941). Willy animierte, trieb sie zwar, den überaus erfolgreichen *Claudine*-Romanzyklus (1900–03) zu schreiben; »ohne ihn«, sagte sie später zu Maurice Goudeket, ihrem dritten Mann – so Joanna Richardson in ihrer Colette-Biographie – »hätte sie niemals in ihrem Leben mit dem Schreiben begonnen«. Doch Willy beutet sie, ihr schriftstellerisches Talent schamlos aus, »hielt sie jahrelang wie eine Sklavin« (40). Der *Claudine*–Zyklus, deren Protagonistin im Schulmädchen-Look auch im Wortsinn Mode machte, erschien – sprechendes *factum brutum* – unter Willys Namen. Ihr erster Roman, *Claudine à l'école*, stellt eine aufmüpfige, verspielte, etwas altkluge Claudine dar, die sich in die junge Lehrerin Aimée verliebt und mit ironisch-scharfem Blick deren Verhältnis mit Mademoiselle, der gestrengen, unantastbaren Direktorin, beobachtet. *Claudine s'en va* (dt. *Claudine geht*) von 1901 beschreibt aus der Perspektive der zunächst naiv gefügigen Annie, die demütig den Weisungen ihres unantastbaren Mentors und Ehemanns Alain folgt, den Selbstfindungsprozeß der Protagonistin Annie, der mit wachsender Kritik an dem unfehlbaren Idol Alain einhergeht und mit der Flucht aus diesem goldenen Ehekäfig endet. Claudine selbst erscheint hier als souveräne eigenwillige ›Kindfrau‹, die ein Bilderbuchglück mit ihrem älteren wunderbaren Mann erlebt und Annie zum Vorbild wird. Es ist eine erotisch prickelnde ›Überharmonie‹ auf seiten Claudines mit ihrem wunderbar verständnisvollen Mann Renaud. Hier wird sicherlich die redigierende und auch zensierende Hand von Willy mitgewirkt haben.

Colette ist die Autorin, die ein wahrhaft erotisches Œuvre schuf, sie führte nicht nur ein für Frauen ihrer Zeit außergewöhnliches Leben, sondern sie thematisierte auch in ihren Romanen die verschiedensten Fragen und Probleme erotischer Beziehungen, die erwachende Sexualität eines jungen Mädchens – so in *Gigi* –, die Beziehung einer älteren Frau mit einem jungen Mann, dem Sohn ihrer Freundin – so in *Chéri* –, sie schildert lesbische und heterosexuelle Beziehungen, das Imbroglio der Gefühle zwischen Liebenden und Freundinnen, Eifersucht, verletzten Stolz, Angst vor emotionaler Enttäuschung, doch immer wieder die erotische Faszination ihrer Protagonistinnen durch eine reizvolle Person, sei es ein Mann oder eine Frau. Im Gegensatz zu der Libertinen Franziska zu Reventlow und anders als Natalie Clifford Barney, die passionierte Liebhaberin schöner Frauen, empfindet Colette die Lockungen der lesbischen Welt ebenso wie den maskulinen Charme. Trotz ihrer drei Ehen läßt sie sich immer wieder auf lesbische Beziehungen ein, innige Herzensbindungen, kurzlebige erotische Capricen. Ihre vielen, in nuancierten Farben entworfenen Mädchen- und Frauengestalten, impressionistische Porträts verschiedenster Individualitäten, zeugen sowohl von Colettes ästhetischer Sensibilität für weibliche Physiognomien und Koketterien, von ihrer psychologischen Kennerschaft, als auch von einer erotischen Faszination für weiblichen Charme.

In ihrem Roman *Claudine en ménage* (dt. *Claudine in der Ehe*) stellt sie eine Welt voll flirrender Erotik dar, voll subtiler ästhetischer Impressionen. Ihre Protagonistin Claudine, verheiratet mit dem selbstbewußten Lebemann Renaud, bewundert und liebt ihren »cher grand«, der ihr Vater, Freund und Liebhaber zugleich ist, sie ist fasziniert von seinem weltmännischen Charme, seinen geistreichen Bosheiten, sie akzeptiert ihn als ihren Mentor, der sie, die junge Unschuld vom Lande, nicht nur in das gesellschaftliche Leben, sondern auch in das Raffinement der Liebe einführt. »Vor allem die Wollust, das grausame, düstere Wunder.« (12) Claudine läßt sich in ihrem leidenschaftlichen Charakter von der erotischen Lust hinreißen, doch sie sieht in ihr zugleich einen »Abgrund«, der sie fasziniert und erschreckt. Kritisch konstatiert sie die unterschiedliche Art des Fühlens und Erlebens bei dem erfahrenen Renaud, der frohgemut die sinnliche Liebe ohne melancholisches Nachsinnen genießt. »Meinem Gatten – und dies scheidet uns voneinander – bedeutet Wollust Begierde, Neugier, fröhliche Perversität, ausgelassenes Drängen. Der Genuß dünkt ihm freundlich, gnadenvoll, jederzeit erreichbar. Mich wirft er zu Boden, und eine geheimnisvolle Verzweiflung, die ich suche und fürchte, schlägt über mir zusammen.« (*Claudine in der Ehe*, 12 f.) Während er nach dem Liebesakt, noch außer Atem, schon wieder lächelt, ist sie noch ganz verstört von dem lustvollen und doch unheimlichen Erlebnis. Sie gesteht sich ein, daß das nicht nur auf einen Erfahrungsunterschied zurückgeht, sondern auf einen grundlegenden Mentalitätsunterschied. Mag Colette – möglicherweise mit der korrigierenden Hand Willys – die mädchenhafte Scheu Claudines mit Blick auf das Lesepublikum verstärkt haben – immerhin ist diese schon fast zwei Jahre mit ihrem »cher grand« verheiratet –, so überzeugt doch ihr Porträt einer Claudine, die trotz ihres jungenhaften, aufmüpfigen Charakters die Liebe quasi als heiligen Akt und sie zugleich in ihrer Intensität als bedrohlich empfindet. Ähnlich wie ihren »cher grand« wird sie auch Rézi, die sich nach leidenschaftlichen Zärtlichkeiten im Nu in eine perfekt gestylte Dame zurückverwandelt, als Kuriosum empfinden. Claudine wird zwar als kritisch, als ironisch durchblickende Frühreife dargestellt, doch zugleich als gefühlvolle Kindfrau, die von dem Ernst der Liebe überzeugt ist. Das zeigt sich – trotz aller libertinen Neigungen – auch in ihrer Beziehung zu Rézi.

Der sehr viel ältere Renaud seinerseits ist entzückt von der anmutigen Unschuld seiner ›Kindfrau‹ mit dem grazilen, jungenhaften Körper, dem Katzengesichtchen mit den großen dunklen Augen, von ihrer Spontaneität, ihrem ›Schulmädchenflair‹. Mit ihm, dem erfahrenen *homme à femmes*, erlebt sie die Wollust der Liebe, wird sie sich auch ihrer erotischen Ausstrahlung, ihrer Macht zu verführen, bewußt:

> Renaud hat mir das Wesen der Wollust entdeckt, das Geheimnis, genießend zu spenden, und ich bediene mich seiner mit Leidenschaft, wie ein Kind einer tödlichen Waffe. Er lehrte mich auch die selten versagende Macht meines schlanken, geschmeidigen Körpers – schmale Hüften, kleine Brüste, eine Haut, die der glatten Oberfläche dunkler Tongefäße gleicht –, meiner tabakbraunen Augen, die an flackernder Tiefe gewonnen haben, meines kurzen, lockeren, kastanienfarbenen Haars … All diese neuen Kräfte nütze ich halb unbewußt, wende sie gegen Renaud, so wie ich sie – ich will es nicht leugnen – an dieser reizenden Hélène erprobt hätte, wäre ich zwei Tage länger in der Schule geblieben … (103)

Bezeichnend ist die farbige Charakteristik ihrer selbst, in der sich Renauds Sicht spiegelt und eben das Selbstbewußtsein ihrer erotischen Ausstrahlung. Diese Claudine hat nach anderthalb Jahren Ehe mit dem libertinen Genußmenschen Renaud – bei aller Spontaneität und knabenhaften Mädchenfrische – in einem tieferen Sinne ihre Unschuld verloren. Das wird ihr bei einer gemeinsamen Reise in die verlorene Kindheit, bei einem Besuch ihrer Schule, bewußt. Nur zwei Jahre trennen sie von ihrem Schulmädchendasein im Pensionat in Montigny und ihrer Ehe mit dem »cher grand«. Mit seinen Augen gleichsam betrachtet sie die ›junge Mädchenblüte‹ der Pomme, Isabelle oder Hélène, fühlt sich allzu gut in die Sicht des erotischen Connaisseurs ein. Wie Renaud läßt auch sie ihren Charme spielen und genießt es, die kleine Hélène mit einem Kuß auf die Lippen zu verwirren (35). Eine erotische Atmosphäre durchzieht diesen Ort schulischer Disziplin, der die Erinnerung an die begehrte Junglehrerin Aimée evoziert, die mit der gestrengen Direktorin ein Verhältnis einging, die Erinnerung an deren kleine Schwester Luce, die die verletzte Claudine vergeblich zu ›trösten‹ suchte. Hier klingt das Thema sapphischer Liebe schon an, das sich dann in der Rézi-Beziehung fortsetzt. Zugleich jedoch deutet sich hier auch ein Riß an, der die wunderbare ›Bilderbuchbeziehung‹ zwischen Claudine und dem ›Großen‹ bedroht: sie empfindet seine Großzügigkeit, die all ihren Launen nachgibt, als Mangel.

> Seit anderthalb Jahren wächst in mir eine wohlige Verderbnis, durchdringt mich mehr und mehr. Wer das Leben mit ihm betrachtet, sieht Großes mählich kleiner, Ernstes heiter werden. Unnütze Nichtigkeiten – schädliche vor allem – gewinnen an Bedeutung, blähen sich zu ungeheurer Wichtigkeit auf. Wie sollte ich mich der unheilvollen, verführerischen Frivolität erwehren, die ihn fortreißt, und mich mit ihm? (36)

Während Renaud die homoerotischen Neigungen seines Sohnes Marcel zutiefst verabscheut, erforscht er voll wohlwollendem – oder voyeuristischem Interesse die homoerotischen Neigungen, Verliebtheiten seines »enfant chérie« (39), spielt er immer wieder auf die kleine Luce aus dem Pensionat an, für deren zärtliche Leidenschaft Claudine – bei aller brüsken Abwehr – nicht unempfindlich war. Er erinnert immer wieder an sein Alter, und erregt Claudines Widerspruch.

> »Ich bin alt, Claudine, alt!« und seine Augen verdüstert solch leidenschaftliches Bedauern, daß ich ihn verständnislos betrachte.

»Ach, Claudine! Wenn ich dich vor zehn Jahren gekannt hätte!«
»Dann säßen Sie heute im Gefängnis! Außerdem waren Sie damals nichts als ein junger Mann, ein übles Subjekt, den Frauen zum Kummer! Und ich –«
»Du hättest Luce nie kennengelernt!«
»Glauben Sie vielleicht, ich weine ihr nach?«
»Nein. Nicht jetzt. Nicht in diesem Augenblick ... Nein, schließe deine Augen nicht, ich bitte dich, ich verbiete es dir ... ihr Leuchten gehört mir ...«
»Auch ich – mit allem, was ich bin!«
»Mit allem – Nein. Da ist der Riß.« (11)

Der Riß ist da, doch sie weiß ihn nicht zu begründen, und mit ihr der Leser auch nicht. Ist es ihre uneingestandene Neigung zu schönen jungen Frauen, die einen Teil ihrer selbst ihrem »cher grand« nehmen? Oder ist es der Mentalitätsunterschied, der sie ihrem bewunderten Gatten dennoch entzieht? Das bleibt offen. Colette zeigt eine Claudine, die ihren Renaud enthusiastisch liebt und die von diesem in seiner Art geliebt wird. Und fast gerührt beobachtet sie, mit wieviel ehemännlich-väterlichem Stolz er sie in die Gesellschaft einführt, er legt in die drei Worte »Meine Frau, Claudine [...] so viel ehemännlich-väterlichen Stolz« (42), daß sie »ihre Stacheln einzieht«, obwohl sie den gesellschaftlichen Wirbel mit seinen Oberflächlichkeiten lieber fliehen möchte.

Die ›Claudine in der Ehe‹ ist nicht mehr das Schulmädchen von einst, sie fühlt sich zu der schönen Rézi, die sie an ihrem ersten »jour« kennenlernt, hingezogen, sie bewundert ihren Charme, ihre elegante Erscheinung, die perfekte Grazie ihrer Bewegungen, doch zugleich mischt sich in ihre Beziehung von der ersten Begegnung an etwas Ambivalentes: »Haben wir Feindseligkeiten eröffnet oder den Austausch von Koketterien? Eher letzteres.« (53) Sie beobachtet fasziniert die anmutige Selbstpräsentation dieser Rézi, lauscht »entzückt ihrer weichen, schmeichelnden Stimme« (53f.), doch bei aller Faszination bewahrt sie einen kritischen Blick, amüsiert konstatiert sie, daß sie in einer Viertelstunde schon in das traurige Eheleben mit dem ehemaligen englischen Kolonialoffizier, einem Schatten seiner selbst, eingeweiht wird, und als Rézis bloße Finger leicht, rasch über ihren freien Nacken streichen, ist sie erregter denn überrascht. »Sehe ich nicht schon seit einer geraumen Weile, wie ihre regen Augen eine Kette von Blicken um meinen Hals legen.« (54) Vom ersten Augenblick an hat Claudine das Gefühl, daß die liebreizende Rézi sie zu umgarnen sucht, daß sie nicht nur Sympathie und Freundschaft sucht, sondern eine erotische Beziehung, die Claudine – trotz aller Empfänglichkeit für weibliche Reize – in ihrem Eheglück mit dem »cher grand« keineswegs anstrebt. Gerade weil sie intensiv Rézis erotische Ausstrahlung empfindet, wehrt sie sich gegen deren subtile Verführungskünste. So empfindet sie in ihrem Innersten ein Mißtrauen gegen Rézi, bezweifelt deren Aufrichtigkeit.

In kurzer Zeit schon sind sie dennoch Freundinnen geworden, sehen sich regelmäßig, genießen die Intimität ihrer Begegnungen, doch zugleich wappnet sich Claudine gegen mögliche erotische Attacken. Trotz aller Beteuerungen Rézis über die platonische Reinheit ihrer Gefühle empfindet Claudine die subversive Macht eines überspringenden erotischen Begehrens. Und gerade kurz nachdem Rézi sich wegen ihres sie verletzenden Mißtrauens beklagt, wagt sie eine erotische Attacke, küßt sie sie – während jederzeit der gestrenge Gatte sie überraschen könnte – auf den Mund. Claudine ist verwirrt und verärgert zugleich. Und das Briefchen, sie habe nur ihren mißtrauischen Gatten bestrafen wollen, verletzt sie vollends, sie fühlt sich als Spielball einer launenhaften Dame. Doch gerade das Hin und Her von Verletztheit und Versöhnung führt schließlich zu einem erotischen Tête-à-tête, das Claudines Widerstand bricht und auch in ihr den Wunsch entstehen läßt, ungestört durch einen plötzlich auftauchenden Gatten die erotischen Genüsse mit Rézi zu erkunden. Rézis Heim ist da nicht die richtige Adresse, und Claudine fühlt sich auch in ihrem Zuhause – trotz Renauds großzügigem Verständnis für die Neigungen seiner »Kleinen« – nicht wohl. Sie fühlt sich zu sehr Renaud zugehörig, als daß sie in ihrem gemeinsamen Heim eine erotische Beziehung pflegen möchte, die auch – irgendwie – Renaud betrifft. Während sie jedoch das Unzumutbare dieser erotischen Caprice im Innersten empfindet, sucht Renaud seiner Kleinen ihre Wünsche zu erfüllen. Auf Drängen Rézis vertraut sie sich Renaud an, und er findet für das Paar ein Liebesdomizil. Einerseits macht sie Renaud zu ihrem Komplizen, der den Freundinnen ein hübsches Appartement besorgt, wo sie sich, ungestört durch Rézis Gatten vor allem, treffen können, andererseits ist Claudine zutiefst irritiert von seiner Großzügigkeit, die – so fühlt sie – auch eine Oberflächlichkeit einschließt. Trotz ihrer Vorfreude auf Rézi, »der weißen, duftumspielten Rézi«, ihrer Erleichterung, daß kein Geheimnis zwischen ihr und dem »cher grand« mehr besteht, empfindet sie doch einen tiefen Schmerz: »O Renaud, Geliebter, wie sehr hätte ich Sie geliebt um eines kurzen, grollenden Nein!« (100)

Colette verzichtet hier wie auch zuvor bei Renaud und Claudine auf eine Beschreibung erotischer Szenen, genauer, sie spart sexuelle Details aus, doch die Perspektive ist zutiefst erotisch, mit einem erotisch-ästhetischen Blick werden die Personen wahrgenommen, die Evokation einer Rézi mit Hütchen und Kostüm atmet ebenso viel erotisches Flair wie die des ersten ungestörten Tête-à-tête:

> Ich fühle sie an meinem Herzen, an meinem Körper. Ihre kühlen Knie berühren die meinen, die kleinen Nägel ihrer Zehen ritzen mich köstlich. Ihr zerdrücktes Hemd ist nur ein Stück Stoff. Mein gebeugter Arm trägt ihren kostbaren Nacken, ihr Gesicht badet im

> Meer ihres Haars. Es dämmert. Rézi spricht, und von Zeit zu Zeit gleitet ein Lichtschimmer über ihre weißen Zähne, hell und flink wie ein Silberfisch. Sie redet im fröhlichen Fieber, den nackten Arm emporgereckt, und zeichnet mit dem Zeigefinger ihre Worte in die Luft. Ich betrachte diesen weißen, geschmeidigen Arm, der meiner süßen Erschlaffung, meiner köstlichen Traurigkeit den Takt zu schlagen scheint … (36)

Der Liebesakt selbst bleibt ausgespart, und Colette evoziert nur das intim lässige Beieinanderliegen der Freundinnen und die Erinnerung an die eben gekostete Lust. »Sie ist jetzt entzückend hübsch. Vorhin war sie leidenschaftlich schön.« (103) Der Ausdruck »adorable tristesse« verweist auf das Zugleich von Ekstase und Melancholie bei Claudine, auf ihre trotz allem jugendlichen Übermut vorherrschende Schwerblütigkeit, die die Liebe nicht als heiteres Spiel begreifen will, die den Eros, die Wollust als seelische Verbindung begreift. Das muntere Geplapper Rézis – wie auch die unbekümmerte Nonchalance Renauds, der ähnlich gesprächig, mitteilungsbedürftig nach dem Liebesakt ist – irritiert sie, sie will in diesem erotischen Moment nichts von einem eifersüchtigen und zugleich kühlen Gatten hören, von all den alltäglichen Widrigkeiten, die den herausragenden sublimen Moment stören. Hier zeigt sich ein gravierender Charakterunterschied zwischen Rézi und Claudine, der letztendlich auch ihren Bruch begründet. Vom ersten Augenblick an hat Claudine ein Gespür für den berechnenden Charakter Rézis, sie empfindet tief in ihrem Inneren trotz aller Anziehung für Rézi, daß diese Frau einmal illoyal sein, ihr Spiel mit ihr treiben könnte.

Daß der männliche Protagonist der *Claudine*-Romane, Renaud, der viele Züge Willys aufweist, Claudines erotisches Verhältnis zu der schönen Rézi mit lächelndem Interesse verfolgt, sie dann jedoch selbst mit Rézi betrügt, ist wohl auch symptomatisch für die Haltung der damaligen

Männerwelt dem Sapphismus gegenüber: Er hat die Aura des Pikanten, das Männerphantasien anregt, nicht den Ruch des Verfemten, der der männlichen Homosexualität anhaftet. Claudine zieht sich aufs Land, in ihr Elternhaus zurück, und sie verwindet nur langsam den tiefen Schmerz über die doppelte Untreue. Ein Riß – so scheint es – wird bleiben.

Liest man den *Lebensrückblick* (aus dem Nachlaß 1951) der Lou Andreas-Salomé (1861–1937), die *Mémoires* (1928) der Elisabeth de Gramont, verheiratete Clermont-Tonnerre (1875–1954), *Le Livre de ma vie* (1932) der Anna de Noailles (1876–1933), so fällt auf, daß diese Autorinnen, die sich kritisch über die Institution Ehe äußern, ihre eigene Heirat in den Autobiographien gleichsam nur im Nebensatz erwähnen.

Befremdlich und unerwartet erscheint vor allem auch die Heirat der Lou Andreas-Salomé, die trotz ihres ausgeprägten Unabhängigkeitssinnes überraschend F. C. Andreas, Professor für Iranistik, heiratet. Früh setzt die Salomé einen äußerst unkonventionellen freien Lebensstil durch, der – im Gegensatz zu der Libertine Franziska zu Reventlow – erotisch-sexuelle Beziehungen gerade ausschließt. Als sie 1882 in Rom bei Malwida von Meysenbug (1816–1903), einer engagierten Republikanerin, deren *Memoiren einer Idealistin* zu der Zeit in dritter Auflage erscheinen, den Philosophen und späteren Arzt Paul Rée kennenlernt, weist sie zwar seinen Heiratsantrag zurück, will aber dem schönen Beisammensein mit ihm durch eine Art Wohngemeinschaft Dauer verleihen. Auch Nietzsche wird in den Plan einbezogen, verliebt sich programmwidrig in Lou und läßt ihr durch Rée einen Heiratsantrag übermitteln.

> Sorgenvoll überlegten wir, wie das am besten beizulegen sei ohne unsere Dreieinigkeit zu gefährden. Es wurde beschlossen, Nietzsche vor allem meine grundsätzliche Abneigung gegen alle Ehe überhaupt klarzu-

legen, außerdem aber auch den Umstand, daß ich nur von der Generalpension meiner Mutter lebe und überdies durch Verheiratung meiner eigenen kleinen Pension verlustig gehe, die einzigen Töchtern des russischen Adels bewilligt war. (*Lebensrückblick*, 80)

So erstaunlich es ist, Lou Andreas-Salomé verwirklicht ihren, »den geltenden gesellschaftlichen Sitten von damals hohnsprechenden Plan« (76) weitgehend. Zwar scheitert die Gemeinschaft der »Dreieinigkeit« letztlich wohl vor allem an Nietzsches Eifersucht, doch Lous »fast fünfjähriges Beisammenleben« mit Rée wurde »geradezu verblüffend« einem »Traumbilde« gleich, das sie eines Nachts hatte: »Da erblickte ich nämlich eine angenehme Arbeitsstube voller Bücher und Blumen, flankiert von zwei Schlafstuben und, zwischen uns hin und her gehend, Arbeitskameraden, zu heiterem und ernsten Kreis geschlossen.« (76)

Lou Andreas-Salomé entspricht in ihrem »total entriegelten Freiheitsdrang« (76) keineswegs dem Hetärenideal der Reventlow, sie sucht vor allem die Freundschaft und das intellektuelle Gespräch der Männer. Die Motive ihrer Heirat, die sie in einem Nachtrag zum *Lebensrückblick – Was am »Grundriß« fehlt* (1933) andeutet, erschließen sich erst im Blick auf ihre russische Herkunft ganz.

In Rußland hatten die Frauen ungewöhnliche Emanzipationsstrategien entwickelt, die sich von denen ihrer westlichen Schwestern erheblich unterschieden. Die in St. Petersburg geborene Lou Andreas-Salomé folgt mit ihrer Ehe diesem Modell. Typisch für die russische Frauenbewegung und singulär im europäischen Vergleich waren das stärkere allgemein-gesellschaftliche Engagement der Frauen und die größere Solidarität der Männer mit den um ihre Rechte kämpfenden Frauen. Da die Eltern sich in der Regel dem »unweiblichen« Begehren ihrer Töchter nach Berufsbildung widersetzten, schlossen diese mit Männern, die wie sie sich für die Neugestaltung und Freiheit Rußlands, für die Befreiung, d. h. auch für die Bildungsmöglichkeiten der Frau, engagierten, eine Scheinehe, ein ›mariage blanc‹, die, sexuell nie vollzogen, ihr deshalb einen größeren emotionalen Freiraum verspricht, eine – so Ernst Pfeiffer, der Herausgeber des *Lebensrückblicks* – »das Leibliche ausschließende Vermählung« (290).

Daß sie mit Rilke die Liebe auch sinnlich-erotisch erlebt hat, er ihr »*das erstmalig Wirkliche* gewesen«, »Leib und Mensch ununterscheidbar eins, unbezweifelhafter Tatbestand des Lebens selbst« (138), ist insofern von Bedeutung, als ihr nach den »vorausgegangenen Kämpfen und Krämpfen [...] dann die Liebe unter einer großen Stille und Selbstverständlichkeit begegnete«. »Nicht nur ohne Trotz- oder gar Schuldgefühle, sondern so, wie Gesegnetes begegnet, durch das die Welt vollkommen wird« (211). In dieser Selbstverständlichkeit des Gefühls, das konventionelle Moralvorstellungen hinter sich läßt, zeigt sich die Freiheit eines Lebensentwurfs, der alle fremden Maßstäbe von sich weist. Ihre erotische Emanzipation, die kaum bürgerlichen Vorstellungen von ehelicher Treue, weiblichem »Anstand« entspricht, vollzieht sich ohne Heuchelei, ohne Demonstration und – anders als bei der Reventlow – ohne Eklat, ist einer libertinen Lebenskonzeption gerade konträr.

Symptomatisch für ihr Lebenskonzept ist die Erzählung *Fenitschka* (1898): Protagonistin ist zwar die weibliche Titelfigur Fenitschka, eine Moskowiterin, die in der Schweiz Geisteswissenschaften studiert und auch promoviert, doch erzählt wird aus der männlichen Perspektive des promovierten Psychologen Max Werner, der die Russin nachmitternächtlich bei einem Besuch des Pariser Hallenviertels im Bekanntenkreis kennenlernt. Als Fenitschka, die Lust auf einen Kaffee hat, arglos zustimmt, diesen in seiner Pension zu trinken, da die Bars alle geschlossen sind, interpretiert er das – fälschlicherweise – als verbrämte Avance. Seine erotische Attacke stößt nur auf Befremden, auf ein völliges Unverständnis. Fenitschkas Bedauern, daß das spontane Einverständnis im Gespräch nun gestört ist, wandelt sich in Verachtung, als ihre dezente Abwehr bei ihm sexuelle Aggression hervorruft. Schließlich gibt es ein versöhnliches Ende: Werner bittet wegen seiner »wahnsinnigen Dummheit« um Verzeihung, sie gesteht selbstkritisch ihre Naivität.

Fenitschka verkörpert eine unverkrampft emanzipierte Frau, der das Studium nicht nur »Wissen, sondern ein Stück Leben voll von Gemütsbewegungen«, Freiheit erobert hat, die sich nicht um die Vorurteile und Konventionen der Gesellschaft kümmert und die im Mann zunächst nicht das Geschlechtswesen, sondern eine Art Bruder sieht. Als Werner ein Jahr später Fenitschka in Rußland wiedertrifft, hat sich in ihm das Bild der keuschen, vergeistigten Frau gefestigt, die Entdeckung, daß sie einen Geliebten hat, irritiert ihn. Kritisch reflektiert er darauf seine schematisierende Sicht, seine Weiblichkeitsklischees, die Schwierigkeit, »die Frauen in ihrer rein menschlichen Mannigfaltigkeit aufzufassen und nicht immer nur von der Geschlechtsnatur aus« (36). Fenitschka, die viele Züge der Autorin trägt, leidet darunter, daß sie ihre Liebe aus Rücksicht auf die Verwandten verheimlichen muß, empört sich, daß den Frauen die Heimlichkeit einfach aufgezwungen wird. Als der Geliebte, der alle Stunden in »anregender und geistig fördernder Weise« mit ihr verbringen will, ihr einen Heiratsantrag macht, ist sie darüber – wiederum zur großen Irritation Werners – entsetzt, sieht darin einen Angriff auf ihre Freiheit, auf ihr Ziel, ein eigenverantwortliches Berufsleben zu führen. Die Vorstellung von »Heim, Familie, Hausfrau, Kinder« ist ihr absolut fremd, »Liebe und Ehe ist eben nicht dasselbe« (56). Ihr Abschied von dem Geliebten wird ein endgültiger sein.

Selten wählen Autorinnen eine männliche Erzählperspektive, hier zeugt sie nicht nur von der Fähigkeit der psychologisch geschulten Salomé, sich in fremde, männliche Bewußtseinshorizonte einzufühlen, sie hat auch die Funktion, die verschiedenen Irritationen bewußt zu machen, die ein freier weiblicher Existenzentwurf auch bei einem intellektuellen Mann hervorruft. Auch Adine, die Protagonistin der Erzählung *Eine Ausschweifung* (1898), entscheidet sich für ihre Künstlerlaufbahn und gegen die Heirat mit dem vertrauten, sie liebenden Mann. Daß eine Frau die Ehe nicht als Hort der Geborgenheit, sondern als Fessel betrachten könnte, die sie in ihren intellektuellen und beruflichen Möglichkeiten einschränkt, verletzt nicht nur das männliche Selbstgefühl der Protagonisten.

Ähnlich wie Lou Andreas-Salomé versteht sich auch Elisabeth de Gramont (1875–1954) als gleichrangige intellektuelle Partnerin der Männer, sucht sie vor allem das anregende Gespräch; sie war mit Proust und dem Comte de Montesquiou, einem der Vorbilder für Prousts Baron de Charlus, befreundet, ihr Salon galt als einer der vornehmsten, elitärsten von Paris. In ihren *Mémoires – Au Temps des équipages, Les Marronniers en fleurs, Clair de lune et taxiauto, La Troizième heure* (1928 ff.) – bezeichnet sie sich als »bildungshungrige junge Frau«, die sich lieber mit Literatur, Malerei und Sprachstudien beschäftigt, als die Heiratsbörse der Bälle, Pflichtveranstaltungen für junge Damen aus gutem Hause, zu besuchen. Kritisch beschreibt sie in den Memoiren, deren einzelne Kapitel – wie bei der Salomé – thematisch geordnet sind, die beschränkten Lebensmöglichkeiten höherer Töchter, ihre Erziehung zur Unselbständigkeit bzw. zur Abhängigkeit von dem künftigen Ehemann, den im Normalfall die Familie, der Vater ihnen zudachte; mit polemischem Witz skizziert sie das steife Ritual der Bälle, die faden Unterhaltungen – stupide Theaterstükke, alberne Melodien –, die widerliche »Graue Maus«-Mode, kurz, die tristen Verhältnisse, denen aristokratische Mädchen ausgesetzt waren. Das »Leben dieser jungen Mädchen war so wenig angenehm, daß sie alle zur Heirat drängten wie eine Schafherde zur Stalltür, wenn man sie morgens halb öffnet« (*Mémoires* I,147; Übers. von H. G.).

Daß sie mit der Heirat vom Regen in die Traufe kommen, der Ehemann in der Regel einen »mehr oder weniger grausamen Gefängniswächter« darstellt, daran läßt Elisabeth de Gramont keinen Zweifel. »In der damaligen Zeit«, klagt sie an, »war die französische Frau auf eine unwahrscheinliche Weise ihrem Mann unterworfen, hatte sie doch weder das Recht, über ihre Zeit zu verfügen, noch über ihre Meinungen, noch über ihr Geld« (ebd., 147). Da die Männer meistens nur auf Druck der Familie heirateten, waren sie höchst »mittelmäßige Gatten«. Ein Beispiel: »M. de C. läßt seinen Sohn kommen und sagt ihm: – die Weltreise oder die Heirat mit Mlle Z... Er heiratet sie, sie wird während der Hochzeitsnacht ohnmächtig, er klingelt: Pflegen sie Mme la vicomtesse. Er hatte ihr ein Kind gemacht und kümmerte sich nie wieder um sie« (ebd., 148; Übers. von H. G.).

Anders als die »Mädchen von Rang« in ihrem bewußt reizlos gehaltenen Äußeren hatten die Demi-Mondaines, die »nicht derselben menschlichen Rasse anzugehören schienen«, keinerlei Mühe, die »brünstigen Männchen« zu verzaubern. Als einen dieser Stars nennt Elisabeth die – von Colettes Romanfigur Gigi bewunderte – Courtisane und Schriftstellerin Liane de Pougy (1869–1950), eine gefeierte Schönheit der Belle Epoque, Mätresse im großen Stil, die im »Olympia« und in den »Folies Bergères« auftritt, mit ihren galanten Gönnern luxuriöse Tage in den Nobel- und Weltstädten Europas verbringt, jedoch auch dem Sapphismus huldigt. Daß Elisabeth, die in ihren Memoiren die Institution Ehe als Unterdrückungsinstrument anprangert, 1896 aber den Duc de Clermont-Tonnerre heiratet, bestätigt nur die mißliche Situation der jungen unerfahrenen Frau, die sich in romantischer Verklärung von der Heirat Entfaltungsmöglichkeiten ihrer Person verspricht. Bezeichnend der distanziert-ironische Kommentar der Duchesse: die hübsche Figur des Duc, sein akazienfarbener Bart, sein Entschwinden ins geheimnisvolle, den Mädchen verschlossene »Maxim's«, kurz, seine malerische Erscheinung im italienischen Geschmack und seine Eleganz. »Bedarf es noch mehr« – fragt sie rhetorisch süffisant –, »um ein kleines Mädchen, das Gemälde liebt, zu verführen, um so mehr, als er ihr versprach, sie in einer wilden Fahrt quer durch das Universum zu führen?« (ebd., 162). Daß der Duc keineswegs dem romantischen Traumbild entspricht, er von den geltenden Rechten eines Ehemanns auch Gebrauch macht, wird sie sehr bald erfahren. Im Jahr 1920 läßt sie sich schließlich von Philibert de Clermont-Tonnerre scheiden, führt aber auch schon zuvor – aufgrund ihrer literarischen Bildung, ihrer aristokratischen Privilegien – das kulturell animierte Leben einer Salondame, die sich über die Normen weiblicher Wohlanständigkeit hinwegsetzt.

Die Duchesse, die Sympathien für den Kommunismus hegt und an Demonstrationen der Volksfront teilnimmt, bleibt in ihrem Lebensstil die anspruchsvolle Aristokratin, die an Dienerschaft gewöhnt ist, Antiquitäten sammelt und sich um Broterwerb nicht zu kümmern braucht. Dieses Privileg teilt sie mit ihrer Freundin Natalie Clifford Barney (1876–1972), die aus einer reichen amerikanischen Industriellenfamilie stammt und nach dem Tod ihres Vaters aus dem Trust der Barney Railroad Car Fondry »einen monatlichen Dollarregen« (Châlon, 152) erhält, der es ihr gestattet, ihren »Abenteuern des Geistes« und ihren erotischen Aventüren in Muße nachzugehen.

4. Die Belle Epoque und der Kult des Sapphismus

Natalie Barney selbst, eine Freundin der Männer und ausgesprochene Liebhaberin schöner, gebildeter Frauen, hat einen sehr unorthodoxen Treuebegriff, kann wie die Reventlow neben der großen Passion durchaus kleine Aventüren genießen. Immer wieder taucht sie sowohl in den Memoiren als auch in den fiktionalen Werken verschiedenster

Schriftstellerinnen der damaligen Zeit auf. Liane de Pougys leidenschaftliche Liaison mit der amerikanischen Amazone in Paris findet ihren literarischen Niederschlag in der *Idylle Sapphique* (1901), ein Buch, das eine große Resonanz findet. Ein Jahr zuvor hatte Natalie Barney selbst ihre *Portraîts de femmes en sonnets* veröffentlicht, eine Gedichtsammlung, die unter mythologischer Verkleidung einer Diana oder Salammbô der femininen erotischen Liebeskunst gewidmet ist. Im selben Jahr wie die *Sapphische Idylle* erscheint auch der erste Gedichtband *Etudes et Préludes* der Renée Vivien (d. i. Pauline Tarn; 1877–1909), deren großes Thema wiederum die lesbische Liebe ist und die eine passionierte Liebe an Natalie Barney bindet.

Lucie Delarue-Mardrus (1880–1945) entwirft in ihren *Mémoires* (1936) von Natalie Barney das Bild einer femininen Schönheit von pariserischer Eleganz, die »wie eine verschüchterte Novizin zu erröten« vermochte. Der erste Eindruck dieser Frau mit dem »pastellfarbenen Teint«, dem »feenblonden Haar« täusche »über den stählernen Blick der Augen« hinweg, »die alles in Sekundenschnelle sehen und begreifen«. Sie inspirierte Renée Vivien nicht nur zu ihrem ersten Gedichtband: die Amazone, die in ihrer libertinen Lebenseinstellung das sublime Liebesideal der vergeistigten Freundin verletzt, bleibt die ambivalente Muse, die – wider Willen – zum Schicksal der Lyrikerin geworden ist. In dem autobiographischen Roman *Une femme m'apparut* (1904), in dem Natalie als Loreley Vally auftritt, wird sie als jungfräuliche Priesterin eines wiederauferstandenen Kults (77), als »perverse Madonna weltlicher Kapellen« (94), angesprochen. Ihr »mondfarbenes wallendes Haar«, ihre »Augen, von kälterem Blau als die Winternebel«, ihr »Blick voller Wollust und Sehnsucht« (43) haben die schwärmerische junge Dichterin völlig in ihren Bann gezogen. Sie liebt die Amazone »mit blinder Leidenschaft« (104f.). Die vitale, sinnenfreudige Natalie Barney, die ohne Schuldgefühl ihre lesbischen Neigungen auslebt, bildet den Gegenpol zu der melancholischen, in sich gespaltenen Renée Vivien, die die Wollust und die schmachtende Sehnsucht des Körpers evoziert und zugleich einen spirituellen Selbstentwurf pflegt, der den lesbischen Sinnesgenüssen selbstquälerisch Reue und Scham beimischt. In ihren *Aventures de l'Esprit* charakterisiert Natalie Barney die Autorin, die sich als Heidin bezeichnet, im Gegenteil als unbewußte Christin, die die Liebe und das Leiden suche, in jedem Gefühl einen Vorwand für ihren Schmerz aufspüre. Das Christentum habe durch das Versprechen eines ewigen Himmels die einfachen Freuden des Augenblicks verdorben, und sie zitiert als Beispiel für diese letztlich lebensfeindliche, morbide Sicht einige Verse des Gedichts *Prophétie* von Renée Vivien (*Cendres et Poussières*, 50; Übers. von H. G.), die diese in ihrer glücklichen Phase mit Natalie, in voller Jugend, schrieb: »Aber die Vorstellung der Jahre zerreißt mich, / Und prophetisch beweine ich deine Schönheit. / Denn so ist das beklagenswerte und stupide Gesetz / Du wirst eines Tages, ach meine Lilie, welken! / Du meine Lilie! / Und die scheußliche Schande der Falte / Wird deine Stirn mit dem Wort ›Nimmermehr‹ zeichnen.« (202) Die Vision der Vergänglichkeit und des Alterns, die die Falte auf der jungen Stirn voraussieht, zeugt von der melancholischen Grundstimmung der Autorin, die in ihren Gedichten immer wieder den Tod erinnert und deren Boudoir mit Kerzen und weißen Lilien einer Totenkapelle ähnelt. Zugleich verweist »die scheußliche Schande der Falte« auf die Selbststilisierung des Ichs zurück, das sich als makellos geistige Form, als körperloses Wesen sehen möchte. Die Lilie symbolisiert die Jungfräulichkeit, aber auch in ihrer Weiße und künstlich wirkenden Gestalt die Totenblume. Die Liebende als Lilie – damit wird Sexualität, vitale Sinnlichkeit abgewehrt. Andererseits dämonisiert Renée Vivien in ihren Gedichten die Geliebte, mit der sie die fleischlichen Lüste der Sexualität erlebt, zu einer bezaubernden Schlange, gibt ihr vampiristische Züge (vgl. *Ressemblance*, 56) – »Deine Lippen atmeten tief einer Wunde Blut« –, evoziert sie z. B. in dem Gedicht *Désir* aus *Cendres et Poussières* (51) eine Sinnlichkeit voll »wilder Glut«, Schluchzer ekstatischer Wollust wie in den »Augenblicken der Agonie«. Die zwei Strebungen im Menschen, von denen Baudelaire in *Mon Cœur mis à nu* spricht, die zu Gott bzw. zur Spiritualität und die zu Satan bzw. zur Animalität, prägen in ihrer Widersprüchlichkeit die erotische Lyrik der Renée Vivien, eine Lyrik, die in ihrer morbiden stilisierten Bildlichkeit den Präraffaeliten verwandt ist. Interessant und erhellend für die damalige Zeit ist, daß gerade Renée Vivien in ihrem komplizierten Verhältnis zur Sexualität eine der bedeutenden Lyrikerinnen der lesbischen Liebe wurde, sie sich offen zum Sapphismus bekannte. Sie, die 1903 eine freie Nachdichtung der Sapphischen Gesänge veröffentlichte, schuf in ihren Gedichten voller Sensualität und Mystizismus geradezu einen Kult des Sapphismus. Während männliche Homosexualität auch literarisch weitgehend tabuisiert bleibt, thematisieren Autorinnen wie Liane de Pougy, Natalie Barney, Renée Vivien, Lucie Delarue-Mardrus, Colette oder Radcliffe Hall (1880–1943) weibliche Homosexualität, die die literarische Produktion inspiriert. Kurz, der Sapphismus ist in der Belle Epoque à la mode. Und immer wieder animierte Natalie Barney die Autoren zu den unterschiedlichsten Porträts, so auch Colette in *Claudine à la maison*, Radcliffe Hall in ihrem Roman *Le Puits de la Solitude* (dt. *Quell der Einsamkeit*, 1928). Doch das brillanteste, geistreichste Porträt entwarf Djuna Barnes in ihrem ironisch gebrochenen *Ladies Almanach* (1928), in dem die Amazone als Dame Evangeline Musset vorgestellt wird, als Päpstin von Lesbos, die mit Verve die Besucherinnen ihres Zirkels zum wollüstigen Leben ermuntert. Ihr *Ladies Almanach* »ist also die Geschichte von einem Mägdlein, so fein wie nur je eins das Bett genäßt, welches Evangeline Musset geheißen und innerlich ein einzig großes Rotes Kreuz war, das für die Verfolgung, Erleichterung und Zerstreuung solcher Mädchen glühte, die an ihren hintern oder auch vordern, oder welche Partien sonst ihnen gar arg zu schaffen machen, grausam zu leiden haben, sei's nun es juckt sie in der Hand, seien da gräßlich schmerzliche Bezirke, was häufig vorkommt in der Frühjahrszeit, oder wenn sie auf behaglich warmem Stoffe niedersitzen, mag sein auf Pelz, mag sein auf dicken Brükken, orientalischen (die schon vom Muster her, so scheint es, Hüftbezirk und Hinterviertel ein solches Sehnen anbefehlen, daß es ganz unerträglich ist), oder wenn sie, wieder anders, auf warmen Öfen sitzen, wovon man weiß, daß eines aufflog mit einem ›Oh du mein Gott‹.« (9)

Ironisch evoziert Djuna Barnes die Muse des Freundschaftstempels, Nathalie Clifford Barney, verniedlicht sie als »Mägdelein«, das scheinbar altruistisch, ein »einzig großes Rotes Kreuz«, sich der Leidenden annimmt, und in ihrer bewußt altertümlichen Metaphorik enthüllt sie die sapphisch-erotischen Begehrlichkeiten, die die Samariterin für die an Liebesentzug leidenden Mädchen selbst bedrängen. Sex erscheint als alles beherrschendes Zentrum dieser Welt der ›Ladies‹.

Als Jahreschronik mit zwölf Kapiteln gemäß den zwölf Monaten präsentiert Djuna Barnes ihre »milde satirische Kopfwäsche« – so ihre Charakteristik im Vorwort –, ihren – nicht ohne Anleihen »bei alten Volksbüchern, Flugschriften und Images Populaires« – illustrierten Almanach, der die ›Ladies‹ des illustren Freundschaftstempels der ›Amazone‹ unter witzigen Schlüsselnamen, wie etwa Duchess Clitoressa of Natescourt (Elisabeth de Gramont), porträtiert.

Die Muse des Sapphismus, die ungebrochen selbstverständlich ihren erotischen Neigungen folgt, geht ein weiteres Mal in die Literatur ein, und zwar als Laurette Wells in Lucie Delarue-Mardrus' Roman *L'Ange et les pervers*, der sie einerseits als wahre Rebellin schildert, als Schönheit mit dem berühmten Feenhaar und den »wie Schwertklingen blitzenden Augen«, sie jedoch als »pervers, ausschweifend, egoistisch« (63) kritisiert. Die Autorin selbst übernimmt die Rolle der edlen, belesenen Marion Hervin, die bei den komplizierten erotischen Freundschaftsverhältnissen der Laurette zu vermitteln sucht, selbst aber ihre »Reinheit« bewahrt. Sie kommentiert in ihren Memoiren: »Ich habe in *Der Engel und die Perversen* ausführlich sowohl Natalie als auch das Leben, in das sie mich einweihte, analysiert, beschrieben, ein Leben, in dem ich erst sehr viel später schließlich nicht mehr die asexuelle Rolle des Engels spielte« (144). Elisabeth de Gramont nähert sich erst später der Gomorrha-Welt, sie lernt die von Rémy de Gourmont als Amazone verehrte Natalie Barney 1910 kennen, als deren *Eparpillements* erscheinen, Aphorismen, die sich geistvoll mit der Liebe, der Kunst, dem Lebensgenuß beschäftigen. Seit dieser Zeit verkehrt sie im Freundschaftstempel der passionierten Anhängerin des Sapphismus, und sie öffnet ihrerseits der Amazone ihr Haus in der Rue Raynouard.

Die Autorinnen um den Freundschaftstempel der Natalie Barney – u. a. auch die Prinzessin Marthe Bibesco, Rachilde, Dolly Wilde und Mina Loy – entsprechen in ihrer Lebensführung keineswegs dem damals gängigen Frauenbild der gefügigen Gattin, Mutter und Hausfrau, sie durchbrechen die rigide Sexualmoral und beweisen durch ihre literarische Produktion, die ihrerseits die patriarchalische Gesellschaft in Frage stellt, ihren prinzipiellen Anspruch auf Gleichberechtigung. Dennoch sind sie nicht unbedingt engagierte Feministinnen, die sich für die soziale und ökonomische Gleichstellung der Frau einsetzen, für gleiche Berufschancen, gleiche Ausbildungsmöglichkeiten usw.; Natalie Barney selbst wie auch ihre Freundinnen haben es auf Grund ihrer privilegierten Herkunft, ihres mehr oder minder großen Vermögens nicht nötig, einen Beruf auszuüben bzw. von ihrer schriftstellerischen Tätigkeit zu leben. Doch unabhängig davon fehlt ihnen der Sinn für die politischen Ziele weiblicher Emanzipation.

Zwei divergierende feministische Grundpositionen, die u. a. auch die heutige Diskussion noch bestimmen, zeichnen sich schon um die Jahrhundertwende ab: einerseits die egalitäre Richtung, die es ablehnt, aus dem biologischen Unterschied unterschiedliche intellektuelle und emotionale Unterschiede abzuleiten und die für die völlige Gleichstellung der Frau kämpft, andererseits die Konzeption einer originären Weiblichkeit, die das Anderssein der Frau betont, spezifisch weibliche Lebensformen, Seh- und Fühlweisen propagiert. Die erotisch-emanzipatorischen Entwürfe der hier vorgestellten Autorinnen entsprechen in ihrer Grundtendenz mehr dem Konzept einer weiblichen Kosmogonie. Der Kult des Sapphismus in der Belle Epoque ist auch als ein möglicher Ausdruck dieser Tendenz zu verstehen.

X
Liebe, Erotik, Sex in der zeitgenössischen Prosa

1. Die Nachkriegszeit

Das in der Romantik entwickelte Ehekonzept, das Liebe und Ehe integrierte, blieb im 19. Jahrhundert offensichtlich eine poetische Utopie, die dennoch die Erwartungen an eine Lebensgemeinschaft prägte. Schon die romantischen Salons stellten sich nur als kleine Oasen im grauen Meer allgemeiner bürgerlicher Prüderie dar, waren eine Art Freiraum, in dem gebildete Frauen und Männer sich zu ungezwungenem Gespräch treffen, sich Liebesbeziehungen anbahnen konnten. Das gilt auch für die Zirkel der Bohème und alternative Bewegungen, im allgemeinen jedoch ist das 19. und beginnende 20. Jahrhundert von einer Prüderie und Doppelmoral geprägt, die in einer literarischen Gestalt wie Heinrich Manns Professor Unrat ihren treffenden Ausdruck fanden. Noch Brecht wendet sich mit Gedichten wie *Sauna und Beischlaf*, *Das neunte Sonett*, *Das Dritte Sonett*, *Liebesgewohnheiten* u. a. gegen die Bigotterie der bürgerlichen Gesellschaft, gegen die sprachliche Tabuisierung der Sexualität, attackiert mit seinen sinnlich-deftigen, erotischen Gedichten, in denen Wörter wie »Schwanz«, »Fotze«, »Vögeln« auftauchen, eine verlogene Moral, die sich auch der Sprache eingebildet hat. Er sucht durch sprachliche Obszönität die Provokation. Mag in den »Golden Twenties«, in einer immer noch schwülen Atmosphäre allgemeiner Sinnenfeindlichkeit, auch eine frische Brise neu erwachter Sinnlichkeit geweht haben – an den Sexualaufklärer Hirschfeld sei erinnert, oder an van der Velde, der die Erotisierung der Ehe propagierte –, der Faschismus erstickte die Morgenluft der anbrechenden Freiheit. Seine Ideologie, die Tugendrigorismus und Terror verband, infiltrierte auch das Verhältnis der Geschlechter zueinander. Stärker als je zuvor wurde die Frau auf ihre Gebärfunktion reduziert, der Mann auf die Rolle des harten soldatischen Typus festgelegt. Eine freie partnerschaftliche Liebesbeziehung, die die Individuen aus eng fixierten sozialen Rollen emanzipierte, konnte dem Nationalsozialismus nur suspekt sein, denn sie widersetzte sich dem geforderten Kadavergehorsam, dem Militarismus, der die Menschen seiner Machtpolitik opferte. Klaus Theweleit hat in seinem Buch *Männerphantasien* den lustfeindlichen Aspekt des Faschismus untersucht. Autoren wie Peter Weiss, Christa Wolf, Hubert Fichte oder Uwe Johnson haben den unheilvollen Einfluß des nationalsozialistischen Regimes auf die Psyche der Heranwachsenden literarisch gestaltet, ein allseitiges Mißtrauen bis in den Kern der Familie hinein als eine Signatur der Zeit festgehalten.

Erst mit dem Ende der Zweiten Weltkriegs und dem Wiederaufbau, mit der politischen Neuordnung Deutschlands innerhalb zweier unterschiedlicher Gesellschaftsordnungen bildeten sich politische Verhältnisse heraus, die bessere Zeiten für die Liebe versprachen. Doch letztlich herrschten bis in die sechziger Jahre des 20. Jahrhunderts eine rigide Moral, Prüderie, Tabuisierung und Unterdrükkung von Sexualität vor. Nicht nur der Faschismus unterdrückte ein sinnenfreudiges Lebensgefühl, auch noch die Adenauer-Ära stand im Zeichen der Lustfeindlichkeit. Hellmuth Karasek erinnert 1988 in einer Titelgeschichte des *Spiegel*, in der er die von der Zeitschrift *Emma* angefachte Diskussion über Pornographie in ihren verschiedenen Aspekten beleuchtet, das damalige Klima:

> In den verheuchelten sittenstrengen fünfziger Jahren genügte ein verhuschter, nur Filmsekunden dauernder Nacktauftritt der Hildegard Knef (›Die Sünderin‹,

1951), um die Adenauer-Republik in Aufregung und Entrüstung zu versetzen. Und Ingmar Bergmans ›Das Schweigen‹ provozierte 1963 Anstoß wegen einer offenkundig masturbierenden Frau und einer schemenhaften sexuellen Vereinigungsszene in einer Kirche.[1]

Sabine Weißler berichtet über die »Sexy Sixties«:

> Es gab auch noch bis Ende der 60er Jahre den Kuppeleiparagraphen, der Vermietern, Bekannten und sogar Familienangehörigen (also auch Eltern) verbot, unverheirateten Paaren Räumlichkeiten zur Verfügung zu stellen, in denen diese ›Unzucht‹ treiben konnten (alles, was Unverheiratete sexuell miteinander unternehmen konnten, war ›Unzucht‹). Anzeige konnte jeder erstatten, zum Beispiel jeder Nachbar. Auch deswegen war es fast unmöglich, in dieser Zeit, unverheiratet zusammenzuleben.[2]

Verglichen mit der Lebensform einer Natalie Clifford Barney etwa, die ihre sapphische Neigung in vollen Zügen auslebte, einer Franziska zu Reventlow, die ihrem erotischen Freiheitsdrang keinerlei Zügel anlegte, erscheinen die erotischen Möglichkeiten der Frau bis in die späten sechziger Jahre äußerst beschränkt. Und auch den Männern blieb in der Nachkriegsgesellschaft wenig Spielraum, erotische Erfahrungen zu sammeln. Es sei denn, man zählte gelegentliche Bordellbesuche zur hohen Schule erotischer Erfahrung.

Diese Prüderie herrschte nicht nur in der BRD, auch in der DDR erfreuten sich die Bürger keineswegs sinnenfreudiger Freizügigkeit. Hier vollzog sich der Aufbruch zu erotischer Freizügigkeit seit Mitte der siebziger Jahre, und als

1 Hellmuth Karasek, »Ist die sexuelle Freiheit am Ende?«, in: *Der Spiegel* 1 (1988) S. 122–131, hier 122.
2 Sabine Weißler, »Sexy Sixties«, in: *»Che Shah Shit«. Die sechziger Jahre zwischen Cocktail und Molotow*, Berlin 1984, S. 96.

symptomatisch für das Aufbegehren im deutschen Realsozialismus galt die 1977 von Maxi Wander herausgegebene Publikation *Guten Morgen, du Schöne*, in der Frauen freimütig über ihre sexuellen Bedürfnisse und Gewohnheiten berichteten. Im Eingangsporträt bekennt etwa eine Rosi: »Ich gehöre nicht zu den Frauen, die sich einbilden, nur mit *einem* Mann glücklich sein zu können. Ich treffe ständig Männer, die mir gefallen und denen ich gefalle ... Konkret ja? Konkret gehe ich gelegentlich mit einem Mann ins Bett oder auf die grüne Wiese ...« (zit. nach Wander, 67). Das Buch wurde ein großer Erfolg, Maxi Wander hatte den Nerv der Zeit getroffen und in Rosi »eine Integrationsfigur geschaffen, der nachzuleben man schon Lust hatte« (Torni, 43). Die DDR-Bürger eroberten sich an den Stränden der Ostsee, der Seen und Freibäder mit dem Hinweis auf das revolutionäre kulturelle Erbe eines Friedrich Wolf den Nudismus, behaupteten gegen Muff und Prüderie des sozialistischen Staates eine relativ große Freizügigkeit in puncto Sinnlichkeit und Sexualität. Voreheliche sexuelle Kontakte bedurften keiner peniblen Geheimhaltung. Außereheliche Kinder stellten hier weniger ein Problem dar als in der BRD – allein schon durch das große Angebot an Kinderkrippen. Daß die DDR dennoch kein Dorado an freizügiger Lebensgestaltung war, die ›sozialistische‹ Einheitspartei das Leben ihrer Bürger bestimmte, ist bekannt.

Und obwohl die USA führend in der Sexualforschung waren, die amerikanische Literatur keineswegs an einem Mangel freizügiger Beschreibung von Sexualität litt, war die amerikanische Öffentlichkeit noch stärker als die europäische von prüder Verschämtheit geprägt. Sie klammerte auch verbal die Sphäre intimer Leiblichkeit aus; noch heute sucht man z. B. nicht eine Toilette auf, sondern, den *bathroom*, *powderroom* oder *restroom*. Die Anbahnung einer erotischen Beziehung vollzog sich in der Regel – und vollzieht sich auch heute noch häufig – in den Ritualen einer

›coming-out-party‹ oder in behüteten ›college events‹ und hatte in eine legal abgesegnete Ehe zu münden. Die McCarthy-Ära sorgte für ein Klima sexueller Repression, Doppelmoral, Prüderie. Symptomatisch ist wohl auch, daß Autoren wie Natalie Clifford Barney, Anais Nin, Djuna Barnes, Henry Miller in Europa, einem Europa vor dem Zweiten Weltkrieg, ihr erotisch freizügiges Leben genossen.

Henry Miller, dem der englische Kunstkritiker Herbert Read – nach Ludwig Marcuse in seiner Studie *Obszön. Geschichte einer Entrüstung* (180) – den Meisterschaftstitel ›Der obszönste Schriftsteller der Weltliteratur‹ verlieh, flüchtet aus puritanischer Enge nach Paris und lebt hier in vollen Zügen seine Sinnlichkeit aus. Miller schreibt im engeren Sinne keine Romane, sondern eine Mischung aus Tagebuch und Autobiographie. Er sucht nicht die Provokation, sondern er zielt auf die völlige Entmythisierung des Sexus, sucht die Enthüllung des Leibes von den Gazeschleiern romantischer Sublimierung, dem härenen Gewand religiöser Moral, dem Glimmerflitter der Operetten-Bohème. Während D. H. Lawrence in *Lady Chatterley's Lover* die sexuelle Wollust noch mit dem Nimbus höherer Weihe umgibt, sie als Erlösungsakt erscheint, entkleidet Miller bewußt den Sexus aller außersexuellen Bedeutungsschichten. »Das Obszöne hat mit dem Mann Henry Miller und seinem Werk ein neues Lebens-Stadium erreicht. Es ist nicht mehr ein Sonder-Fall, eine Irregularität; es wurde eine der großen Chiffren menschlicher Existenz. Diese ist durch und durch anstößig, so daß jedes speziell Anstößige seine Spezialität einbüßt. Bisher gab es immer noch die Möglichkeit, ›Stellen‹ auszuradieren, einen Roman von dem Nicht-Salonfähigen zu säubern. ›Lady Chatterley‹ konnte noch gereinigt, ihr Schöpfer als hochanständiger Mitbürger aufgebaut werden. – Henry Millers Bücher haben nicht ›Stellen‹, sie sind eine einzige Stelle – so daß dieser Begriff unbrauchbar geworden ist. Und es erlauben diese betont autobiographischen Romanzen nicht mehr, den Citizen

Henry Miller von dem Held seiner Erzählungen zu distanzieren. Die Irritation, die von diesem Mann und seinem Werk ausgeht, ist enorm. Sie ist widergespiegelt in superlativer Anerkennung und Ablehnung.« (Marcuse, 181) Millers Werk *Tropic of Cancer*, das erstmalig 1934 in Paris erschien, sein Leben in Paris beschreibt und ohne Weichzeichner ein sinnliches Panorama der dortigen Hurenwelt zeichnet, kann auch als Reaktion auf den amerikanischen Puritanismus interpretiert werden, doch es ist zugleich authentischer Ausdruck einer Lebensgier, einer hedonistischen Selbstbehauptung, die der Triebstruktur der menschlichen Existenz Sprache verleiht. Hunger, Eßlust, Urinieren, Defäkation, Krankheit, Sex, der Intimkosmos der Leiblichkeit wird in überbelichteten scharf konturierten Bildern gezeigt. Es fehlt nicht an *dirty words*, die das Sittlichkeitsgefühl des ›Normalbürgers‹ verletzten. Doch auch wenn Miller mit seinem Werk radikal die Enttabuisierung von Sexus und Leiblichkeit vollzogen hat, so verdeutlicht die Indizierung seines 1962 (!) erstmals in den USA erschienenen Buchs das puritanische, sittenstrenge Klima der Zeit. Die 1953 bei Rowohlt erschienene deutsche Übersetzung trägt bezeichnenderweise den Vermerk: »Der Eigentümer dieses Buches hat sich verpflichtet, den Band verschlossen aufzubewahren und Jugendlichen nicht zugänglich zu machen. Er wird den Band außerdem weder privat noch gewerblich ausleihen.« Ein Buch für den literarischen Giftschrank!

Mary McCarthys (1912–1954) Roman *The Group* (1954; dt. *Die Clique*, 1963), der die Entwicklung von acht am renommierten Vassar College graduierten jungen Frauen, der »Ivory Tower Group«, aufzeichnet, hat bei seinem Erscheinen im Jahr 1954 gerade durch seinen freizügigen Umgang mit der sexuellen Thematik in den USA Furore gemacht. McCarthy bietet ein kritisches Gesellschaftspanorama zur Zeit nach der Depression. Auftakt des Romans ist die Heirat der vitalen eigenwilligen Kay mit dem ambitionierten, doch glücklosen Dramatiker Harald in einer Kirche in New York City, zu der sich die sieben anderen der »Ivory Tower Group« einfinden, Schlußakt bildet sieben Jahre später in eben dieser Kirche der Trauergottesdienst für Kay, die bei einem Fenstersturz – Unfall oder Suizid? – tödlich verunglückte. Die Mitglieder der elitären Gruppe, die – mit Ausnahme von Kay – alle aus sehr begüterten Familien stammen, fühlen sich dank ihrer anspruchsvollen Ausbildung am Vassar College emanzipiert, wollen den konventionellen Familientraditionen entkommen. Das schlimmste Schicksal aber wäre, befanden sie einmütig, so konventionell und ängstlich zu werden wie ihre Eltern. Nicht eine würde, wenn es sich vermeiden ließ, einen »Börsenmakler, einen Bankier oder einen fischblütigen Firmensyndikus heiraten, wie so viele aus Mamas Generation getan hatten. Lieber würden sie entsetzlich arm sein und sich von billigem Seelachs nähren, als so einen öden, versoffenen Jüngling aus dem eigenen Set heiraten« (15). In diesen an romantischen Liebesidealen orientierten Vorstellungen sind sich die sonst so unterschiedlichen Frauen einig. Dennoch, Dotty z. B. heiratet den vermögenden Brook, der zwar nicht ihre erotische Phantasie anspricht, aber eine standesgemäße Partie abgibt. Sie geht nicht jungfräulich in die Ehe. Nach Kays Hochzeitsparty verbringt sie mit dem ihr bis dahin unbekannten smarten Dick Brown, einem Maler, die Nacht und macht ihre erste sexuelle Erfahrung, ist zwar »highly sexed« (43), genießt schließlich – nach der Defloration – den Sex und Orgasmus. Bis dahin kannte sie einen Penis nur von Statuen her und den Sexualakt von abstrakten Beschreibungen im »Krafft-Ebbing«, den sie im Antiquariat fanden. Das Wort Orgasmus ist Dotty fremd. Von Verhütung hat sie keine Ahnung, sie glaubt, eine Dusche ›danach‹ böte Empfängnisschutz. McCarthy entwirft in dieser Szene das psychologisch nuancierte Porträt eines jungen Mädchens, das seine spärlichen Kenntnisse über Sexualität aus den heimlichen Mädchengesprächen innerhalb der Clique gewann und, verunsichert durch seine Ahnungslosigkeit, ständig über mögliche Fauxpas nachdenkt. Daß selbst die »highly sexed« Dotty keine Sprache für Körperlichkeit und Sexualität hat, veranschaulicht um so besser die puritanische Erziehung, die sie und die anderen Vassar-Graduierten genossen haben, verweist auf das dumpfe sinnenfeindliche Klima in den USA vor und in der McCarthy-Ära. Daß sie sich jedoch spontan auf die Affäre mit Dick einläßt, sie sich auf seinen Rat hin ein Pessar besorgt, zeigt den Kontrast von propagierter Moral und Wirklichkeit. Auch Norine entspricht nicht dem Moralcode. Sie hat während ihrer ersten Ehe ein langjähriges Verhältnis mit Kays Mann, heiratet schließlich einen konvertierten Juden, einen Bankier, genießt zeitweise die Rolle der antiautoritär erziehenden Mutter. Von den »Ivory Tower Group«-Mitgliedern scheint einzig Polly, Krankenschwester von Beruf, schließlich – nach einer Affäre mit dem verheirateten Gus – eine Liebesheirat mit glücklichem Verlauf eingegangen zu sein. Die künstlerisch vielseitig begabte Helena, die ihre Talente nicht zu konzentrieren vermag, bleibt Single. Libby, eine erfolgreiche Literaturagentin, findet die falschen Männer attraktiv, erlebt mit dem sportlichen Beau Nils fast eine Vergewaltigung, ehelicht schließlich einen ihrer Bestseller-Autoren. Priss dagegen – ähnlich wie Polly ein eher unscheinbarer Charakter aus dem höchsten Geldadel – heiratet bald nach dem Studium, führt eine ›solide‹ Ehe, in der sie nichts zu sagen und zu lachen hat. Ihr Mann Sloan, ein ehrgeiziger Kinderarzt, zwingt sie, ihr Kind zu stillen, obwohl es für Mutter und Sohn ein qualvoller Akt ist. Und schließlich kommt die hochintelligente Lakey von ihrem langjährigen Europa-Aufenthalt mit einer Freundin, Maria, nach New York zurück, und die Clique muß sich an den Gedanken gewöhnen, daß die beiden ein Paar bilden. Doch auch wenn es ihnen bald selbstverständlich wurde, daß sie Lakey und Maria wie ein »normales Paar« zum Essen etwa einluden, so »wollten sie lieber an das, was die beiden im Bett miteinander taten, nicht denken« (391).

Nicht zufällig verschaffte der Roman, der mit satirischem Scharfsinn und psychologischem Feingefühl ein differenziertes Gesellschaftspanorama entwirft, seiner Autorin einen Riesenerfolg. McCarthys *The Group* konnte zu einer Art Kultbuch werden, gerade weil sie in kühner Offenheit Themen der Geschlechterbeziehungen behandelte, die in der amerikanischen Öffentlichkeit generell tabuisiert wurden und die auch in der deutschen Gesellschaft bis zur 68er-Bewegung ausgeklammert blieben.

Die statistisch ausgerichteten Sexualreports, die ihrerseits zu Hits wurden, konfrontierten die Gesellschaft schon mit Daten und Fakten, die dem propagierten öffentlichen Moralverständnis widersprachen. McCarthys Roman dagegen führte anschaulich eine Generation von Frauen mit ihren emotionalen, sexuellen, erotischen Wünschen, Vorstellungen, Enttäuschungen, ihren Beziehungen bzw. gescheiterten Beziehungen vor, er dokumentierte und entlarvte den Zeitgeist. Auch wenn der Roman im Juni 1933 einsetzt und die Entwicklung der jungen Frauen bis zum Juli 1940 aufzeichnet, er trägt die Signatur der fünfziger Jahre. Gerade da McCarthys Personen, junge Frauen einer privilegierten Schicht, eine überdurchschnittlich anspruchsvolle Ausbildung genossen haben, eröffnet sie eine kritische Perspektive auch auf die Widersprüche der Zeit, auf die verspielten Möglichkeiten weiblicher Emanzipation. Gegen Schluß des Romangeschehens unterhalten sich Norine und Priss über ihre Ausbildung am Vassar College. »Unsere Vassar-Erziehung hat es mir schwer gemacht, mich mit meiner Rolle als Frau und Mutter abzufinden, wohingegen Freddy als Jude instinktiv dem matriarchalischen Prinzip huldigt. Er will, daß ich im Hause regiere, während er ins Büro geht. Das ist großartig, soweit es Ichabod betrifft; er redet mir nicht in die Erziehung hinein. [...] ›Das Schlimme ist mein Verstand‹, sagte Norine. ›Lockwood und die anderen in Vassar haben aus mir eine Intellektuelle gemacht. Freddy stört es nicht, daß ich ihm an Bildung überlegen bin, es gefällt ihm sogar. Aber ich bin mir dieser gähnenden Kluft bewußt. Und zugleich erwartet er von mir, daß ich eine gute Hausfrau bin. Eine Gastgeberin, wie er es nennt.‹« (401) Nach Norines Ausführungen fragte Priss besorgt: »Du meinst also wirklich, man hat uns falsch erzogen?« und Norine antwortet entschieden. »Und ob! [...] Ich bin für mein ganzes Leben verdorben.« (402) Das heißt, das Bildungskonzept, das auf die intellektuelle Selbständigkeit der Frau abzielte, bzw. das der Frau aufgrund ihrer Ausbildung ein Berufsleben ermöglichte, das ja Ehe und Familienleben nicht ausschloß, kollidierte mit der amerikanischen Realität, die an dem alten Rollendualismus festhielt.

Erica Jong in ihrem Roman *Fear of Flying*, der in den siebziger Jahren spielt, läßt ihre Protagonistin an die finsteren Jahre dieser Phase zurückdenken, in der sie ihre erste Liebe erlebte. Auch diese erinnert sich bitter ironisch an ihre Überfahrt nach Europa mit ihrem Freund auf der »Queen Elisabeth«, wo es ihnen nicht vergönnt war, ohne Trauschein eine Schiffskabine zu teilen.

In Frankreich publizierte Françoise Sagan (geb. 1935) 1954 ihren Erstlingsroman *Bonjour Tristesse,* in dem die Ich-Erzählerin, die siebzehnjährige Cécile, über ihre ersten sexuellen Erfahrungen mit dem Studenten Cyril und den erotischen Beziehungen ihres Vaters Raymond berichtet; der Roman erregte großes Aufsehen, er war von der Aura des Pikanten umgeben, seine Verfilmung war ein Riesenerfolg, und daß er erst »für Jugendliche ab achtzehn« zugelassen war, zeugte auch wieder von dem sittenstrengen Klima der Zeit.

In der deutschsprachigen Literatur der fünfziger und frühen sechziger Jahre blieb das Thema der Sexualität, der Geschlechterbeziehungen ausgespart, einen Roman mit der

Brisanz von *The Group* oder der melancholisch leichten Erotik von *Bonjour Tristesse* sucht man dort vergebens. Nun muß das Klima bourgeoiser Spießigkeit nicht auf die Literatur übergreifen. Hochrangige Literatur entsteht ja gerade auch in ihrem Widerstand gegen den Zeitgeist, wie es McCarthys Werk bezeugt. Doch die deutsche Literatur der Nachkriegszeit sah sich zunächst mit anderen Themen konfrontiert, setzte sich mit den Wirklichkeiten der jüngsten deutschen Geschichte auseinander. Die Autoren, die in den fünfziger Jahren zu schreiben begannen, hatten ihre Kindheit und Adoleszenz im Nationalsozialismus, im Zweiten Weltkrieg erlebt, sie mußten diese ihre Erfahrungen aufarbeiten. Und da die Geschichte die Intimbiographien nicht unberührt läßt, findet man in dieser Literatur weniger Beispiele befreiter Sexualität als vielfache Belege, daß totalitäre Systeme auch die Entfaltung der Sinnlichkeit hemmen.

Heinrich Böll (1917–1985), Günter Grass (geb. 1927), Uwe Johnson (1934–1984), Wolfgang Koeppen (1906–1996), Siegfried Lenz (geb. 1926), Peter Weiss (1916–1982), sie alle haben in ihren frühen Werken gerade auch den widrigen Einfluß der Zeit auf die erotischen Beziehungen dargestellt, sie weisen auf die Verstümmelungen und Beschädigungen erotischen Erlebens hin. Uwe Johnson schuf später in dem großen vierbändigen Œuvre *Jahrestage* (1970–83) u. a. eine Figur wie Lisbeth Cresspahl, die Mutter Gesines, die unter dem alltäglichen Schrecken des Nationalsozialismus immer mehr verstummt, erstarrt, unfähig zur mütterlichen Liebe, zu jeder Art von Sexualität, Zärtlichkeit. Cresspahl muß bei Lisbeth – so deutet sich an – auf ein eheliches Liebesleben verzichten. Gesine hat zwar einen Freund, D. E., der sie liebt und sich sehr ein Zusammenleben mit ihr und der Tochter Marie wünscht, doch das Thema Sexualität wird in all seinen Facetten ausgespart. Gesines Liebesverhältnis zu D. E. stellt sich recht platonisch dar, es scheint erotisch-sexuell grundiert zu sein, doch dieser

Aspekt wird beim Erzählvorgang völlig ausgespart. Offenkundig vermeidet Uwe Johnson in seiner Tetralogie bei der Darstellung der tiefen Bindung zwischen Gesine und D. E. jede Anspielung auf Erotik. Die enge Liebesbeziehung erscheint merkwürdig keusch und unsinnlich. Das mag Dezenz und Respekt vor dem Intimleben seiner Figuren sein, doch es deutet vielleicht auch – wie bei Böll – auf eine sinnenfeindliche Sozialisation hin.

Arno Schmidt (1914–1979), der bedeutende literarische Außenseiter, der erst in den siebziger Jahren die Aufmerksamkeit der Leser und Kritiker erregte, gewinnt in seinem gesamten Œuvre in sprachspielerischer, artistischer Weise der sexuellen Thematik die überraschendsten Aspekte ab. Selbst seine Szenarien, die eine Welt nach dem Dritten Weltkrieg imaginieren, verzichten nicht auf einen Überlebenden, der wundersamerweise stets über eine Bibliothek verfügt und sich in erotisch inspirierten Phantasien ergeht. Doch auch wenn sich seine Imagination durchaus an – fiktiven – realen erotischen Situationen entzündet, es dominiert die Lust am sprachschöpferischen Wort, an der witzig geistvollen erotischen Metapher.

Günter Grass schuf mit seinem 1959 erschienenen Roman *Die Blechtrommel* eines der bedeutendsten Werke der Nachkriegszeit, das facettenreich, episch-kulinarisch die jüngste deutsche Vergangenheit evoziert. Der Roman stellt ein komplexes Gesellschaftspanorama dar, zeigt an der Entwicklung der Freien Stadt Danzig in den Jahren 1930–50 den aufhaltsamen Aufstieg des Faschismus. Aus der verfremdenden infantilen und zugleich grotesken Perspektive des kleinwüchsigen Oskar Matzerath, der als Dreijähriger 1933 sein Wachstum beendet, wird die Familiensaga, zugleich Stadtchronik und Geschichte deutsch-polnischen Zusammenlebens, dargestellt. Dank der sexuellen Neugier Oskars und seiner ungehemmten Fabulierlust fehlt es dem Roman nicht an erotischen Szenen voller Sinnlichkeit. Die Akteure dieses erotischen »Romans« finden in dieser

»schlechten Zeit für Liebe« jedoch einen frühen Tod. Symptomatisch für das Klima der Zeit: Obwohl die Jury Grass den »Literaturpreis der Stadt Bremen« zuerkannte, wurde ihm dieser »wohl vor allem wegen der außergewöhnlichen Unverblümtheit in der Darstellung des Sexuellen«[3] verweigert. Daß Grass mit seiner freimütigen Darstellung von Sexualität Ärgernis erregte, verweist auch auf die Zählebigkeit des tausendjährigen »Muffs«.

Peter Weiss beschreibt in seinem autobiographischen Roman *Fluchtpunkt* (1962) den schwierigen Prozeß einer Individuation, die Selbstfindung eines Ichs, das sich abzuschotten sucht gegen alle Nachrichten über den sich ausbreitenden Faschismus, das die Erfahrungen seiner Kindheit im Faschismus, seiner Emigration in der Malerei zu vergessen sucht. Er ist unfähig zu einer Bindung, unfrei in seinen emotionalen und sexuellen Kontakten und löst sich erst allmählich aus dem aseptischen Schutzkokon seiner emotionalen Abschottung.

Heinrich Böll, der in seinen Erzählungen und frühen Romanen vor allem die Nachkriegsgesellschaft, die Hungerjahre, die Zeit des Wiederaufbaus darstellt, prangert auch immer wieder die verlogene Moral der Adenauer-Ära an. In *Und sagte kein einziges Wort* oder *Ansichten eines Clowns* setzt er sich kritisch mit der katholischen Kirche auseinander, dennoch spiegeln die Romane wohl auch unfreiwillig die Prüderie der Zeit. Seine Personen leiden zwar an dem ehrpussligen Zeitgeist, doch sie finden keine Sprache für ihre Sexualität, d. h., der Autor selbst zeigt hier seine sprachliche Berührungsscheu.

Sicherlich bedrängten die Autoren der Nachkriegszeit andere Themen, auch wenn sie bei der Darstellung von heterosexuellen (!) Zweierbeziehungen Sexualität nicht aussparten, das Thema je nach ihrem schriftstellerischen Temperament behandelten. Es deutet sich jedoch an, daß sie –

3 KLL 5,1541.

abgesehen von wenigen Ausnahmen wie z. B. Günter Grass oder Arno Schmidt – eine Scheu vor erotischen Beschreibungen zeigen. Homosexuelle Beziehungen bleiben völlig ausgespart. Es wird Hubert Fichte sein, der sich mit diesem Thema in seiner ganzen komplexen Problematik seit den späten sechziger Jahren immer wieder beschäftigt.

2. Die Geschlechterbeziehung im literarischen Spektrum nach 1968

Erst mit der 68er-Bewegung, der ersten Nachkriegsgeneration, die auf ihre Weise den Faschismus aufzuarbeiten suchte, lüftete eine frische Brise den Mief verstaubter Wirtinnenmoral, wurde das Tabu-Thema Sex dem Schweigen entrissen. Die 68er-Bewegung hatte ja bekanntlich nicht nur Marx und Engels aufgearbeitet und sich mit der Theorie der Frankfurter Schule auseinandergesetzt, sondern auch sehr konkret die repressive bürgerliche Gesellschaft mit ihrer verlogenen Sexualmoral attackiert, neue Formen des Zusammenlebens ausprobiert. Der in dieser Zeit aufkommende Slogan »Wer zweimal mit der selben pennt, gehört schon zum Establishment« demonstrierte jedoch auch die perverse Kehrseite einer zuvor repressiven Moral, deutet an, daß auch viele linke Intellektuelle nicht gleich zu einer befreiten Sinnlichkeit und Sexualität gefunden hatten, sich neuen Zwängen von Potenzdemonstrationen unterwarfen.

Die Verbreitung der »Pille«, wie das neue Verhütungsmittel populär bezeichnet wurde, trug entscheidend dazu bei, ein freieres Sexualverhalten zu fördern. Symptomatisch für die sexuelle Befreiungswelle waren auch die Aufklärungsfilme von Oswald Kolle, überhaupt das intensive Interesse breiter Schichten an den Ergebnissen der Sexualforschung. So fanden z. B. der Kinsey-Report oder die Untersuchungen von Masters und Johnson in der Bundesrepublik große Beachtung. Es bildeten sich neue Formen des Zusammenlebens, berühmt wurde die Westberliner »Kommune Eins«, die gegen die kapitalistischen Gesellschaftsstrukturen rebellierte, gegen die Eigentumsverhältnisse, und die das Privateigentum zunächst einmal in der Intimbeziehung abschaffte, sexuellen Treue-Anspruch als Besitzdenken interpretierte. Auch wenn sich das Modell der Kommunarden um Rainer Langhans, Fritz Teufel oder Dieter Kunzelmann nicht bewährte, die Berliner Kommune und ihre Nachahmer entfachten Diskussionen um andere Lebensformen als die der bürgerlichen Kleinfamilie, die als einengend empfunden wurde. Sie proklamierten die Auflösung aller Privatverhältnisse, Liebesverhältnisse. Die Berliner Urkommune – so kommentiert und bilanziert bereits im Oktober 1968 die Zeitschrift *Konkret* das neue Modell – war davon ausgegangen, »daß jede Zweierbeziehung zwangsläufig repressiv sein müsse, weil sich dadurch Besitzverhältnisse entwickelten, andererseits eine solche Beziehung die sozialen Energien der beiden Partner aufsaugen würde. Daher versuchte man, die Zweierbeziehung durch lockere, promiskuöse Bindungen zu ersetzen. Das Experiment scheiterte an der Tatsache, daß einzelne Kommunarden die kollektive Sexualität als ebenfalls unerträglichen Zwang empfanden und die Kommune verließen.« (Torni, 28)

Mit der 68er-Bewegung entstand tatsächlich ein neues Klima sexueller Freiheiten, die Angst vor der sogenannten »Mußehe«, der ungewollten Schwangerschaft als Heiratsgrund und -zwang entfiel, der enge Sittencode im Geiste päpstlicher Moral hatte seine normative Kraft verloren, jede Art von fragloser Autoritätsgläubigkeit oder Herrschaftswissen war verpönt, an den Universitäten und Schulen war »Mitbestimmung« angesagt, auch am Arbeitsplatz, in den Betrieben machte sich der Abbau von Obrigkeitsdenken bemerkbar, kodifiziert in einem neuen Mitbestimmungsmodell; ähnlich wie zu Zeiten der Französischen Revolution dankte auch eine moderne Form von Kleiderordnung ab. Nicht zu vergessen den Minirock und die beliebten Jeans, die bis zum heutigen Tag den Modealltag bestimmen. Mit der neuen Lockerheit im Outfit ging ein neuer Bewegungsstil, eine Lockerung der steifen Kommunikationsformen einher. Aus Vätern wurden »alte Herren«, aus Müttern »alte Damen«; die schönsten Frauen beherrschten mit den schärfsten Vordenkern das Bild der Demonstrationen, Sit-ins, Go-ins usw. Auffallend ist das theatralisch-spielerische Moment des neuen Protestes, bahnbrechend ein neuer Ton der Kommunikation, der die etablierten Umgangsformen aufweicht. Heutigen Studierenden z. B. erscheint es als eine Sage aus vorsintflutlichen Zeiten, daß sich bis zur 68er-Bewegung die ›Kommilitonen‹ und ›Kommilitoninnen‹ siezten.

Einerseits bot die sexuelle Aufklärung und die Lockerungen des Moralcodes die Chance, ohne den Eheschwur Liebesbeziehungen zu beginnen, andererseits führte die neue Freiheit auch wieder zu einer Trivialisierung und Banalisierung der Sexualität, ersichtlich an einem Modewort wie »Quickie«, die Bezeichnung für den schnell vollzogenen Sexualakt, oder der »one night stand«, der nichts mit emotionalem Engagement zu tun hatte. Es waren neue Zwänge entstanden, die dem gepriesenen Geist der Freiheit und partnerschaftlichen Beziehungen widersprachen. Häufig schlug die sexuelle Befreiung in mehr oder minder subtile Formen neuer Repressionen um; das Urteil, einer bzw. eine sei »verklemmt« – in der Regel eine –, führte oft zu letztlich unfreiwilligem freudlosen Sex, Frust oder gruppendynamischer Isolation. Die progressiven Linken hatten das Gebot befreiter Sinnlichkeit z. T. so internalisiert, daß sie selbst oft ihre Unlust als Manko empfanden. Symptomatisch dafür ist Verena Stephans Erfahrungsbericht *Häutungen*: Hier empfindet das Ich die Jungfernschaft als spießbürgerlich, als peinliches Erfahrungsdefizit, und die Protagonistin steuert ohne emotionales Engagement ihre Defloration an; natürlich kann dieses erste sexuelle Erlebnis nur eine Enttäuschung sein.

Daß die neue Freiheit, die die sexuelle Gleichberechtigung der Partner einschloß, ihre Widersprüchlichkeiten barg, zeigte sich auch in dem Phänomen, daß die Männer auf erotisch-sexuelle Vorstöße der Frauen meist mit Abwehr oder Impotenz reagierten. Das »männlich« forsche Vorgehen der Frau, die wie der Mann ungeniert ihr sexuelles Interesse bekundete, »törnte« in den meisten Fällen *ihn* ab, entsprach nicht seiner Vorstellung von Weiblichkeit, einem Hauch »romantischen« Flairs.

Die Frauen in der linken Szene registrierten allmählich auch, daß die Männer wie zuvor schon einmal die Rednerbühne besetzten, sie selbst im politischen Diskurs oft nur die Rolle der verständnisvollen Assistentinnen spielten. Als die Hoffnungen des Pariser Mai mit dem schönen Slogan »Die Phantasie an die Macht« sich nicht erfüllten, wurde allgemein – vor allem von konservativen Kreisen – das Scheitern der 68er-Bewegung konstatiert. Doch nicht nur, daß manche Bewußtseinsprozesse unwiderruflich sind, die marxistisch orientierte Bewegung zerfaserte zwar, doch es bildeten sich neue Strömungen, die auf ihre Weise überkommene Denkformen in Frage stellten: die Friedens-, die Ökologie- und die Frauenbewegung. Ein kritisches Verhältnis zu Autoritäten ist ihnen allen gemein.

Der Feminismus, der sich schon in den sechziger Jahren artikulierte und verstärkt seit den siebziger Jahren für praktizierte Gleichberechtigung und Chancengleichheit der Frauen stritt, hat allgemein auch bei den Frauen, die sich nicht als Feministinnen bezeichneten, die Sensibilität für geschlechtsspezifische Benachteiligungen von Frauen intensiviert. Das gewandelte Selbstverständnis der Frau wirkte sich auch auf die Partnerbeziehung aus.

Der Sexualwissenschaftler Gunter Schmidt skizziert in groben Zügen den historischen Wandel der Geschlechterrollen und seine Auswirkung. Er führt in seinem Essay »Die neuen Probleme oder Von Lieben und Alleinsein« aus, daß Ehe und Partnerschaft schon »im Zuge der Industrialisierung« einen »Funktionsverlust« erlitten hatten, die Familie u. a. »durch die Trennung von Wohn- und Arbeitsplatz [...] keine Produktionseinheit« mehr bildete (Schmidt, 63). Das galt auch schon für das ausgehende 18. Jahrhundert, führte damals aber nur zu neuen Rollenzuweisungen, die die Partnerschaft als symbiotisches Verhältnis auf andere Weise verfestigte. Die »verloren gegangene Produktionsfunktion« wurde durch die neue Rollenaufteilung im Reproduktionsbereich kompensiert. Der Frau fielen die Aufgaben im häuslichen Bereich zu, die mit weitaus größerer körperlicher Anstrengung verbunden waren als heute, der Mann war für die ökonomische Sicherung der Familie zuständig. Da also die Frau von der ökonomischen Produktion ausgeschlossen blieb, Geld jedoch Macht bedeutete, war sie in stärkerem Maße vom Mann abhängig. Während bei der bestehenden Rollenverteilung der Mann und die Frau aufeinander angewiesen waren, der Mann sich zugleich seine Vormachtstellung sicherte, änderte sich das Wesen der Zweierbeziehung erst durch die Auflösung der fixierten Geschlechterrollen grundlegend. »Die heutige Generation junger Männer und Frauen wird in diesem Maße nie angewiesen sein auf einen Partner, und das schafft Auswirkungen auf ihre Beziehungen und ihre Sexualität« (ebd., 63).

Man könnte spekulieren, daß erst in der heutigen Zeit in größerem Maße die Voraussetzungen für die Einlösung der romantischen Liebeskonzeption, der freien wechselseitigen Liebe, geschaffen wurden. Da in den letzten 30 Jahren die Frauen vehement und mit zunehmendem Erfolg für ihre »Selbstverwirklichung«, für gleiche Bildungs- und Berufsmöglichkeiten, für gleichberechtigte Lebensformen kämpften, mußte sich das Verhältnis der Geschlechter sehr wandeln. Die fortschreitende Emanzipation der Frauen, die Auflösung des überkommenen Rollendualismus, der die Frau ins traute Heim verbannte und dem Mann allein die Bürde der Existenzsicherung, aber auch die Macht und den beruflichen Erfolg und die ökonomische Unabhängigkeit zuwies, der

Abbau patriarchalischer Strukturen und Denkformen müßten harmonischen Liebesbeziehungen förderlich sein. Erst eine freiere Sexualmoral gab die Freiheit zur wechselseitigen Wunschbeziehung. Jedoch erzeugte diese Freiheit der Wahl zugleich neue Ansprüche an die Partnerbeziehung: keine Symbiose von eingeschränkten, auf ihre herkömmliche Rolle fixierten Personen, sondern ein gleichberechtigtes Liebesverhältnis, in dem beide Individuen sich besser entfalten können.

Das spektakuläre libertine Konzept der »Außerparlamentarischen Opposition« (APO), das Postulat schrankenloser Promiskuität, war eine Reaktion auf die verlogene Moral der Zeit, stellte vor allem auch eine Provokation dar; die meisten Anhänger der APO, des SDS oder anderer politischer Gruppierungen suchten die neue Freizügigkeit für unverkrampfte Zweierbeziehungen zu nutzen, oft mit großzügigen Abmachungen, sich wechselseitig Freiraum zu lassen, jedoch mit dem eindeutigen Willen zu einer Paarbeziehung, die großzügig falschen Besitzansprüchen abschwor. Das Gefühl wechselseitiger Zugehörigkeit, Treue sollte mit Freiheit einhergehen. Wie stellte sich das in der Literatur dar?

Zunächst der Befund: Man findet bis Anfang der siebziger Jahre kaum literarische Werke der 68er-Bewegung, die sich mit dieser Thematik auseinandersetzen. Die Autoren waren mit der Politisierung der Gesellschaft oder mit der Politisierung der Politisierer beschäftigt. Sie schrieben Reportagen, Romane mit politischer Thematik, so Uwe Timm den Roman *Morenga* (1978), der den Aufstand der Hottentotten in Deutsch-Südwestafrika, dem heutigen Namibia, darstellt, Helga Novak berichtet in *Die Landnahme von Torre Bela* von dem mühevollen, aber erfolgreichen Aufbau von Agrarkooperativen in Portugal, Günther Wallraff veröffentlichte 1973 seine kritisch kommentierte Dokumentation der Arbeitswelt *Ihr da oben, wir da unten*, F. C. Delius seine kritische Recherche *Unsere schöne Siemenswelt. Eine Festschrift zum 125jährigen Bestehen des Hauses Sie mens* (Berlin 1972), die u. a. die Rolle der Firma während des Nationalsozialismus aufdeckt. Es entstand um Erasmus Schöfer, Max von der Grün u. a. der Kreis »Literatur der Arbeitswelt«, dessen Name Programm war.

Später erst entdeckten die Autoren das Thema Liebe, Erotik, Geschlechterbeziehungen. Ja, in und seit den siebziger Jahren erschien eine wahre Flut von Romanen, die sich mit der Liebesproblematik beschäftigten. Zweierlei Aspekte sind hier von Interesse: Wie stellt sich im literarischen Spektrum dieser Literatur nach dem Ausbruch aus spießbürgerlichen Zwängen das heutige Verhältnis der Geschlechter dar? Und wie verhält es sich speziell mit der literarischen Darstellung von Sex und Erotik angesichts der Sexüberflutung in den Medien, der Ausbreitung von Pornographie?

Angesichts von Peepshows, Sexshops und einer allseitig gegenwärtigen Sex- und Pornoliteratur, von öffentlicher sexueller Software, die die TV-Privatsender frei ins Wohnzimmer liefern, der Sexualisierung des illustrierten Blätterwaldes, der an jedem Kiosk aggressiv mit seinen Fleischfarben lockt, angesichts dieser allgemeinen sexuellen Freizügigkeit fragt es sich, wie die zeitgenössische Literatur auf diese Phänomene reagiert.

Gut 25 Jahre nach der »sexuellen Befreiung«, die der *Spiegel* enthusiastisch feierte, zieht der Kritiker Volker Hage im Blick auf den deutschen Bücherherbst 1994 ebenda ein Resumée, das recht deprimierend ausfällt: »Sie ist alles andere als prüde, die deutsche Literatur in diesem Herbst. Doch die Geschlechter finden nicht zueinander: Die männlichen Helden sind ängstlich und müde, die Frauen fordernd und unzufrieden – von Sinnlichkeit kaum eine Spur. Woran liegt das? An der deutschen Sprache? An den deutschen Dichtern?«[4]

4 Volker Hage, »Der deutsche Bücherherbst 94«, in: *Der Spiegel* 40, 30. Oktober 1994, S. 224 ff.

Der Kritiker bleibt die Antwort auf diese Fragen schuldig. Doch wenn man sich Hubert Fichtes originäre Darstellung vor allem der homosexuellen Welt oder die sprachlich äußerst raffinierte Prosa der Elfriede Jelinek anschaut, die die Sexualität in all ihren aggressiven, demütigenden, zerstörerischen, animalischen und entsublimierten Formen evoziert, dann kann man der deutschen Sprache einen Mangel an Sinnlichkeit nicht anlasten. Volker Hage denkt wohl bei seinem Fazit nicht an die literarische Darstellung von Sinnlichkeit, Sexualität in einem weiteren Sinn, die auch frustrierende Erfahrungen einschließt, sondern an die des lustvollen erotischen Erlebens, einer geglückten, emotionalen, sexuell harmonischen Geschlechterbeziehung. Eignet sich die deutsche Sprache vielleicht tatsächlich mehr zur Beschreibung sexueller Pathologie, zur kritischen Sektion? Oder herrscht vielleicht in der jüngsten Moderne, die als Postmoderne in die Kulturgeschichte eingeht, immer noch »schlechte Zeit für die Liebe«, wie es Brecht in dem gleichnamigen berühmten Gedicht aus der Svendborger Zeit formulierte?

Die zeitgenössischen Verhältnisse – so die Hypothese – sind trotz oder wegen der sexuellen Freiheit einer Kultivierung erotischer Sinnlichkeit widerständig. Abgesehen davon, daß die Bilanz einer einzigen literarischen Saison nicht unbedingt Aufschlüsse über eine allgemeine zeitgenössische Tendenz zu geben vermag, auch die Auswertung der Literatur der letzten Jahrzehnte scheint auf den ersten Blick nicht unbedingt von einer lustvollen Erotik der Zeitgenossen zu künden. Es zeigt sich das Paradox, daß die Befreiung aus sinnlicher Repression wiederum eine neue schwierige Phase in den Geschlechterbeziehungen herbeigeführt hat. Was Volker Hage als Bilanz für den Bücherherbst 1994 formulierte, das scheint eine längerfristige Tendenz zu betreffen, die sich allmählich seit dem Aufbruch 1968 in der Literatur bemerkbar machte. Da dominiert häufig die dunkle Farbe der Melancholie, die graue Tristesse der Resignation statt der lebens- und liebesfrohen Leuchtkraft der tausend Blumen, die da blühen sollten.

Dennoch, das romantische Konzept, das revolutionär-leidenschaftliche Liebe und loyale, auf die Zukunft zählende Partnerschaft integrierte, seelengeistert auch heute noch in den Köpfen und Herzkammern unserer cool durchblikkenden Zeitgenossen, der Singles und Couples, sowohl bei den Liebesnovizen als auch bei den Ehe- und Beziehungs-Erfahrenen wie -Genervten. Das ließ auch die Kommunen mit ihrem libertinen Konzept scheitern. Wenn in einem sehr erfolgreichen Buch – Svende Merians *Der Tod des Märchenprinzen* – vehement die Vorstellung vom Märchenprinzen verabschiedet wird, verweist das dialektisch auf die anhaltende Wirkung eben dieser Imago, die erotisches Flair, Leidenschaft, Charme mit Charakterfestigkeit, Treue und Dauer verheißt. Selbstkritisch fragt sich auch Erica Jongs Protagonistin des Bestsellers *Fear of Flying* (1973), Isadora Wing:

> Um dem Kern der Sache näher zu kommen: Die Frau (obwohl sie weiß, daß ihre verheirateten Freundinnen unglücklich sind) läßt *sich selbst* keine Ruhe. Sie lebt, als stünde die ›Große Erfüllung‹ vor der Tür. Als warte sie auf den Märchenprinzen, der sie von ›all dem‹ befreit und mit sich nimmt. Wovon befreit? Von der Einsamkeit, die sie mit ihrem Innenleben teilt? Von der Gewißheit, sie selbst zu sein, statt die Hälfte von irgend etwas anderem? (Jong, 22)

Auch die drei Frauen in Elfriede Jelineks (geb. 1946) Roman *Die Liebhaberinnen* (1976), der in der österreichischen Provinz spielt, hängen alle auf ihre Weise dem Traum vom Märchenprinzen an, der sie aus ihren engen Verhältnissen befreien würde oder – wie Jong formuliert – »der sie von ›all dem‹ befreit und mit sich nimmt«. Mögen auch die Frauen aufgrund ihrer Sozialisation, ihrer häufig eingeschränkten Möglichkeiten stärker als die Männer diesem Traum anhängen, auch in den Köpfen der Männer spukt die Vorstellung der Traumfrau, die einen Reigen verschiedener Frauentypen zugleich verkörperte. Diese erträumten Eheprinzen und -prinzessinnen sollen die Poesie leidenschaftlicher Liebe mit der Prosa gesicherter Lebensverhältnisse, einer Schutzgarantie vor den Widrigkeiten des feindlichen Lebens verbinden.

Was Friedrich Schlegel in seiner *Lucinde* entwarf, mußte nicht nur innerhalb der patriarchalischen bürgerlichen Gesellschaft, die zwar für das freie Individuum eintrat, jedoch der Frau keinerlei individuelle Entfaltungsmöglichkeiten bot, bloße Utopie bleiben. Sie kann auch in einer modernen Gesellschaft nicht Wirklichkeit werden. Zwar mag man hoffnungsfreudig fragen, sollte nicht eine Gesellschaft, in der die überkommene Moral abgeschafft, die alten Rollenklischees aufgelöst sind, sollte die nicht günstig für eine neue Form von Liebesbeziehungen sein, in der beide Geschlechter ihre Individualität zu wechselseitigen Gunsten entfalten könnten? Könnte sie nicht das Klima für Liebe schaffen, in dem nicht nur Funktionen das Zusammenleben der Geschlechter regelten, sicherten, in dem Eros und dauerhafte Partnerschaft sich verbänden? Legitim ist der Glücksanspruch, der sich nicht abfindet mit freudlosem Vernunftkalkül, doch problematisch erscheint die Vorstellung, von dem Einen, Einzigen, von der Einen, Einzigen, die alle Bedürfnisse – »bis daß der Tod uns scheide« – befriedigen könnte. Und diese illusionäre Utopie verbirgt sich hinter dem Traum von der »großen Liebe«, den der Schlager besingt, die Kirchen suggerieren und dem beide Geschlechter auch heute trotz praktizierter Promiskuität anhängen.

Ulrich Beck und Elisabeth Beck-Gernsheim beschreiben ihrerseits den historischen Wandel der Paar-Beziehungen in ihrer Studie *Das ganz normale Chaos der Liebe*, nennen die Individualisierung, die »Herauslösung des Menschen aus traditionell gewachsenen Bindungen, Glaubenssystemen und Sozialbeziehungen« als Kennzeichen der modernen Gesellschaft, wie sie sich am Ende des 18. Jahrhunderts herauszubilden begann (Beck/Beck-Gernsheim, 66). Dieser Übergang von der »vormodernen« zur »modernen Gesellschaft« habe einen »tiefgreifenden Wandel von Ehe und Familie« in Gang gesetzt: die »Herausbildung jener Privatheit und Intimität, die unser modernes Bild von Familie kennzeichnen« (ebd., 69). Sie argumentieren, die einsetzende Isolierung und Sinnentleerung gebe der Sehnsucht nach Familie Auftrieb: »die Familie als Heimat, um die ›innere Heimatlosigkeit‹ erträglich zu machen, als ›Hafen‹ in einer fremd gewordenen Welt. Hier entsteht eine historisch neue Form von Identität, die man [...] als personenbezogene Stabilität bezeichnen kann. [...] Je mehr andere Bezüge der Stabilität entfallen, desto mehr richten wir unser Bedürfnis, unserem Leben Sinn und Verankerung zu geben, auf die Zweierbeziehung.« (70f.) Die Liebe wird zur Insel in einer widrigen Welt.

Im Gegensatz zu Gunter Schmidt, der den Akzent auf die Auflösung der tradierten Geschlechterrollen legt, betont das Autoren- und Ehepaar Beck/Beck-Gernsheim den Verlust sozialer, sinnstiftender Bindungen, der ein intensiviertes Bedürfnis nach einer engen Zweierbeziehung herbeiführte. Doch trotz unterschiedlicher Akzentuierung, Perspektiven stimmen sie darin überein, daß die Erwartungen an die Partnerschaft, die Zweierbeziehung gewachsen sind. Nun sieht Schmidt gerade in diesen Erwartungen auch die neuen Probleme, die sich heute anders als zuvor stellen. Er macht eben auf diesen Aspekt aufmerksam, der sich aus den hohen emotionalen und erotischen Ansprüchen ergibt und der sich auf die heutige Zweierbeziehung belastend auswirkt, selbst wenn der Mann das neue Rollenverständnis nicht nur mit den Lippen akzeptiert. Die Entlastung von materiellen Zwängen, die zuvor konstatierte Unabhängigkeit der Partner, die sich füreinander frei entschieden haben, führt zu größeren emotionalen Ansprüchen an die Zweierbeziehung. »Ehen, Partnerschaften, Liebesbeziehungen« – so Schmidt – »sind heute sehr viel abhängiger von Emotionen und Sexualität, als sie es jemals waren; sexuelle Störungen oder Probleme, oder auch ein ganz harmloses Desinteresse an der gemeinsamen Sexualität – selbst in ehrenvoll ergrauten Ehen – bedrohen Beziehungen sehr viel stärker, stellen sie viel mehr in Frage als früher« (62).

Das gerade spiegelt sich auch auf verschiedene Weise in der deutschsprachigen Literatur, die seit dem vielzitierten Aufbruchsjahr 1968 publiziert wurde. Es zeigte sich hier eine Hochkonjunktur für Romane, die vom Scheitern einer Liebesbeziehung, von frustrierenden Sexualerlebnissen, von einem Mangel an sinnlicher Spontaneität handeln. Hier sei auf eine Reihe von Texten verwiesen, die von den neuen Schwierigkeiten in Sachen Liebe handeln und symptomatisch für den Zeitgeist sind.

Martin Walsers (geb. 1927) früher Roman *Das Einhorn* von 1967 stellt in gewisser Weise eine Ausnahme dar, eine Ausnahme auch in seinem Werk, er zeigt seinen Protagonisten Anselm Kristlein in glücklicher Ehe mit Birga/Alissa. Doch auch hier ist der Plot so angelegt, daß der Leser Kristlein ausschließlich bei seinen verschiedensten außerehelichen erotischen Aventüren erlebt, Birga nur als Gedankenbild und als Telefonnummer erscheint, die Kristlein in Streß-Situationen anruft. Die Rahmenhandlung stellt einen kranken halluzinierenden Kristlein nach einer erotischen Odyssee dar, der von einer freundlichen lieben Frau namens Birga und drei reizenden Kindern gepflegt und umsorgt wird. Was die glücklich harmonische Ehe mit liebenswürdigen Kindern betrifft, sie bleibt Rahmen, dargestellt werden die diversen außerehelichen Erlebnisse – letztlich kein sehr überzeugender Beleg glücklicher Paarbeziehung. Die Binnenhandlung besteht aus den sexuellen Erfahrungen Kristleins, die dieser zum höheren Zwecke eines beruflichen Auftrags von seiten der »progressiven, sexbejahenden« Verlegerin Melanie Sugg erlebt, erleidet, besteht. Er sollte ein Buch über die Liebe schreiben, letztlich über Sex, und genaue lebensechte Berichte ohne ästhetische Umschreibungen liefern. Melanie ist sinnigerweise das erste der sechs Studienobjekte, die er distanziert in seiner Typologie von »Stöhnerinnen«, »Schreierinnen«, »Erstickerinnen« beschreibt. Der Ich-Erzähler brilliert geradezu in der Kunst uneigentlichen Sprechens, der innovativ artistisch metaphorischen Beschreibung sexueller Erlebnisse, was seine Auftraggeberin jedoch als prüde Ausflucht kritisiert, sie will die Liebe »aus der scheinheiligen Verbannung usw.« befreien. Kristlein wehrt sich gegen Melanie Suggs Forderungen:

> In unserem Euroamerika sind wir schon gutversorgt mit Ausrufern der radikalen Darmgeigerei, der Blut- und Hodengewitter, der wunderbarsten Sauereien. Oder empfindest Du wirklich noch einen Mangel an öffentlichen, speichellösenden Hosenladeneröffnungen, Venusbergsteigereien, Kaltschnäuzereien, Potenzparaden, Exkrementshypostasen, und Schleimseligkeiten? Kann sich daran nicht jeder bedienen? Und bedient sich nicht jeder zwischen San Francisco und hier? Der arme Osten wird schon noch folgen. Warum soll also, liebe Melanie, soll ich, der ich durchaus kein Sexual-Partisan bin, mich kostümieren und auftreten als Blut- und Hodenritter? Ich hätte auch Sorge, daß es mir an der nötigen Bewußtlosigkeit fehle. Ich bin nicht die blinde Hormonstanze, der bibbernde Lendenpuls, die hechelnde Ader, nicht der stabreimende Stoßer, der brüllende Balzer, die lallende Lippe, der balzende Beißer. (97)

Hier artikuliert sich Walsers Kritik an einer völlig entsublimierten, vermarkteten Sexualität, an einem platten, unkünstlerischen Realismus, der statt Erfahrungen nur Fertigwörter präsentiert. Mit Witz und Verve schildert Kristlein dagegen seine erotisch-sexuellen Aventüren, in phantasievoller Sprache, mit schwärmerischer Sehnsucht evoziert er seine platonische Geschichte mit der jungen Orli. Der Roman hebt sich durch diese Kunst erotischer Beschreibung von vielen Werken in der zeitgenössischen deutschsprachigen Literatur ab. Während Walsers Anselm Kristlein im *Einhorn* mit sinnlichem Schwung seine erotisch-sexuellen Erfahrungen beschreibt, ergehen sich die Protagonisten der späteren Romane – angefangen von *Jenseits der Liebe* (1976) bis hin zu *Verteidigung der Kindheit* (1991) – weniger lustvoll in erotischen Darstellungen, sie haben alle ein unfreies Verhältnis zur Sexualität, leiden an den widrigen Verhältnissen, dem Konkurrenzkampf am Arbeitsplatz, unter der Entfremdung in den Intimverhältnissen. Das heißt, sie liegen im allgemeinen Trend.

Die Romane in den siebziger Jahren thematisieren immer wieder den schwierigen Prozeß der Selbstfindung des Ichs, handeln von Entfremdung und immer wieder von zerbröselnden, mißglückten, scheiternden Zweierbeziehungen. Bezeichnend für diesen Trend ist z. B. die Ausgangssituation in Gerhard Roths (geb. 1942) Roman *Der große Horizont* (1974): Da macht sich ein Mann, Haid, nach Amerika auf, um sich in dieser neuen fremden Umgebung psychisch zu stabilisieren. Hinter ihm liegt eine kaputte Ehe, die Scheidung. Haid besucht Freunde, so den Literaturprofessor in San Francisco, Capra, den Architekten in Santa Monica, Christine in New York, er lernt bei Mehring das Mädchen Carson kennen, schläft mit ihr und findet Carson beim Aufwachen tot vor; er fühlt sich, ohne sich an eine Schuld oder Mitschuld zu erinnern, schuldig, flieht. Was als Selbstfindungsprozeß intendiert war, verläuft als Prozeß immer tieferer Entfremdung, führt zum Ichverlust. Der Roman ist aus der Perspektive eines verstörten Ichs geschrieben, das verbissen die fremden Aspekte dieser neuen Welt aufnehmen will, das jedoch zu schwach ist, das Vielerlei der Wahrnehmungen zu ordnen, Skizzen der erfahrenen Wirklichkeit zu geben. Roth arbeitet mit Strukturen des Kriminalromans – eine zu der Zeit beliebte Technik –, der Protagonist glaubt, Zeuge eines Mordes zu sein, betrachtet seine gesamte Umgebung als Reservoir an Hinweisen, Indizien, bis sich ein Umschwung vollzieht, bis er es für möglich hält, selbst das Mädchen ungewollt umgebracht zu haben, er sich nun selbst als Verfolgter fühlt. Er gerät in einen Beziehungswahn,[5] in dem alles eine kriminalistische Bedeutung gewinnt, jedes Wort seinen eigentlichen Sinn vor ihm zu verbergen scheint. Ichschwäche und Wirklichkeitsverlust berühren auch die Partnerbeziehung. Seiner selbst nicht gewiß, versucht Haid ständig, sich den vermeintlichen Erwartungen der jeweiligen Bezugsperson anzupassen, er ist nie er selbst, begibt sich immer wieder auf die Flucht vor dem anderen, der ihn scheinbar in eine falsche Rolle drängt.

Auch Handkes (geb. 1942) Protagonist aus *Kurzer Brief zum langen Abschied* (1972) flieht aus Europa in die USA, begibt sich – ein moderner ›Grüner Heinrich‹ – auf eine Bildungsreise in die Neue Welt, erfährt von dieser wenig, da er zu sehr mit sich und seinen Beziehungsproblemen in der alten beschäftigt ist. Während sich der Konflikt mit der Partnerin hier gleichsam vor Beginn des Romangeschehens entwickelt, erfährt das Ich dagegen in dem Kurzroman *Die linkshändige Frau* (1976) – sehr abrupt, unvorhergesehen – das Ende seiner Zweierbeziehung.

Anders als Handke, der die 68er-Zeit mit ihren Sit-ins, politischen Happenings, Demonstrationen nur ästhetisch als Straßentheater erlebte,[6] waren Peter Schneider, Nikolas Born, Uwe Timm, Ursula Krechel u. a. politisch engagiert, setzten sich für eine radikale Umgestaltung der BRD ein.

5 Vgl. Karl Conrad, *Die beginnende Schizophrenie*, Stuttgart 1958.
6 Vgl. Peter Handke, »Straßentheater und Theatertheater«, in: P. H., *Ich bin ein Bewohner des Elfenbeinturms*, Frankfurt a. M., S. 51 ff.

Sie erfuhren in den siebziger Jahren, in einem »Deutschland im Herbst« – die Verabschiedung der Notstandsgesetze war ein signifikantes Datum – den Verlust ihrer politischen Hoffnungen.

Peter Schneiders (geb. 1940) *Lenz* (1973) oder *Schon bist du ein Verfassungsfeind* (1975), autobiographisch getönte Romane, die die politisierte Stimmung im Lande vermitteln, die Resignation des enttäuschten Mitstreiters der 68er-Bewegung, handeln von der Sinn- und Beziehungskrise des jeweiligen Ichs. Beide Protagonisten geraten nicht nur durch gesellschaftliche Komponenten in einen emotionalen Leerraum, sondern durch eine sehr private Erfahrung: Ihre Intimbeziehung ist in eine Krise geraten, die Paarbeziehung als Schutz vor den Widrigkeiten der Welt ist selbst vom Scheitern bedroht. Die Frauenbewegung hat den Blick der Partnerin – sei es L. in *Lenz* oder Ulrike in *Schon bist du ein Verfassungsfeind* – für die Relikte männlicher Überlegenheitsgesten geschärft. L. lehnt – nach der Trennung – bei einem erneuten Treffen an einem neutralen Ort Lenz' Vorschlag, »endlich eine – Lenz fiel auch nur der Standardausdruck ein – emanzipierte Beziehung zueinander« herzustellen, ab: »›Du sprichst nur von dir‹, sagte L., ›ich komme in dem, was du sagst, gar nicht vor.‹ Das sei überhaupt kein neuer Vorschlag, den habe er schon x-mal gemacht, den könne er sich an den Hut stecken, das sei nichts für sie. [...] Er müsse endlich begreifen, daß sie sich seit zwei Jahren mit ihren Bedürfnissen unterdrückten.« (43f.) Die Titelfigur Lenz, eine Anspielung auf Büchners verstörten Protagonisten der gleichnamigen Novelle, der immer mehr seinen wahnhaften Vorstellungen erliegt, hat seinen Halt verloren, mit desinteressiertem Blick schaut er auf alles, für das er sich vor kurzem noch engagierte, seine politische Arbeit, Literatur, er sucht erotische Nähe und fühlt sich zugleich gelangweilt. Offen bleibt, ob die Trennung von L. die Ursache seiner Verstörung ist oder ob sein Solipsismus, seine Energielosigkeit die Auflösung der Beziehung mit L.

beschleunigte. Auch Lenz flieht aus seiner gewohnten Umgebung, sucht in Rom Abstand von seinen Problemen.

In Nikolas Borns (geb. 1949) Roman *Die erdabgewandte Seite der Geschichte* (1976) sucht der Ich-Erzähler schreibend sein Empfindungschaos, seine quälende Geschichte mit seiner Freundin Maria zu begreifen, doch er bleibt seinen Zweifeln, Selbstzweifeln, dem Gefühl einer alles erfassenden Unsicherheit ausgeliefert. Der Weg, den sein Freund Lasski in einer ähnlichen Situation versucht, einen Sinn in einem dezidierten politischen Engagement zu finden, verschließt sich ihm.

Auch Jürgen Beckers (geb. 1932) 1976 erschienener Textband *Erzähl mir nichts vom Krieg*, eine Art lyrisches Tagebuch, evoziert die Beziehungskämpfe des Ichs. Im Titel – dieser gängigen Phrase mit der Geste müden Abwinkens – klingt ein Leitthema an: Die Kriegserinnerungen des Heranwachsenden, die auch die gegenwärtige sichere Existenz in der Wohlfahrtsgesellschaft nicht auszulöschen vermag, aber auch die zermürbenden Kämpfe nach immer gleichem Muster in den Partnerbeziehungen, die psychischen Zwänge, Verhakungen, Aggressionen und Schuldgefühle. »Es sind die Wenigsten von uns, die in unkomplizierten, / dauerhaften, ungestörten Verhältnissen leben«, heißt es. Auch das Gedicht *Ich beneide jeden, der Zeit hat, etwas wie ein Buch fertig zu machen sagte André Breton* aus diesem Band reflektiert die Schwierigkeiten des Ichs, des Intellektuellen, des Schriftstellers, »in unkomplizierten, dauerhaften, ungestörten Verhältnissen« zu leben, und Störung des fraglosen Selbstverständnisses, Verstörung, wird zum Schreibimpuls eines Ichs, das den von den Medien propagierten Slogan von der Midlife-crisis als bedrängende Realität erfährt (53 f.). Das lyrische Ich spricht ein Du an, denkt offenkundig über die Situation des Du nach, eines Schriftstellerkollegen, der einmal in einem Gedicht über die Ehe geschrieben hat »Hau doch ab, wenn du kannst« – gemeint ist Günter Grass mit seinem Gedicht *Ehe* –, doch es führt gleichzeitig ein Selbstgespräch, sinniert über sein eigenes Gefühl der Stagnation, sein eigenes Beziehungsdilemma, seine Schreibschwierigkeiten und seine Fluchtgedanken nach.

Wilhelm Genazinos (geb. 1943) Roman *Abschaffel* (1977) handelt vom monotonen Leben eines Angestellten, der seinen Arbeitsalltag als freudlose Wiederholung der immergleichen unerheblichen Vorgänge erlebt, als leer sich ausdehnende Zeit, und der die ›Freizeit‹ noch als Potenzierung der Arbeitstristesse erleidet. Er sucht Kontakte zu Frauen, die alle frustrierend enden. »Die Filzlaus im Schamhaar« – so könnte das Motto dieses Angestelltenromans lauten. Denn so endet eines der vergeblich gesuchten erotisch-emotionalen Kontakte Abschaffels: Die minutiöse Beschreibung des von Filzläusen befallenen Schamhaars – ohne jede komische Brechung – verweist auf das glücklose Verhältnis des Protagonisten zur Sexualität, dem nicht ein einziges Erlebnis lustvoller Sexualität zuteil wird.

3. Der weibliche böse Blick auf gutbürgerlichen Geschlechtsverkehr

Während Peter Schneider, Nikolas Born, Jürgen Becker von autobiographischen Erfahrungen ausgehen, sie aus der Binnenperspektive, aus dem subjektiven Bewußtseinshorizont ihrer Figuren erzählen, setzen sich Renate Rasp, Gisela Elsner oder Elfriede Jelinek aus einer distanzierten Außenperspektive mit der zeitgenössischen Wirklichkeit auseinander.

Gisela Elsner (1937–1992) seziert in ihrem Roman *Berührungsverbot* (1970) die triste Langeweile zeitgenössischer Durchschnittsehen im Wohlstandsdeutschland. Aus distanzierter, kühl-analytischer Perspektive stellt die Erzählerin das Personal ihrer Sex-Groteske vor: fünf gutbürgerliche Ehepaare, die Keitels, Dittchens, Hinrichs, Stößels und Stiefs, die allesamt in ihrer ehelichen Zweisamkeit veröden, nach erotischem Thrill in ihrer Ehe verlangen. Da werden zunächst die Treffs »von Keitels Freunden an bestimmten Wochentagen in der eigens für sie freigehaltenen Nische eines Nachtlokals zum Umtrunk« (45) vorgestellt, ein »richtiger Männertreff«, bei dem der allgemeine Frust verdrängt wird. Beim Stammtisch kommt dann schließlich die ›kühne‹ Idee auf: Gruppensex unter den Freundespaaren soll neuen erotischen Auftrieb in die Ehemonotonogamie bringen. Dieser Verstoß gegen ehelich-bürgerliches Wohlverhalten scheint den sexuell Frustrierten die aufregende Lösung ihres ehelich-sexuellen Ermüdungssyndroms. Sie fühlen sich wie revolutionäre Verschwörer in ihrer Umgebung. Die spießbürgerliche Gesellschaft, der sie selbst verhaftet sind, fordert strikte Geheimhaltung. »Daher rührte die Verschwörermiene Dittchens, wenn er sich mit Keitel und Hinrich traf, das Gezischel Hinrichs: schrei nicht, wenn Keitel mit weit vorgebeugtem Kopf flüsternd meinte: Samstag wie immer.« (117) Doch die so kühn erdachte Libertinage entpuppt sich bald als ebenso freudloses Pflichtritual, dem sich die Stammtischfreunde nebst Ehefrauen weiter unterziehen, weil sie zu feige sind, sich ihre Lustlosigkeit beim verabredeten Gruppensex einzugestehen. Die tollen Orgien erweisen sich sehr bald als Fiasko. Gnadenlos denunziert die Erzählerin die fünf Paare in ihrer doppelmoralischen, biederen, wohlanständigen Kleinbürgerlichkeit, enthüllt sie deren seichte Phantasien, ihr vergebliches Mühen um aufregenden Sex. Vor allem Dittchen, dem siebenfachen Vater, der Frau und Kinder unterjocht, seinen Kindern z. B. den ›liebenden‹ Kuß auf den Vatermund abverlangt, gegebenenfalls bei Nichtgelingen korrigiert, gilt ihr scharfsichtiger böser Blick. Mit spitzer Feder beschreibt sie als »Höhepunkt« die geil lustgibbernden Teilnehmer einer Sexparty mit Dunkelheit und vorgetäuschter Anonymität beim Partnertausch. Die Suche nach neuer Erfahrung beschert nur das Erlebnis überdrüssiger Langeweile, der Übersättigung. Als sie schließlich zwei technisch nach dem neuesten Stand gerüstete Sexprofis einladen, die ihre sexuelle Kunstfertigkeiten verbessern sollen, bricht ihre mühsam praktizierte Freizügigkeit ob der »rätselhaften Gerätschaften« (131), der mit technischer Kühle gebotenen Performance mit Penis- und Brustimitaten zusammen. Am Ende erhält auch die Stammtisch-Kameraderie einen Riß. Stief mit seinem höheren Lebensstandard und seine hübsche Frau werden isoliert, und schließlich erdreisten sich Dittchen und Co. spätabends bei Frau Stief – in Abwesenheit ihres Mannes – in ihr Haus einzudringen und sie mit offenem Hosenlatz und erigiertem Penis zu bedrängen. ›Vorreiter‹ ist wiederum Dittchen:

> Oben korrekt, nach wie vor, mit zugeknöpftem Jackett – weder das Eck des aus der Brusttasche ragenden Seidentüchleins noch der Knoten seiner um eine Spur zu preiswerten Krawatte war verrutscht [...], wäre nicht dieses vergleichsweise kurze, dicke, rote Glied gewesen, das sich zwischen dem Reißverschluß des Hosenschlitzes, zwischen dem weit auseinanderklaffenden, ausgeleierten, weißgrauen, mit gelben Flecken besprenkelten Unterhosenschlitz, an dessen Rändern sich ein paar aschbraune Härchen ringelten, in die Höhe ragte. (231)

In dieser Beschreibung spiegeln sich höchst expressiv der Widerwille und Ekel der Erzählerin für diese Figur, die sich als Muster bürgerlichen Anstands und als vorbildlicher Familienvater versteht. Gisela Elsners Roman führt die ›besseren Herrn‹ der Gesellschaft als Spießer vor, die Sex als Statussymbol begreifen, den Ausbruch aus der ehelichen Langeweile suchen und zugleich ihr biederes, ehrbares Gesicht wahren möchten, keineswegs jedoch eine Änderung der bürgerlichen (Sexual-)Moral suchen. Darüber hinaus zeigt sie auch das Konkurrenzgehabe, das Frauenverächtliche dieser Biedermänner.

Renate Rasps (geb. 1935) Roman *Chinchilla* (1973) zielt auf eine bewußte Provokation, er gibt sich als ein Erfahrungsbericht aus der Perspektive einer Luxusprostituierten, die cool, gepflegt distanziert einen »Leitfaden« zur gewinnreichen und geschmackvollen Vermarktung des weiblichen Körpers gibt. In dem 1979 publizierten Roman *Zickzack* wählt die Autorin eine 18jährige Abiturientin als Protagonistin, die in München ihren Vater, einen berühmten Schauspieler, trifft, der für sie die Aura des Interessanten bewahrt, der viel Geld und wenig Zeit für sie hat. Scheinbar sich selbst überlassen, stolpert sie geradezu über die merkwürdigsten Männer, gerät in die seltsamsten erotischen Verwicklungen – nach dem Motto »Tote pflastern ihren Weg« –, und schließlich stellt sich heraus, daß der Vater selbst all die Männer, den leidenschaftlichen Spieler, den Milliardär, Willi, der den Milliardär ermordet, den älteren filigranen Literaturprofessor, der plötzlich stirbt, den sinnlichen Schwarzen usw. verkörperte! *Zickzack* ist die Geschichte einer Perversion.

Im Ton der Elsner und Rasp verwandt, mit bösem Blick auf eine ehrpusselige, verlogene Gesellschaft, provokativ, beschreibt Elfriede Jelinek (geb. 1946) in *Die Liebhaberinnen* (1975) das Glücks- und Aufstiegsstreben ihrer drei Protagonistinnen. Auch hier ergibt die Suche nach fröhlicher Sinnlichkeit eine Fehlanzeige. Sie akzentuiert in ihrem Roman weniger den pornographischen Aspekt in den Medien, als vielmehr die unaufhörlichen Glücksversprechen, die mittels Rotaprint, TV und Kino unmerklich das Bewußtsein der als mündig apostrophierten Bürger infiltrieren. Der Titel *Liebhaberinnen* erweckt Erwartungen, läßt an erotisch erfahrene Frauen denken, oder an innig Liebende, Erwartungen, die der Roman unterläuft. Erzählt wird die Geschichte zweier Frauen, die nach vielen Hindernissen doch ihr Klassenziel erreichen: die Heirat. Die Autorin greift das Schema ›Liebesroman‹ auf, der stets mit der glücklichen Heirat endet, doch die Rollenbilder, Verhaltensmuster werden nur zitiert, um in ihrem Scheincharakter entlarvt zu werden. Die Vorstellungen von der »großen Liebe«, von »Mutterschaft als Erfüllung«, vom »starken überlegenen Mann als Schutz« usw. besetzen das Bewußtsein der drei jungen Frauen, Susi, Brigitte und Paula gleichermaßen. Als reale Vorstellungen in den Köpfen der Frauen zitiert Jelinek die Klischees, zeigt zugleich das falsche Bewußtsein, indem sie sie mit gegenläufigen Handlungsabläufen kontrastiert. Oder sie zeigt das klischee-gerechte Verhalten und kontrastiert es mit der widersprechenden Gedankenwelt ihrer Figuren. Sie führt die gesellschaftliche Sozialisation der Mädchen vor, die Prägung durch die Familie, die ihrerseits wiederum durch die Arbeit geprägt ist. Eine Generation läßt ihren Haß, ihre Resignation über ein verpfuschtes Leben an der anderen aus – eine unheilvolle Kette von mißglückten Leben.

Jelinek zeigt nun, welche Rolle die Medien gerade bei den vom Leben zu kurz Gekommenen spielen. Da ist zum Beispiel Brigitte, Fabrikarbeiterin; sie hat die tradierten Weiblichkeitsklischees völlig internalisiert, die die Regenbogenpresse täglich propagiert: die »weibliche Hingabe-Fähigkeit«, die »liebenswürdigen Schwächen«, die »gepflegte Frau«, die »Pflicht zum jünger aussehen«, »Jugend als Kapital«, vor allem jedoch: die Zukunft der Frau ist der Mann, in diesem Fall Heinz, der aufstrebende Kleinbürger, der sie aus dem elenden Fabrikleben herausholen könnte. Satirisch stellt Jelinek hier die Ehe als Warentausch vor, Sex gegen Heiratsversprechen bzw. Heirat. Die harte Arbeit, das auch durch die Eltern vermittelte Bewußtsein, ein Nichts zu sein, haben Brigittes Gefühle, die Fähigkeit zu Freundschaft, Erotik, Liebe schon zerstört, bevor ihr »die Liebe begegnet«. Liebe bedeutet für sie sozialer Aufstieg, materielle Sicherheit, Flucht aus ihrer unerträglichen Situation. Mit allen »weiblichen« Mitteln wirbt sie um den Aufsteiger

Heinz, einen unattraktiven Macho, der mitnimmt, was sich ihm da bietet. Brigitte verhält sich nach erwartetem Rollenmuster, spielt die von männlicher Leidenschaft mitgerissene, ekstatisch stöhnende Frau, obwohl sie den Sex mit Heinz alles andere als lustvoll empfindet, sie die schnell vollzogenen Penetrationen ohne Zärtlichkeit als nur ekelhafte Strapaze erlebt, was sie sich jedoch selbst nicht eingesteht. Sie vermeidet alles, was das männliche Potenzgefühl kränken könnte, die männliche, lustspendende Potenzmacht in Frage stellt, die per se lustbringend ist. Brigitte spielt das Spiel der Habenichtsin, die nur ihren Körper als Tauschmittel zu bieten hat. Überscharf zeigt sich die Diskrepanz zwischen Maske und Empfinden. Jelinek setzt bewußt einen sexuellen Brutaljargon ein, um diese Beziehung als eine ohne Zärtlichkeit, Freundlichkeit zu entlarven, Sex als hartes Match, als Schwerarbeit vorzuführen. Brigitte will von »Seele«, d. h. von der Liebe, die zum Eigenheim führt, reden, Heinz will seine Sexualität austoben, ohne auf ein Zukunftsversprechen festgenagelt zu werden. Ein Egoismus steht gegen den anderen.

> brigitte haßt heinz unter vielem anderen auch deshalb, weil er immer dann ein körperliches gefühl für brigitte in sich hochkommen läßt, wenn gitti gerade von ihren seelischen problemen, die ein kleines häuschen mit garten nach sich ziehen, plaudern möchte. [...] heinz ist froh, endlich einen menschen zum rammeln gefunden zu haben. Kaum wird heinz des menschen in brigitte ansichtig, schon knöpft er sich auf und geht in startposition. Während ihm brigitte noch erklärt, daß sie ihn liebt und gleichzeitig etwas wie hochachtung vor seinem beruflichen erfolg empfindet, während brigitte noch ihre gedanken von liebe und achtung bis zu hochzeit und hausrenovierung schweifen läßt, ehe sie sich noch vorsehen kann, schon hat sie den rammler heinz an ihrem leibe hängen wie einen blutegel. [...] die

mutti ist ins kino gegangen, und hereintritt heinz, und sein schwanz züngelt auf brigitte los.
brigitte wünscht ihm einen ringelschwanz, mit dem hätte heinz sicher viel kummer. Vorläufig hat brigitte viel kummer. (43 f.)

Jelinek entwickelt einen Stil der doppelten Optik, der Binnen- und der Wunschperspektive, der die grotesken Widersprüche und Gegensätze der Vorstellungen entlarvt. Obwohl Brigitte für Heinz, der sie demütigt, grob, verächtlich behandelt, Haß und Aggression empfindet, deutet sie ihr Gefühl im Sinne der von der Unterhaltungsindustrie propagierten Liebesglückseligkeit um. Sie redet sich die große Liebe ein, empfindet jedoch den Sex mit Heinz als ein schweres Stück peinvoll erduldeter Arbeit. Doch der Handel mit Sexualität bleibt ein riskantes Kalkulationsgeschäft. Das zeigt auch der Fall Paula, die aus den Zwangsläufigkeiten ihrer »Dorfidylle« auszubrechen sucht. Paula, eine gute Schülerin, will in der näheren Stadt einen Beruf erlernen, der sie unabhängig machte und – im Sinne der herrschenden Denknorm – ihre Chancen, einem besseren Mann zu begegnen, erhöhte. Zugleich träumt sie von der »ewigen glücklichen Liebe«, wie sie der Illustriertenblätterwald, die Schlager-Hitparaden und die Filme à la »Mein Herz gehört nur Dir allein« verheißen. Sie sehnt sich nach dem in den Medien proklamierten Liebesidyll mit dem »gemütlichen Heim und fröhlichen Kindern«. Sie entstammt einer Familie, die nach dem Hackordnungsprinzip verfährt: Der Vater quält die Mutter, die er wegen ihrer Schwangerschaft geheiratet hat, die als »verführte Unschuld«, ehrlos, ohne jede Chance auf dem Heiratsmarkt geblieben wäre. Er »erbarmt« sich und nimmt die voreheliche Schwangerschaft als Legitimation verstärkter Unterdrückung. Die widerspruchslos erduldeten Qualen läßt die Mutter wiederum an Paula, an den alten Eltern aus. Paulas Wunsch-Zukunft, das freundliche Familienglück, wird konfrontiert mit den realen Familienverhältnissen, die die Menschen kaputtmachen, die Kinder in ihrer Emotionalität früh zu Krüppeln machen.

Prompt verliebt sich Paula in den ersten besten schönen Mann, sucht in Erich das von den Medien verheißene Glück. Oft hat Paula – so heißt es – einen »Drang nach Erich«. Jelinek zitiert das »drängende Gefühl« in der Bedeutung von Eros und Sehnsucht, doch in dieser substantivierten Form erscheint Erich als personifizierter Sexualwunsch. Paula ist verliebt, ist letztlich in die Liebe verliebt, will ihre »Liebe« leben, wie es eine sacharin-süße Filmwelt propagiert – »sie schenkte sich ihm, gab sich ihm hin« –, sie will ihm »ihren Körper schenken«, doch Erich nimmt das »Geschenk« überhaupt nicht wahr, reagiert seinen Triebstau in einem bewußtlosen dumpfen Quickie ab. Paula erfährt die »Liebe« als lieblosen Brutalakt. Anders als bei der Brigitte-Heinz-Beziehung spart Jelinek hier eine detaillierte Darstellung des Sexualakts selbst aus, wichtiger sind Paulas Erwartungen vorher und ihre Empfindungen danach, ihre Enttäuschung, der Schmerz, die Ängste – die Zerstörung eines Traumbilds.

Paulas Werdegang ähnelt fatal dem ihrer Mutter; sie schläft mit Erich, wird schwanger, verliert dadurch an Wert. Erich läßt sie ihre »verlorene Unschuld«, ihren Wertverlust durch Demütigungen und sklavischen Gehorsam büßen, bevor er sich gnädig herabläßt, sie trotzdem zu heiraten. Das in der Ehe beschlossene Familienglück erweist sich zwar als Tortur, doch die Ehe bietet ihr eine gesellschaftlich anerkannte Frauenrolle. Naive Prostitution für das Familienglück, die eigene Wohnung, die soziale Anerkennung. Doch auch all das verliert Paula nach der Scheidung, die den völligen Absturz ins gesellschaftliche Aus bedeutet: Sie verliert die Kinder und damit letztlich ihre Daseinsberechtigung.

Elfriede Jelinek gibt dem Lebenslauf ihrer Personen die »schlimmst mögliche Wendung« (nach Dürrenmatt), sie gestattet ihnen gerade kein bescheidenes »Glück« in kleinbürgerlicher Ehemonotonie. Das gilt auch für Erika Kohut, die Protagonistin der *Klavierspielerin* (1983), die, von ihrer dominanten Mutter zur Pianistin gedrillt, zur Liebe unfähig ist, als Voyeurin am Leben vorbeilebt und das Liebeswerben eines Schülers mutwillig in eine sadistische Leidensbeziehung verwandelt.

4. Die Paarbeziehung in der Literatur der achtziger und neunziger Jahre

Das Thema Liebe und Paarbeziehungen, das in den siebziger Jahren eine so große Bedeutung in der Literatur einnimmt, verliert in den achtziger und neunziger Jahren an Bedeutung. Die Frage nach der eigenen Geschichte, der Rolle, die der Vater, die Mutter im Nationalsozialismus spielte, gewinnen an Gewicht. Und die Lust, interessante Geschichten zu erzählen – wie es Uwe Timm z. B. mit seinen Romanen *Kopfjäger* (1991), *Die Entdeckung der Currywurst* (1993) oder Sten Nadolny mit dem Roman *Selim oder die Gabe der Rede* (1991) unternehmen –, wächst.

Peter Schneider, der in seiner Erzählung *Der Mauerspringer* (1984) witzig pointiert die Ost/West-Problematik verarbeitet, widmet sich zu Beginn der neunziger Jahre noch einmal auf neue Weise dem alten Dauerthema. Bezeichnend der Titel seines Romans *Paarungen* (1992). Der Plural signalisiert schon, daß es sich nicht wie bei *Lenz* etwa um die Beziehung eines Einzelnen handelt, sondern um Paar-Konstellationen verschiedener Personen, dreier Freunde mit ihren jeweiligen Partnern und Geliebten. Thema des Romans sind die Geschlechter-Beziehungen, die heute angesichts der gewandelten Verhältnisse, die die alten Funktionszuweisungen aufgehoben haben, neu zu bestimmen wären. Einer der Freunde, der Biochemiker Eduard, der mit Klara liiert ist, stellt sich die Frage, ob er in der Tat zur Liebe unfähig sei, wie es die Freundin beiläufig anmerkte. Er sucht den Erfahrungsaustausch mit seinen Freunden André, der kurz vor der Heirat mit Esther steht, und mit Theo, der mit seiner Frau Pauline ein Jahr sexueller Enthaltsamkeit vereinbart hat zur Revitalisierung ihrer Ehe. Im »tent«, ihrer Lieblingskneipe in Berlin, treffen sie sich regelmäßig. Hier erzählt André den Freunden auch die Geschichte des ›Spaltpilzes‹, die seine Heirat mit Esther urplötzlich gefährdet, eine Dutzendgeschichte, wie Theo meint. Andrés Telegrammfassung: »Die Geschichte handelt kurz und gemein von der uralten Frage, ob Liebende sich im Fall der Untreue die Wahrheit sagen sollen oder nicht.« (52) Eduard zweifelt, ob ausgerechnet dieser »Ladenhüter« die Heirat mit Esther gefährden könne. »Du zitierst mich, erwiderte André, aber leider hatten Esther und ich diesen Punkt zwischen uns nicht geklärt. Und als Esther die Frage des Spaltpilzes spielerisch an mich weitergab, machte ich den entscheidenden Fehler: Ich suchte sie zu beantworten.« (53) »Daß man in diesem Land zu sehr an Prinzipien glaubt und über solche Dinge am besten überhaupt keine Abmachungen trifft«, versteht Eduard, jedoch Klara zeigt sich sehr irritiert. Theo dagegen, der in Ostberlin lebt und als privilegierter Schriftsteller geschickt ›die Mauer‹ für seine Affären zu nutzen versteht, bemerkt:

> Wenn das alles nicht so langweilig wäre, sagte er. Was mich an Andrés Geschichte stört, ist ihre Austauschbarkeit, der blinde Mut zur Wiederholung. Wenn du an jedem Tisch, hier oder anderswo, einen Kassettenrecorder aufstellen würdest, das Ergebnis wäre ein im Chor gesprochener Dialog mit erschütternd geringen Variationen. Seit ungefähr zwei Jahrzehnten werden neue Spielregeln für das Zusammenleben ausgewürfelt und eine ganze Generation gibt sich als Proband dafür her. Wahrscheinlich werden erst eure Enkel die neuen Rituale, die

> jetzt erst getestet werden, benennen und anwenden können. Die Versuchspersonen erfahren einstweilen nur, daß die überkommenen Verabredungen zwischen den Geschlechtern nicht mehr funktionieren. (58f.)

Theos Ansicht:

> Meine und eure Probleme, fuhr er fort, sind zwar umständehalber verschieden, aber völlig dieselben. Neu an unserer Lage ist nicht, daß die alten Spielregeln verletzt werden. Ehen wurden überall und zu allen Zeiten gebrochen, Frauen betrogen, Männer gehörnt. Das Neue ist, daß diese Spielregeln keine Autorität mehr haben. Die alten Schwüre gelten nicht mehr, Lügen ist nahezu überflüssig geworden. Die Institutionen der Liebe befinden sich in offener Auflösung, weil die ihnen zugrunde liegenden sozialen und kulturellen Zwänge verschwinden – das sechste Gebot, das Patriarchat, die ökonomische Abhängigkeit der Frau; nicht einmal auf den Fortpflanzungstrieb ist noch Verlaß. Warum nicht endlich von der gegenseitigen Annahme ausgehen, nämlich von der Untreue als Regel, von der Zwangsläufigkeit der Trennung, von der Endlichkeit jeder Liebe? Gesetzt, die Idee einer dauernden Liebe wäre nichts weiter als ein rührendes Relikt aus der Vorzeit, so wie der Weisheitszahn oder die Angst vorm Fliegen, warum sollten wir diesem altertümlichen Programm unseres Gefühlsapparates länger folgen? Warum beklagen wir uns, warum sind wir immer wieder enttäuscht, warum erklären wir uns nicht endlich einverstanden mit der Erfahrung, daß die Vergänglichkeit der Normalfall der Liebe ist? (59f.)

Obwohl André und Eduard Theos Exposition zunächst bestechend finden, beschließen sie doch, dem ›Drachen der Trennung‹ den Kampf anzusagen: »Wer sich nach einem

Jahr am gleichen Tag nicht in der alten Paarung im ›tent‹ einfände, sollte die Kosten für einen zweiwöchigen Skiurlaub in Sils Maria für sechs Personen tragen.« (61) Nun, keiner muß diese Kosten nach einem Jahr tragen. André heiratet zwar seine Esther, gewöhnt sich schließlich an deren dynamische Familie, doch als »ihre Mutter und Juri eine Wohnung gefunden hatten, entdeckten die beiden Zurückgebliebenen, daß sie sich in den nun wieder leeren Räumen verwaist fühlten und nichts miteinander anzufangen wußten. Am Tag des katastrophalen Röntgenbefundes hatte er Esther um die Scheidung gebeten« (284f.). Andrés Krebskrankheit hält ihn nicht davon ab, sich seinen donjuanesken Gelüsten hinzugeben. Auch Theo und Pauline trennen sich schließlich, obwohl ihr Experiment, die »erotische Gleichgültigkeit des Nacktbadestrandes, die gesetzmäßig um sich greift, wenn Liebespaare einen gemeinsamen Haushalt gründen« (104), durch konsequente Verhüllung wie zwischen Fremden zu bekämpfen, Erfolg zeitigt. Doch Pauline erkennt, daß Theo sie im Grunde nur als Abwesende in der Ferne liebt:

> Er suche in Wahrheit gar keine andere Frau, aber auch nicht sie, Pauline. Ihm gehe es um die ständige Erneuerung einer Sehnsucht, die durch die Anwesenheit der Geliebten nur enttäuscht werden könne. Seine schönsten Gedichte setzten eine Adressatin voraus, die nur auf dem Postweg erreichbar war. (279f.)

Sie ist nicht mehr bereit, seine romantisch ersehnte Muse zu sein. Auch die Beziehung zwischen Klara und Eduard übersteht das Jahr nicht. Eduard beginnt mit der Stadtplanerin Jenny und kurz darauf mit der italienischen Sängerin Laura eine Liebschaft, beide werden schwanger, er akzeptiert die doppelte Vaterschaft, doch es fügt sich dann so, daß Laura abtreibt, er bekennt sich zu Jenny und dem Kind. Klara, »jünger, selbstbewußter, freier in ihren Bewegungen«, trifft später einen gewandelten Eduard, dem man die Mühen und Pflichten seiner neuen Vaterrolle anmerkt. Die Paarungen zu Beginn des Romans sind gelöst, neue Konstellationen sind entstanden, und – das suggeriert der Roman – es werden sich wohl irgendwann wieder andere Paarungen bilden.

> Jenny fragte ihn nie, wo er herkam oder wo er hinging, geschweige denn, wann sie sich wiedersehen würden. Mit der gleichen Diskretion umgab sie jenen Teil ihres Intimlebens, in dem Eduard nicht körperlich anwesend war. Die Frage des Spaltpilzes, wie man es in der Liebe mit der Wahrheit halten solle, schien für Jenny beantwortet, ohne daß sie jemals gestellt worden war. Offenbar war sie eine Anhängerin des Verschweigens bis hin zum Extrem des Leugnens. Aus den gelegentlichen Zeichen und Andeutungen – ein Brief auf dem Bett, ein Rasierpinsel im Badezimmer, ein neues Fahrrad, »das Geschenk eines Freundes« – konnte er schließen, daß er nicht Jennys einziger Liebhaber war. Aber mit solchen Vermutungen ließ sie ihn allein. (199f.)

5. Der amerikanische Ehepaar-Roman

In den USA erfreut sich seit den sechziger Jahren die ›Beziehungsthematik‹ großer Beliebtheit, auch hier vermittelt die Literatur den Eindruck, daß trotz der ›sexuellen Revolution‹ die Paar-Beziehungen, die Ehen sich schwierig gestalten. Typisch für die amerikanische Gesellschaft erscheint es nun, daß die Problematik – anders als in der deutschsprachigen Literatur – vornehmlich im Eheroman, im Ehebruchroman entfaltet wird. Symptomatisch ist John Updikes (geb. 1932) Roman *Couples* (1968; dt. *Ehepaare*,

1969), der einen geschlossenen Kreis von sieben gutsituierten Ehepaaren vorführt, die miteinander gesellschaftlich verkehren, Partys veranstalten und im Freundeskreis ihre erotischen Affären suchen. Sie leben gutbürgerlich in ›intakten‹ Ehen, die sie letztlich als komfortable Fallen betrachten, und sie alle probieren den Ausbruch aus der Normalität ihres Ehe-Alltags nur im wohlvertrauten Kreis. Der Ehebruch – so Updike – wird zu einer Art »phantasievoller Jagd«. Es gibt keine Singles, die von außen in den Kreis eindringen, die libertinen Sehnsüchte werden ›nur‹ untereinander innerhalb der Clique ausgelebt. Da gibt es den Bauunternehmer Piet Hannema, der zu Beginn des Romans eine Affäre mit Georgene, der Frau des Dentisten Freddy Thorne, eines bewußt taktlosen Enfant terrible, unterhält, jedoch bald sein Interesse für Foxy, die junge, im zweiten Monat schwangere Frau des erfolgreichen Biochemikers Ken Whitman entdeckt. Piet und Foxy kommen sich bei den Renovierungsarbeiten der Whitman-Villa unter Piets Planung sehr nahe, dieser engagiert sich mehr als der vielbeschäftigte Ehemann für die schwangere Frau und schließlich für ihr Kind, dennoch wird eine Scheidung nicht in Betracht gezogen. Und als Foxy von Piet schwanger wird, erscheint ihnen die Abtreibung als einziger Ausweg, ihre Ehen zu retten, und sie greifen dabei auf die Hilfe des von ihnen verachteten Freddy zurück. Neben den Ongs, Guerins, Whitakers usw., die ihrerseits die erotischen Freuden auch jenseits des ehelichen Bettes suchen, gibt es z. B. auch die Paare Harold und Marcia Smith sowie Frank und Janet Appleby, die in wechselseitiger Kenntnis ›über Kreuz‹ ihr Sexualleben gestalten, mit fast eheähnlicher Gewohnheit und entsprechend mit zunehmenden Ermüdungserscheinungen; doch insofern betritt zum rechten Zeitpunkt das junge Paar Whitman die gesellschaftliche Bühne, das neue Bewegung in den eingespielten Kreis bringt; eine Begrüßungsparty für die Neuankömmlinge bildet den Auftakt des Romans. Die aparte Angela Hannema, gebildet, klug, irritierend in ihrer selbstverständlichen Eleganz, die für Piet keineswegs an Reiz verloren hat, stört die Usancen der Clique: Sie reicht – aus Überdruß an der erotischen Vagabondage ihres Ehemanns – die Scheidung ein, desgleichen der Newcomer Ken Whitman. Am Ende kann alles wieder von vorn beginnen, Angela wird häufig mit Freddy Thorne gesehen, Ken zeigt sich für die Reize der üppigen sinnlichen Janet durchaus aufgeschlossen, und Piet und Foxy sind inzwischen verheiratet, leben in Lexington »und haben inzwischen einen Kreis gefunden, der zu ihnen paßt und sie als neues Paar akzeptiert hat« (489). Der Kreis schließt sich, bzw. alles kann von vorn beginnen, das neue Paar wird – wie derzeit Ken und Foxy – den Lexington-Kreis erotisch beleben.

Updike porträtiert seine Paare auf der Suche nach einem erotisch aufregenden Leben, das den Ehealltag kompensiert, ergänzt, erfrischt, psychologisch nuanciert und mit einem Hauch ironischer Distanz. Es ist erstaunlich, wie selbstverständlich, sinnlich anschaulich die sexuellen Beziehungen dargestellt werden. Trotz des vorherrschenden Puritanismus in den USA werden Schenkel, Brüste, Penis, kurz Körperlichkeit, Sinnlichkeit dargestellt, wird von Abtreibung gesprochen, und das sexuelle, erotische Verlangen der Erzählfiguren und deren Praktiken dargestellt. Es gibt hier eine weit größere sexuelle Beschreibungsfreude als im deutschsprachigen Roman, und dennoch fragt es sich, ob nicht die sexuelle libertine Lust letztlich doch wieder puritanisch grundiert ist, denn die Ehepaar-Beziehung bleibt der bestimmende Code.

Das gilt auch für John Irvings (geb. 1942) Roman *The 158-Pound Marriage* (1973; dt. *Eine Mittelgewichtsehe*, 1986), der in einer Universitätsstadt in Neuengland spielt und zwei Paare vorstellt, die filigrane, grazile Schriftstellerin Edith und den gedrungenen Boxer und Germanisten Severin sowie den intellektuellen Ich-Erzähler, Verfasser von historischen Romanen, mit Severin an einer Fakultät, und die bodenständige Utsch, die den Vergewaltigungen durch die siegreiche Rote Armee in Wien entkam und bei dem Hauptmann Kudaschwili aufwuchs. Die beiden befreundeten Paare, glücklich (?) verheiratet, beide mit zwei wohlgeratenen Kindern, beschließen eines Tages, ihre Ehen durch Partnertausch aufzufrischen, so zumindest erscheint es dem Ich-Erzähler. Das Familienleben bleibt davon unberührt, die Kinder erfahren nichts von den aushäusigen erotischen Aktivitäten der Eltern. Erzählt wird, gleichsam vom Ende des Experiments her, aus der Perspektive des sich letztlich düpiert fühlenden Ehemanns von Utsch, der mit Ironie, Selbstironie und satirischem Biß die Geschichte ihrer ›Viererbeziehung‹ rekapituliert. Während er und seine Frau sich immer stärker erotisch-emotional in der neuen Beziehung engagieren, bewahren Edith und Severin ihre Souveränität und brechen eines Tages das für sie uninteressant gewordene Experiment ab. Was als freier Partnertausch erschien, war Ediths Versuch, sich von ihrer Verletztheit durch Severins Untreue mit der verkrüppelten Tänzerin Audrey Cannon zu befreien. Sie wollte es ihm »heimzahlen«, sich einen Liebhaber nehmen, wenn Severin sie wieder begehrte. Severin erklärte:

> Du siehst also, du und Utsch wart unvermeidlich. Wir hatten vorher schon über Vierer geredet, und ich glaube, wir interessierten uns beide für die Vorstellung, aber wir hatten beide unsere Zweifel. Ich glaube, wir fanden beide, es wäre besser als die heimliche Affäre, aber es könnte schrecklich sein, wenn man nicht die richtigen Leute fände. Na ja, ich habe nie das Gefühl gehabt, daß du und Utsch die richtigen Leute für uns seid – zumindest nicht für mich. (223)

Für den Erzähler und seine Frau ist dies eine desillusionierende Enthüllung. Während Severin und Edith wieder zueinandergefunden haben, gerät die andere Ehe in eine

Krise: »›Ich weiß nicht einmal, ob wir Liebhaber waren‹, heulte Utsch. ›Natürlich wart ihr das‹, sagte ich ihr. ›Ich glaube, wir waren bloß Ficker!‹ sagte sie weinend.« (234) Die beiden fühlen sich benutzt, vor allem Utsch ist in ihren Gefühlen für Severin, der anscheinend nur widerwillig mitgespielt hat, tief verletzt, sie kann nicht einfach an den Status quo vor dem Partnertausch anknüpfen, zumal da sie um die erotische Faszination ihres Mannes für Edith weiß. Sie sucht den Abstand, fährt mit den Kindern nach Wien; am Ende des Romans heißt es dann: »Gestern schrieb Utsch, sie habe Edith im Demel sitzen und Torte essen sehen. Ich hoffe, sie wird fett. Alsdann. Heute habe ich mir ein Flugticket gekauft. Meine Mutter hat mir das Geld gegeben. Falls Hahnreie die zweite Luft kriegen, dann warte ich auf meine.« (278) Ein versöhnlicher Schluß also, der auch zu dem Titel paßt. Der spielt nicht nur auf einen der Protagonisten, auf Severin, an, der als Mittelgewicht im Boxen seine Erfolge hatte, sondern die Matte, auf der gewöhnlich die Boxkämpfe stattfinden, gewinnt als Ort für leidenschaftliche Sexturniere der Paare eine wesentliche Rolle, wird gleichsam zum ›Falken‹ der Erzählung, löst Krisen und Umschwünge in den Beziehungen aus.

Sosehr sich auch Irvings Roman *Eine Mittelgewichtsehe* von Updikes Roman *Paare* unterscheidet, beide gehen wie selbstverständlich von der Institution Ehe aus, in der sich das erotische Imbroglio abspielt, und diese bewahrt trotz aller erotischen Affären bzw. außerehelicher erotisch-emotionaler ›Wahlverwandtschaften‹ ihre Geltung. Auch Erica Jong geht vom Ehemodell aus, führt ihre Protagonistin zu guter Letzt wieder in die Arme ihres Mannes. Sie entfaltet in ihrem brillant geschriebenen, kühnen, erotischen Roman *Fear of Flying* (1974; dt. *Angst vorm Fliegen*, 1979) die Geschlechter-Problematik auf eine freche, witzige Art, die man in der deutschsprachigen Literatur kaum findet. Ihre Protagonistin, die 29jährige Schriftstellerin Isadora Wing, verheiratet mit dem attraktiven, klugen Psychiater Bennett, empfindet trotz ihrer harmonischen Ehe mit lustvollem Sex ein Defizit:

> Ich war nicht gegen die Ehe. Ich glaubte sogar an sie. Man muß einen besten Freund in dieser feindlichen Welt haben, einen Menschen, dem gegenüber man sich, was auch immer geschieht, loyal und anständig verhält, einen Menschen, der diese Loyalität erwidert. Doch was wird mit all jenen anderen Sehnsüchten, dem Verlangen, das die Ehe nach einer gewissen Zeit nicht mehr stillen kann? Die Ruhelosigkeit, der Hunger, das Pochen im Bauch, das Pochen in der Möse, das süchtige Verlangen danach, zugestopft, in jede Körperöffnung gefickt zu werden, der Hunger nach trockenem Sekt und feuchten Küssen, nach dem Duft von Päonien auf einer Dachterrasse in einer Juninacht, nach dem Licht am Ende des Piers in *Gatsby* … Verlangen nicht *wirklich* nach all dem – denn ich wußte, daß die sehr Reichen fader und stumpfer sind als Sie und ich –, doch nach dem, was diese Dinge in einem *wachrufen*. Die ironischen, bittersüßen Liebesworte in den Songs von Cole Porter, die schwermütigen, in Gefühlen schwelgenden Texte von Rodgers und Hart, all der romantische Unsinn, nach dem sich die eine Hälfte des Herzens sehnt, während die andere bitter darüber spottet. (19f.)

Jongs Protagonistin ist eine junge, intelligente, sehr sinnliche Frau, die ihre Unabhängigkeit behaupten will, Unabhängigkeit auch in dem Sinne, daß sie sich nicht in ihren Gefühlen für einen Einzigen verliert, und die sich zugleich nach dem berauschenden Gefühl einer leidenschaftlichen Liebe sehnt. Sie sieht die Ehe als Hort gegen eine feindliche Welt, zugleich jedoch gesteht sie sich ein, Wünsche, Sehnsüchte, Begierden zu empfinden, die dieses ruhige Idyll gefährden würden. Sie evoziert ein modernes romantisches Liebesideal, das sich nicht mehr im Bild der »Blauen Blume« ausdrückt, sich in einer durchgeistigten Seelenharmonie erfüllt, sondern in der zeitgenössischen Imago »dry champagne and wet kisses« und »the smell of peonies in a penthouse on a June night«, sich in einem orgiastischen sexuellen Rausch erfüllte. Die romantische, idealistische Liebe wird als orgiastische Liebe erträumt, Liebe als Passion im Reich der Sinne. Isadora Wing ist jedoch auch noch von einer anderen erotisch-sexuellen Phantasie gefesselt, der vom »zipless fuck«, von einer unwiderstehlichen sexuellen Anziehung auf den ersten Blick, der man sich quasi willenlos hingibt:

> Die Voraussetzung für den wahren, optimalen Spontanfick: Man sollte den Partner nicht zu genau kennenlernen. Ich habe beispielsweise festgestellt, daß jede Betörtheit sich verflüchtigt, sobald ich mich einem Mann befreundet fühle, an seinen Problemen teilnehme, ihm zuhöre, wenn er sich über seine Mutter, seine Kinder auslabert. Danach könnte ich ihn mögen, vielleicht sogar lieben – doch ohne Leidenschaft. Und gerade die Leidenschaft war es doch, die ich suchte. (22)

Auch wenn in beiden Phantasien von »passion« die Rede ist, widersprechen sie sich: einerseits orgiastischer Sinnenrausch mit einem Anonymus, der anonym bleibt, wie ein Blitz erscheint und ebenso schnell entschwindet, andererseits die Vorstellung loyaler Partnerschaft und Verläßlichkeit, die im Gegensatz zur Anonymität intime Kenntnis, Alltäglichkeit einschließt.

Selbstkritisch beschreibt die Protagonistin ihre komplizierte widersprüchliche Gefühlswelt. Sie fühlt ein Ungenügen in ihrer Ehe mit Bennett, den sie aber auch irgendwie liebt, den sie nicht verlassen will, sie braucht die Vertrautheit, die Sicherheit in einer Ehe, und dennoch empfindet sie ein Ungenügen, Sehnsucht nach der das Ich überflutenden Liebe, Leidenschaft. Auf einem Kongreß trifft sie den selbstbewußten charmanten X, eine Begegnung, die sie quasi als *coup de foudre* erlebt. Zunächst zögert sie noch, seinem Vorschlag einer gemeinsamen Europareise nachzugeben, ihren Mann zu brüskieren, ihr bisheriges im Ganzen – bei allen Defiziten – glückliches Leben aufs Spiel zu setzen, doch schließlich folgt sie ihrem spontanen Gefühl, ihrer Faszination für den Lebenskünstler, der Spontaneität, ›Carpe diem‹, ein freies Leben ohne Plan, aus dem Augenblick heraus feiert, und sie will – jenseits allen Sicherheitsdenkens – ihre erotische Leidenschaft leben. Sie läßt sich schließlich auf die Affäre ein, verläßt ihren Mann, empfindet in diesem Augenblick intensiv ihre Liebe für ihn, dennoch kann sie dem erotischen Abenteuer nicht widerstehen. Die Ironie des Schicksals bzw. der Autorin will es, daß ihr Liebhaber – im Gegensatz zum Ehemann, der ein vorzüglicher Liebhaber ist – sich in der Regel als impotent erweist, sein Penis ist im gesamten Roman höchstens ›auf Halbmast‹. Und das Ende der Aventüre: Ihr Liebhaber und Verfechter spontanen Lebens ohne Plan, Termine, Verpflichtungen eröffnet ihr am Ende ihrer Reise in Paris, daß seine Frau und seine Kinder auf ihn warten, er diese nicht enttäuschen kann und daß sie ohne ihn nach London oder wohin auch immer fliegen mag. Sie bleibt – ein Häufchen Elend – völlig desillusioniert zurück. Daß es zuletzt doch noch ein ›Happy-End‹ gibt, ein glückliches Wiedersehen mit ihrem Mann, der Isadora ihre Eskapade verzeiht, überrascht und ist für den (deutschen?) Leser nicht sehr überzeugend. Doch dieser Schluß verdeutlicht seinerseits, daß die amerikanische Gesellschaft, zumindest wie sie sich in der zeitgenössischen Literatur darstellt, in weit größerem Maße als die deutsche am Ehemodell festhält. Mögen die Romanfiguren auch noch so lustvoll ihre außerehelichen Beziehungen ausleben, sie »glauben« an die Ehe.

Im amerikanischen wie im deutschen Gegenwartsroman

spielen die Paarbeziehungen eine große Rolle. Doch anders als im deutschsprachigen Roman, dessen Autoren das Modell Ehe oft in Frage stellen, gibt es hier kaum offene Zweierbeziehungen wie etwa zwischen Gesine und D. E. in Uwe Johnsons *Jahrestagen*, zwischen Klara und dem Ich-Erzähler in Peter Schneiders *Paarungen*, zwischen den Protagonisten Louis Blaul und seiner Freundin Vanina in Ralf Rothmanns *Flieh, mein Freund* (1998). Sie alle sind nicht verheiratet. In deutschsprachigen Romanen und Erzählungen – man denke an Peter Schneiders *Lenz* (1973), Uwe Timms *Kerbels Flucht* (1980), Ursula Krechels *Zweite Natur* (1981), Sten Nadolnys *Ein Gott der Frechheit* (1994) – spielen sich die Konflikte oft in ›freien‹ erotisch-emotionalen Beziehungen ab, die nicht durch andere erotische Affären in eine Krise geraten, sondern etwa durch den Selbstfindungsprozeß der Frau, die gegen überkommene Rollenzuweisung opponiert, durch das Bewußtsein wachsender Entfremdung, durch berufliche Schwierigkeiten eines Partners usw. Es fällt auf, sexuelle Aspekte spielen hier eine weit geringere Rolle als im amerikanischen Roman. Deutlich zeigt sich jedoch auch, daß der Sexualität überhaupt in der deutschen literarischen Szene nicht das Gewicht zukommt wie in der amerikanischen Literatur. Weitgehend verzichten die Autoren auf detailliertere Darstellungen erotisch-sexueller Szenen. Nicht jeder Autor muß über Tod, Krankheit, Altern schreiben, obwohl das auch existentielle Erfahrungen des Menschen sind, und nicht jeder Autor muß dem Sujet Sexualität, Erotik einen literarischen Reiz abgewinnen. Doch interessant ist, daß auch die »alten Achtundsechziger«, die die sexuelle Befreiung einklagten, literarisch wenig zu einer erotischen literarischen Kultur beitragen.

Offenkundig besitzt Sex als Sujet für die amerikanischen Autoren einen weit größeren Reiz als für die deutschen Kollegen – man denke auch an das Œuvre von Philip Roth –, sie beschreiben mit viel mehr sprachlicher Sinnlichkeit sexuelle

Szenen, ihre Protagonisten reden, je nach emotionaler Situation – seien sie verliebt, erregt, eifersüchtig, verletzt, aggressiv – eigenwillig metaphorisch, unverbrämt deftig, mischen Vulgärsprache und kühne Bildlichkeit, kurz, sie sind in ihrer Rede sehr freizügig, freimütig. Das überrascht angesichts des vorherrschenden Puritanismus in den USA, doch wahrscheinlich erzeugt gerade dieser Puritanismus das besondere Interesse an der sexuellen Thematik.

6. Sex im Zeichen von Telefon und neuen Medien

Die Entstehung neuer Medien, neuer Kommunikationsformen hat sich auch auf die erotische Phantasie ausgewirkt und zuvor ungeahnte Spielarten erotischer Kommunikationsformen geschaffen. Das Telefon war zwar eine Erfindung des 19. Jahrhunderts, doch es setzte sich in größerem Ausmaß erst seit den sechziger Jahren durch. Und im Zuge der Liberalisierung und Kommerzialisierung von Sex etablierten sich in den Medien auch Annoncen für Telefonsex. Die Anonymität der miteinander kommunizierenden Partner spielt dabei eine große Rolle, erhöht den Mut zur verbalen Selbstentblößung, zu kühnen Geständnissen. Natürlich können auch zwei Partner, die sich von Angesicht kennen, am Telefon ihre erotische Phantasie zum Glühen bringen, und die Paare in den Romanen – so in Updikes *Couples* – machen auch durchaus von dem akustischen Medium Gebrauch, ihre erotischen Botschaften zu senden, doch das Telefon stellt hier mehr einen Ersatz für eine sinnlich-körperliche Begegnung dar. Einen eigenen erotischen Reiz gewinnt das Telefon, wenn die Partner anonym sind, anonym bleiben wollen. Dieter Wellershoff (geb. 1924) hat dieses Phänomen noch vor der Welle der Telefonsex-Annoncen gesehen und sich einen Romanplot ausgedacht, der mit dem modernen Medium Telefon spielt.

Der Mythos von den Sirenen, die durch ihren verzaubernden Gesang die Seefahrer so betörten, daß sie ihre Geschichte, ihr bisheriges Leben vergaßen, sich willenlos dem Zauberklang ergaben und elendig zugrunde gingen, dieser Mythos birgt das Wunsch- und Angstbild des Mannes, der die Frau zu einer lockenden Lust-Imago stilisiert, zu einem Urbild erotischer Verheißung, sie gleichzeitig jedoch dämonisiert zu einem amoralischen, gefährlichen Zauberwesen, das zum Untergang verführt. Diese weibliche Lust-Imago, mag sie Sirene, Loreley, Lilofee oder Undine heißen, stellt immer das ganz Andere zum bekannten Lebensbereich dar, verkörpert den Traum eines Lebens, das der Mann, der männliche Bürger sich aus Zweckrationalität versagt, der aber – eingeschlossen im dunklen Keller des Unbewußten – weiterlebt. Der Sirenenmythos erscheint heute im medialen Zeitalter in neuer Gestalt, materialisiert sich als geheimnisvolle weibliche Telefonstimme.

Elsheimer, die Hauptfigur aus Dieter Wellershoffs Novelle *Die Sirene* (1980), erfährt die Macht seiner Wunschphantasie, die sein Intellekt immer perfekt unter Kontrolle gehabt hatte, eines beliebigen Tages durch ein – eigentlich auch beliebiges – Ereignis. Eine unbekannte Frau ruft Elsheimer, den renommierten Professor für Pädagogik, an und erzählt ihm stotternd, scheu und zugleich irgendwie komplizenhaft vertraut ihre banale unglückliche Liebesgeschichte, die sie sich selbst entfremdet, sie aus ihrer gewohnten Lebensnorm herausgerissen hat. Die durch die leise Stimme suggerierte Vertrautheit läßt Verwirrung zurück, über den Grund dieser merkwürdigen Vertrautheit nachdenkend, stößt Elsheimer auf sich selbst, auf seine nur scheinbar so gefestigte Existenz, auf sein nur scheinbar so fraglos sicheres Selbstbewußtsein, das sich immer wieder von neuem Bestätigung sucht in der Anerkennung seiner zahlreichen Publikationen. Diesem Leistungsprinzip verpflichtet, gesellschaftlichen Wertvorstellungen, die er verinnerlicht hat, sieht sich Elsheimer in dem Augenblick in seiner Existenzharmonie bedroht, in dem er durch Selbstzweifel in seiner flüssigen Produktion gehemmt wird. Trotz des Forschungssemesters, das ihn aller Universitätsverpflichtungen entbindet, stagniert er in seiner Arbeit über »Selbsterkenntnis oder über die Entstehung des Ichs« (20), gelingen ihm nur glatte Formulierungen, die Bekanntes variieren, in kein Forschungsneuland vorstoßen. »Und obwohl seine Prominenz eigentlich unangefochten war – er war schließlich Akademiemitglied und Vizepräsident der Pädagogischen Gesellschaft –, spürte er dringend eine Beweispflicht. Er mußte etwas schreiben, das seinen Ruf festigte, man erwartete es von ihm nicht unbedingt, aber er schuldete es sich selbst.« (20) Elsheimer, der sich dem intellektuellen Konditionierungsapparat vollkommen angeschlossen hat, erlebt die Brüchigkeit seines Individualitätsentwurfes, als er seine ›abrufbare‹ Produktivität in Zweifel zieht; und eben in der Phase ruft die »Stimme« an, die »Sirene«, die durch ihre ›schamlose‹ Selbstentblößung von Schwäche, durch ihre alle Konventionen überschwemmende Emotionalität eben die Nachtgeister weckt, die der gesellschaftlich imprägnierte Intellekt aus dem Tagesbewußtsein verdrängt hat.

Wellershoff variiert hier das Modell der anonymen Telefonsex-Erzählung, wie es später Nicholson Baker in seinem Roman *Vox* witzig, brillant durchspielt. Die Sirene »kennt« ja Elsheimer, zumindest seine äußeren Daten, Identität, Adresse, gesellschaftliche Position, doch sie selbst bewahrt die Anonymität. Wellershoffs ›Novelle‹ zeigt nun die fortschreitende Verführung des Intellektuellen Elsheimer durch die Sirene, die immer nur Telefonstimme bleibt. Und als bloße körperlose Stimme, die nie Gestalt, Gesicht und damit Wirklichkeit gewinnt, vermag sie zum Fixpunkt aller erotischen Wunschphantasie zu werden. Das Defizit, das in ihrer Körperlosigkeit liegt, wird zum Sog, in dem sich Elsheimer in seinem Triebpotential immer stärker verliert. Elsheimer erlebt die Verführung durch eine Telefonstimme, durch ein bloßes Traumbild, das als Traumbild und Wunsch-Imago, die sich allen erotischen Projektionen öffnet, mehr Macht über ihn gewinnt als die immer eingeschränkte, fixierte Wirklichkeit. Es ist der utopische Überschuß des Tagtraums, der – wie Ernst Bloch in *Das Prinzip Hoffnung* unter anderem an der romantischen Fernenliebe aufzeigt – die Enge realer Existenz überschreitet, Glücksziele entwirft, hinter denen die Wirklichkeit der Erfüllung stets zurückbleibt. Doch die Imago des Tagtraums wird dann zur Gefahr, wenn er die »Melancholie der Erfüllung« scheut, utopische Unruhe umschlägt in Wirklichkeitsflucht. Das wird zum »Quell für die eigentlich utopistische Neurose: nämlich für das Verbleiben im Wachtraum, für die Verfestigung des Bilds im Anfangszeichen, im bloßen Initial von Wirklichkeit« (Bloch, 377). Elsheimer erliegt der Verführung durch das leere Lustversprechen der körperlosen Stimme, einer Verführung, die eigentlich Selbstverführung des Tagesbewußtseins durch das eigene Triebpotential des Ichs ist.

In einer raffinierten Fabel, die auch den Leser in die gespannte Erwartung Elsheimers einbezieht, stellt Wellershoff diese Lust-Imago dar: Immer verheißt die Stimme Erfüllung in einer baldigen Begegnung, die dann doch nicht stattfindet. Die Frau lockt und entzieht sich und treibt Elsheimer durch dieses Spiel von Lockung und Verweigerung immer stärker in die Scheinwelt seiner ›utopistischen Neurose‹, die ihn mehr und mehr seiner bürgerlichen Existenz entfremdet. Als berufliche Gründe ihn nach Hamburg führen, dem Wohnort der ›Sirene‹, es zu einer Verabredung kommt, wartet Elsheimer umsonst, und er wird nie erfahren, ob die Fremde, die ihn am verabredeten Ort offensichtlich beobachtete, die ›Stimme‹ war. Ausbleibt die Melancholie der Erfüllung, verstärkt wirkt der Zauber gestaltloser Verheißung. »Die Entrückung« nennt Wellershoff (59) den Mittelpunkt seiner Novelle, in dem er die allmähliche Entwirklichung der zuvor so selbstgewissen Existenz Elsheimers aufzeigt. Und diese Entrückung durch leere Utopie wird auch nicht nach der Enttäuschung über das verweigerte Treffen aufgehoben: »Denn er war anders enttäuscht worden, als er sich vorgestellt hatte, nicht so, daß er entlassen war zu sich selbst, seinem alten Bewußtsein und Selbstgefühl, sondern als sei ein Mangel, eine Leere in ihm aufgedeckt worden, die er vorher nicht gekannt hatte.« (100) Das heißt, so irreal auch die Wunsch-Imago bleibt, in ihr wagt sich doch das real empfundene Ungenügen Elsheimers an seiner scheinbar so harmonisch geordneten, erfolgreichen beruflichen und privaten Existenz hervor. Die den Affekt kontrollierende Selbstbeschwichtigung – »Elsheimer konnte sich beglückwünschen zu seiner schönen, klugen Frau und den beiden hübschen Töchtern und seinen beruflichen Erfolgen« (29) – versagt vor der neuen Erfahrung der bisher so gut verkapselten Triebphantasie. Die familiäre Geborgenheit, die eingespielte Harmonie mit Frau und Kindern, die berufliche Selbstverwirklichung, das alles nimmt Scheincharakter an, wird für den ›Sirenensüchtigen‹ zur bürgerlichen Fassade, hinter der sich das eigentliche Wunschleben verbirgt. »Der Kampf« (123) heißt bezeichnenderweise der letzte Teil der Novelle, der – fast modellhaft – Elsheimers schon existenzgefährdende Sucht nach der Droge verbal-erotischer Scheinbefriedigung darstellt, zugleich auch seine Anstrengungen, dem Sog leerer Wunsch-Imagines zu entrinnen. Daß sich der Kampf für Elsheimer entscheidet, liegt auch an der psychologischen Überlegenheit seines Autors, der ihm die nötigen Reflexionsbarrieren für sein Sirenenabenteuer mit auf den Weg gibt. Die Sirene weiß instinktiv, daß ihr Zauber bricht, wenn sie reale Gestalt wird, Elsheimer ist bewußt, daß sie »für ihn nichts Bestimmtes, keine schöne, keine häßliche, keine junge, keine alte Frau« war, »sondern nur ein unbestimmtes und maßloses Versprechen, das von einer Zukunft handelte, in der er in ihren Armen lag« (158). Sie darf nur Lockstimme sein, doch wenn er es schafft, sich der Stimme zu entziehen, verliert die Sirene – wie im Mythos –

die Gewalt über ihn und muß sterben, ›verstummen‹. So sind die Regeln dieses Psychokampfs. Als zunächst sie sich versteckt, verstärkt sich der Sog ihrer lockenden Aura; doch als er sich bewußt unerreichbar macht, indem er mit seiner Familie verreist, wird er der Stärkere, der die Regeln diktiert – so das Grundmuster.

Elsheimer gelingt die Verweigerung, doch im Gefühl der Leere inmitten geregelter Existenz klingt die Erinnerung an die gefährliche Lust-Imago nach. Konsequent ist dieser Schluß und nicht überraschend, denn Elsheimers Intellektualität, seine psychologische Selbstbeobachtung, läßt letztlich nur ›reflektierte‹ Verführung zu, einen doch noch kontrollierten Sinnlichkeitsrausch, der den Rückzug offenhält. Dieser Eindruck wird auch durch den Stil der Erzählung gefördert, die – trotz ihrer personalen Erzählperspektive – auch in den Szenen sexueller ›Selbstvergessenheit‹, sich auslebender Wunschphantasie ihren durchkomponierten reflektierenden Duktus beibehält.

Wellershoff hat sich des modernen akustischen Mediums bedient, um seinen Protagonisten mit den verdrängten Wünschen und Ängsten seines Selbst zu konfrontieren. Daß sich Elsheimer schließlich der Stimme entzieht, erscheint zwar als Sieg der Vernunft, birgt aber auch ein Maß an Resignation. Denn letztlich kehrt er – trotz seines Ungenügens – zum Status quo seines geregelten bürgerlichen Lebens zurück.

Auf eine völlig andere Weise als Wellershoff setzt Nicholson Baker (geb. 1957) das Telefon in seinem Roman ein, der jede existentielle Problematik ausblendet, die bürgerliche Existenz seiner Telefonpartner im Unbestimmten beläßt und mit dem ersten Satz gleich ›zur Sache‹ kommt, zum Sex. *Vox*, ›Stimme‹, der Titel verweist schon auf das akustische Medium, in dem das Romangeschehen sich vollzieht; doch nichts deutet auf das pikante Thema »Telefonsex« hin, das letztlich als Etikett des Romanganzen fungieren könnte. *Vox* evoziert eine erotische Begegnung zweier Twens via Telefon, die – vermittelt durch entsprechende Agenturen – aus einem Stimmenangebot eine Gesprächsstimme wählen konnten. Unvermittelt ohne Introduktion setzt das Geschehen an, beginnt mit der für Sex-Telefonate klassischen Frage: »Was hast du an?« (7)

Und erwartet der Leser das übliche triviale, schwüle Sexgesäusel, die Beschreibung einer mit Strapsen und ähnlichen Accessoires hergerichteten Montmartre-Nacktheit, sieht er sich in seinen Erwartungen getäuscht. Antwort: »Sie sagte: ›Ich habe ein weißes Hemd mit kleinen Sternchen an, grünen und schwarzen Sternchen, dazu eine schwarze Hose, Socken so grün wie die Sternchen und schwarze Sneakers für neun Dollar.‹« (7) Keine Vamp-Imitationen zeigen sich hier, ihr Outfit entspricht eher dem lässigen sportlichen Stil eines College-Girls, das dezent die farblichen Effekte der Socken und Schuhe auf die Kleidung abstimmt. Den »Sternchen« in ihrer diminutiven Form eignet eher etwas Kindliches, und die Farbskala »weiß – grün – schwarz« verscheucht vollends jeden Gedanken an konventionelle Sexmontur. Auch die nächste Frage »Was machst du gerade?« paßte ins Repertoire der Telefonsex-Rituale, könnte zu Beschreibungen sexuell stimulierender Situationen animieren, und wiederum unterläuft die Antwort eventuelle Erwartungen: »Ich liege auf dem Bett, es ist gemacht. Das ist ungewöhnlich. Ich habe heute das Bett gemacht. Vor ein paar Monaten hat mir meine Mutter eine Tagesdecke aus Chenille geschenkt, genau so eine, wie wir früher hatten, und ich hatte ein schlechtes Gewissen, weil sie immer noch unbenutzt herumlag, und heute morgen hab ich sie schließlich aufs Bett drapiert.« (7) Wenn das »Bett« als klassische Stätte des Liebeslebens noch einen erotischen Assoziationsschub auslösen könnte, die nachfolgenden Erklärungen lenken in gegenläufiger Weise die Phantasie. Da wird keineswegs auf Sex angespielt, sondern es ist von alltäglichen Vorgängen die Rede, eben von der

Chenille-Tagesdecke, die die Mutter geschenkt hat und die Abby animierte, Ordnung zu machen. Nichts könnte unerotischer sein. Und Jim, der Telefonpartner, klinkt nicht etwa bei dem Reizwort »Bett« ein, sondern bei dem Fremdwort »Chenille«. Bei diesem Auftakt anti-erotischer Alltäglichkeit fragt es sich, wie denn die beiden Anrufer zum Ziel, zum erotisch prickelnden Telefonflirt gelangen.

Zwei normale junge Leute, sophisticated, kritisch und zugleich fasziniert von der Werbung, den Warenhausangeboten, die unaufhörlich frei Haus mit der Post geliefert werden – so der Deliques Intimates Katalog mit den luxuriösen Dessous –, finden bezeichnenderweise eben über die Reklameverheißungen zum Austausch von Intimitäten. Da geht's von Chenille zu Seide, von Seide zu Anzeigen für einen Hostessenservice »für den verwöhnten Herrn« und schließlich zu eigenen Sexphantasien. Anscheinend betrachten die beiden das ganze Arsenal an allseits propagierten sexy Accessoires als alberne Masche. Doch nebenbei kommt Sex ins Spiel. Jim erinnert sich, wie die Reklame für »Pointelle Tights« seine Phantasie erregte: »Es war dieses eine Bild von einer Frau in einem weiten grünen Hemd, sie lag auf dem Rücken, die Beine in der Luft, an den Knöcheln gekreuzt, und sie trug Tights. Keine schwarzen Tights. Ich war völlig hingerissen von diesem Bild.« (13) Er beschreibt seine Erregung, seine Phantasien, wie er, in der Badewanne liegend, diese Tights bei der Frau von der Bestellannahme bei Deliques ordert und onaniert. Er stellt sich vor, wem er diese Strumpfhosen schenken könnte, und Abby greift seine Geschichte auf und erfindet Varianten. Mit Bedacht sparen sie alle Sexphantasien miteinander aus, wie es beim Telefonsex üblich ist, denn das würde das Ende des Gesprächs – und des Romans – bedeuten. Jim erzählt irgendwann von einer pornographischen Erzählung, die aus der Perspektive eines Mädchens geschrieben war und die ihn äußerst stimuliert hat, und er konstatiert: »Ich denke, insofern, als verbale Pornographie Gedanken statt ausschließlich Bilder aufzeichnet, kann es das schärfste Medium überhaupt sein.« (89)

Baker geht jedoch so spielerisch in seinem Roman mit dem Sujet um, daß von Pornographie nicht die Rede sein kann. Seine Protagonisten erzählen sich Geschichten, spinnen die Geschichte des anderen weiter. Abby erzählt ihm z. B. von ihrem geerbten Silber und einer »gebogenen Gabel«, die sie richten will, und er erfindet dazu eine Geschichte für sie, in der ein Unbekannter mit einer gebogenen Gabel in ihrem Laden auftaucht, das von ihr gearbeitete Collier kauft und es ihr in einer äußerst erotischen Szene schenkt. Selten sprechen sie von eigenen Erlebnissen.

Symptomatisch für Jims Sexualphantasien ist seine Geschichte von seinem lustvollen sexuellen Erlebnis mit einer Arbeitskollegin, Emily, die »so eine aussichtslose Schwäche für einen Mann namens Lee« (103) hatte. Nachdem er Emily wochenlang jeden Tag ein Sternchenmemo zusteckte, ihr auch von seinen Kunstwerken für sie, einer »SCHWANZNACHZEICHNUNG IN ORIGINALGRÖSSE« (108) bzw. von seinem mühsam kopierten Penis – ohne großen Effekt – erzählt, läßt er sich von ihr bei einer Kontaktanzeige, die letztlich ihr selbst gilt, beraten. Sein Entwurf: »Du und ich, wir sitzen nebeneinander auf einer Couch und sehen P-Video, ohne einander zu berühren. Du bist klein oder groß usw., du möchtest, daß ich sehe, wie deine Lust deine Züge verwandelt. Ich bin ungeb. w. M., 29.« (115)

Sie hört sich seine erotischen Vorstellungen an und berät ihn fachkundig, intellektuell bei der Auswahl der Requisiten, eine Fransendecke ist obligatorisch und ein mit Bedacht ausgewähltes P-Video, und zwar ein »ausländisches synchronisiertes Video«, »weil es da mehr Schichten gibt – da hat man das Plastische, aber die Münder, die sagen italienische oder französische Sexwörter und dann die amerikanischen Schauspieler, die ooh und aah machen« (119).

Schließlich ›proben‹ sie gemeinsam das Szenario, schauen sich das P-Video an, zippen über langweilige Stellen, wiederholen die interessanten, sie beide schauen nur auf das Video, es gibt keinen Blickkontakt und keine Berührung zwischen ihnen, nur Jim sieht verstohlen »rüber auf Emilys Gesicht und beobachtete, wie sie den Blick auf die Doppelschwanzeinstellungen schweifen ließ, und ich schaute runter auf ihre Brüste. Ich wollte sie berühren, aber ich wußte, das würde die Dinge komplizieren, es wäre ein Fehler gewesen« (138). Es ist die Inszenierung gemeinsam erlebter Onanie, einzig die Fransendecke bedeckt, verhüllt sie. Die Szene gipfelt in der Darstellung ihres Orgasmus:

> Als es losging, sagte sie irgendwie leise: »Ich glaube, zu der Szene möchte ich kommen.« Ich sagte: »Okay.« Aber die Szene ging wieder zu schnell für sie zu Ende, und sie mußte ein zweites Mal zurückspulen. Diesmal schaute ich sie an, sie war gerötet, ihre Wangen glänzten, sie wirkte so verwandelt, so erotisch und elegant, und ich sah runter, und ihre Hände trafen sich unter der Decke, beide Handgelenke waren durchgebogen, so daß die Arme ihre Brüste irgendwie seitlich nach innen drückten, und ich sagte: »Kann ich dich am Arm berühren?«, und sie nickte, und ich legte die Fingerspitzen ganz sacht auf die Innenseite ihres Unterarms, gleich über dem Handgelenk, und ich spürte, wie sich ihre Sehne zog und zog, während sie sich rieb, und dieses indirekte Gefühl, ihr den Masturbationspuls nehmen zu können, war zuviel, und ich sagte: »Ich glaube, ich komme jetzt«, und schon kam ich in die Decke, und als der erste Typ über die Heldin kam, schloß Emily die Beine und fing ebenfalls an zu kommen, und als der zweite Typ über die Heldin kam, kam Emily noch immer, aber ohne jedes Um-sich-Schlagen, sehr konzentriert, doch ihrem Atem konnte ich schwach anhören, daß ihre Beine zitterten. Es war ein wunder-

> schönes Erlebnis. Sie hob ihre Strumpfhose auf, und nachdem ich mich wieder verstaut hatte, wickelte sie sich in die Decke ein, und ich begleitete sie ins Bad, wobei ich wie ein Diener die spermabeschmierte Ecke hielt, damit sie nicht gegen ihren Rock fiel. Dann fuhr ich sie zurück zu ihrem Auto. Wir gaben uns einen förmlichen Kuß, und sie sagte: »Danke, Mario.« Am nächsten Tag schickte ich ihr ein Sternchen-Memo. Das war alles. Ein perfekter Abend, perfekt. (138 f.)

Zweifellos spielt Voyeurismus in dieser Szene in mehrfacher Weise eine Rolle. Sowohl Emily als auch Jim suchen die sexuelle Stimulation durch das Sexvideo, der gefilmte Orgasmus der Frau erregt sie, doch Jim erlebt weniger den Film als Onaniervorlage, sondern ungleich stärker erregt ihn die wachsende Erregung Emilys. Nun spielt die Intensivierung der eigenen Lust durch die Lust des Partners beim heterosexuellen Sex – und wohl nicht nur bei diesem – eine große Rolle; soll es sich nicht nur um einen ›Quickie‹ schnell vollzogener Triebabfuhr handeln, steigert das Gefühl der Wechselseitigkeit den Genuß. Doch hier handelt es sich um ein erotisches Arrangement, bei dem die beiden ›Partner‹ allein agieren. Auffällig ist die nuancierte Blickweise Jims, der sich nicht etwa am nackten Körper Emilys, an Brust, Venushügel, Schamlippen usw. delektiert, er beobachtet ihr Gesicht als Spiegel ihrer Erregung, er genießt den Anblick ihrer durchgebogenen Handgelenke, die von ihrem konzentrierten Vorgehen bei der Masturbation zeugen. Bemerkenswert und überraschend der Ausdruck »so erotisch und elegant«, als Ästhet nimmt er die Szene wahr, er imaginiert das ihm nur sehr vermittelt dargebotene sexuelle Geschehen in seiner Phantasie: »dieses indirekte Gefühl, ihr den Masturbationspuls nehmen zu können«, stimuliert ihn, die medizinische Metapher, der Puls, der den Herzrhythmus anzeigt, verweist ihrerseits auf das Vermittelte des erotischen Kontakts.

Seiner Telefonpartnerin gesteht Jim: »Da wir offen miteinander sind, da wir wirklich offen sind, will ich dir sagen, daß dieser Abend mit Emily wohl die beste sexuelle Erfahrung war, die ich je hatte, mindestens eine der erlesensten.« (40) Auch wenn er einräumt, daß er nicht »auch hier und da was Normales erlebt hätte«, das ›Nicht Normale‹ seines Erlebnisses mit Emily besitzt für ihn einen weitaus stärkeren Reiz. In gewisser Weise stellt das eine Variante des »zipless fuck« dar, wie ihn Isadora Wing in Erica Jongs *Fear of Flying* phantasierte. War es da ein Anonymus, mit dem die Protagonistin sich einen spontanen berauschenden Sex ohne schwierige Präliminarien und ohne eine fortlaufende Geschichte wünschte, einfach nur ein lustvolles erotisches Abenteuer im ›geschichtslosen Raum‹, so ist es hier das sexuelle Arrangement zweier Kollegen, die ihren Orgasmus ohne wechselseitige Berührung herbeiführen. Das Gemeinsame liegt in der Berührungsscheu, sei es vor der emotionalen Intimität einer Geschichte, sei es vor der physischen Intimität des Beischlafs.

Jims Geschichte stellt in Bakers Roman keine Ausnahme dar, was auch immer er Abby an erotischen Episoden und Phantasien erzählt, es sind immer onanistische Szenarien, hochgespannt, die auf dem schmalen Grat zwischen Phantasie und Realität stattfinden. Auch Abby erzählt ihrem Telefonpartner nicht etwa die Geschichten ihres mehr oder weniger enttäuschenden oder glücklichen Liebeslebens mit realen Partnern, sie vertraut ihm ihre sexuellen Phantasien an, ihre Strategien erotischen Genusses. Da gibt es zwar auch eine reale Begebenheit, die frustvoll mit Abbys Erbrechen vor dem eigenen Bad endet, doch interessanter sind die Schilderungen ihrer wohlüberlegten Szenarien onanistischer Lust. Sie beschreibt ihre Dusch- oder Wasserorgien, die ihr einen lustvollen Orgasmus verschaffen. Und Jim stellt sich ganz auf sie ein und imaginiert seinerseits bei ihren sexuellen Phantasien Varianten. Es ist ein reizvolles Spiel mit Möglichkeiten: ›es könnte so gewesen sein‹, und beide lieben dieses Spiel, finden dabei zueinander, und auch wenn sie schließlich zum Schluß – wie es sich für den Telefonsex gehört – zum Orgasmus kommen; sie verzichten doch im letzten Moment darauf, ihre Telefonnummern auszutauschen, ihre spontane Sympathie, die sie schutzlos einander ihre intimsten sexuellen Phantasien kommunizieren ließ, bedarf gerade der Anonymität. Jim und Abby, das sind nur zwei Namen ohne Adresse, d. h. ohne gesellschaftliches Umfeld, und nur das ermöglichte die Wahrhaftigkeit ihrer ungeschützten Selbstentblößung.

Interessant ist der Stil, die Sprache, in der die beiden miteinander kommunizieren. Es herrscht nicht ein einzelner Sexualjargon vor, etwa vulgärer Alltagsslang oder medizinische Fachsprache, sondern sie mischen phantasievolle Metaphern, Alltagsslang und Fachvokabular, das wirkt völlig unprätentiös, authentisch. Offenkundig sind beide sehr sprachbewußt:

> »Masturbieren ... wie findest du das Wort?« – »Masturbieren? Ich finde es nicht schlimm, aber auch nicht gut.« – »Suchen wir uns ein neues dafür«, sagte er. »Für mich sage ich manchmal ›mir einen abrubbeln‹ dazu.« – »Okay, das wäre eine Möglichkeit. Wie wär's einfach mit ›fiedeln‹? Sich einen fiedeln? Ohne das ›ab‹ klingt es irgendwie gewagt.« – »Nein, nein. Schrummeln.« (39f.)

Sie versuchen spielerisch gegen den vorgegebenen Sexualcode, der die Wahl zwischen medizinischem und vulgärem Vokabular bietet, neue Worte. So spricht Jim z. B. von ›Nannis‹: »›Nannis?‹ – ›Ja, manchmal mag ich das Wort ›Brüste‹ und die ganzen Slangsynonyme dafür nicht.‹« (38) Zwar ist auch vom »Steifen« und »Eiern« die Rede, doch dann heißt es, »nimm das Juggs [ein Journal] und fächle damit deinen überhitzten Brausestand« (72). An anderer Stelle korrigiert sich Jim: »Ich werde so irre spitz ... auch wieder so ein unpassendes Wort ... so titz, so klitz, so schwitz ... ich werde so schwitz, daß ich auf meine Schwanz-Eier-Einheit runterschaue«. (68) Dann wieder schnellen den Dressmen einer Geschichte »ihre Sahnehörnchen aus den Shorts« (76), in einer anderen Geschichte soll ein Typ »seinen Füller in die Gesäßtasche stecken« (91). Und als Abby von einem Pilz erzählt – »ich glaube, er hieß ›Banana-Bongo‹« –, meint Jim: »Das ist eine angemessene Beschreibung meiner ... Kurbel« (68). Oft ergibt sich das neue Wort aus der Erzählsituation, so wenn Abby von ihrem »opulenten Opal-Oloch« (97) spricht, meist jedoch heißt es kurz »meine Klit«. »Dann wird meine Klit hart und fühlt sich an wie so ein abgelöstes Keilding, wie ein Maiskorn, und mir ist, als müßte ich sie in einer kleinen hölzernen Schatztruhe verwahren« (69); »nein, schon macht sich meine Klit daran, sich wieder in ihr Klitkloster zu verkriechen« (100). Auch wenn Klit für Klitoris nicht von ausschweifender Phantasie zeugt, der Kurzform eignet im Gegensatz zum medizinischen Terminus etwas salopp Individuelles.

Nicholson Bakers *Vox*, frech geschrieben, ist ein Roman, der alle Erwartungen unterläuft, die auf schwüle voyeuristische Szenen im Softporno-Stil gefaßt sind. Doch so sophisticated, witzig die beiden Protagonisten sich auch geben, es fällt auf, daß beide ausschließlich von onanistischen Phantasien berichten. Es fragt sich, ob sich nicht hinter ihrer charmanten Plauderei, hinter dem spielerischen Ton selbstbewußter Freizügigkeit ihre Einsamkeit, ein gewisser Solipsismus verbirgt, zugleich die Angst vor intensiven Gefühlen, die das Ich verletzbar machen könnten. Baudelaires Aphorismus »Was die Liebe so lästig macht, ist der Umstand, daß sie ein Verbrechen ist, das man nicht ohne Komplizen begehen kann« (*Die künstlichen Paradiese*, 237) scheint das erotische Verhalten dieser beiden Twens zu bestimmen.

Dieter Wellershoff und Nicholson Baker entwickeln zwei ganz unterschiedliche Schreibstrategien, zwei sehr verschiedene Tonarten. Der eine gestaltet psychoanalytisch reflektiert eine Existenzkrise, der andere kultiviert die Kunst der erotischen Plauderei, doch beide verbindet das Interesse für das moderne Medium Telefon und die Macht der Phantasie. Uwe Timm (geb. 1940) spielt in seinem Roman *Johannisnacht* (1996) mit dem Motiv des Telefonsexes, sein Leser wie auch sein Protagonist, der Ich-Erzähler, der – in einem schriftstellerischen Tief – einen Beitrag über die Kartoffel schreiben soll und bei seinen Recherchen über die wundersamsten Geschichten stolpert, kommen jedoch dabei nicht auf ihre eventuell voyeuristischen Kosten. Er ist auf der Suche nach einem Geschmackskatalog der prosaischen Knolle, den der inzwischen verstorbene Ostberliner Kartoffelforscher Rogler in jahrelanger Arbeit erstellt hat und den jener bei einer Taxifahrt mit einem unverschämten Fahrer verloren hat. Dabei stößt er auf die attraktive, selbstbewußte Tina, die eine Magisterarbeit über die Kartoffel in der Literatur nach 1945 schreiben wollte, sich jedoch inzwischen einem lukrativeren Metier zugewendet hat. Das Band ihres Anrufbeantworters, eine Collage von Bettgestöhn und Lustschrei, gleichsam ihr »Firmenschild«, ihr »akustisches Signal« (181), wie sie erläutert, ist Anlaß einer diskreten Nachfrage des Ich-Erzählers. Offen bekennt sie, im Bewußtsein der erotisierenden Wirkung nicht nur ihrer Beinhaltung auf ihr Gegenüber:

> Ich verdiene mein Geld mit Telefonsex. Chill out wäre genauer. Ja. Alle gucken erst mal ziemlich dumm aus dem Karton. Aber mir macht es Spaß, und die Kohle stimmt. Absolut clean, keine Berührung, und man kann und muß spontan reagieren. Nicht so stupid, wie es die meisten machen: So Junge, jetzt wichs dir mal einen. Ich bin auch dabei, hier, ich hab die Hand unten, hier, zwischen den Beinen: Keuch, Keuch, Keuch. Einfach peinlich, das ist etwas für die akustischen Analphabeten. Nein, ich laß Geschichten entstehen, Mög-

> lichkeiten, es entsteht was im Kopf, wie beim Lesen. Insofern hat mir auch das Studium geholfen. Erzählen ist total erotisch. Bekommen die heimlichen Wünsche etwas Luft unter die Flügel. Im Gegensatz zu den Frauen sind die meisten Männer ja Voyeure. Das Auge ist doch das Organ der Distanz. Beim Ohr geht es direkt in den Kopf, und da drinnen werden dann die Bilder geliefert. Gehört einfach mehr Phantasie dazu. (118)

Natürlich ist der Kartoffelforscher durch Tinas Bekenntnisse höchst animiert und möchte gern selbst in den Genuß eines prickelnden erotischen Telefondialogs kommen. Auf seine Bitte, ihm eine ihrer Geschichten zu erzähen, wehrt sie dramatisch ab, »als wolle sie eine unzüchtige Annäherung abwehren« (119). Sie braucht den Apparat, die Distanz, darf den anderen nicht sehen, nur so entstehen ihre Vorstellungen, Phantasien. Natürlich ist das auch nur unter ihrer Berufsnummer möglich! Und der Ich-Erzähler läßt sich darauf ein, ruft sie unter ihrer Geschäftsnummer an, doch Tina bietet ihm keinerlei Kostprobe raffinierter Telefonerotik, er hört sich dagegen – mehr und mehr ungeduldig – während die Uhr, Sondertarif, läuft – ihre Geschichte von einem Seitensprung und dem Ende ihrer Ehe an, eine ziemlich banale Story, die ihn schließlich 1000 Mark kostet. Ihrer Geschichte lauschend, starrt er zugleich »auf die Zahlen, die, wenn ich das in der Geschwindigkeit recht sah, von den anfänglichen 12 inzwischen auf 180 hochgeschnellt waren« (132), und er ist erst am Anfang der Geschichte, die von Tinas Tiefenangst, ihrer Schwimmtherapie und dem Scheidungsgrund ihrer vierjährigen Ehe mit einem durchtrainierten Mittfünziger handelt, mit dem sie leidenschaftlichen Sex in einer unbequemen Umkleidekabine im Schwimmbad erlebte (135 ff.).

Sex, der sich allein im akustischen Medium vollzieht, bedarf in der Tat einer gesteigerten erotischen, sprachlichen

Phantasie, zu Recht polemisiert Tina gegen den üblichen Telefonsex, der sich nur im Austausch von Vulgärfloskeln vollzieht. Wie dabei eine erotische Stimulation entstehen soll, bleibt rätselhaft, ist wohl nur durch die sexuelle Bereitschaft eines sexuell höchst defizitären Ichs zu verstehen, das auf bloße Reizwörter reagiert. Doch was sie ihrerseits bietet, könnte auch in irgendeinem beliebigen TV-Spielfilm im Nachmittagsprogramm erscheinen. Und während sie sich viel Zeit nimmt, Zigaretten holt, Wein trinkt, sich in allgemeiner Lebensphilosophie ergeht, wird er immer ungeduldiger, den Fortgang ihrer leidenschaftlichen Affäre mit ihrem ›Schwimmer‹ zu hören. Sein Blick auf die Zähluhr, die in rasantem Tempo forteilt, verstärkt verständlicherweise seine Ungeduld, nun doch zum Wesentlichen, d. h. zur Erotik zu kommen. Doch der Ich-Erzähler sowie die Leser müssen sich damit bescheiden, daß die Telefonsex-Expertin statt prickelnder Telefonerotik nur eine banale Seitensprungaffäre mit Eheende erzählt.

Der Protagonist, ein Intellektueller, auch nicht gefeit vor den Anfechtungen voyeuristischer Neugier, erhofft sich von den erotischen Plaudereien der fremden Telefonsex-Partnerin neue Erfahrungen. Unversehens ist er in den Sog erotischen Voyeurismus geraten, sucht das extravagante Abenteuer und sieht sich in seinen Erwartungen düpiert. Sie verabreden sich sinnigerweise am selben Abend noch in dem Schwimmbad ihrer ›Aventüre‹ – »du mußt dir dieses Bad schon aus beruflichen Gründen ansehen, denn das war eine ausbaufähige Geschichte« (145), doch er schwimmt allein eine halbe Stunde »in diesem pißwarmen Wasser«, und erst beim Hinausgehen sieht er das Schild »Heute extra warm. Seniorenabend« (127). Er ist verärgert über Tina und mehr noch über seine Naivität und macht von dem Tip zu einem »boomerangcall« (339), den ihm ein Pensionsnachbar gegeben hat, Gebrauch, »gab die Geschäftsadresse von Tina durch« (229), und er spricht etwa acht Minuten, um die 1000 Mark Einheiten auf sein Konto in der Pension zurückzubuchen. Er gibt sich bei diesem Bumerang-Ruf betont cool, bedauert, daß er seine Verabredung fürs Schwimmbad nicht einhalten konnte und schlägt ein Treffen in einer Bar vor, ist jedoch überzeugt, daß die geschäftstüchtige Tina nicht erscheinen werde. Doch eine junge Frau – »nackte Schultern, an Spaghettiträgern hing ein metallicsilbernes Kleid, extrem kurz, überhohe Blockabsätze, ebenfalls silbern, schwarzes, tiefschwarzes Haar, dessen Ponysträhnen ihr in die Augen hingen, tiefschwarz geschminkt, darin blau die Iris« (235) – gibt sich als Tina zu erkennen, und sie oder er macht ihm – er ist sich auch da nicht mehr sicher – vielversprechende Verheißungen: »Los, sagt sie, wir gehen, ich will dich spüren, richtig, und wenn ich sage: richtig, meine ich das auch so.« Doch zuvor beim Tanz spürt er ihren Körper, »zart und weich«, hat jedoch einen »Moment den Eindruck, mit einem Mann zu tanzen, als sei da etwas, was nicht zwischen die Beine einer Frau gehöre« (247) – und trotz ihrer Avancen entschwindet er.

Uwe Timm persifliert hier die prickelnden Erwartungen, die seinen Protagonisten ob des Sujets »Telefonsex« animieren. Und konsequent verweigert er ihm und dem Leser jegliche ›erotische Telefonsex-Phantasien‹, serviert er ihm eine banale Geschichte, die alle aufreizenden Vorstellungen über Telefonsex mit einer Unbekannten unterläuft. Daß sich der Protagonist am Ende nicht einmal sicher ist, ob es sich bei Tina wirklich um eine Frau handelt, überrascht zunächst, da er Tina ja ›in reality‹ getroffen hat, doch der Erzähler imaginiert die Möglichkeiten von Maskerade und Geschlechter-Rollenspiel, die verwirrenden Täuschungen von Ich-Inszenierungen, die *gender* und Geschlecht virtuos handhaben. Zugleich zeigt er die Simulationsmöglichkeiten des akustischen Mediums, das die verschiedensten virtuellen Selbstentwürfe zuläßt, die die Kommunikation zu einem Abenteuer mit verschiedenen Unbekannten machen. Er imaginiert in seinem Roman schon die Möglichkeiten, die die Internet-Beziehungen durchspielen.

Das Internet hat das Telefon keineswegs abgelöst, doch es bietet neue Kommunikationsmöglichkeiten, die ihrerseits die schriftstellerische Phantasie anregen. Während sich bei dem akustischen Medium ›Telefon‹ die Partner an der Stimme als weiblich oder männlich erkennen, sie sich auch ungefähr in ihrem Alter bestimmen lassen, selbst wenn sie ihre Identität verbergen, bietet das Internet Möglichkeiten, völlig fiktive Personen zu erfinden, die miteinander eine erotische Beziehung beginnen. Wer kann denn wissen, ob sich hinter dem männlichen Viktor nicht eine Viktorine verbirgt, ob die reizende Sally nicht vielleicht ein Mann ist oder ein pubertierender Knabe. Alles ist möglich! In *Ch@tlove* (1999), einem Internet-Roman von Sabine Rieger (geb. 1959), mailt der Chatter Merlin an Lea:

> Da verlieben zwei sich virtuell und meinen, den Gegenüber auf der anderen Leitung zu kennen, aber wer weiß, was das wirklich für ein Typ ist. Was macht uns eigentlich verliebt? Real sehe ich jemanden, der mich interessiert, ich schaue, ob ich mehr finde. Oder ich verliebe mich auf den zweiten Blick, weil ich etwas anderes faszinierend finde. Was reizt an einem Chatter? Die paar Worte können doch nicht so anziehend sein. Aber es ist wie ein Sog, der Dich erfaßt und immer tiefer hineinzieht. Plötzlich stehst Du da, weißt nicht, was Dich dazu getrieben hat, Dich so aufzuführen, Dich seelisch so zu entblößen. Eine Sucht treibt Dich weiter in die Gefühlswelt hinein, bis die Seifenblase zerplatzt und Du fassungslos stehengelassen wirst oder selbst ernüchternd jemandem Einhalt gebietest. (186 f.)

Und Lea versucht Merlin (und sich selbst) das Faszinierende einer Chat-love, diesen merkwürdigen Sog zu erklären:

> Natürlich ist man schnell geneigt, im Chat seine Liebe zu suchen. In der Diskothek ist es laut, Kneipenbekanntschaften haben etwas Verrufenes, auf Partys findet man selten Singles, Kollegenliebschaften können zu kompliziert sein, aber nichts ist einfacher, als im Chat jemanden zu finden, der genauso nach Liebe hungert, wie man selbst, jemand, der sich genauso einsam fühlt. Und schwupps ist man verliebt. Die seelische Distanz schwindet durch die räumliche Distanz, man ist viel leichter bereit, sein Herz offenzulegen, seine Gefühle. Von dem Gegenüber, der unbekannt ist, kann man sich zur Not mit einem Knopfdruck entledigen, man braucht ihm nie wieder zu begegnen. (187)

Die elektronischen Internet-Rendezvous sind den Widrigkeiten des Alltags enthoben, und anders als die intimen Korrespondenzen vergangener Zeiten – eines Balzac mit Madame Hanska – sind sie durch Anonymität und eine Geschwindigkeit, die sich der Simultaneität nähert, bestimmt. Ein Klick ›senden‹ und die Post ist schon beim Partner angelangt. Die Möglichkeit der unmittelbaren Kommunikation via Computer – ohne Zeitaufschub – verstärkt den Eindruck der Nähe.

Bei dem prickelnden erotischen Nonstop-Gespräch in *Vox* waren auch die »räumliche Distanz« und die Anonymität die Voraussetzung für die intimen Enthüllungen zwischen Jim und Abby, auch sie konnten sich mit dem Auflegen des Hörers aus der Intimität ausklinken. Doch wollten sie die Kommunikation fortführen, wie es in den Internetkontakten in der Regel der Fall ist, dann müßten sie die Nummern tauschen, und ihre Anonymität wäre aufgehoben. Im Internet können sich die Plauderwilligen unter beliebigem Namen ins Netz einloggen; so treffen sich in *Ch@tlove* z. B. Pamina, CyberDino, dArtagnon, laurin, BigMac, Pluto, GrauerWolf, Merlin, TinkerBell usw.

(154f.), offenkundig Phantasienamen, deren Wahl vielleicht – gewollt oder ungewollt – etwas über die Träger verrät oder aber gerade – in mehrfacher Brechung – deren Wesen verbergen, verrätseln soll. Die Camouflage fördert den Mut zu intimer Selbstentblößung, erhöht den Reiz erotischer Kommunikation, birgt jedoch auch die Gefahr, ob der illusionären Intimbeziehung die Realität zu vergessen und sich in der virtuellen Welt zu verlieren. Der Internet-Partner kann für sich selbst und für den anderen eine Identität entwerfen, die mit seinem alltäglichen Leben nichts zu tun hat. Lea meint: »Man kann sich aus ein paar Aussagen des Chatters ein Bild von dem Menschen schnitzen, ganz so, als lese man einen Fantasy-Roman, man bastelt sich eine Figur zusammen, niemanden, der sich am Ohr zupft, seine Haare ständig nach hinten schmeißt, schielt, einem auf die Pelle rückt, mit dem Bein wippt oder irgend etwas tut, was einem auf die Nerven geht.« (187)

Sabine Rieger spielt in ihrer Story *Ch@tlove* mit den Camouflage-Möglichkeiten im Internet. Lea wird immer vertrauter mit ihrem Chatpartner Jean-Paul/Merlin, der sich schließlich als der seit Kindheit bekannte Freund ihres Bruders, Jean-Paul-Etienne, enttarnt, der sich in sie verliebt und dem sie einen Korb gegeben hat. Über das Internet nähert er sich ihr inkognito und gewinnt schließlich ihre Liebe. Bis zum Happy-End gibt es jedoch noch viele weitere Verwicklungen, schließlich hat sie sich in der realen Welt in den betriebsamen Anwalt Martain Schiller verliebt, der sie zwar auch liebt, aber seine Arbeit über alles stellt. Und dann ist da noch der anfänglich so romantische ›Grauer-Wolf‹ aus dem Internet, der sich als psychisch gestört entpuppt, er will trotz seiner Frigidität Lea besitzen, sie vor anderen Männern ›beschützen‹, hat sich dafür in ihren Computer eingeschleust, beobachtet jeden ihrer digitalen ›Schritte‹ und startet schließlich sogar einen Großangriff auf den Computer ihres neuen Lovers Martain mit katastrophalen Folgen. Zudem gelingt es ihm durch eine Intrige in der Tat, Lea und Martain zu trennen, das darf ihm jedoch auch gelingen, da die Autorin als Traumpartner von Beginn an Etienne für Lea vorgesehen hatte. Zum romantischen Happy-End gesellt sich die Rache an dem bösen ›GrauerWolf‹.

Trotz seiner Handlungseinfälle und den vielfältigen Chatbeziehungen mit den verschiedensten Themen enttäuscht der Roman durch seine sprachliche Inkompetenz. Da wird permanent gekichert, gegrinst, genuschelt, sich angeschmiegt, Juhu geschrieen, in die Hände geklatscht. Das ist eine Teenie-Sprache, die jedoch kein heutiger Teenager spricht, so jugendbewegt frisch, alle sind schrecklich witzig. Den erotischen Dialogen fehlt jedes Flair, jede Phantasie, da schlägt das Herz höher beim Lesen der Mail, da wird vor Sehnsucht zerflossen, milliardenfach geküßt, auf den Kopf geküßt usw., eine Sprache voller Klischees, oft ungelenk, ohne Authentizität. Auch die Figuren des Romans bleiben abstrakt, eine Summe von Daten und Fakten, beleben sich nicht zu Charakteren. Der sprachliche, ästhetische Biedersinn der Autorin verspielt das interessante Sujet.

Das gilt auch für Nan McCarthys (geb. 1961) Romantrilogie *Chat*, *Connect* und *Crash* (1995–97). Hier chatten Beverly, Lektorin, und Maximilian, Werbetexter, miteinander, kommen sich im virtuellen Netz näher, verbringen schließlich real eine heiße erotische Nacht miteinander, ohne daß sie wissen, mit wem sie es zu tun haben. Maximilian erschließt aus Beverlys Enthüllungen – eher als diese –, daß er der phantastische Lover war, von dem sie ihm vorschwärmt. Mit dieser ›Überraschung‹ endet der Roman, und der zweite setzt mit dem Versuch Maximilians ein, die darob verstimmte Beverly, die sich in Schweigen hüllt, aus der Reserve zu locken, was ihm schließlich auch gelingt. Ein simpler Plot, eine dürftige Story, uninteressante dümmliche Protagonisten, die recht puritanisch angehaucht sind. So gesteht Maximilian: »Vor der Nacht mit dir hatte ich noch nie einen ›one-night stand‹. Auch wenn du es nicht glaubst, ich habe in der Nacht, als ich Tracy einen Heiratsantrag machte, zum erstenmal mit einer Frau geschlafen. Mist.« (102) Die Sprache entspricht kaum ästhetischen Minimalansprüchen, und Geständnisse wie diese: »Weißt du ... äh ... meine Tastatur wird allmählich klebrig« (113), sind schlicht nur peinlich, enthüllen das mangelnde Stilgefühl der Autorin.

Alles in allem, es gibt Autoren, die die Brisanz des Sujets ›Erotik im Internet‹ erkannt haben, jedoch nicht über ein entsprechendes kreatives Vermögen verfügen, dieses Sujet interessant zu entfalten. Die Erzählung *Pinkland* von Graham Joyce (geb. 1954) bildet da eine der wenigen Ausnahmen, die brillant die Möglichkeiten des Mediums ausreizen. Gleich der Beginn zeigt die Spielformen des Netzes. »Die beiden waren seit fast sechs Monaten ein ätherisches Liebespaar, als Nat Sammy gestand, eine Frau zu sein.« (26) Obwohl Sammy ob dieser Eröffnung verunsichert ist, tippt er doch auf Nats Frage »Willst du mich noch treffen?« mit wirbelnden Gedanken und zitternden Fingern: »Ja, natürlich will ich dich treffen. Was spricht dagegen?« (26) Denn er weiß um »einige der Gefahren, die eine Beziehung im Netz barg«. Verbirgt sich hinter Nat eine Natalie oder ein Nathanael? Man ist auf die Angaben angewiesen. Nat hatte auf seine Frage angegeben: »männlich, 31, Single«. Im Laufe der Monate hatten sich die beiden ein eigenes Website-Zuhause geschaffen, mit ausgesuchtem Dekor, »natürlich *nouveau*«, Lieblingsbüchern, Kunst: »Sie schufen sich ein gemeinsames Leben« (28). Und: »Während sie Pinkland schufen, wurde es zur Regel, sämtliche Kleidungsstücke an der virtuellen Tür abzulegen, auf einem ordentlich festgelegten Haufen. Zumindest Sammy saß immer, wie vereinbart, nackt an der Tastatur.« (28) Es entwickelt sich eine aufregend spannende Beziehung zwischen den beiden, die wie im realen Leben – wenn es mehr als nur eine kurze Sex-Affäre sein soll – den Reiz allmählich wachsender Intimität auskosten. Es braucht eine Zeit bis zu ihrem »ersten nervösen, zögerlichen Internet-Kuß« (27).

Graham Joyce arbeitet nicht mit billigen vulgären Sex-Szenarien, er setzt auf den Reiz und die Verführungskraft des Wortes, die Sprache regt die Phantasie an, sie setzt erotische Vorstellungen frei, die nicht an das Hier und Jetzt realer Körperlichkeit gebunden ist. »›Schleckend schlüpfende Zunge‹, lautete Sammys getippte Antwort. ›Feuchte, heiße, pelzige, schlüpfrige, schwach-salzige, spermaschwangere …‹ und Nat unterbrach bei diesem ersten Mal, ›du machst mich ganz scharf, und ich war nicht mehr scharf seit …‹, blinkend verharrte der Cursor, ›… Jahren‹.« (27) Der vor der Zeitangabe verharrende Cursor könnte dem aufmerksamen Leser ein erstes Signal sein, daß Nat – ja was? – älter als angegeben sein könnte.

Nicht zufällig nennt Nat Sammy einen Linguisten, ein Naturtalent, der die Kunst verbal erotischer Reizung versteht, jedoch auch er, pardon sie selbst beeindruckt Sammy mächtig durch Wortgewandtheit: »Nats verbale Liebkosungen waren wie eine sexgeladene Englischstunde, die Demonstration eines Virtuosen im übergangslosen Wechsel der Register, trotz seiner Klagen über die Defizite der Sprache, zwischen den mehrsilbigen Streicheleinheiten der romanischstämmigen Worte und dem guten alten, knallharten Angelsächsischen.« (32) Da die Erotikpartner im virtuellen Raum, aller sinnlichen Kommunikation beraubt, allein durch das auf dem Bildschirm erscheinende Wort kommunizieren, kann sich die erotische Verführung auch nur über die Phantasien, die das Wort evoziert, vollziehen. Nat ist voller Ideen und Sammy läßt sich begeistert auf die Spiele ein, sie treffen einander im virtuellen Café, Sammy ist jedenfalls überzeugt, daß der Typ an der Bar Nat ist – also ist sie doch ein Mann?

Ein Treffen im realen Leben, auf das Nat schließlich besteht, endet mit einer großen Überraschung für beide und mit dem Ende von ihrem schönen gemeinsamen Pinkland.

Sammy beschließt deshalb, »den Versuch zu starten, eine neue Beziehung einzugehen, und dieses Mal nicht im Netz. Aber das wirkliche Leben war anders. Es war unmöglich, auf dieselbe Art und Weise zu kommunizieren. Mit einem Mädchen in seinem Alter stellte er fest, daß gewöhnliche Beziehungen oft darin bestanden, über längere Zeit überhaupt nichts zu sagen; wohingegen die Konventionen im Netz darin bestanden, immer irgend etwas zu sagen. Selbst wenn es gar nichts besagte.« (41 f.) Für Sammy bewahrt die virtuelle Welt mit ihren spielerischen Freiräumen die Faszination gegenüber der einen prosaischen realen Welt.

Die erotische Prosa der Gegenwart, die mit den neuen Medien spielt, ist damit nicht per se innovativer, es hängt von der Einbildungskraft und Sprachgewalt der Autoren ab, ob sie den Sujets – dem Spiel mit den Geschlechterrollen, Geschlechteridentität, Erotik im virtuellen Raum, die Konfrontation von virtueller und realer Welt – einen neuen ästhetischen Reiz verleihen. Eine Tendenz ist auszumachen: Gegenüber den vorwiegend tragisch geprägten Gestaltungen der Ehe- und Liebes-Thematik im Roman des 19. Jahrhunderts oder den Beziehungsmiseren, die die Literatur der 68er-Generation bestimmte, zeichnet die Literatur der neunziger Jahre ein weniger pessimistisches Bild von den Geschlechterbeziehungen. Auch jenseits der Internet-Literatur, die eine enge Affinität zu erotischen Themen hat, erfinden die Autoren Geschichten, in denen ihre Protagonisten trotz aller Schwierigkeit in einer komplizierten Gesellschaft gerade aus der Liebesbeziehung Mut schöpfen. Louis Blaul und seine Vanina aus Ralf Rothmanns *Flieh, mein Freund* (1998), Sten Nadolnys Helga, die sich in Hermes verliebt aus *Ein Gott der Frechheit* (1994), Erich Hackls Herminia aus *Entwurf einer Liebe auf den ersten Blick* (1999), die den österreichischen Spanienkämpfer Karl Sequens heiratet und ihn über den Tod hinaus liebt, wären nur einige Beispiele.

Eine erotische Prosa, die etwa mit Aretinos deftigen sexuellen Erzählungen oder mit den libertinen Werken des 18. Jahrhunderts zu vergleichen wäre, spielt in der Gegenwart kaum eine besondere Rolle. Die allseitige Kommerzialisierung der Sexualität in der Werbung, in der Porno-Industrie, im Sexshop, im reichen Pornofilm-Angebot haben das Sujet usurpiert, es hat seinen aufklärerischen, provozierenden, reizvollen Impetus verloren. Und das erklärt auch, daß die Autoren kaum noch mit ausführlichen erotisch-sexuellen Beschreibungen auftreten, es sei denn – man denke an Elfriede Jelinek in *Die Klavierspielerin* oder *Lust*, aber auch zuvor schon Gisela Elsner in *Berührungsverbot* – in satirischer Absicht. Dabei aber verkehren sie gerade die Strategie der Porno-Industrie, da sie keinen lustvollen Sex darstellen, sondern im Gegenteil die Defizite, Perversionen und Frustriertheiten ihrer Personen ausstellen. Das erotische Sujet stellt in der gegenwärtigen Literatur kaum noch ein besonderes Genre dar, sondern bildet oft nur eine Leuchtfarbe im Spektrum unterschiedlichster Themen und Fragen.

Bibliographie

Adorno, Theodor W.: Dialektik der Aufklärung. Frankfurt a. M. 1973.

Andreas-Salomé, Lou: Fenitschka. Eine Ausschweifung. Erzählungen. Frankfurt a. M. / Berlin / Wien 1983.

– Lebensrückblick. Grundriß einiger Lebenserinnerungen. Aus dem Nachlaß hrsg. von Ernst Pfeiffer. Frankfurt a. M. 1974.

Apollinaire, Guillaume: Les Onze Mille Verges ou les amours d' un hospodar. Paris 1976. – Dt.: Die elftausend Ruten. München 1970.

Aretino, Pietro: Ragionamenti. Hrsg. von A. Foschini. Mailand 1951. – Dt.: Kurtisanengespräche. Übers. von Ernst Otto Kayser. Frankfurt a. M. 1986.

Baker, Nicholson: Vox. New York 1992. – Dt.: Vox. Übers. von Eike Schönfeld. Reinbek bei Hamburg 1994.

Balzac, Honoré de: La Cousine Bette [Etudes des mœurs: Scènes de la vie parisienne]. In: La Comédie humaine. Bd. 7. Hrsg. von Pierre-Georges Castex [u. a.]. Paris 1977. S. 55–451.

– La Duchesse de Langeais [L'Histoire des Treze]. La Comédie humaine. Bd. 5. Hrsg. von Pierre-Georges Castex [u. a.]. Paris 1977. S. 905–1037.

– La Fille aux yeux d'or [L'Histoire des Treize]. In: La Comédie humaine. Bd. 5. Hrsg. von Pierre-Georges Castex [u. a.]. Paris 1977. S. 1039–1109.

Barnes, Djuna: Ladies Almanach. Über ihre Sternzeichen und deren Wende, ihre Monde und Mondwechsel, die Jahreszeiten und was es mit ihnen auf sich hat, ihre Eklipsen und Äquinoktien sowie einen vollständigen Bericht über tägliche und nächtliche Verwirrungen verfaßt und illustriert von einer Lady of Fashion. Übers. von Karin Kersten. Berlin 1985.

– Nachtgewächs. Übers. von Wolfgang Hildesheimer. Frankfurt a. M. 1985.

– Portraits. Berlin 1985.

Bataille, George: L'érotisme, Paris (10/18) 1957. – Dt.: Der heilige Eros. Hrsg. und übers. von Max Hölzer. Hamburg [o. J.].

Baudelaire, Charles: Le Spleen de Paris. In: Œuvres complètes. 2

vol. Texte établi, présenté et annoté par Claude Pichois. Paris 1975–76. Bd. 1. Paris 1975. S. 275–371. – Dt.: Le Spleen de Paris. Gedichte in Prosa. In: Sämtliche Werke, Briefe in acht Bänden. Bd. 8. Hrsg. von Friedhelm Kemp und Claude Pichois. Darmstadt 1991.

– Les Paradis artificiels. In: Œuvres complètes. 2 vol. Texte établi, présenté et annoté par Claude Pichois. Paris 1975–76. Bd. 1. Paris 1975. S. 377–517. – Dt.: Die künstlichen Paradiese. In: Sämtliche Werke, Briefe in acht Bänden. Bd. 8. Hrsg. von Friedhelm Kemp und Claude Pichois. Darmstadt 1991. S. 55–189.

– Notes sur »Les Liaisons dangereuses«; »Madame Bovary« par Gustave Flaubert. [In: Critique Littéraire.] In: Œuvres complètes. 2 vol. Texte établi, présenté et annoté par Claude Pichois. Paris 1975–76. Bd. 1. Paris 1975. S. 66–75; 76–86. – Dt.: Notizen über »Die gefährlichen Liebschaften«; »Madame Bovary« von Gustave Flaubert. [In: Schriften zur Literatur.] In: Sämtliche Werke, Briefe in acht Bänden. Hrsg. von Friedhelm Kemp und Claude Pichois in Zusarb. mit Wolfgang Drost. Darmstadt 1989. S. 113–124; 65–76.

– Les Fleurs du Mal. In: Œuvres complètes. 2 vol. Texte établi, présenté et annoté par Claude Pichois. Paris 1975–76. Bd. 1. Paris 1975. S. 1–174. – Dt.: Die Blumen des Bösen. In: Sämtliche Werke, Briefe in acht Bänden. Bd. 3. Hrsg. von Friedhelm Kemp und Claude Pichois in Zusarb. mit Wolfgang Drost. Darmstadt 1989.

– Journaux Intimes (Fusées, Mon cœur mis à nu). In: Œuvres complètes. 2 vol. Texte établi, présenté et annoté par Claude Pichois. Paris 1975–76. Bd. 1. Paris 1975. S. 649–710. – Dt.: Tagebücher (Raketen, Hygiene, Mein entblößtes Herz). In: Sämtliche Werke, Briefe in acht Bänden. Hrsg. von Friedhelm Kemp und Claude Pichois in Zusarb. mit Wolfgang Drost. Darmstadt 1989. S. 193–258.

Beck, Ulrich / Beck-Gernsheim, Elisabeth: Das ganz normale Chaos der Liebe. Frankfurt a. M. 1990.

Becker, Jürgen: Erzähl mir nichts vom Krieg. Gedichte. Frankfurt a. M. 1977.

Becker-Cantarino, Barbara: Priesterin und Lichtbringerin. Zur Ideologie des weiblichen Charakters in der Frühromantik. In: Wolfgang Paulsen (Hrsg.): Die Frau als Heldin und Autorin. Neue kritische Aufsätze zur dt. Literatur. Bern/München 1979.

– Schlegels Lucinde. Zum Frauenbild der Frühromantik. In: Colloquia Germanica 10 (1976/77).

Bergerac, Cyrano de: Le Voyage dans la lune. Paris 1970.
Bergson, Henri: Le Rire. Paris 1981.
Bloch, Ernst: Das Prinzip Hoffnung. Bd. 1. Frankfurt a. M. 1976.
Bloch, Iwan: Das Sexualleben unserer Zeit in seinen Beziehungen zur modernen Kultur. Berlin 1907.
Boccaccio, Giovanni: Il Decamerone. Nuova edizone a cura di Charles S. Singleton. 2 Bde. Bari 1955. – Dt.: Das Dekameron. Mit 110 Holzschnitten der ital. Ausg. von 1492. Übers. von Albert Wesselski. 2 Bde. Frankfurt a. M. 1997.
Böll, Heinrich: Ansichten eines Clowns. Köln 1963.
– Und sagte kein einziges Wort. Köln 1953.
Born, Nicolas: Die erdabgewandte Seite der Geschichte. Reinbek bei Hamburg 1976.
Bredow, Wilfried / Thomas Noetzel: Befreite Sexualität? Streifzüge durch die Sittengeschichte seit der Aufklärung. Hamburg 1990.
Brockmeier, Peter: Geistesgegenwart und Angstbereitschaft. Zur Funktion des subito in Boccaccios Novellen. In: P. B. (Hrsg.): Boccaccios Decamerone. Darmstadt 1974. S. 369–382.
Byron, George Gordon Lord: Don Juan. In: The Complete Poetical Works. Ed. by Jerome J. McGann. Bd. 1–5. Oxford 1980 ff. Bd. 5. – Dt.: Don Juan. In: Sämtliche Werke in drei Bänden. Hrsg. von Siegfried Schmitz. Übers. von Otto Gildenmeister. Bd. 2. München 1977.
Byron in seinen Briefen und Tagebüchern. Dargestellt von Cordula Gigon. Zürich 1960.
Casagrande, Carla: Die beaufsichtigte Frau. In: Georges Duby / Michelle Perrot (Hrsg.): Geschichte der Frauen. Bd. 2 : Mittelalter. Hrsg. von Christiane Klapisch-Zuber. Frankfurt a. M. 1997. S. 85–117.
Châlon, Jean: Portrait d'une séductrice. Natalie Barney. Paris 1976.
Choderlos de Laclos, Pierre: Les Liaisons dangereuses. Chronologie et préface de René Pomeau. Paris 1964. – Dt.: Schlimme Liebschaften. Übers. von Heinrich Mann. Frankfurt a. M. 1989.
Cleland, John: Fanny Hill or Memoirs of a Woman of Pleasure. Edited by Peter Wagner. Harondsworth 1985. – Dt.: Die Memoiren der Fanny Hill. Übers. von Erika Nosbüsch. Reinbek bei Hamburg 1980.
Clifford Barney, Natalie: Aventures de l'Esprit. Préface de Katy Berasc. Paris 1982.
– Eparpillements. Présentation de Jean Châlon. Paris 1982.

Clifford Barney, Nouvelles Pensées de l'Amazone. Paris 1939.
– Portraits de femme en Sonnets. Paris 1901.
Colette (d. i. Gabrielle-Sidonie): Chéri. In: Œuvres en trois volumes. Edition publiée sous la direction de Claude Pichois. Bd. 2. Paris 1986. S. 717–828.
– Claudine à l'école; Claudine à Paris; Claudine en ménage; Claudine s'en va. In: Œuvres en trois volumes. Edition publiée sous la direction de Claude Pichois. Bd. 1. Paris 1984. S. 3–664. – Dt.: Claudine in der Ehe. Frankfurt a. M. 1976.
– L'Entrave. In: Œuvres en trois volumes. Edition publiée sous la direction de Claude Pichois. Bd. 2. Paris 1986. S. 325–463.
– Gigi. In: Colette. Romans – Récits – Souvenirs (1941–1949). Critique Dramatique (1934–1938). Éditions Robert Laffont. Paris 1989. S. 401–513.
– Mes Apprentissages. In: Colette. Romans – Récits – Souvenirs (1941–1949). Critique Dramatique (1934–1938). Editions Robert Laffont. Paris 1989. S. 1197–1279. – Dt.: Meine Lehrjahre. Übers. von Uli Aumüller. Reinbek bei Hamburg 1980.
– La Vagabonde. In: Œuvres en trois volumes. Edition publiée sous la direction de Claude Pichois. Bd. 1. Paris 1984. S. 1065–1232.
Colette-Album. Iconographie choisie et commmentée par Claude et Vincente Pichois avec la collaboration d'Alain Brunet. Paris 1984.
Colette par elle-même. Présentation de Germaine Beaumont. Textes choisies et assemblées par André Parinaud. Paris 1951.
Conrad, Karl: Die beginnende Schizophrenie. Stuttgart 1958.
Crébillon, Claude Prosper-Jolyot de: Les égarements du cœur et de l'ésprit. Introduction, notes, chronologie par Jean Dagen. Paris 1985. – Dt.: die Verirrungen von Herz und Geist. Übers. von Hilda von Born-Pilsach. Karlsruhe 1966.
– Der Schaumlöffel oder Tanzai und Neardane. Übers. von Alfred Semerau. München 1962.
– Das Spiel des Zufalls am Kaminfeuer oder Die Nacht und der rechte Augenblick. Übers. von Helmut Müller-Valmont. München 1962.
Dante Alighieri: Die göttliche Komödie. Übers. von Karl Vossler. Zürich 1953.
Defoe, Daniel: Fortunes and Misfortunes of the famous Moll Flanders. Edited with an introduction by David Blewett. London 1989. – Dt.: Glück und Unglück der berüchtigten Moll Flanders. Übers. von W. M. Treichlinger. Hamburg 1966.

Delarue-Mardrus, Lucie: L'Ange et les Pervers. Roman. Paris 1932.
– Mes mémoires. Paris 1938.
Diderot, Denis: La Réligieuse. In: Œuvres. Edition établie et annotée par André Billy. Paris 1951. S. 235–393.
– Les Bijoux indiscrèts. In: Œuvres. Edition établie et annotée par André Billy. Paris 1951. S. 1– 234.
Druvins, Ute: Alternative Projekte um 1900. Utopie und Realität auf dem ›Monte Verità‹ und in der ›Neuen Gemeinschaft‹. In: Literarische Utopie-Entwürfe. Hrsg. von Hiltrud Gnüg. Frankfurt a. M. 1982. S. 236–249.
Eichendorff, Joseph von: Das Marmorbild. In: Werke. Hrsg. von Wolfdietrich Rasch. München 1966.
Eichner, Hans: Friedrich Schlegel. New York 1970.
Elias, Norbert: Der Prozeß der Zivilisation. Frankfurt a. M. 1969.
Ellis, Havelock: Studies in the Psychology of Sex. 4 Vols. New York 1936.
Elsner, Gisela: Das Berührungsverbot. Reinbek bei Hamburg 1970.
Englisch, Paul: Geschichte der erotischen Literatur. Wiesbaden 1987. [Nachdr. der Ausg. von 1927.]
Flandrin, Jean-Louis: Das Geschlechtsleben der Eheleute in der alten Gesellschaft. In: Die Masken des Begehrens und die Metamorphosen der Sinnlichkeit. Hrsg. von Ariès, Philippe [u. a.]. Frankfurt a. M. 1986. S. 147–164.
Flaubert, Gustave: Madame Bovary. Mœurs de Province. In: Œuvres I. Edition établi et annotée par Albert Thibaudet et René Dumesnil. Paris 1951. – Dt.: Madame Bovary. Sittenbild aus der Provinz. Übers. von Ilse Perker und Ernst Sander. Nachw. von Manfred Hardt. Stuttgart 1972.
– Correspondance. Edition établie et annotée par Albert Thibaudet et René Dumesnil. Paris 1952.
– Dictionnaire des idées reçues. In: Œuvres I. Edition établie et annotée par Albert Thibaudet et René Dumesnil. Paris 1951.
– L'Education sentimentale. In: Œuvres II. Edition établie et annotée par Albert Thibaudet et René Dumesnil. Paris 1952.
Fontane, Theodor: L'Adultera. Stuttgart 1983 [u. ö.].
– Effi Briest. Stuttgart 1969 [u. ö.].
Foucault, Michel: Der Wille zum Wissen. Sexualität und Wahrheit 1. Übers. von Ulrich Raulff und Walter Seitter. Frankfurt a. M. 1983.
Fraisse, Geneviève: La Raison des femmes. Paris 1992.

Friedrich, Hugo: Drei Klassiker des französischen Romans. Stendhal – Balzac – Flaubert. Frankfurt a. M. 1980.
– Immoralismus und Tugendideal in den ›Liaisons dangereuses‹. In: Romanische Forschungen 49 (1935).
Fritz, Helmut: Die erotische Rebellion. Das Leben der Franziska zu Reventlow. Frankfurt a. M. 1980.
Fuchs, Eduard: Illustrierte Sittengeschichte. Vom Mittelalter bis zur Gegenwart in drei Bänden. Bd. 1. Berlin 1909.
Genazino, Wilhelm: Abschaffel. Eine Trilogie. Mit einem Nachwort von Dolf Oehler. Hamburg 1985.
Giese, Hans: Das obszöne Buch. Stuttgart 1965.
Goethe, Johann Wolfgang: Die Wahlverwandtschaften. Stuttgart 1956 [u. ö.].
Gorsen, Peter: Sexualästhetik. Grenzformen der Sinnlichkeit im 20. Jahrhundert. Reinbek bei Hamburg 1987.
Gramont de Clermont-Tonnerre, Elisabeth de: Mémoires I–IV. Paris 1928 ff.
Grass, Günter: Die Blechtrommel. Reinbek bei Hamburg 1959.
Gruenter, Undine: Nachtblind. Frankfurt a. M. 1992.
Grützmacher, Curt: Liebeslyrik des deutschen Barock. München 1965.
Haas, Roland: Lesend wird sich der Bürger seiner Welt bewußt. Der Schriftsteller Johann Gottfried Schnabel und die deutsche Entwicklung des Bürgertums in der ersten Hälfte des 18. Jahrhunderts. Frankfurt a. M. [u. a.] 1977.
Hall, Radcliffe: The Well of Loneliness. London 1982.
Handke, Peter: Der kurze Brief zum langen Abschied. Frankfurt a. M. 1972.
– Die linkshändige Frau. Frankfurt a. M. 1976.
Hegel, Georg Wilhelm Friedrich: Das Geschlechtsverhältnis § 369. [In: Enzyklopädie der philosophischen Wissenschaft II.] In: Werke in zwanzig Bänden. Auf der Grundlage der Werke von 1832–1845 neu edierte Ausgabe von Eva Moldenhauer und Karl Markus Michel. Bd. 9. Frankfurt a. M. 1970. S. 516–519.
Hirschfeld, Magnus: Geschlechtskunde. Stuttgart 1926.
Hösle, Johannes: Pietro Aretinos Werk. Berlin 1969.
Hoffmann, E. T. A.: Die Elixiere des Teufels. In: Sämtliche Werke in 6 Bänden. Hrsg. von Wulf Segebrecht. München 1969. S. 6–291.
– Fantasie- und Nachtstücke in Callots Manier. In: Sämtliche Werke in 6 Bänden. Hrsg. von Wulf Segebrecht. München 1969.

Hoffmann, E. T. A.: Lebens-Ansichten des Katers Murr. In: Sämtliche Werke in 6 Bänden. Hrsg. von Wulf Segebrecht. München 1969. S. 295–663.
Hofmann-Oedenkoven, Ida: Monte Verità. Wahrheit ohne Dichtung. Lorch 1906.
Horkheimer, Max / Theodor W. Adorno: Dialektik der Aufklärung. Frankfurt a. M. 1971.
Hunold, Christian Friedrich (Menantes): Die Liebens-Würdige Adalie. Hrsg. von Menantes. Hamburg 1702. [Faks.-Dr. nach der Ausg. von 1702.] Mit einem Nachw. von Helmut Singer. Stuttgart 1967.
Hyde, H. Montgomery: A History of Pornography. London 1964.
Irving, John: The 158-Pound Marriage. New York 1973. – Dt.: Eine Mittelgewichtsehe. Übers. von Nikolaus Stingl. Zürich 1988.
Jean Paul: Vorschule der Ästhetik. In: Werke. Hrsg. von Norbert Miller. Bd. 5. München 1973. S. 7–456.
Jelinek, Elfriede: Die Klavierspielerin. Reinbek bei Hamburg 1983.
– Die Liebhaberinnen. Reinbek bei Hamburg 1976.
Johnson, Uwe: Jahrestage. Aus dem Leben von Gesine Cresspahl. 4 Bde. Frankfurt a. M. 1970–83.
Jong, Erica: Fear of Flying. New York / Chicago / San Francisco 1973. – Dt.: Angst vorm Fliegen. Übers. von Kai Molvig. Frankfurt a. M. 1979.
Joyce, Graham: Pinkland. New York 1998. – Dt.: Pinkland. In: G. J.: Der heimliche Spiegel. Erotische Erzählungen. Hrsg. von Lisa Tuttle. Frankfurt a. M. 2000. S. 26–42.
Kant, Immanuel: Analytik des Schönen [In: Kritik der Urteilskraft]. In: Werkausgabe. Band 10. Hrsg. von Wilhelm Weischedel. Frankfurt a. M. ²1977.
Kierkegaard, Søren: Entweder – Oder. Hrsg. von Hermann Diem und Walter Rest. Übers. von Heinrich Fautek. Köln 1960.
Kind, Alfred: Zur Psychologie des Obszönen. In: Blätter für Bibliophile 1 (1908) H. 2.
Kinsey, A. C. / W. B. Pomeroy / C. E. Martin / P. H. Gebhard: Sexual behavior in the human female. Philadelphia/London 1948. – Dt.: Das sexuelle Verhalten der Frau. Berlin / Frankfurt a. M. 1954.
Klein, Eugeniusz: Das Problem der Emanzipation in Friedrich Schlegels Lucinde. In: Weimarer Beiträge 9 (1963).
Kluckhohn, Paul: Die Auffassung der Liebe in der Literatur des

18. Jahrhunderts und in der deutschen Romantik. Tübingen 1966.
Kowalewskaja, Sofja: Jugenderinnerungen. Mit einem Nachwort von Peter Härtling. Übers. von Louise Flachs-Fokschaneanu. Frankfurt a. M. 1968.
La Bruyère, Jean de (d. i. Le Duc Louis de Bourbon): Les Caractères ou les Mœurs de ce siècle. Texte établi, avec introduction, notes, relevé de variantes, glossaire et index par Robert Garapon. Paris 1962. – Dt.: Die Charaktere oder die Sitten des Jahrhunderts. In: J. de La B.: Charaktere. Neue Deutsche Augabe in zwei Bänden von Otto Flake. Bd. 1. München 1918. S. 95–299.
La Fayette, Marie-Madeleine de: La Princesse de Clèves. Présenté par Louise de Valmorin. Paris 1958. – Dt.: Die Prinzessin von Clèves. Übers. von Eva und Gerhard Hess. Nachw. und Anm. von Gerhard Hess. Stuttgart 1983.
Lasker-Schüler, Else: Mein Herz. Ein Liebesroman mit Bildern und wirklich lebenden Menschen. In: E. L.-Sch.: Der Prinz von Theben und andere Prosa. Hrsg. von Friedhelm Kemp. Frankfurt a. M. 1998.
Lawrence, D. H.: Lady Chatterley's Lover. Second edition, with an introduction by Richard Hoggart. Harmondsworth 1960. – Dt.: Lady Chatterley. Reinbek bei Hamburg 1960.
Lessing, Gotthold Ephraim: Emilia Galotti. Stuttgart 1949 [u. ö.].
– Miß Sara Sampson. Stuttgart 1958 [u. ö.].
Louvet de Couvray, Jean-Baptiste: Les Amours du Chevalier de Faublas. Paris 1931. – Dt.: Die Liebesabenteuer des Chevalier Faublas. Bd. 1. Dt. Fassung nach einer anonym erschienenen Übers. Vorrede und Anm. von Eberhard Wesemann. München 1984.
Luhmann, Niklas: Liebe als Passion. Zur Codierung von Intimität. Frankfurt a. M. 1988.
Marcuse, Ludwig: Obszön. Geschichte einer Entrüstung. München 1962.
Masters, W. H. / V. E. Johnson: Human sexual response. Boston 1966. – Dt.: Die sexuelle Reaktion. Frankfurt a. M. 1967.
Matt, Peter von: Liebesverrat. München 1985.
McCarthy, Mary: The Group. New York 1963. – Dt.: Die Clique. Übers. von U. von Zedlitz. München/Zürich 1964.
McCarthy, Nan: Eine ganz moderne Liebesgeschichte. Romantrilogie: Chat. Connect. Crash. Übers. von Karin Duffner. München 1999.

Mertner, Edgar / Mainusch, Herbert: Pornotopia. Das Obszöne und die Pornographie in der literarischen Landschaft. Frankfurt a. M. 1970.
Miller, Henry: Obscenity and the law of reflection. New York 1945.
– The Tropic of Cancer. London 1965. – Dt.: Im Wendekreis des Krebses. Übers. von Kurt Wagenseil. Reinbek bei Hamburg 1962.
Mirabeau, Honoré-Gabriel de Riqueti Comte de: Ma Conversion ou le Libertin de qualité: In: Œuvres érotiques de Mirabeau. L'Enfer de la Bibliothèque Nationale. Collection dirigée par Michel Camus. Bd. 1. Paris 1984. S. 33–173.
– Erotica biblion. In: Œuvres érotiques de Mirabeau. L'Enfer de la Bibliothèque Nationale. Collection dirigée par Michel Camus. Bd. 1. Paris 1984. S. 447–609.
– Le Rideau levé ou L'Education de Laure. In: Œuvres érotiques de Mirabeau. L'Enfer de la Bibliothèque Nationale. Collection dirigée par Michel Camus. Bd. 1. Paris 1984. S. 309–446. – Dt.: Der gelüftete Vorhang oder Lauras Erziehung. Übers. von Eva Moldenhauer mit einem Nachwort von Norbert Miller. Frankfurt a. M. 1971.
Moravia, Alberto: Boccaccio. In: Peter Brockmeier (Hrsg.): Boccaccios Decamerone. Darmstadt 1974. S. 69–92.
Naumann, Peter: Keyhole und Candle. Heidelberg 1976.
Navarra, Margarete von: Das Heptameron. Übers. von Walter Widmer. Mit einem Nachw. von Peter Amelung. München 1965.
Nerciat, Andréa de: Le Diable au Corps. Œuvre posthume du très recommandable docteur Cazzone membre extraordinaire de la joyeuse faculté phallo-coiro-glottonomique. In: L'Œuvre libertine du chevalier Andréa de Nerciat. Paris 1792.
– Félicia ou Mes fredaines. In: Romans libertins du XVIIIe siècle. Textes établis, présentés et annotés par Raymond Trousson. Paris 1993. S. 1049–1288.
– Mon Noviciat ou Les Joies de Lolotte. In: L'Œuvre libertine du chevalier Andréa de Nerciat. Paris 1792. – Dt.: Lolotte oder die Stufenleiter der Wollust. Übers. von Nina Lenz. [Im Anhang: Apollinaire über Andréa de Nerciat.] München 1970.
Neumann, Peter Horst: Der kleine Heilsweg der Fanny Hill. Zum ideologischen Charakter pornographischer Romane. In: Neue Rundschau 86 (1975).
Nietzsche, Friedrich: Werke in drei Bänden. Hrsg. von Karl Schlechta. München 1977.

Nin, Anais: Das Delta der Venus. München 1977.
[–] Die Tagebücher der Anais Nin 1947–1955; 1955–1966; 1966–1974. Übers. von Manfred Ohl und Hans Sartorius. Frankfurt a. M. 1984.
Noailles, Anna de: Un cœur innombrable. Paris 1957.
– Les Eblouissements. Paris 1907.
– Le livre de ma vie. Paris 1976.
– L'ombre des jours. Paris 1902.
Novalis (d. i. Georg Friedrich Philipp Freiherr von Hardenberg): Heinrich von Ofterdingen. Hrsg. von Wolfgang Frühwald. Stuttgart 1987 [u. ö.].
Opitz, Claudia: Frauenalltag im Spätmittelalter (1250–1500). In: Georges Duby / Michelle Perrot (Hrsg.): Geschichte der Frauen. Bd. 2: Mittelalter. Hrsg. von Christiane Klapisch-Zuber. Frankfurt a. M. 1997. S. 283–339.
Padoan, Giorgio: Adel und Bürgertum im »Decamerone«. In: Peter Brockmeier (Hrsg.): Boccaccios Decamerone. Darmstadt 1974. S. 148–190.
Paulsen, Wolfgang: Friedrich Schlegels Lucinde als Roman. Germanic Review 21 (1946).
Perche, Louis: Anna de Noailles par Louis Perche. Avec un choix de poèmes, soixante illustrations, une chronologie bibliographique. Paris 1969.
Perronio, G.: Vorurteilslosigkeit und Weisheit. In: Peter Brockmeier (Hrsg.): Boccaccios Decamerone. Darmstadt 1974. S. 45–68.
Petriconi, Hellmuth: Die verführte Unschuld. Bemerkungen über ein literarisches Thema. Hamburg 1953.
Poe, Edgar Allan: The Narrative of Arthur Gordon Pym of Nantucket. In: The Complete Poems and Stories. Ed. A. H. Quinn, E. H. O'Neill. 2 vol. New York 1960. Bd. 1.
Polheim, Karl Konrad: Friedrich Schlegels »Lucinde«. In: Zeitschrift für deutsche Philologie 88 (1969).
Pougy, Liane de: Idylle Sapphique. Paris 1901.
– Mes cahiers bleus. Mémoires. Préface du R. P. Rzewuski. Paris 1978.
Préchac, Jean de: L'Illustre Parisienne. Histoire galante et véritable. Genève 1980.
Prévost d'Exiles, Antoine-François (d. i. Abbé Prévost): Histoire du Chevalier des Grieux et de Manon Lescaut. Ed. par C. E. Engel, M. Brun. Paris 1966.

Rabelais, François: Gargantua und Pantagruel. 2 Bde. Übers. von Walter Widmer und Karl August Horst. München 1968.
Rasp, Renate: Chinchilla. Köln 1973.
– Zickzack. München 1978.
Restif de la Bretonne, Nicolas-Edme: Le paysan perverti 1. Texte et dossier établis et présentés par Daniel Baruch. Paris 1978.
Reventlow, Franziska Gräfin zu: Autobiographisches. Novellen. Schriften. Selbstzeugnisse. [Enth. »Ellen Olestjerne«]. Hrsg. von Else Reventlow. Mit einem Nachw. von Wolfdietrich Rasch. München/Wien 1980.
– Tagebücher 1895–1910. Hrsg. von Else Reventlow. Frankfurt a. M. 1984.
– Von Paul zu Pedro. Herrn Dames Aufzeichnungen. Zwei Romane. Hrsg. von Else Reventlow. München 1976.
Richardson, Joanna: Colette. Leidenschaft und Sensibilität. München 1985.
Richardson, Samuel: Pamala; or, virtue rewarded. Edited by Peter Sabor with an introduction by Margaret A. Doody. London 1985.
Rieger, Sabine: Ch@tlove. Ein Internet-Roman. Frankfurt a. M. 1999.
Roncière, Charles de la: Gesellschaftliche Eliten an der Schwelle zur Renaissance. Das Beispiel Toskana. In: Geschichte des privaten Lebens. Bd. 2. Vom Feudalzeitalter zur Renaissance. Hrsg. von Georges Duby. Frankfurt a. M. 1990.
Roth, Gerhard: Der große Horizont. Frankfurt a. M. 1974.
Rousseau, Jean-Jacques: Julie ou La Nouvelle Héloïse. Paris 1967.
Sade, Donatien-Alphonse-François, Marquis de: Justine ou Les malheurs de la vertu. Edition établie sur les textes originaux. Présenté et commenté par Béatrice Didier. Paris 1973.
– Werkausgabe in fünf Bänden. Hrsg. von Bettina Hesse. Köln 1995.
Schlaffer, Heinz: Musa iocosa. Gattungspoetik und Gattungsgeschichte der erotischen Dichtung in Deutschland. Stuttgart 1971.
Schlegel, Friedrich: Lucinde. Studienausgabe. Krit. hrsg. von Karl Konrad Polheim. Stuttgart 1999 [u. ö.].
Schmidt, Arno: Die Gelehrtenrepublik. Kurzroman aus den Roßbreiten. Frankfurt a. M. 1979.
– Leviathan und Schwarze Spiegel. Frankfurt a. M. 1979.
Schmidt, Gunter: Die neuen Probleme oder Von Lieben und Alleinsein. In: Das große Der Die Das. Über das Sexuelle. Reinbek bei Hamburg 1986.

Schnabel, Johann Gottfried: Der im Irrgarten der Liebe herumtaumelnde Kavalier. Mit einem Nachw. von Hans Mayer und 14 Illustrationen der Zeit. München 1968.
Schneider, Manfred: Liebe und Betrug. München 1992.
Schneider, Peter: Lenz. Berlin 1973.
– Paarungen. Hamburg 1992.
– Schon bist du ein Verfassungsfeind. Berlin 1975.
Semerau, Alfred: Pietro Aretino. Ein Bild aus der Renaissance. Wien/Leipzig 1925.
Selby, Hubert: Last Exit to Brooklyn. New York 1964. – Dt.: Letzte Ausfahrt Brooklyn. Übers. von Kai Molvig. Reinbek bei Hamburg 1968.
Singer, Herbert: Der galante Roman. Stuttgart 1961.
Stephan, Verena: Häutungen. München 1976.
Strosetzki, Christoph: Moralistik und gesellschaftliche Norm. In: Französische Literatur in Einzeldarstellungen. Hrsg. von P. Brockmeier und H. H. Wetzel. Bd. 1. Stuttgart 1981. S. 177–224.
Szekely, Johannes: Franziska zu Reventlow. Bonn 1979.
Theweleit, Klaus: Geständnisse zu Lust und Frust. Berlin 1992.
– männerphantasien 1 frauen, fluten, körper, geschichten. Frankfurt a. M. 1977.
Tieck, Wilhelm: William Lovell. In: Werke in vier Bänden. Hrsg. sowie mit Nachw. und Anm. versehen von Marianne Thalmann. Bd. 1. Darmstadt 1977.
Timm, Uwe: Johannisnacht. Köln 1996.
– Kerbels Flucht. Köln 1980.
Tolstoi, Leo: Anna Karenina. Übers. von Arthur Luther. Mit einem Nachw. von Egon Friedell. Zürich 1985.
Torni, Elvira: Linke lieben anders. Intime Geständnisse zu Lust und Frust. Berlin 1992.
Updike, John: Couples. New York 1968. – Dt.: Ehepaare. Übers. von Maria Carlsson. Reinbek bei Hamburg 1969.
Vivien, Renée: Etudes et Préludes – Cendres et Poussière – Evocations – Sappho – La Vénus des Aveugles. Poèmes. Paris 1923.
– Une femme m'apparut … roman. Prefáce de Yves Florenne. Paris 1978.
Walser, Martin: Das Einhorn. Frankfurt a. M. 1970.
Wander, Maxi: Guten Morgen Du Schöne. Darmstadt/Neuwied 1978.
Weiss, Peter: Fluchtpunkt. Frankfurt a. M. 1962.
Wellershoff, Dieter: Die Sirene. Novelle. Köln 1980.

Werkregister

Abschaffel 354
L'Adultera 272–287
Les Amours du Chevalier de Faublas 176–178, 194
Analytik des Schönen 73
L'Ange et les pervers 321 f.
Angst vorm Fliegen 333, 345, 370–373, 386
Anna Karenina 258–272
Ansichten eines Clowns 336
Les Aphrodites 193
Aus dem Leben eines Taugenichts 216, 220
Eine Ausschweifung 315
Autobiographisches (Reventlow) 298
Aventures de l'Esprit 319

Die beaufsichtigte Frau 21
Die beginnende Schizophrenie 351
Das Berührungsverbot 354–356, 400
Les Bijoux indiscrets 183
Die Blechtrommel 335
Bonjour Tristesse 333 f.
Byron in seinen Briefen und Tagebüchern 228

Candide 202
Les Caractères ou les Mœurs de ce siècle 84
Cécile 273
Cendres et Poussières 319 f.
Les Cent vingt journées de Sodome 195, 199, 203, 205 393–396
Die Charaktere oder die Sitten des Jahrhunderts 84
Une Charogne 18
Chat 396
Chéri 303
Chinchilla 357
Clarissa 142
Claudine à l'école 302
Claudine à la maison 320
Claudine en ménage 303 f.
Claudine s'en va 302
Confessiones 144
Connect 396
Consuelo ou la Comtesse de Rudolstadt 290
Corinne ou l'Italie 289
Correspondance 247
Crash 396

De la littérature 289
Die Dame mit dem Hündchen 286
Decamerone 9, 20–47, 74–76
Déclaration des droits de la femme 289
Delphine 289
Désir 320
Le Diable au corps 193
Dictionnaire des idées reçues 251
Divina Commedia 22 f., 203
Don Juan 9, 97
Das dritte Sonett 324
La Duchesse de Longeais (Histoire des Treize) 210

L'Ecumoire 100 f.
L'Education sentimentale 244 f.
Effi Briest 272–287
Les Egarements du cœur et de l'ésprit 99–108, 148, 173, 177
Das Einhorn 348–350
Die Elixiere des Teufels 223
Ellen Olestjerne 297
Emile ou l'Education 181
Emilia Galotti 145
Die Engel und die Perversen 321 f.
Die Entdeckung der Currywurst 362
Entwurf einer Liebe auf den ersten Blick 399
Enzyklopädie 154
Eparpillements 322
Die erdabgewandte Seite der Geschichte 353
Erotica Biblion 179, 189
Erzähl mir nichts vom Krieg 353
Etudes et Préludes 318

Fanny Hill or Memoirs of a Woman of pleasure 140–163, 178, 212
Fear of Flying 333, 345, 370–373, 386
Félicia ou Mes fredaines 190, 193
Une femme m'apparut 318
Fenitschka 313 f.
Les Fleurs du Mal 14 f., 245, 258, 273, 286
Flieh, mein Freund 374, 399
Fluchtpunkt 336
Freiwild 281
Fusées 194

Das ganz normale Chaos der Liebe 346 f.
Gargantua et Pantagruel 67 f.
Gefährliche Liebschaften 108–133, 190, 194, 210, 252, 291
Geschichte der erotischen Literatur 10
Geschichte der Frauen 21
Gigi 303
The Golden Bowl 244
Der Goldne Topf 223
Ein Gott der Frechheit 374, 399
Der große Horizont 350
The Group 329–334
Guten Morgen, du Schöne 327

Häutungen 191, 339
Le Hazard du coin du feu (Das Spiel des Zufalls am Kaminfeuer) 101 f., 107
Heinrich von Ofterdingen 216, 219, 226
Ein Held unserer Zeit 286
L'Heptaméron (Das Heptameron) 25
A History of Pornography 12
L'homme machine 151 f.

Idylle Sapphique 318
Ihr da oben, wir da unten 342
Illustrierte Sittengeschichte 70, 80
Der im Irr-Garten der Liebe herumtaumelnde Cavalier 163–176

Index Librorum Prohibitorum 9
Indiana 290
Insel Felsenburg 164
Ist die sexuelle Freiheit am Ende? 325

Jahrestage 334 f., 374
Jenseits der Liebe 350
Jenseits von Gut und Böse 196
Johannisnacht 389–392
Josephine Mutzenbacher 205
Journeaux intimes (Baudelaire) 108
Juliette 201 f.
Justine ou Les malheurs de la vertu 186, 202

Kerbels Flucht 374
Die Klavierspielerin 362, 400
Kleine Aster 18
Kopfjäger 362
Krieg und Frieden 258
Kritik der reinen Vernunft 130
Kritik der Urteilskraft 17, 73
Die künstlichen Paradiese 388
Kurzer Brief zum langen Abschied 351

Ladies Almanach 320
Lady Chatterly's Lover 328
Die Landnahme von Torre Bela 342
Last Exit to Brooklyn 16
Die Lebens-Ansichten des Kater Murr 222
Lebensrückblick – Was am »Grundriß« fehlt 311 f.
Die Lehrlinge zu Sais 139
Die Leiden des jungen Werther 210
Lélia 290
Lenz 352, 362, 374
Des Lettres de cachet et de prisons d'Etat 179
Les Liaisons dangereuses 108–133, 190, 194, 210, 252, 291
Liebe als Passion 44
Liebesgewohnheiten 324
Die Liebhaberinnen 345, 357
Die linkshändige Frau 351
Le Livre de ma vie 311
Lolotte oder die Stufenleiter der Wollust 188–205, 211
Lucinde 17, 214–228, 231, 236, 300, 346
Lust 400

Ma conversion ou le Libertin de qualité 179
Madame Bovary 14 f., 245–258, 273, 286
Männerphantasien 325
Manon Lescaut 137, 156
Das Marmorbild 220 f.
Der Mauerspringer 362
Mein Herz. Ein Liebesroman mit Bildern und wirklich lebenden Menschen 299
Mémoiren einer Idealistin 311
Mémoires – Au Temps des équipages, Les Marronniers en fleurs, Claire de lune et taxi-auto, La Troizième heure 311, 315
Mémoires (Delarue-Mardrus) 318
Mes Apprentissages 302
Minor I 17
Le Misanthrope 83 f.

Miss Sara Sampson 145
Eine Mittelgewichtsehe 368, 370
Moll Flanders 141 f., 158, 162, 166, 210
Mon Cœur mis à nu 194, 320
Mon Noviciat ou Les Joies de Lolotte 188–205, 211
Morenga 342

Die Nacht und der rechte Augenblick 107
Nachtstücke 152
Naturgeschichte der Moral 197
Die neuen Probleme oder Von Lieben und Alleinsein 340 f.
Das neunte Sonett 324
Nora oder ein Puppenheim 276
La Nouvelle Héloise 113 f., 135

Obscenity and the law of reflection 16
Obszön. Geschichte einer Entrüstung 10, 328
Les onze mille verges 205

Paare 366–368, 375
Paarungen 362–366, 374
Pamela 142 f., 147, 210
Paul et Virginie 249
Pinkland 397–399
Playboy 13
Pornotopia 16
Portraîts de femmes en sonnets 318
La Princesse de Clèves 85–99, 106, 107, 130, 169
Die Prinzessin Brambilla 223
Das Prinzip Hoffnung 378
Prophétie 319
Le Puits de la Solitude 320
Pygmalion 19

Quartett 109
Quell der Einsamkeit 320

Ragionamenti (Kurtisanengespräche) 181
Reigen 258
La Religieuse 189
Le Rideau levé ou l'Education de Laure 178–187, 210
Le Rire 34, 61
Robinson Crusoe 162
Le Rouge et le Noir 132, 244
Roxana 141

Der Sandmann 152
Sapphische Idylle 318
Sauna und Beischlaf 324
The Scarlett Letter 244
Der Schaumlöffel 100 f.
Schon bist du ein Verfassungsfeind 352
Die Schooß 69
Sechzehn Stellungen des Liebesgenusses 52
Selim oder die Gabe der Rede 362
Sexualästhetik 11
Das Sexualleben unserer Zeit 10
Shamela 143
Die Sirene 376–380
Le Sopha. Conte moral 101
Le Spleen de Paris 51
Stella. Ein Schauspiel für Liebende 240

Studies in the Psychologie of Sex 11

Tausendundeine Nacht 101
Thérèse philosophe 189
Der Tod des Märchenprinzen 345
Tropic of Cancer 13, 16, 328 f.

Ulysses 14
Und sagte kein einziges Wort 336
Undine 222
Unsere schöne Siemenswelt 342

La Vagabonde 301
Verteidigung der Kindheit 350
Viragines oder Hetären 297
Von Paul zu Pedro 296
Vorschule der Ästhetik 17
Vox 377, 380–388, 396

Die Wahlverwandtschaften 138, 229–243, 244, 256, 285
Wendekreis des Krebses 13, 16, 328 f.
Wilhelm Meisters Lehr- und Wanderjahre 244
Der Wille zum Wissen 206
William Lovell 137

Zickzack 357
Zur Dialektik der Aufklärung 130, 200
Zur Genealogie der Moral 199, 203
Zur Psychologie des Obszönen 10
Zweite Natur 374

Personenregister

Adorno, Theodor W. 130, 200 f.
Alighieri, Dante *s.* Dante Alighieri
Andreas-Salomé, Lou 292, 301–317
Apollinaire, Guillaume 204
Aretino, Pietro 9, 14, 48–77, 78, 80, 146, 151, 158, 174, 181 f., 185–187, 400
Ariosto, Ludovico 51
Arnim, Bettina von 241

Baker, Nicholson 377, 380–388
Balzac, Honoré de 210 f., 250
Barnes, Djuna 320, 328
Bataille, George 198
Baudelaire, Charles 14 f., 18, 51, 108 f., 125, 129, 245 f., 258, 286, 320, 388
Bebel, August 294
Beck, Ulrich 346 f.
Becker, Jürgen 353 f.
Becker-Cantarino, Barbara 225, 227
Beck-Gernsheim, Elisabeth 346 f.
Beese, Henriette 227
Benn, Gottfried 18, 298
Bergman, Ingmar 326
Bergson, Henri 34, 61
Besser, Johannes von 69
Bloch, Ernst 378
Bloch, Iwan 10
Boccaccio, Giovanni 9, 20–47, 74–76, 78, 79, 80, 174, 179, 185, 226
Boileau-Despréaux, Nicolas 70
Böll, Heinrich 334–336
Born, Nikolas 351, 353 f.
Brecht, Bertolt 324, 344
Bruyère, Jean de la 84
Büchner, Georg 352
Burckhardt, Jakob 51
Byron, George Gordon Lord 228

Camus, Michel 180
Casagrande, Carla 21
Casanova, Giacomo 107
Cervantes Saavedra, Miguel de 20
Cézanne, Paul 18
Châteaubriand, François-René Vicomte de 137, 250
Cleland, John 136, 171 f., 175, 178, 182, 186 f., 188 f., 191 f., 204
Clemens VII. 49, 52
Clifford-Barney, Natalie 303, 317–322, 326, 328
Colette (Gabrielle-Sidonie) 292, 301–317, 320
Conrad, Karl 351
Cranach, Lucas 11
Crébillon, Claude-Prosper Jolyot de 99–108, 102, 134, 136, 138 f., 148, 166, 173, 177, 190, 220

Dante Alighieri 22, 35, 203f.
Defoe, Daniel 141, 143, 162, 166, 171f., 210
Delarue-Mardrus, Lucie 318, 320f.
Delius, F. C. 342f.
Descartes, René 152
Destinn, Emmy 298
Diderot, Denis 183, 189
Dilthey, Wilhelm 224
Dix, Otto 16
Don Juan 97
Duby, George 21
Dürrenmatt, Friedrich 361
Durieux, Tilla 298

Eichendorff, Joseph von 216, 220, 222, 226
Eichner, Hans 226f.
Elias, Norbert 78,
Ellis, Havelock 11
Elsner, Gisela 354, 400
Englisch, Paul 10, 176f.

Fichte, Hubert 153, 325, 337, 344
Fichte, Johann Gottlieb 227
Fielding, John 143
Flandrin, Jean-Louis 28
Flaubert, Gustave 14, 245, 285f.
Fontane, Theodor 272–287,
Forman, Milos 109
Foucault, Michel 206–209
Fouqué, Friedrich de la Motte 222
Franz I. 50f.
Fraisse, Geneviève 138
Frears, Stephen 109
Freud, Sigmund 33
Friedrich, Hugo 113, 246
Fuchs, Eduard 70, 80,

Genazino, Wilhelm 354
Giese, Hans 146
Giulio de Medici 49
Goethe, Johann Wolfgang 136–138, 210, 256
Gorsen, Peter 10, 11,
Gouges, Olympe de 289
Gramont, Elisabeth de (verh. Clermont-Tonnerre) 311, 315–317, 321f.
Grass, Günter 334–337, 353
Grün, Max von der 343
Gundolf, Friedrich 224

Hackl, Erich 399
Hadrian VI. 49
Hage, Volker 343f.
Hall, Radcliff 320
Handke, Peter 351
Hawthorne, Nathanial 244
Haym, Rudolf 224
Heartfield, John 16
Hegel, Georg Wilhelm Friedrich 76, 153
Henri II. 85
Hille, Peter 298
Hösle, Johannes 52, 53, 57
Hoffmann, E.T.A. 137, 152, 222–225, 228, 242
Hofmann von Hofmannswaldau 69
Horkheimer, Max 130, 200f.
Humboldt, Alexander von 153
Hunold, Christian Friedrich 70, 164
Hyde, Harford Montgomery 10, 12

Ibsen, Henrik 276, 294
Irving, John 368–370

James, Henry 244
Jean Paul (d. i. Johann Paul Friedrich Richter) 17
Jelinek, Elfriede 344 f., 354, 357–361, 400
Jens, Walter 160 f.
Johnson, Uwe 325, 334 f., 374
Jong, Erica 333, 345, 370, 386
Joyce, Graham 397–399
Julius III. 50

Kant, Immanuel 17 f., 76, 130 f., 153
Karasek, Hellmuth 325
Karl V. 51
Kind, Alfred 10
Kluckhohn, Paul 135 f., 180, 224
Knef, Hildegard 325
Koeppen, Wolfgang 334
Kokoschka, Oskar 298
Kolle, Oswald 337
Kraus, Karl 298
Krechel, Ursula 351, 374
Kunzelmann, Dieter 338

La Bruyère, Jean de 84
La Fayette, Marie-Madeleine de 85–99, 135, 169
La Mettrie, Julien-Offray de 151
La Rochefoucauld, François Duc de 102
Laclos, Pierre-Ambroise François Choderlos de 108–133, 134, 190, 210, 212, 252
Langhans, Rainer 338
Lasker-Schüler, Else 294–301
Lassalle, Ferdinand 294
Lawrence, D. H. 143, 328
Lehms, Georg Christian 164
Lenz, Siegfried 334
Lermontow, Michail J. 286
Lessing, Gotthold Ephraim 145
Loos, Adolf 298
Louvet de Couvray, Jean-Baptiste 176–178, 194, 204
Ludwig XIV. 85
Luhman, Niklas 44 f., 79 f., 81, 136, 138, 161, 162, 178, 212 f., 293
Luther, Martin 166

Mainusch, Herbert 10, 16, 160 f.
Mann, Heinrich 324
Marcuse, Ludwig 10, 12, 14, 328
Marguerite d'Angoulême, Königin von Navarra 25, 98
Markgraf zu Mantua 49
Matt, Peter von 162 f.
Mayer, Hans 170
McCarthy, Mary 329–333
McCarthy, Nan 396
Meier, Joachim 164
Merian, Svende 345
Mertner, Edgar 10, 16, 160 f.
Meysenbug, Malwida von 311
Miller, Henry 10, 12 f., 16 f., 328 f.
Miller, Norbert 179
Mirabeau, Comte de (Honoré-Gabriel de Riqueti) 135 f., 176, 178–187, 189, 192, 194, 204 f., 210
Molière (d. i. Jean-Baptiste Poquelin) 9, 83 f.

Montesquiou, Robert Comte de 315
Moravia, Alberto 32f.
Müller, Heiner 109

Nadolny, Sten 362, 374, 399
Naumann, Peter 162
Navarre, Marguerite de 25
Nerciat, Andréa de 136, 176, 188–205, 210
Neumann, Horst Peter 140, 144f.
Nietzsche, Friedrich 131, 196, 197, 199f., 203
Nin, Anaïs 328
Noailles, Anna de 311
Novak, Helga 342
Novalis (d. i. Georg Philipp Friedrich Freiherr von Hardenberg) 139, 216, 219, 222, 225–227

Opitz, Claudia 22
Opitz, Martin 70
Oppenheimer, Max 298
Ovidius Naso, Publius 19

Padoan, Giorgio 27
Paul IV., Papst 9, 52
Paulsen, Wolfgang 227
Paulus 27
Perrault, Michelle
Perronio, Giuseppe 34
Perrot, Michelle 21
Petrarca, Francesco 27, 35, 62f.,
Petriconi, Hellmuth 145, 147
Pinard, Ernest 14
Platon 25
Polheim, Karl Konrad 224
Pougy, Liane de 317f., 320
Prévost d'Exiles, Antoine-François (d. i. Abbé Prévost) 137, 156
Proust, Marcel 315

Rabelais, François 67f., 71, 186
Rabutin, Roger de Rabutin Comte de 85
Ramsey, G. V. 10
Rasp, Renate 354, 357
Read, Herbert 328
Reich, Wilhelm 209
Restif de la Bretonne, Nicolas Edmé 135f., 176, 194, 202, 204
Reventlow, Franziska zu 294–301, 303, 326
Richardson, Joanna 302
Richardson, Samuel 136, 142f., 147, 148, 161, 172, 210
Rieger, Sabine 393–396
Rilke, Rainer Maria 313
Romano, Giulio 52
Rost, Johann Leonhard 164
Roth, Gerhard 350f.
Rothmann, Ralf 374, 399
Rousseau, Jean Jacques 113, 135–137, 153, 180f.

Sade, Donatien-Alphonse François Marquis de 13, 131, 143, 174, 185, 194–205
Sagan, Françoise 333
Saint-Pierre, Jacques-Henri Bernardin de 249
Sanctis, Francesco de 32, 50, 51
Sand, George (d. i. Amandine-Lucie-Aurore Dudevant, geb. Dupin) 250, 290–293

Schiller, Friedrich 76, 153, 227
Schlaffer, Heinz 150
Schlegel, Caroline 179
Schlegel, Friedrich 17, 214–228, 231, 300, 346
Schleiermacher, Friedrich 225, 227
Schmidt, Arno 335, 337
Schmidt, Gunter 340 f., 347 f.
Schmidt-Rottluff, Karl 298
Schnabel, Johann Gottfried 136, 163–176
Schneider, Manfred 202
Schneider, Peter 351, 352 f., 354, 362, 374
Schnitzler, Arthur 258, 281, 293
Schöfer, Erasmus 343
Scott, Walter 250
Selby, Hubert 16
Semerau, Alfred 50 f.
Shaw, Bernard 175
Singer, Herbert 164
Staël, Germaine Necker de 289, 292
Stendhal (d. i. Marie Henri Beyle) 244
Stephan, Verena 191, 339
Sue, Eugene 250

Tacitus (d. i. Publius Cornelius Tacitus) 179
Talander (d. i. August Bohse) 164
Teufel, Fritz 338
Theweleit, Klaus 70, 325
Thomas von Aquin 203
Tibull (d. i. Albius Tibullus) 179
Tieck, Ludwig 137
Timm, Uwe 342, 351, 362, 374, 389–392
Tolstoi, Leo N. 258–272, 285
Tschechow, Anton 286

Updike, John 366–368, 370, 375

Vadim, Roger 109
Vivien, Renée 318–320
Voltaire (d. i. François-Marie Arouet) 187, 202

Wagner, Peter 143
Wallraff, Günther 342
Walser, Martin 348–350
Wander, Maxi 327
Weigel, Sigrid 227
Weiss, Peter 325, 334, 336
Weißler, Sabine 326
Wellershoff, Dieter 375–380, 388
Wiese, Benno von 242
Winckelmann, Johann Joachim 141
Wolf, Christa 325
Wolkenstein, Oswald von 79
Wolsey, John M. 14

Zola, Emile 294

Zur Autorin

HILTRUD GNÜG studierte in Köln und Paris Germanistik, Romanistik und Philosophie. Sie promovierte und habilitierte sich über komparatistische und motivgeschichtliche Themen. Seit 1984 ist sie Professorin für Neuere Deutsche Literaturwissenschaft an der Rheinischen Friedrich-Wilhelms-Universität Bonn. Sie hat u. a. folgende Bücher veröffentlicht: *Literarische Utopie-Entwürfe* (Hrsg., 1982), *Entstehung und Krise lyrischer Subjektivität. Vom klassischen lyrischen Ich zur modernen Erfahrungswirklichkeit* (1983); *Der utopische Roman* (1983), *Kult der Kälte. Der klassische Dandy im Spiegel der Weltliteratur* (1988), *Nichts ist versprochen. Liebesgedichte der Gegenwart* (Hrsg., 1989), *An Hölderlin. Zeitgenössische Gedichte* (Hrsg., 1993), *Don Juan. Ein Mythos der Neuzeit* (1993), *Frauen Literatur Geschichte. Schreibende Frauen vom Mittelalter bis zur Gegenwart* (Hrsg., [2]1999), *Utopie und utopischer Roman* (1999).